도암집

이 책은 2017·2018년도 정부(교육부)의 재원으로 한국고전번역원의 지원을 받아
수행된 '권역별거점연구소협동번역사업'의 결과물임.
This work was supported by Institute for the Translation of Korean Classics - Grant funded by the Korean Government.

한국고전번역원 한국문집번역총서/단국대학교 동양학연구원

도암집 8

陶菴集

이재 지음
李縡

최예심 옮김
장유승
권진옥
이승용

일러두기

1. 이 책의 번역은 한국고전번역원에서 간행한 한국문집총간 195집 소재《도암집(陶菴集)》을 대본으로 하였다. 번역 대본의 원문 텍스트와 원문 이미지는 한국고전종합DB(http : //db.itkc.or.kr)에서 확인할 수 있다.
2. 내용이 간단한 역주는 간주(間註)로, 긴 역주는 각주(脚註)로 처리하였다.
3. 대본의 본문과 원주의 구분이 명확하지 않은 경우는 역자가 임의로 조정하였다.
4. 한자는 필요한 경우 이해를 돕기 위하여 넣었으며, 운문(韻文)은 원문을 병기하였다.
5. 맞춤법과 띄어쓰기는 한글 맞춤법과 표준어 규정을 따랐다.
6. 이 책에서 사용한 부호는 다음과 같다.

   ( ) : 번역문과 음이 같은 한자를 묶는다.

   〔 〕 : 번역문과 뜻은 같으나 음이 다른 한자를 묶는다.

   " " : 대화 등의 인용문을 묶는다.

   ' ' : " " 안의 재인용 또는 강조 문구를 묶는다.

   「 」 : ' ' 안의 재인용을 묶는다.

   『 』 : 「 」 안의 재인용을 묶는다.

   《 》 : 책명 및 각주의 전거(典據)를 묶는다.

   〈 〉 : 책의 편명 및 운문·산문의 제목을 묶는다.

차례

도암집 제30권

신도비神道碑

비碑

도암집 제31권

도암집 제32권

도암집 제33권

묘갈墓碣

도암집 제34권

묘갈墓碣

도암집

제30권

신도비 神道碑

비 碑

신도비神道碑

우참찬 권공 신도비[1]

右參贊權公神道碑

숙종 무자년(1708, 숙종34) 봄에 나는 암행어사로 평안도의 주군(州郡)을 순행하여 강계(江界)에 이르렀다. 당시에 안동(安東)의 권성(權惺)이 도호부사로 있었는데, 부(府)의 동쪽에서부터 옛날에 버려진 고을에 이르기까지 천여 리였다. 위엄 있는 명령이 널리 시행되어 백성들은 단결하고 화목하여 "요역이 줄고 세금이 적어진 것은 바로 우리 부사(府使)의 은혜 덕택이네."라는 노래를 들었기에 마침내 치행(治行)이 제일이라고 갖추어 상주하였다. 이에 정승 이여(李畬)와 김창집(金昌集)이 번갈아 공을 추천하여 의주 부윤(義州府尹)으로 옮겨 제수되었다. 이듬해 봄에 가선대부에 오르고 또 그 이듬해에 본도(本道)의 병마절도사에 임명되었는데 부임하기 전에 관찰사로 바뀌었다.

평안도 지방은 오랑캐 지역과 인접하고 있어 그곳 백성들이 오랑캐와 몰래 내통하여 종종 흔단(釁端)이 발생하였다. 공이 강계 부사(江界

1 우참찬 권공 신도비 : 권성(權惺, 1653~1730)의 신도비이다. 권성의 본관은 안동(安東), 자는 경중(敬仲), 호는 제월재(霽月齋)이다.

府使)로 있을 때 상주하여 강 일대에 사는 백성들로 하여금 단속하여 서로 통제하여 감히 흩어져 살지 못하게 하였으며, 이를 어기는 자가 있으면 군용(軍容)을 갖추고 순시하여 그 무리를 잡아다 강 일대의 고을에 조리돌리니 모두 두려워하며 복종하였다. 의주 부윤으로 있을 때 상주하여 고(故) 임경업(林慶業) 장수가 쌓은 백마산성(白馬山城)을 보수하였으며, 민간에서 오랑캐 말을 사오는 것을 허락하여 날마다 말 타고 활 쏘는 무예를 익히게 하였다. 관찰사가 되어서는 여러 장졸들에게 각자 변방을 수비하는 계책을 내어놓도록 하였다.

마침 해적이 침입한다는 경보(警報)가 있어 공은 평양 외성(平壤外城)과 안주성(安州城)을 축조하기를 주청하였는데, 공사가 마무리되기 전에 적신(賊臣) 유봉휘(柳鳳輝)의 참언으로 파직되어 돌아왔다. 그곳 백성들이 성문을 닫고 공이 떠나지 못하게 하였는데, 그럴 수 없게 되자 서로 이끌고서 송덕비를 세워 사모하는 물결이 본도(本道) 전역에 두루 퍼졌다고 한다.

돌아온 다음 황해도(黃海道), 강원도(江原道), 함경도(咸境道), 경상도(慶尙道) 네 곳의 관찰사에 계속해서 제수되었는데 모두 나아가지 않았다. 중간에 충청도 관찰사와 강화 유수를 지냈는데, 흉년을 맞아 진휼을 훌륭히 하였으며 국방을 위해 힘쓴 것 또한 모두 멀리 내다보는 계책이었다. 공의 기량은 침착하고 강직하며 그의 식견은 두루 통달하여, 어려서부터 경학에 마음을 두었고 시무에도 능통하였다. 이 때문에 정사를 처리함이 이처럼 탁월했던 것이다.

공의 자는 경중(敬仲)으로 고려 태사 권행(權幸)의 후손이며 본조의 문하찬성사 권근(權近)의 몇 대손이다. 공은 사헌부 집의 권양(權讓)의 지자(支子)로 종조숙부 증 판서 권현(權誢)의 양자가 되었다. 계해년(1683, 숙종9) 진사시에 급제하고 정묘년(1687, 숙종13) 장원급제하였다. 성균관의 전적, 예조와 병조의 낭관, 사헌부의 감찰・지평・장령・집의, 사간원의 정언・헌납, 시강원 보덕, 종부시・사복시・장악원의 정 등을 역임하였다. 외직으로는 공홍도(公洪道 충청도) 도사, 함평(咸平) 현감, 순창(淳昌) 군수 등을 지냈고 관서에서 돌아온 뒤에는 병조・형조・공조・호조 등의 참판, 사간원의 대사간, 한성부(漢城府)의 좌윤・우윤, 동지의금부사, 비변사 제조 등에 두루 제수되었지만 대부분 사직하고 나아가지 않았다.

공은 내외의 관직을 두루 거쳤으나 가산은 조금도 불리지 않았다. 일찍이 부사(府使)의 신분으로 오랑캐 땅에 들어갔을 때도 항상 《심경(心經)》과 《근사록(近思錄)》을 몸에 지니고 다녔으며 관소에 있을 때 방정학(方正學 방효유(方孝孺))의 문집을 얻자 그 요점이 되는 말을 뽑아 베껴서 돌아왔으니, 어떤 물건도 행낭에 사적으로 넣으려고 하지 않으려 해서였다. 돌아와서는 상소를 올려 오랑캐의 사정을 말하고 사전에 대비하여 변방의 방어를 튼튼하게 하도록 청하였다.

기해년(1719, 숙종45) 한성 판윤에 발탁되었다가 형조 판서로 옮겼다. 숙종의 산릉 역사에 참여한 공로로 정헌대부 지중추부사에 오르고 실록을 찬수하는 데 참여하였다. 경종이 즉위했을 때 군흉이 작란하여 은밀히 환관과 궁녀와 결탁하고 세제(世弟 연잉군(延礽君))를 위해하려고 모의하였는데, 박상검(朴尙儉)의 일이 발각되자 흉도들은 곧장 그를 죽여서 입을 다물게 하였다.[2] 공은 고향에 있으면서 상소하여 그

2 군흉이……하였다 : 연잉군(延礽君)의 왕세제 책봉을 반대한 소론의 김일경(金一鏡), 박필몽(朴弼夢) 등이 당시 환관이었던 박상검(朴尙儉), 문유도(文有道)를 비롯한

간당들을 끝까지 죄를 물어 종사를 안정시키기를 청하였다. 지금 성상이 즉위한 초기에 다시 입조하여 엄히 징토하고 성상의 무함을 밝히기를 계속해서 청하였으나 조사하지 않기에 마침내 결단하고 물러났다. 공조 판서와 의정부 우참찬에 제수되었지만 나아가지 않았다.

무신년(1728, 영조4) 난리[3] 때 공은 늙고 병든 관계로 아들 권용(權瑢)에게 소장을 가지고 도성에 들어가게 하여 난리를 당한 성상에게 달려가 문후하는 의리를 다하였다. 집안사람들이 피난하라고 권할 때마다 강만리(江萬里)의 고사[4]를 끌어다 스스로를 면려하였다. 근심과 울분으로 병이 생겨 경술년(1730, 영조6) 7월 1일에 한산(韓山)의 제월재(霽月齋)에서 세상을 떠났으니 향년 78세였다. 부음이 알려지자 조회를 파하고 의례에 따라 부조하였다.

애초에 집의공 권양(權讓)은 영리를 초월하여 은거하는 절조가 있었기에 숙종이 그를 특별히 승정원 도승지로 추증하여 표창하였다. 공의 형제[5] 네 사람은 일시에 입신양명하였다. 비록 은거하고 현달한 길이

나인 석렬(石烈), 필정(必貞) 등을 사주하여 연잉군을 제거하려고 하였다. 이 일이 발각되자 소론 측에서 앞서서 이들을 형법으로 주살하여 사건을 무마하였다.

3 무신년 난리 : 이인좌(李麟佐)의 난을 가리킨다.

4 강만리(江萬里)의 고사 : 남송(南宋)의 강만리(江萬里)는 강직한 탓에 가사도(賈似道)의 미움을 받아 관직에 오래 있지 못하였다. 그 뒤 원(元)나라 군사들이 쳐들어왔을 때 황제에게 달려가 문안하지 않고 초야에 은거해 있다가 포로가 되었으나 도망쳐 돌아왔다. 그 뒤로는 지산(芝山)에 연못을 파고 자신이 일생을 마칠 물이란 뜻으로 지수(止水)라고 편액을 걸었는데, 사람들은 그 말이 무슨 뜻인지 몰랐다. 얼마 뒤 다시 원나라 군사들이 쳐들어오자 "내가 비록 관직에는 있지 않지만 마땅히 나라와 존망을 함께 해야 한다." 하고, 그 연못에 빠져 죽어 절개를 지켰다. 《宋史 卷418 江萬里傳》

5 공의 형제 : 권성(權惺)을 비롯한 권변(權忭), 권수(權燧), 권업(權爗) 등의 형제

달랐지만 대저 모두 나아가길 어려워하고 물러나길 쉽게 여겨 그 선조를 욕되게 하지 않았는데, 공은 간직한 뜻이 형제들보다 위대한 점이 있었다. 공은 젊어서 뜻을 함께하는 선비들과 서로 학문을 권면하며 강론하여 규약을 제정하였는데 우암 선생(尤菴先生 송시열)이 이 모임을 상관회(相觀會)라 이름을 지었다. 중년에 또 양몽재(養蒙齋)를 만들어 성대하게 호학(湖學)의 규모[6]가 있었기에 후진들 가운데 성취한 자들이 많았으며, 또 주자(朱子)의 사창법(社倉法)[7]을 모방하여 종족(宗族)들을 구제하였다. 이렇듯 질박하고 성실한 데 노력한 점이 많았는데 아는 사람이 드물었다.

춘방(春坊)에 있을 때 정암(靜菴 조광조)과 율곡(栗谷 이이) 두 선생의 장주(章奏) 가운데 군덕(君德)과 시정(時政)에 절실한 총 18조목을 가려 뽑아 자신의 의견을 보태어 책을 만들어 올리니,[8] 임금이 칭찬

를 가리킨다.

6 호학(湖學)의 규모 : 사부(辭賦)와 같은 문장 교육보다는 경의(經義)와 사무(事務)를 우선시하는 교육을 가리킨다. 송(宋)나라 호원(胡瑗)이 호주(湖州)에서 교육을 관장하면서 경의와 사무 두 과(科)로 나누어 교육하였는데, 그 제자가 수천 명에 이르렀기 때문에 당시에 호학이라고 일컬었다. 송나라 장자(張鎡)가 지은《사학규범(仕學規範)》의 〈호안정언행록(胡安定言行錄)〉에, "안정(安定) 선생이 경력(慶曆) 연간부터 소주(蘇州)와 호주(湖州)에서 20여 년간 교육하였는데, 제자의 예를 갖춘 자가 전후로 수천 명이었다. 당시에 모두들 사부를 숭상했었는데, 호학만은 경의와 사무를 우선하였다." 하였다.

7 주자(朱子)의 사창법(社倉法) : 주희(朱熹)가 장손평(長孫平)의 의창법(義倉法)과 왕안석(王安石)의 청묘법(青苗法)을 참작하여 제정한 기근 구제법이다.

8 정암(靜菴)과……올리니 : 1703년(숙종29) 《국조명신주의집록(國朝名臣奏議輯錄)》을 편찬하여 숙종에게 바친 일을 가리킨다.

하고 장려하며 궁중에 두고 읽어보았다. 여기서 공이 재능과 학문을 겸비했음을 알 수 있다. 만년에 의(義)에 맞게 처신한 것이 매우 올발랐으니 공의 말에 "부형이 남에게 무함을 받으면 그 자제는 감히 출사하지 않는 것이 마땅하다. 지금 임금에 대한 무함이 풀리지 않았는데 다시 조정에 설 수 있겠는가."라고 하였다. 아! 이는 의리를 잊고 구차하게 봉록을 받는 자의 얼굴을 부끄럽게 만들 만하다.

갑자년(1744, 영조20)에 정익공(貞翼公)이라는 시호를 내렸다. 처음에는 목천(林川)에 안장하였다가 뒤에 한산(韓山) 역촌(驛村)의 임좌(壬坐) 언덕으로 이장하였다. 부인은 해주 최씨(海州崔氏)로 부친은 판결사 최선(崔渲)이다. 품성이 온화하고 검약하며 아내의 덕에 어긋남이 없었으니 공보다 18년 먼저 세상을 떠났다.

아들과 딸은 각각 3명이다. 권함(權瑊)은 동지중추부사, 권용(權瑢)은 현감이니 모두 음직이고, 권호(權瑚)는 진사시에 합격하였으나 일찍 세상을 떠났다. 사위는 주부 박필조(朴弼朝), 사인 이제(李濟), 김언겸(金彦謙)이다.

권함은 후사가 없어 권호의 아들 권공(權拱)을 양자로 들였으며, 사위 넷이 있으니 교리 이태중(李台重), 수찬 한억증(韓億增), 사인 윤득사(尹得師), 유집중(兪執中)이다. 권용은 출계하여 종부(從父)의 후사가 되었는데 권건(權揵)을 양자로 들이고 두 딸은 각각 이시업(李蓍業)과 이형중(李衡重)에게 시집갔다. 권호의 두 사위는 김상갑(金相甲)과 황성조(黃盛祚)이다. 박사건(朴師健), 이명억(李命億), 이명석(李命奭), 이명록(李命祿), 이명혁(李命赫), 이명악(李命岳) 등과 현감 민낙수(閔樂洙)의 처가 된 딸은 모두 외손이다. 김언겸의 사위는 진사 임사주(李度臣), 이도신(李度臣), 심관(沈鑵)이고 양자는 김제행

(金悌行)이다. 나는 공과 여러 세대에 걸친 교의가 있고 또 숙종의 산릉 역사에 함께 참여하였기에 권함이 와서 명(銘)을 청함에 감히 사양할 수 없었다. 명은 다음과 같다.

권씨는 예로부터	權氏於古
대대로 찬란한 공적이 있었네	世有載烈
태사(권행)는 나라를 빛내는 정사를 도와	太師贊章
경사를 열어준 것이 더욱 뛰어났네	啓慶益絶
우뚝한 우리 공은	嶷嶷維公
나라의 기둥이었네	王國之翰
우리 성상을 만나	際我天明
기러기가 점차 물가로 날아갔네[9]	鴻漸于干
시종의 화려한 자리와	侍從之華
추밀의 가까운 자리에서	樞密之近
맑은 아름다운 덕망으로	淸德令望
수 차례 높은 관직에 올랐네	數登秩峻
아득히 먼 패강(대동강)에 있다가	遙遙浿江
그곳을 떠나자 공을 그리워하였네	其去也思
오랑캐는 유순해지고	羯夷載柔
상곡[10]이 극성하였네	桑穀猗猗

9 기러기가……날아갔네 : 점차 높은 경지에 도달한다는 뜻이다. 《주역》 점괘(漸卦) 효사(爻辭)에 "기러기가 점차 물가로 날아간다.〔鴻漸于干〕"라고 하여 점차 진취하는 기상을 말한 데서 나온 말이다.

깊이 근심하고 멀리 염려하니　憂深慮遠
세 조정의 한 훌륭한 신하였네　三朝一个
근심한 것은 무엇이었나　其憂維何
임금의 무함을 씻을 길이 아득한 것이었네　君誣黜昧
공은 조정에 있을 때　公在于朝
과감하게 직언하였네　有言諤諤
고향에 물러나 지내면서도　邱園棲遲
삶이 즐겁지 않았네　我生靡樂
심상한 선비는　蓋士之常
명리를 사모하여 행하기에[11]　慕顧以行
득실과 이해에　得喪利害
그 마음이 밝지 못하네　其中不明
공은 오직 의리를 지켜　公惟秉義
올바름을 변치 않았네　不易其貞

10 상곡(桑穀) : 상서롭지 못한 징조를 뜻한다. 은(殷)나라 수도 박읍(亳邑)에 뽕나무와 닥나무가 돋아나 하루아침에 크게 자라자, 태무(太戊), 즉 중종(中宗)이 두려워 재상 이척(伊陟)에게 물으니, "요망한 것은 덕을 이기지 못하는 법이니, 아마도 군주의 정사에 잘못이 있어서 이러한 변괴가 나타났나 봅니다. 임금께서는 더욱 덕을 닦으소서." 하였다. 중종이 그의 말대로 덕을 닦고 훌륭한 정사를 펴니, 그 나무는 곧 말라 죽었으며 은나라는 다시 부흥하였다. 《史記 卷3 殷本紀》

11 명리를 사모하여 행하기에 : 한유(韓愈)의 〈급사중청하장군묘지명(給事中淸河張君墓誌銘)〉에 "세상이 명리를 사모하여 행하는데 그대는 드높았고, 세상이 침묵하면서 살아가는데 그대는 홀로 결단하였으니, 저들은 깨끗하지 못함이 되고 그대는 옥설이 되었네.〔世慕顧以行, 子揭揭也, 噎喑以爲生, 子獨割也, 爲彼不淸, 作玉雪也.〕"라고 한 데서 나온 말이다.

이 사람이 어디서 이런 덕을 취했으랴	斯焉取斯
옛날의 경전이라네	於古有經
몸은 고달팠으나	雖身之屯
도는 형통하였네	其道則亨
충성스럽고 효성스러우니	旣忠以孝
나라와 집안의 광영이네	家國之光
천만 년 이어질 공의 무덤에	幽宮萬千
옛 동료가 명을 짓네	故僚爲辭
공은 참으로 불후할 것이라	公實不朽
그저 내 슬픔을 기록하노라	秖以志悲

남계군 홍공 신도비[12]

南溪君洪公神道碑

숙종 을유년(1705, 숙종31), 홍숙(洪璛)이 승지에서 경기수군절도사로 발탁되어 교동(喬桐)을 다스렸다. 교동은 바다 가운데 위치해 있어 남북의 수군이 오가는 길을 장악하고 있기 때문에 예로부터 무신(武臣)을 그곳의 장수로 삼았다. 공이 이 자리에 제수되자 농암(農巖) 김 문간공(金文簡公 김창협)이 말하기를 "아무개의 문학과 언의의 재능은 조정에 두는 것이 마땅하니 저기에 그 능력을 쓰는 것은 마땅한 처사가 아니다."라고 하였으니, 그를 안타깝게 여긴 것이다.

공의 용모는 헌걸차고 식견과 사려가 심원하였으며, 또 백성을 잘 다스려 부임하는 곳마다 치적이 있었기 때문에 조정에서는 공을 장수의 재목으로 대우하였다. 일년 후에 파하고 돌아왔다가 이어서 눈병으로 스스로 벼슬에 나아가지 않았기에 크게 쓰이지 못하였다.

공의 자는 옥여(玉汝)로 남양(南陽) 사람이다. 총명함이 남보다 뛰어나서 7세에 산법(筭法)에 통달하였고, 독서를 좋아하였는데 특히 주자(朱子)의 《자치통감강목(資治通鑑綱目)》에 조예가 깊어서 고금의 치란과 인물의 출처에서부터 산천의 험요와 화이(華夷)의 성쇠 등의 자취에 이르기까지 손바닥을 들여다보듯 훤하였으니 제공(諸公)과 장자(長者)들에게 칭송을 받았다. 을묘년(1675, 숙종1) 진사가 되었

12 남계군 홍공 신도비 : 홍숙(洪璛, 1654~1714)의 신도비이다. 홍숙의 본관은 남양(南陽), 자는 옥여(玉汝), 봉호는 남계군(南溪君)이다.

으니 실로 우리 선친과 동방(同榜)이다. 그 후 30년이 지나 승정원에서 나를 만났을 때 선친의 과시(科詩)를 암송하였는데 한 글자도 틀린 곳이 없었으니 탁월한 기억력이 이와 같았다. 처음에는 영희전 참봉, 사옹원 봉사 등을 역임하였다.

계해년(1683, 숙종9) 문과에 급제하였는데 자궁(資窮)이 되어 예조와 병조의 좌랑, 사헌부의 지평이 되었다. 갑술년(1694, 숙종20) 환국 때 장령으로서 상소를 올려 공의 스승이었던 청송(淸城) 김공(金公 김석주)의 억울함을 호소하였고,[13] 또 목내선(睦來善)이 기사년(1689, 숙종15) 인현왕후를 폐위시킬 때 '불공불경(不恭不敬)'이라는 말을 하였으니 연로하다고 죽을죄를 용서하는 것은 마땅하지 않다고 말하였다.[14] 유생 강민저(姜敏著)가 상소를 올려 남구만(南九萬)이 장희재(張

13 공의……호소하였고 : 김석주(金錫胄)는 기사환국 때 공신호를 박탈당하였다가 갑술환국 때 서인이 집권하자 회복되었다. 이즈음에 홍숙은 장령으로서 당시 김석주의 억울함을 호소하고, 김석주를 무함했던 민취도(閔就道)를 논죄하기를 청하였다.《肅宗實錄 20年 9月 21日》

14 목내선(睦來善)이……말하였다 : 1689년(숙종15) 인현왕후(仁顯王后)의 폐출을 고하는 주문(奏文)을 가지고 청(淸)나라에 갈 때 부사 신후재(申厚載)가 좌의정 목내선(睦來善)에게 저들이 힐문하면 어떻게 대답해야 할지를 물었다. 목내선은 '불공불경(不恭不敬)'으로 대답하라고 하였는데, 인현왕후가 폐비될 때 주상이 들추어낸 죄과에는 '불공순(不恭順)'이라는 3자는 있었지만 '불경(不敬)'이라는 글자는 없었다. 이 일로 목내선은 갑술년(1694) 인현왕후가 복위된 뒤 위리안치되었다.《肅宗實錄 15年 8月 11日, 20年 5月 12日》 이 사건에 대해 장령이었던 홍숙이 논계하기를, "목내선은 부도한 말로 자구(字句)를 감쇄(減殺)하여 목숨을 구하려 하였는데, '불공' 두 글자를 어찌 차마 마음속에 싹트게 하고 입에 내어 성모(聖母)를 무함할 수 있겠습니까. 신후재가 '불경'에 관해 증언한 말이 명백할 뿐만이 아니고, 또한 기거(起居)를 기록한 것에 실려 있는 것이니, 어찌 절도(絶島)의 가시울타리 속에 있게 하고 말 수 있겠습니까." 하였다.

希載)를 구제해준[15] 죄를 논박하자 임금이 대번에 강민저를 정거(停擧)하였다. 이에 공이 또 그 부당함을 극언하다가 임금의 뜻을 거슬러 파직되었다.

공은 겉으로는 온화하였으나 내면은 엄격하였으니, 평소 문을 닫고 자신을 수양하여 마치 능력이 없는 사람처럼 보였지만 명분과 의리에 관계된 일이라면 용감하게 앞뒤를 돌아보지 않고 곧게 말하고 바르게 의논하였다. 이 때문에 높은 벼슬에 오르지 못하고 한직만 배회하였다. 병자년(1696, 숙종22) 세자의 혼례 때 상례(相禮)를 맡은 일로 통정대부에 올랐다.

외직으로는 김화 현령(金化縣令), 양주 목사(楊州牧使), 영광 군수(靈光郡守), 갑산 부사(甲山府使) 등을 역임하였다. 김화 현령으로 있을 때 강포한 도적떼가 여러 고을을 점유하여 관리들이 제어하지 못한 적이 있었는데, 공이 덫을 놓아 그 수괴를 사로잡아 그 잔당들을 흩어지게 하였다. 갑산 부사는 배척되어 보임된 자리인데, 그 지역이 서울에서 멀었고 공이 또한 병을 앓고 있었으므로 혹 가지 말라고 권하는 사람도 있었다. 또 공이 하직할 때 언관이 유임을 청하였지만 받아들여지지 않았다. 고을에 인삼 채취 금령이 있어 공은 관직에 있을 때 병이 있어도 인삼을 복용하지 않았다. 날마다 관리들과 활쏘기 시합을 하여 무비(武備)를 익혔다.

《肅宗實錄 20年 6月 16日》

15 남구만(南九萬)이 장희재(張希載)를 구제해준 : 장희재(張希載)는 숙종의 후궁 희빈(禧嬪) 장씨(張氏)의 오빠이다. 인현왕후를 해치려는 음모를 꾸미다가 발각되어 사형당하게 되었으나, 후환이 세자에게 미칠 것을 염려한 남구만 등 소론의 주장으로 사형을 감면하여 절도에 유배되었다. 《肅宗實錄 20年 5月 20日, 閏5月 2日》

임오년(1702, 숙종28) 여름에 의주 부윤(義州府尹)이 되었다. 의주는 오랑캐 땅과 인접해 있어 관장(官長)들은 오랑캐가 알까 두려워하여 군정(軍政)을 다스리지 않았다. 공은 부임하여 군진의 대오를 단속하고 전진(戰陣)의 병법을 훈육하니 모두 전쟁에 기용할 만한 정예로운 병사가 되었다. 죄를 짓고 도망간 소통사(小通事)를 잡아서 베어 조리돌리니 오랑캐가 두려움에 떨며 복종하였다. 그래서 오랑캐 사신이 국경을 넘어올 때면 공의 법령을 어기지 않도록 서로 경계하였다. 충청도 관찰사로 옮겼다가 공을 미워하는 자들에 의해 논박되어 체직되고 병조와 예조의 참의로 옮겼다.

교동(喬桐)에서 돌아와 남계군(南溪君)에 습봉(襲封)되었다. 공이 어렸을 때 분애(汾厓) 상서 신정(申晸)이 기특하게 여기며 "너는 필시 만년에 충훈부의 대접을 받을 것이다."라고 말하였는데 과연 징험되었다. 한성부 우윤, 호조 참판, 동지의금부사에 연이어 제수되었고, 이천부사(伊川府使)에 제수된 것은 조섭하기에 편리하게 하려는 것이었다.

임진년(1712, 숙종38)에 강원도 관찰사에 제수되었는데, 대신들이 공의 병을 이유로 체직하기를 아뢰었다. 이때 임금이 눈병이 있었는데 이후로 홍 아무개의 병이 근래 어떠한지를 의관(醫官)에게 여러 번 물었다. 공은 강가에 은거하면서 다시는 출사하지 않다가 갑오년(1714, 숙종40) 6월 22일 세상을 떠났으니 향년 61세였다.

공은 성품이 지극히 효성스러워 연로함에도 곁에서 부지런히 시봉하였으니, 비록 자녀들이 앞에 가득했지만 대신 시키지 않았다. 녹봉으로 하사받은 것이 있을 때마다 앞에다 펼쳐놓고 오직 부모님이 하고자 하는 뜻에 따라 나누어 주었다. 또 항상 내외의 친속들을 집에 모이게 하여 부모님의 마음을 즐겁게 해드렸다. 관질이 높아지고 녹봉이 많아

지자 가난한 친족들을 데려와 길러주어 시집보내고 장가보내어 가정을 꾸리게 해준 사람이 수십 명에 이르렀으니, 범 문정(范文正)이 오중(吳中)에 베푼 유의(遺意)[16]가 있었다. 남이 곤궁하거나 불행한 사정을 보면 또한 힘을 다해 구제해주었다. 이 때문에 족속이 공을 위해 곡하기를 자신의 부모를 위해 곡하는 것처럼 하였고, 남이면서 심상(心喪)의 표시로 삼베를 덧붙인 자들 또한 많았다.

증조 진도(振道)는 정사공신으로 판중추부사를 지냈으며 처음 남양군(南陽君)에 봉해졌다. 조부 부(溥)는 평시서 영을 지내고 좌승지에 추증되었고, 부친 성원(聖元)은 첨지중추부사를 지내고 이조 참판에 추증되었으며 익성군(益城君)에 봉해졌다. 모친 밀양 박씨(密陽朴氏)는 단정하고 정숙하여 부녀자의 덕이 있었으며 경사(經史)에도 통달하였다. 공은 자신이 성취한 바는 대부분 모친의 가르침 덕분이라고 항상 말하였다. 공의 부인 이씨(李氏)는 부사 이사익(李四翼)의 딸로 공보다 16년 먼저 세상을 떠났으니 청주(淸州) 발산(鉢山)의 언덕에 공과 합장되었다. 장남은 진사 인조(麟祚), 그 다음은 참의 봉조(鳳祚)이다. 그 다음은 진사 귀조(龜祚)로 문학의 재주가 있었는데, 공의 상례 때 애훼(哀毁)하다가 세상을 떠났다. 그 다음은 관찰사 용조(龍祚)이다.

16 범 문정(范文正)이……유의(遺意) : 가깝고 먼 친족을 구분 없이 보살핀다는 뜻이다. 범중엄(范仲淹)이 여러 아들에게 말하기를, "오중(吳中)에 사는 우리 종족이 매우 많으니, 나에게 있어서는 진실로 가깝고 멂이 있으나 우리 조상이 보시면 똑같은 자손이니, 본래 가깝고 멂이 없다. 진실로 조상의 뜻에 가깝고 멂이 없다면, 굶주리고 추위에 떠는 자들을 내 어찌 구제하지 않을 수 있겠는가." 하였다. 이에 은전으로 받은 물품과 녹봉으로 하사받은 것을 항상 친족들에게 골고루 나누어주고, 아울러 의전(義田)과 의택(義宅)을 설치하였다.《小學集註 外篇 嘉言 廣明倫》

서녀(庶女)는 네 명이다. 손자로는 저(樗), 박(樸), 재(梓), 역(櫟), 억(檍), 익(榏) 등이 있다. 명(銘)은 다음과 같다.

홍씨 집안에 처음 봉작이 내려진 것은	洪始錫封
남양군(홍진도)의 훈공 덕분이네	南陽之勳
남양군의 후손	南陽之孫
이에 명성이 났네	於是有聞
선조의 덕을 미루어 확충하니	推而大之
인물됨이 위대하였네	其人偉然
문예와 무예에 출중하여	文優武剋
쓰임이 치우치지 않았네	用則不偏
대각에서 진언하여	臺端進言
스승의 원통함을 씻어내었네	以直師冤
간신을 주벌하는 의리를 세우고	誅奸樹義
나라의 흉적을 용서하지 않았네	國賊不原
내외직에 부지런히 힘썼는데	出入其勤
변방과 일이 바쁜 고을이었네	邊州劇郡
백성과 오랑캐가 순종하고	民夷帖伏
위엄과 은혜가 원근에 베풀어졌네	威惠遠近
바닷가 절도사로 발탁된 것을	海鉞之擢
식자들은 안타까워하네	識者猶嘆
어찌 내외직을 따졌으랴	豈曰內外
어디서든 자신의 의리를 다할 뿐이었네	我義隨殫
높고 낮은 관직에서 힘을 다하고	周旋屈伸

평탄하든 험난하든 한결같았네	一心夷嶮
어찌하여 일개 질병으로	云胡一疾
재주를 다 펼치지 못하게 되었나	未究厥施
성상은 옛 일을 떠올리며	上念其舊
수차례 탄식하는 마음을 드러내었네	屢形嗟咨
공의 치적은 백성들에게	公治在人
공의 공적은 관리들에게 남아있으리라	公績在吏
나의 명에 부끄러움이 없으니	我銘無愧
후세에 길이 고하노라	永詔來禩

지돈녕부사 이공 신도비[17]

知敦寧李公神道碑

숙종 갑술년(1694, 숙종20), 인현왕후(仁顯王后)가 복위되자 병조 판서 서문중(徐文重)이 희빈(禧嬪) 장씨(張氏)의 폐위 문제를 대신들과 다시 의논하여 처리하도록 청하려고, 돈녕부에서 모여서 상소를 올리고자 했는데 여러 재신들이 모두 그렇게 하자고 하였다. 이징하(李徵夏)는 이때 포의 신분으로 서문중과는 친족 관계[18]였는데, 이 소식을 듣고 크게 놀라 가서 만나고는 그 불가함을 힘써 말했지만 끝내 받아들여지지 않았다. 서문중은 과연 이 일로 인해 명의(名義)의 죄[19]를 얻고 대각의 논핵을 당하자 비로소 부끄러워하며 사죄하였으니, 군자들은 이공의 견식이 남들보다 훨씬 뛰어나다고 생각하였다.

공은 이해 처음 벼슬에 나가 내시 교관을 거쳐 장악원 주부로 옮겼다. 이후로 의금부 도사, 평시서 영, 세자위익사 위솔, 사복시 판관, 선혜청 낭관 등을 역임하였다. 다시 장악원 첨정이 되어 악보를 정리하자 장악원 제조가 그의 공적을 상주하였는데 공은 겸손해하며 자처하

17 지돈녕부사 이공 신도비 : 이징하(李徵夏, ?~1727)의 신도비이다. 이징하의 본관은 전의(全義), 자는 계상(季祥)이다.

18 서문중과는 친족 관계 : 서문중의 조부가 서경주(徐景霌)인데, 이징하는 서경주의 외손이다.

19 명의(名義)의 죄 : 서문중은 소론의 인사였다. 갑술환국 이후 서인이 집권했을 때, 소론의 대신들은 희빈 장씨와 장희재(張希載)를 비호하였는데, 결국은 숙종으로부터 '명의죄인(名義罪人)'이라 하여 배척당하였다.

지 않았다.

외직으로는 연안(延安), 밀양(密陽), 회양(淮陽), 무주(茂朱) 네 곳의 부사(府使)와 청주(淸州), 공주(公州), 황주(黃州) 세 곳의 목사(牧使)를 지냈다. 황주에서는 통판으로 있으면서 고을의 뛰어난 자제들을 선발하여 직접 《소학(小學)》과 《가례(家禮)》 등 여러 책을 가르쳐서 수년 사이에 유학(儒學)이 차츰 흥성하였다. 목사로 다시 부임했을 때 큰 흉년을 만나 마음을 다해 진휼하니 백성이 기근에도 생명을 부지하였다. 관찰사가 포상하는 장계를 올려 통정대부, 돈녕부 도정, 조사위장에 올랐다. 가선대부와 자헌대부에 오른 것은 모두 보전 서사관의 공로 때문이었고, 가의대부에 오른 것은 아들 이덕부(李德孚)가 시종신이 되어 추은(推恩)한 것이었다. 계속해서 동지돈녕부사, 지돈녕부사에 제수되었다. 정미년(1727, 영조3) 9월 17일 세상을 떠나니 향년 73세였다. 훗날 아들 이덕재(李德載)가 원종공신에 올랐기에 숭정대부 의정부좌찬성 겸 판의금부사 오위도총부 도총관에 추증되었다.

공은 일찍이 말하기를 "관직에 있으면서 명예를 구하는 것은 탐묵(貪墨 탐오)보다 더 심한 짓이며, 상관을 잘 섬겨 관직을 구하는 것은 도적과 다를 바 없다."라고 하였고, 또 "위엄은 청렴함에서 생겨나고 정사는 근실함에서 이루어진다.〔威生廉政成勤〕" 여섯 글자를 써서 벽에 걸어놓고 스스로 경계하였으니, 공의 치적은 실로 여기에 근본하였다. 매번 체직되어 돌아온 저녁에는 집안사람들이 양식을 꾸어서 공급하였다. 혹자가 꿍꿍이가 있을 것이라 의심하면 공은 웃으면서 말하기를 "백여 명의 집안사람들이 내게 의지하여 먹고산 지가 수십 년이 되었다. 나라의 은혜가 이와 같은데 어찌 감히 재산을 남기길 도모하여 후세에 전하려는 계책을 세우겠는가."라고 하였다.

공이 행한 정사는 애민(愛民)을 위주로 하였으니 그 근본을 따져보면 효제(孝悌)이다. 6세 때 부친을 여의었는데 성인처럼 애훼(哀毁)하였다. 모친은 병이 잦아 곁에서 부지하고 약물과 음식은 반드시 직접 조제해서 올렸는데 십수 년 동안 한결같았다. 병세가 위독해지자 손가락의 피를 받아 올렸고 거상(居喪)하는 3년 동안 채소와 과일을 먹지 않았다.

공의 형님 참판공[20]은 성미가 사납고 급하여 때때로 공을 매섭게 꾸짖었는데, 공은 묵묵하게 받아들였다가 일이 지나간 뒤에 차분히 말씀드리니, 참판공 또한 뉘우쳤다. 참판공의 상례 때 서글피 곡하다가 눈에 종기가 생겼는데 장사지내는 모든 일들을 반드시 성실하고 신중히 하여 일절 남에게 맡기지 않았다. 예를 다하여 큰형수를 섬겼는데 큰형수가 자식들에게 말하기를 "너희들이 나를 섬기는 것이 또한 너희 숙부만 못하구나."라고 하였다.

외가의 선조 묘소에 남들이 벌채하고 방목하는 일을 막지 못한 지 거의 백 년이었다. 공은 외가에 후사가 없음을 안타깝게 여겨 봉분을 보수하고 묘갈을 세웠으니, 공이 선조에게 독실했음을 알 수 있다. 외직으로 나가있을 때도 조묘(祧廟)에서부터 여러 형제와 자질에 이르기까지 반드시 부조하는 제수를 두루 보냈다. 멀고 가까운 친족의 구분 없이 두루 은혜를 베풀었으니, 집안에서 갖추어진 행실이 이와 같았다.

공의 자는 계상(季祥)이고 전의(全義) 사람으로 고려 태사 도(棹)의 후손이다. 국조에 들어와 명성을 떨친 사람이 많았는데 청강(淸江)

20 형님 참판공 : 이징명(李徵明, 1648~1699)을 가리킨다. 자는 백상(伯祥)이고, 송시열의 문인이다.

제신(濟臣)에 이르러 더욱 드러났으니 공의 5대조이다. 부친 만웅(萬雄)은 관찰사를 지내고 이조 판서에 추증되었다. 목릉(穆陵)의 부마인 서경주(徐景霌) 공이 바로 공의 외조부이다. 공은 두 번 장가들었는데 정씨(鄭氏)는 송강(松江 정철(鄭澈)) 상국의 증손 정보연(鄭普衍)의 딸이고, 윤씨(尹氏)의 부친 윤균(尹均)은 오음(梧陰 윤두수(尹斗壽))의 증손이다. 아들 승지 덕부(德孚)와 지평 덕재(德載)는 모두 문과에 급제했으며, 두 딸은 증 지평 홍태유(洪泰猷)와 부사 윤봉소(尹鳳韶)에 시집갔으니 이들은 모두 정씨의 소생이다. 덕현(德顯)은 음보로 판관이 되었다. 손자는 원배(元培), 익배(益培), 득배(得培)이다. 외손 가운데 현달한 자는 응교 윤심형(尹心衡)과 정언 홍익삼(洪益三)이다. 나머지는 다 기록하지 않는다.

공의 됨됨이는 온화하고 후덕하며 일처리가 정밀하고 상세하였는데 특히 사령(辭令)에 뛰어났다. 남들과 사귈 적에는 교의가 곡진하여 간격을 두지 않았기 때문에 늙은이와 젊은이, 현명한 자와 어리석은 자 구분 없이 모두에게 환심을 얻었다. 예학(禮學)에 더욱 정미하여 현석(玄石) 박공(朴公 박세채(朴世采))이 일찍이 공의 자(字)를 칭하며 말하기를 "예가(禮家)의 의장(儀章)과 도수(度數)는 매우 번다한데, 나는 아무개를 통하여 깨달은 바가 많다."라고 하였다. 또 대전체(大篆體)의 심법을 깊이 터득하여 논자들이 근세에 비교할 만한 자가 드물다고 하였다. 의술에 조금 해박하고 천문에도 왕왕 신기하게 적중시켰지만 잘 모르는 사람처럼 겸손하게 행동하였다. 공은 항상 말하기를 "검소는 복을 부르고 사치는 재앙을 초래하니, 이러한 이치는 한 터럭이라도 어긋나지 않는다."라고 하니, 사람들이 식견 있는 말이라고 여겼다. 당파의 습속을 깊이 병통으로 여겨 평소 입으로 당론(黨論)과 관계된 의견을 말하지 않았지만, 시비와 관계된 핵심적인 문제에 있어서는 경수(涇水)와 위수(渭水)가 흐리고 맑은 것처럼 분명히 시비를 가리며, 지키는 것이 또 확고하여 왕왕 말과 행실에서 드러나는 것을 절로 가릴 수 없었다. 승지 덕부(德孚)가 살아있을 때 내게 신도비문을 부탁하기에 의리상 사양할 수 없어 마침내 공을 위해 명(銘)을 짓는다. 명은 다음과 같다.

예로부터 들은 순량[21]의 덕을	古聞循良
공에게서 보았네	於公乃觀
화락하고 인자하며	愷悌慈祥
민첩하고 너그러웠네	精敏平寬
열 고을을 다스림에	十郡之治
관리와 백성들 모두 편안하였네	吏民俱安
성심으로 가엾게 여기고	誠心惻怛
도리에 어긋나는 것을 미워하였네	赤憎違干
유학으로 문식하니[22]	緣飾儒術
이것이 가장 어려운 일이네	此爲最難

21 순량(循良) : 순리(循吏)와 양리(良吏)의 합칭으로, 법을 잘 지키고 백성들을 보살피는 지방관을 뜻한다.

22 유학으로 문식하니 : 유학의 도로 백성을 다스리는 것을 뜻한다. 소식(蘇軾)의 〈사신제한림학사허장구궐조(賜新除翰林學士許將赴闕詔)〉에 "밖에서 사방을 다스리면 유술을 닦아 관리의 일을 문식하고, 안에서 고문이 되면 민의를 참작하여 임금의 귀를 넓힌다.〔出殿方國, 則脩儒術以飾吏事, 入備顧問, 則酌民言以廣上聽.〕"라고 한 데서 나온 말이다.

음관으로 배회한 것은 低回蔭路
탄식할 게 못 되네 未足爲歎
만년에 공경의 자리에 올랐으니 晩致卿秩
또한 글솜씨 덕분이었네 亦由筆翰
재예가 비록 많았지만 才藝雖多
스스로 등한시하였네 自視等閒
윤의를 분명히 보았으니 灼見倫義
저들을 부끄럽게 만들 만하네 足羞彼顏
나는 가장 중대한 일을 모아서 我最其大
영구토록 밝게 보이노라 昭示不刊

유수 조공 신도비[23]

留守趙公神道碑

지금 성상 무신년(1728, 영조4) 봄에 역란(逆亂 이인좌의 난)이 크게 일어나 중외가 진동하였다. 조영복(趙榮福)이 원임 유수로서 충주(忠州)의 연원(連原)에 칩거하고 있다가 그날로 샛길을 따라 달려가 임금께 문후하였는데, 서용되어 한성부 우윤에 제수되었다. 난리가 조금 누그러지자 장차 사정을 아뢰어 돌아가길 청하고자 했는데, 병을 얻어 4월 23일에 세상을 떠나니 성상이 매우 놀라고 애도하였다. 얼마 뒤 집안사람이 공이 쓰다만 상소[24]를 찾았는데, 내용은 대략 다음과 같았다.

"하늘이 전하를 인애(仁愛)하여 이 흉포한 변고를 일으켜 경책한 것이니, 비색한 운세가 끝나고 태평한 운세가 돌아오는[25] 때가 바로 지금이고, 거문고 줄을 바꾸고 수레바퀴의 전철을 바꾸는[26] 때가 또

23 유수 조공 신도비 : 조영복(趙榮福, 1672~1728)의 신도비이다. 조영복의 본관은 함안(咸安), 자는 석오(錫五), 호는 이지당(二知堂)이다.

24 공이 쓰다만 상소 : 조영복은 반란이 다소 진정되기를 기다려 다시 시골로 가고자 해서 미리 사직하는 상소문을 써 놓았는데, 군주에게 권면하고 경계하는 말씀을 거듭하였는 바, 내용이 몹시 간절하고 지극하였으나 미처 올리지 못하였다. 《陶谷集 卷17 開城府留守趙公墓誌銘》

25 비색한……돌아오는 : 천지의 기운이 막혔던 비괘(否卦)에서 태평의 태괘(泰卦)로 돌아온다는 뜻이다.

26 거문고……바꾸는 : 정치와 제도 등을 전면적으로 바꾸는 것을 뜻한다.

한 바로 지금입니다. 만약 나라의 근심이 이미 안정되었다고 해서 조금이라도 자강(自强)의 계책을 느슨하게 한다면 나라의 멸망을 서서 기다릴 수 있습니다. 주자(朱子)가 말하기를 '중원의 오랑캐는 물리치기 쉬워도 하나의 사사로운 마음은 제어하기 어렵다.'[27]라고 했습니다. 임금의 한 마음은 곧 천하 만사의 근본이고, 이른바 사사로운 마음은 또 다만 재물을 좋아하고 미색을 좋아하는 것일 뿐만이 아니니, 민심을 어기고 천리에 어긋나는 것 모두가 사사로운 마음이 드러난 것입니다. 사사로운 마음을 깨끗이 없앤다면 조정을 바로잡고 백관을 바로잡고 만민을 바로잡는 어떤 일이든 어려울 게 없습니다. 현인을 선발하여 직무를 맡기고 재용을 절제하여 나라를 부유하게 만들며 덕스런 은혜를 베풀어 민생을 안정시키고 기강을 진작시켜 국세를 높이는 등의 일은 다만 세부적인 일일 뿐입니다. 바라건대 전하께서는 반드시 크게 진작시키고 크게 경동시킬 것을 생각하시어 삼백 년 종사를 안정시키십시오."

공과 같은 자는 어찌 이른바 정하고 길하게 은둔해[28] 있으며, 진퇴에 그 군주를 잊지 않는 자가 아니겠는가.

27 중원의……어렵다 : 주희(朱熹)의 《회암집(晦庵集)》 권11 〈무신봉사(戊申封事)〉에 "떨쳐 일어나야 한다는 것을 생각하는 자들은 또 영토의 회복을 잊어서는 안 되고, 국력의 쇠락이 오래가서는 안 된다는 것만을 알 뿐 세상에 둘도 없는 큰 공은 쉽게 세울 수 있지만 지극히 은미한 본심은 보존하기가 어렵고, 중원 땅의 오랑캐는 쉽게 물리칠 수 있지만 내 한 몸의 사사로운 마음은 없애기가 어렵다는 것을 알지 못합니다.〔其思奮厲者, 又徒知恢復之不可忘, 頹墮之不可久, 然不知不世之大功易立, 而至微之本心難保, 中原之戎虜易逐, 而一己之私意難除也.〕" 하였다.

28 정하고 길하게 은둔해 : 《주역(周易)》〈돈괘(遯卦) 구오(九五)〉에 "아름다운 은둔이니 정하여 길하니라.〔嘉遯貞吉〕"라고 한 데서 나온 말이다.

공의 자는 석오(錫五)이고 함안(咸安) 사람으로 시조는 신라(新羅)의 원윤 정(鼎)이다. 그 후손 여(旅)는 단종(端宗)이 수양대군(首陽大君)에게 왕위를 물려줄 때 은둔하여 출사하지 않았으니, 사대부들이 그의 절의를 높였다. 여러 세대가 내려와 동지중추부사 봉원(逢源)에 이르러 훌륭한 덕으로 칭송되었다. 해(楷)는 군수로 참판에 추증되었으니 바로 공의 부친이다. 모친은 진주 강씨(晉州姜氏)로 참봉 강유(姜游)의 딸인데 숭정 임자년(1672, 현종13) 공을 낳았다.

공은 어려서부터 영특하여 백부인 교리공(조근(趙根))이 항상 공의 머리를 쓰다듬으며 말하기를 "장성해서 필시 우리 집안을 크게 일으킬 것이다."라고 하였다. 분애(汾厓) 신정(申晸)이 일찍이 교외 집에서 동추공(同樞公 조봉원)에게 인사드릴 때 공을 보고는 기특하게 여겨 공을 수레 속에 품고 돌아갔다. 15세에 향시에 합격하고 이후로 과거에 응시하여 여러 번 상등을 차지하니 명성이 매우 자자하였다. 또 농암(農巖) 김 선생(金先生 김창협(金昌協))의 문하로 가서 종유하였다.

을유년(1705, 숙종31) 생원시에 합격하였다. 무자년(1708) 전설사 별겸에 서용되었다가 의금부 도사로 옮겼다. 규례에 따라 전생서 주부에 올랐다가 호조 좌랑으로 옮겼다. 금천 군수(金川郡守)에 제수되었지만 공을 미워하는 자가 급작스레 승진했다고 논박하여 체직시켜 사복시 판관이 되었다. 얼마 뒤 신천 군수(信川郡守)에 제수되었지만 나아가지 않았다.

갑오년(1714) 예천 군수(醴泉郡守)로 있다가 증광문과에 급제하였다. 이듬해 사헌부 지평으로 징소되어 백성의 폐해와 당시의 폐단에 대해 상소를 올려 논하였는데 대부분 채용되었다. 가을에 또 지평에 임명되었다. 왕자 연령군(延齡君)이 당시 출합(出閤)하여 사궁(私宮)

을 사치스럽게 지었는데, 공이 상소를 올려 한 문제(漢文帝)의 노대(露臺) 일[29]을 인용하여 진계(陳戒)하니 성상이 처음에는 가납하였다가 병환 중에 격노하는 하교가 있자 내의원에서 대간의 상소를 봉납하지 말도록 청하였는데, 공은 스스로 편안하지 못하여 인혐하여 그만두었다. 필선에 서용되었다가 영해 부사(寧海府使)로 나갔는데 백성들에게 문무(文武)를 권면하고 시험하며 관리의 봉록을 덜어내고 백성의 부역을 감면해주니 온 고을사람들이 크게 기뻐하였다.

장령에 임명되어 돌아왔다. 윤선거(尹宣擧) 문집 가운데 효종(孝宗)을 무함하는 말이 있어서[30] 조정에서 그 판각을 없애라고 명하였는데, 그 무리들이 사화(士禍)라고 지목하며 조정의 신하들을 협박하였다.

29 한 문제(漢文帝)의 노대(露臺) 일 : 노대는 임금이 천문을 관찰하는 장소이다. 한 문제가 일찍이 이 노대를 지으려고 기술자를 불러 공사비용을 계산하게 했더니, 백금(百金)이 들어가야 지을 수가 있었다. 그러자 한 문제는 "백금은 중산층 10호(戶)의 재산에 해당되니, 어찌 이 노대를 만들겠는가."라고 하고는 그만두었다. 《漢書 卷4 文帝紀》

30 윤선거(尹宣擧)……있어서 : 이 내용은 숙종 42년(1716) 7월 25일 경기·충청·전라 세 도의 유생(儒生) 60인이 신구(申球)를 소두(疏頭)로 하여 올린 상소에 보인다. 윤선거는 병자호란 당시 가족과 함께 강화도로 피난하였는데, 강화도가 함락될 때 부인은 자결하였으나 자신은 어버이의 봉양을 위해 탈출하여 목숨을 부지하였다. 뒤에 효종이 윤선거를 불렀으나 윤선거는 강화도에서의 자신의 잘못을 들어 벼슬길에 나아갈 수 없다고 사양하였다. 윤선거가 죽고 그의 문집인 《노서유고(魯西遺稿)》가 발간되었는데, 여기에 병자호란 당시 대군(大君)으로서 강화도에 피난해 있었던 효종에게 윤선거가 강화도의 일을 들어 자책하는 것이 혐의가 되지 않겠는가 하는 문제를 가지고 지인들과 주고받은 글들이 실려 있었다. 신구는 이런 기록들을 낱낱이 들어, 윤선거가 병자호란 당시 효종의 처신 또한 자신과 다름이 없다는 생각을 가지고 강화도의 일을 거론한 것이므로, 이는 결국 효종을 크게 비난한 행위라며 탄핵하였다. 《肅宗實錄 42年 7月 25日》

공은 상소하여 통렬하게 배척하고, 이어서 그 무리들이 윤선거를 선정(先正)이라고 칭하는 것은 참람하니 의당 금절시켜야 한다고 말하였는데, 성상이 비답을 내려 명쾌하다고 칭찬하여 정언에 임명하였다.

정유년(1717) 헌납으로 호남의 어사가 되었고 돌아와 사복시 정에 임명되었다. 얼마 뒤 동래 부사(東萊府使)로 발탁되었다. 동래부가 교활한 왜국(倭國)의 접대를 주관하고 있어, 공은 한결같이 조례와 규약을 삼가 지켜 나라의 체통을 높이는 데 힘썼다. 조정에서 통신사를 보내려 하였는데, 왜인이 미리 두 명의 역관을 보내어 절목을 의논해 정할 것을 청하자 공은 옛 규약을 고집하며 힘써 논쟁하였으나 조정에서는 끝내 왜인의 청을 허락하였다. 왜국이 또 공식적인 외교문서를 요구하였는데 공이 장계를 올려 그 불가함을 힘써 말하니 성상이 그 말이 옳다고 하였다.[31] 공이 체직되자 왜국은 꺼리는 바가 없게 되어 원하는 대로 다하고 돌아갔으니, 식자들이 개탄하고 안타까워하였다.

병조 참지에서 승정원 승지로 옮겼다. 이때 경종이 대리청정을 하고 있었는데, 공이 가장 많이 입대하였고 일에 따라 복주하면 번번이 윤허하였다. 혹자가 공에게 묻기를 "동궁께서 공이 하는 말이라면 모두

31 조정에서……하였다 : 조정에서 왜국에 통신사를 보내려 하였는데, 왜국이 통역관을 보내어 절목(節目)을 의논해 정할 것을 청하자, 조영복은 새로운 준례를 창설해서는 안 된다고 논쟁하였으나, 묘당에서는 끝내 허락하였다. 왜인들은 이에 더욱 교만해져서 또다시 서계(書契)를 요구하였는데, 공은 강력히 간쟁하기를 "이제 만약 서계를 만들어 준다면 이것은 쌍방이 의논하여 정하는 것이 아니요, 바로 저들에게 품의하여 결정하는 것이고 저들에게 가서 명령을 받는 것이니, 우리가 가서 저들에게 명령을 받는다면 그 명분이 어떻겠습니까?" 하였다. 숙종이 조영복의 말을 옳게 여기고 한결같이 그의 말을 따르니, 왜인들이 마침내 조용해졌다.《陶谷集 卷17 開城府留守趙公墓誌銘》

따르시니 정말 그러합니까?"라고 하자, 공이 탄식하며 말하기를 "만일 간사한 신하가 그 사이에 있다면 장차 말하지 못할 근심이 생길 것입니다."라고 하였는데, 뒤에 과연 그러하였다. 병조 참의, 승지에 여러 번 제수되었고, 또 형조 참의가 되었다. 부사(副使)에 충차(充差)되어 연경(燕京)으로 갔다가 돌아와 또 승지에 임명되었다. 충청 감사(忠淸監司)로 나갔다가 체직되어 공조 참의, 대사간에 임명되었고, 체직되어 도로 승지가 되었다.

신축년(1721, 경종1) 세제를 세울 때 공은 입시하여 큰 계책을 힘써 도왔다. 12월에 역신 김일경(金一鏡)이 환관과 결탁하여 흉악한 상소문을 올리니,[32] 공은 동료들과 함께 성상께 아뢰어 통렬히 배척하여 간악한 싹을 자르기를 청하였는데 이경(二更)에 여러 승지를 파직시켰다.[33] 시사(時事)가 일변하여 공 또한 삭출당해서 예산(禮山)으로 물러나 살았다. 얼마 뒤 흉악한 무리들로부터 무함을 당해 선산(善山)으로 귀양갔다가 곧 영춘(永春)의 험한 골짜기에 이배되어 살 길이

32 역신……올리니 : 소론이었던 김일경(金一鏡)은 1721년(경종1) 12월 6일 세제의 대리청정을 주청하여 관철시킨 노론의 사대신(四大臣)을 경종에 대한 불충(不忠)으로 규정하고, 이들을 사흉(四凶)으로 몰아 탄핵하는 상소를 연명으로 올렸다. 당시 김일경 일당과 결탁한 환관은 박상검(朴尙儉), 문유도(文有道) 등이었다.

33 공은……파직시켰다 : 김일경의 상소가 들어오자, 조영복을 비롯한 승지 신사철(申思喆)·이교악(李喬岳)·조명겸(趙鳴謙) 등이 아뢰기를, "김일경의 상소는 가리킨 뜻이 흉참(凶慘)하여 사대신을 해치고자 하는 데 있을 뿐만이 아닙니다.……엄하게 통척(痛斥)하여 간사한 싹을 끊어 없애고 형벌을 쾌히 베풀어 나랏일을 다행하게 하소서." 하니, 임금이 하교하여 "나의 천심(淺深)을 엿본다."라며 꾸짖고 여러 승지를 아울러 파직하였으며, 이어 삼사(三司)의 여러 신하를 일체 모두 삭출하라고 명하였다. 《景宗修正實錄 1年 12月 6日》

막막했지만, 공은 노래 부르고 유유자적하면서 어떠한 기미도 밖으로 드러내지 않았다.

지금 성상 을사년(1725, 영조1)에 쫓겨난 신하들을 모두 석방하였는데, 공은 공조 참의, 승지, 병조 참지 등에 제수되었다. 영남에 큰 흉년이 들었을 때 관찰사 자리가 비자 대신이 정사(政事)의 재주가 있는 공이 파직되어 있다고 하면서 서용하여 관찰사에 임명하기를 청하였다. 공이 추종(騶從)을 간단하게 거느리고 나가서 순시하여 그곳의 어려움을 살피고 마음을 다해 진휼하니 백성들이 더 이상 굶주리지 않게 되었다. 그래서 온 도의 사람들이 비석을 세워 공의 은혜를 칭송하였다.

연일포(延日浦)의 백성이 세 마리의 죽은 고래를 잡았는데, 창의궁(彰義宮)의 차사(差使)가 그 이익을 빼앗고자 내수사(內需司)에 고발하니, 감세관(監稅官)과 색리(色吏)를 엄히 신문하여 정배하라는 명이 내렸다. 공이 상소하여 간하기를 "고인은 진주를 골짜기에 던지고 벽옥을 산에 버렸습니다.[34] 신은 먼 지역의 백성들이 필시 전하께서 고래의 눈 때문에 이러한 처분을 내리셨다고 생각할까 두렵습니다."라고 하였다. 성상이 고래의 눈을 없애버리라고 명하고 또 연석에서 불평한 뜻을 여러 번 내비쳤다. 공은 힘써 사직을 청하여 체직되었다가 다시 들어와 첨지중추부사, 형조 참의가 되었다. 중궁(中宮)의 책봉하

34 고인은……버렸습니다 : 원래의 "벽옥을 산에 버리고 진주를 골짜기에 던지다.〔抵璧於山, 投珠於谷.〕'라는 구절을 순서를 바꾼 것이다. 이는 요(堯) 임금과 순(舜) 임금이 벽옥(璧玉)을 산에 던지고 진주를 골짝에 던져서 진귀한 보물을 좋아하는 음탕하고 간사한 욕심을 막았던 고사를 말한다.《資治通鑑 卷194 唐紀 太宗皇帝 貞觀10年》

는 전례에 공은 예방 승지(禮房承旨 우승지)로 참여한 일로 가선대부에 오르고 호조 참판 도총부 부총관 동지의금부사에 임명되었다.

정미년(1727) 도승지에 제수되었다. 김조택(金祖澤)이 상소하여 대신들을 논척하자[35] 그를 삭출시키라고 특명이 내렸는데, 공이 작환(繳還)하고 쟁론하였다. 얼마 뒤에 또 연석에서 아뢰고 상소로 청하면서 정성스럽게 군덕(君德)을 말하였다. 두 번 응제에 선발되어 모직으로 만든 말안장과 녹비를 하사받은 적이 있는데, 이때 또 〈대보단시(大報壇詩)〉에 차운한 시를 짓도록 명하자, 공이 입대하여 진계하기를 "지금은 재력이 고갈되어 백성의 삶이 피폐해졌으니, 한가롭게 시나 읊조리고 있을 때가 아닌 듯합니다."라고 하였다. 송도 유수(松都留守)에 임명되었다. 송도의 백성들이 연경(燕京)의 상인에게 부채가 많아서 오랑캐가 힐책하는 말을 하였다. 조정에서 철저히 조사하고자 했지만 대부분 가명을 쓰고 있어 정확하게 조사하기 어려웠다. 공은 부임하기 전에 모두 조사하여 그 해당자들을 찾아내니 사람들이 모두 놀랐다.

7월에 성상이 갑자기 대처분을 내려[36] 조정이 텅 비고, 김일경과 목호룡(睦虎龍)의 잔당들이 다시 조정을 가득 메웠는데, 성상은 이 일을

35 김조택(金祖澤)이……논척하자 : 여기서 대신은 좌의정 홍치중(洪致中)과 우의정 조도빈(趙道彬)을 가리킨다. 당시 동부승지 김조택이 상소하여 역적을 토죄하는 의리를 말하며 비판하기를 "조정에 있는 두 대신은 억지로 스스로 인책하고 들어가 배회하고 관망하기를 마치 직접 관계가 없는 사람처럼 하고 있습니다. 그들은 계사나 차자를 하루도 올리지 않는 날이 없었지만, 편언척자(片言隻字)도 '토죄와 복수〔討復〕' 2자를 언급하는 것을 보지 못하였습니다." 하였다. 《承政院日記 英祖 2年 11月 13日, 12月 2日》

36 7월에……내려 : 1727년(영조3) 7월 정미환국이 일어나 노론 인사들이 실권하고 소론 인사들이 다시 정권을 장악하였다.

탕평(蕩平)을 명분으로 삼아 하교하였다. 공이 상소하여 극론하기를,

"임금이 사람을 등용하고 일을 처리함에 간사함과 올바름을 분별하고 의리를 자세히 살펴, 자신의 치우친 사사로움을 없애고 천하의 지극히 공변됨을 보존한다면, 민심이 올바르게 되고 당파가 절로 사라질 것입니다. 그런데 전하께서는 그렇지 못하여, 순식간에 격노하여 거조가 전도되고 하루아침에 충신과 간신이 뒤바뀌어 부지해주고 억누르는 것이 너무 편벽합니다. 성인이 '광대해지고 평평해져 왕도가 정직해진다.'[37]라고 말한 것은 응당 이와는 같지 않을 듯합니다."

하였다. 이어서 반드시 떠나야 하는 의리를 펼치며 말하기를,

"세 조정을 섬긴 원로대신이 모두 파면당하였고, 지난날 당적에 오른 사람들 가운데 화를 면한 자가 없습니다. 신의 진퇴와 영욕은 그 의리가 이들과 다를 바 없습니다."

하였다. 성상이 처분을 어지럽힌다고 책망하고는 상소를 돌려 보냈다.

공이 또 간절한 사직상소를 네 번 올렸는데, 마지막 상소에서 "신의 본직은 규례상 비변사를 겸하고 있습니다. 지금의 이른바 대신이라고 하는 자들은 바로 지난날 공론으로 합계하여 토죄한 자들입니다. 신의 의견은 지난날 토죄할 것을 청한 여러 신하들과 본디 다를 바 없으니, 지금 어찌 이들과 조정에 함께 있을 수 있겠습니까."라고 하였다. 성상

37 광대해지고……정직해진다 : 《서경》 〈홍범(洪範)〉에 "편벽됨이 없고 편당함이 없으면 왕의 도가 탕탕(蕩蕩)하며, 편당함이 없고 편벽됨이 없으면 왕의 도가 평평(平平)하며, 상도(常道)에 위배됨이 없고 기울어짐이 없으면 왕의 도가 정직(正直)할 것이니, 그 극(極)에 모여 그 극에 돌아올 것이다.〔無偏無黨, 王道蕩蕩. 無黨無偏, 王道平平. 無反無側, 王道正直. 會其有極, 歸其有極.〕"라고 한 데서 나온 말이다.

이 하교하기를 "조 아무개가 묘당에 나와 논의하려고 하지 않는 것[38]은 조정을 무시하는 처사이다. 조정을 무시하고서 군부를 존엄하게 여기는 마음이 있겠는가."라고 하며 마침내 삭출하라고 명하였다. 송도의 백성은 늙은이와 어린아이 할 것 없이 수레를 부여잡으며 공이 떠나지 못하게 하였는데, 공이 말하기를 "나는 견책을 받아 떠나는 것이니 그대들이 만류할 수 있는 바가 아니다."라고 하고 마침내 연원(連原)에 집을 사서 여생을 마치기로 계획하였다. 몇 달이 지나 변란을 듣고 달려왔지만 결국은 뜻대로 이루지 못하였다.[39]

공은 양지현(陽智縣) 봉림산(鳳臨山) 갑향(甲向) 언덕에 안장되었고 원배(元配) 여부인(呂夫人)을 부장하였다. 부인의 부친은 부정 여필관(呂必寬)으로 함양(咸陽) 사람이다. 1남 1녀를 두었는데 아들 중행(重行)은 일찍 죽었고 사위는 군수 홍전보(洪銓輔)이다. 계배 연일(延日) 정씨(鄭氏)는 포은(圃隱 정몽주(鄭夢周))의 후손으로 참봉 정찬헌(鄭纘憲)의 딸이다. 3남 1녀를 낳았다. 아들 중회(重晦)는 문과에 급제하여 정언이 되었는데 현재 직언으로 인해 견척(譴斥)을 당하였다. 차남은 뛰어난 재주가 있었는데 요절하였다. 삼남은 중뢰(重賚)이다. 딸은 진사 이최중(李最中)에게 시집갔다. 측실 소생은 중대(重岱)

38 조……것 : 개성 유수는 규례상 묘당의 논의에 참여해야 했다.

39 뜻대로 이루지 못하였다 : 이인좌(李麟佐)의 난이 일어나자 조영복은 국난에 달려갔는데, 서용되어 한성부 우윤에 제수되었다. 이때 반역한 도당들을 국문하여 치죄할 적에, 이광좌(李光佐) 등에게 명하여 조사하게 하였는데, 이광좌가 대부분 자기 마음대로 풀어주고 놓아주니, 중외가 더욱 흉흉하고 어지러웠다. 조영복은 이에 근심하고 울분한 나머지 뇌(腦)에 종기가 나서 마침내 세상을 떠났다. 《陶谷集 卷17 開城府留守趙公墓誌銘》

이고 딸은 부사 안세태(安世泰)의 첩이 되었다.

공은 키가 보통사람보다 작았지만 정민하고 돈후하였다. 부모를 섬기기는 데 독실하고 선조를 받드는 데 성실하여 묘역에 관한 일에 유감이 없게 하였고, 조위(祧位)를 위해 제전(祭田)을 마련하였다.[40] 우애가 지극하여 과부된 누이와 빈약(貧弱)한 아우에 대해서 더욱 정성을 다하였고[41] 먼 친척까지 두루 보살폈으니, 범 문정(范文正 범중엄(范仲淹))의 유의(遺意)[42]가 있었다. 경상도 관찰사로 있을 적에 도내에 살고 있는 종족들을 대거 모아 잔치를 베풀어 즐기게 하였다.

평소 재능과 계책으로 이름이 나서 문과에 급제한 날에 사람들이 뛰어난 판탁지(判度支 호조 판서)를 얻었다고 하였다. 사무에 뛰어나 일처리가 주밀하여 약삭빠른 아전들도 감히 공을 속이지 못하였으니 국사를 집안을 다스리는 것처럼 여겼다. 검소하게 자신을 단속하여 함부로 취하거나 주지 않았다. 다스림은 애민을 위주로 하여 아전에 대해서도 경솔하게 형벌을 가하지 않았지만 간사한 짓을 저지르면 용서하지 않았다. 이 때문에 내외직의 자리를 맡았을 때 항상 공이 떠나

40 조위(祧位)를……마련하였다 : 조영복은 선조를 받드는 일에 더욱 정성을 다하여 먼 조상의 묘소에 비석을 세워 표하고, 조묘(祧廟)의 제사를 주관하는 자가 가문이 쇠락하고 침체하여 떨치지 못하자, 직접 사당을 세우고 제전(祭田)을 마련하였다.《陶谷集 卷17 開城府留守趙公墓誌銘》

41 과부된……다하였고 : 조영복은 형제자매와 우애하고 생질들을 대하기를 남보다 몇 갑절이나 더하여 집안의 재물을 자신이 차지하지 않고 한결같이 모두 나누어 주었다. 누님의 상(喪)에 좋은 묏자리를 얻지 못하자 즉시 자신이 죽은 뒤에 들어가기로 한 묏자리를 주었으며, 가난하여 돌아갈 곳이 없는 아우에게 밭과 집을 사주고 산업을 마련해 주었다.《陶谷集 卷17 開城府留守趙公墓誌銘》

42 범 문정(范文正)의 유의(遺意) : 26쪽 주16 참조.

면 그리워하였다. 평소의 지론은 과격하지도 않고 남을 추종하지도 않았으며, 오직 선류(善類)를 보호하고 군덕(君德)을 보필하는 것을 마음으로 삼아 일체의 명예와 출세에는 무심하게 뜻을 두지 않았다. 일찍이 말하기를 "나는 늦게나마 과명(科名)을 얻었고 관직을 두루 맡은 것 또한 분수에 넘치는 일이니, 다시 무엇을 바라겠는가."라고 하고, 소광(疏廣)의 말[43]을 취해 당호(堂號)를 '이지당(二知堂)'이라 이름지어 그 뜻을 드러내었다. 공과 같은 재주는 세상에 쓰일 만했지만 세상의 변고를 만나 내쫓겨 떠돌아다니다가 끝내 품은 재능을 크게 펼치지 못했으니, 공을 아는 자는 모두 안타까워한다.

나는 어려서부터 공과 종유하였는데, 지난해에 공이 교외의 집으로 나를 찾아와 아들 중회를 가르쳐달라고 부탁하였다. 지금 중회가 와서 신도비문을 청하기에 의리상 사양할 수 없어 명(銘)을 붙인다. 명은 다음과 같다.

공은 어려서부터	公於弱齡
문장으로 이미 이름이 났네	文譽已聞
누가 생각했겠나, 기염을 토하는 자	誰謂吐氣
후생의 무리 사이에서 나올 줄을	于後生群

43 소광(疏廣)의 말 : 한(漢)나라 선제(宣帝) 때 태부(太傅)를 지낸 소광(疏廣)이 어느 날 소부(少傅)의 지위에 있는 그의 조카 소수(疏受)에게 "내 들으니 '만족할 줄 알면 욕되지 않고 그칠 줄 알면 위태롭지 않다.〔知足不辱, 知止不殆.〕' 하였으니, 지금 연봉이 2천 섬에 이르러 벼슬이 높고 명예가 확립되었는데도 떠나가지 않는다면 후회가 있을 듯하다." 하였다. 소수 또한 뜻이 같으므로 함께 병을 칭탁하고 상소하여 사직하고는 고향으로 돌아갔다. 《漢書 卷71 疏廣傳》

당세에 공의 재주를 논하여	當世論才
호조의 일을 다스리기에 합당하다 하였네	合治賦云
시운이 평탄하고 기울어짐에	時運平陂
영욕이 관계되어 있네	寵辱攸關
유배당한 처지에서 일어나	起自謫籍
마침내 경의 반열에 올랐네	遂躋卿班
충신과 간신이 뒤바뀌어	忠邪互變
탁한 경수와 맑은 위수가 구분되지 않았네	涇渭莫分
공은 난초 같은 성품을 지녀	公有蘭性
아름다운 향기를 잃지 않았네	不失芳芬
의리는 군주를 뒤로 하지 않았고	義不後君
병은 몸을 따랐네	病則隨身
충심은 사라지지 않아	丹心不死
상자 속 쓰다만 글에 남아있네	半槀篋塵
내 그 말을 읽어보니	我讀其言
우국애군의 마음이 간절하였네	憂愛懃懃
하물며 거취를	況其去就
명백하게 볼 수 있음에랴	明白可觀
아름다운 공적을 모아	迺最厥美
영원토록 길이 보이노라	永示不刊

절도사 증 찬성 이공 신도비[44]

節度使贈贊成李公神道碑

숙종 임오년(1702, 숙종28) 3월, 성상이 문묘를 배알하고 알성과(謁聖科)를 시행하여 문무(文武)의 인사를 시취(試取)하였다. 문과에서는 이해조(李海朝) 자동(子東)을 얻었으니 3세에 걸쳐 문형을 지낸 집안이었고, 무과에서는 이봉상(李鳳祥)을 얻었으니 고(故) 명장(名將) 충무공(忠武公) 이순신(李舜臣)의 후손이었다. 그래서 세상 사람들이 모두 선대의 공렬을 훌륭히 계승하기를 기대하였다.

자동은 문학과 언의의 재능이 사류들의 중망을 받았지만 중도에 요절하여 공론이 안타까워하였다. 이공(李公)은 일찍부터 장수에 올랐는데, 험난한 상황을 만나면 한결같이 올바름을 지켜 끝내 난리 때 순절하여 위용을 세웠으니, 나라에 있어선 충신이고 가문에 있어선 훌륭한 후손이었다. 세상의 부침과 인간의 수명은 본디 행불행이 있기 마련이지만 두 공과 같은 사람을 어찌 쉽게 얻을 수 있겠는가. 예전에 충정공(忠定公) 장영(張詠)이 스스로 말하기를 "나와 동방급제한 사람 가운데 인재가 가장 많다."[45]라고 하였는데, 보잘 것 없는 나도 그러한

44 절도사……신도비 : 이봉상(李鳳祥, 1676~1728)의 신도비이다. 이봉상의 본관은 덕수(德水), 자는 의숙(儀叔), 시호는 충민(忠愍)이다. 이순신(李舜臣)의 5대손이다.

45 나와……많다 : 장영(張詠)은 북송의 명신으로 자는 복지(復之), 호는 괴애(乖崖), 시호는 충정(忠定)이다. 익주(益州)·항주(杭州) 등의 지주사(知州事)로 나가 치적을 쌓았고, 내직으로 이부 상서(吏部尙書)를 지냈다. 장영이 과거에 합격할 때 동방급제한 인물로 준걸들이 많았는데 일찍이 사람들에게 자랑하기를, "나와 동방급제

영예를 누렸다.[46]

공의 자는 의숙(儀叔)으로 덕수(德水) 사람이다. 부친 홍저(弘著)는 상주 영장(尙州營將)을 지내고 호조 참판에 추증되었다. 조부 광윤(光胤)은 현릉 참봉(顯陵參奉)을 지내고 대사헌에 추증되었다. 증조 지백(之白)은 순릉 참봉(順陵參奉)을 지내고, 고조 회(薈)는 임실 현감(任實縣監)을 지냈는데 모두 좌승지에 추증되었다. 모두 충무공의 자손들이다. 공은 숭정(崇禎) 후 병진년(1676, 숙종2) 4월 20일에 태어났다. 키가 장대하고 수염이 수려했으며 눈빛은 번개처럼 번뜩이고 목소리는 쩌렁쩌렁하였다.

급제한 이후로 지위와 명망이 매번 남보다 앞섰는데 곧 선전관에 제수되어 비변사 이정청 낭관을 겸하였고, 얼마 뒤에 차례를 뛰어넘어 천거되어 훈련원의 주부, 도총부의 도사와 경력으로 옮겼다. 삭주 부사(朔州府使)로 나갔다가 훈련원 정을 거쳐 내금장으로 발탁되었고, 다시 김해 부사(金海府使)로 나갔다가 전라 좌수사(全羅左水使)로 옮겼다. 체임되어 겸내승에 제수되었고 다시 선전관과 우림장이 되었다. 재차 승정원에 들어가 동부승지가 되었다가 다시 영변 부사(寧邊府使)로 나갔다. 당시 흉년이 들었는데 공이 보관하고 있던 곡식 4만 섬을 모두 꺼내어 진휼하며 말하기를, "차라리 유곡(留穀 대출하지 않고 창고에

한 사람 가운데 인재가 가장 많았다. 근중하고 아망이 있기로는 이문정이 제일이고, 침중하고 덕이 있어 천하를 감복시키기로는 왕공이 제일이고, 면전에서 직언으로 간쟁하고 본디 풍채가 있기로는 구공이 제일이고, 방면의 임무에는 나도 누구 못지않다.〔吾榜中得人最多, 謹重有雅望, 無如李文靖; 深沈有德, 鎭服天下, 無如王公; 面折廷爭, 素有風采, 無如寇公; 當方面寄 則詠不敢辭.〕"라고 하였다.《事文類聚 卷29 榜中得人》

46 보잘……누렸다 : 저자 또한 임오년(1702, 숙종28) 3월 알성문과에 급제하였다.

보관한 곡물)을 멋대로 써서 죄를 받을지언정 차마 나의 백성을 굶주려 죽게 할 수는 없다."라고 하였다.

갑오년(1714, 숙종40) 남병사가 되고, 병신년(1716) 선전관이 되었다. 정유년(1717) 삼도 통어사에 올랐다가 체직되어 금군 별장에 제수되었다. 춘천 부사(春川府使)에 제수되자 훈련도감에서 아장(亞將)으로 머물기를 청하였다. 경자년(1720) 양주 목사(楊州牧使)에 제수되자 어영청에서 다시 머물기를 청하였지만, 경기 감사가 할 일이 많은 고을에 폐단을 해소하는 일은 아무개가 아니면 불가능하다고 아뢰자 성상이 주청을 받아들였다. 얼마 뒤에 충청 병사(忠淸兵使)로 옮기게 되자 양주의 백성들이 달려가 호소하며 머물기를 청했지만 받아들여지지 않았다.

신축년(1721, 경종1) 10월에 조정으로 들어가 좌변포도대장, 훈련원 도정이 되었다. 당시에 김일경(金一鏡)의 무리가 장차 난입하려고 하여 인심이 두려움에 떨었는데, 이삼(李森)이 그때 포도대장으로 있으면서 마음이 내숭스럽고 우악하였다. 우리 중부 귀락공(歸樂公 이만성(李晩成))이 병조 판서로 있으면서 특별히 이삼을 내보내고 공을 대신하게 하였는데, 공이 흉악한 무리들에게 미움을 받은 것이 이때부터 시작되었다.

임인년(1722)에 통제사로 나갔다가 겨울에 사직하여 체직되었다. 당시에 구장(舊將)들은 모두 제거되고 공은 오래된 명망으로 한직에 머물고 있었는데, 도로 포도대장과 훈련원 도정의 직분을 맡았다. 갑진년(1724)에 총융사와 한성부 좌윤에 제수되었다. 공은 부지런히 직분에 이바지하면서도 날마다 울적하여 즐겁지 않아 두문불출하며 공무가 아니면 집밖을 나가지 않았다. 항상 충무공의 유훈(遺訓)인 "등용되면 나라를 위해 목숨을 바치고, 등용되지 않으면 초야에서 농사짓는 것만으로 족하다.〔用則效死於國, 不用則耕於野足矣.〕"라는 열네 글자를 문미에 걸어두고 아침저녁 암송하였으니, 공의 지조를 알 만하다.

을사년(1725, 영조1) 봄, 형조 참판으로 훈련도감, 금위영 및 좌우포도청의 일을 겸찰하게 되었다가, 이어 훈련도감 대장 겸 훈련원 도정에 제수되었다. 당시 조정의 의론이 한창 김일경 무리의 역적들을 모두 주벌하기를 청하였는데, 공이 말하기를 "무신(武臣)이 비록 당벌(黨閥)의 논의를 해서는 안 되지만 이는 실로 충신과 역적의 판가름에 관계된 일이니 의리상 분명하게 하지 않아서는 안 된다."라고 하여, 빈청(賓廳)에서 회의하고 정청(庭請)에서 청대할 때 참석하지 않은 적이 없었다.

정승 민진원(閔鎭遠)이 대행왕(大行王)의 편찮았던 실상을 교문(教文)에 첨가하여 군흉들이 기만하고 무함한 정상을 밝게 보이기를 청하였는데,[47] 공이 성상의 하문에 그 말을 반드시 따라야 한다고 힘써 아뢰었다. 5월에 대간의 탄핵으로 체직되었다가 얼마 되지 않아 다시 어영대장과 지훈련원사에 제수되었고 동지의금부사가 된 것은 두 번이었

47 민진원(閔鎭遠)이……청하였는데 : 영조가 시민당(時敏堂)에서 대신 등을 인견하는 자리에서 민진원(閔鎭遠)이 "고묘문(告廟文)에 '질환이 있었다'라고 첨가해 넣는 문제는 실로 주저하실 일이 아닙니다."라고 하였는데, 영조는 굳이 '질환이 있었다'는 말을 넣을 필요가 있겠냐며 물었고, 이에 대해 홍치중(洪致中), 이의현(李宜顯), 김흥경(金興慶) 등이 이 말을 넣어도 무방하다고 하였다. 영조는 "교문에 '질환이 있었다'라고 할 필요도 장황하게 말할 필요도 없다. 단지 '대행왕이 편찮으셨기 때문에 간흉들이 그 기회를 틈타 성덕을 가렸다.'라고 하면 좋을 듯하다. 내가 오늘 한 말만으로 상세하게 거조(擧條)를 낸 다음 교문에 그 말을 첨가해 넣도록 하라." 하였다.《承政院日記 英祖 1年 4月 2日》

다. 특진관으로 입시했을 적에 역적 이사성(李思晟)이 중국의 규례를 증거로 대며 죄를 지어 유배된 사람들을 모두 변방의 수령으로 보임하도록 청하자, 공은 그에게 딴 생각이 있다고 의심하여 힘써 저지하였다.[48] 정미년(1727) 여름, 다시 대간의 탄핵으로 체직되었다.

공은 안으로 지키는 것이 매우 확고하면서도 밖으로는 너그러운 듯하였다. 위태롭고 불안한 시절을 당해서는 과격한 행동으로 화를 초래하는 일을 하지 않고자 하였다. 모르는 자들은 공이 구차하게 비위를 맞추었다고 의심하며 비방하는 말이 낭자하게 이르지 않음이 없었다. 혹자는 "찰싹 달라붙어 몰래 교활한 짓을 하여 심사가 음침하다."고 하고, 혹자는 "군수물자를 남용하여 역적 유봉휘(柳鳳輝)에게 몰래 부의를 보냈다."라고 하는 등 반드시 공을 함정에 밀어 넣고자 하였다. 대신이 조사하여 밝히기를 청하였는데 결국 사실무근으로 나오자 성상이 매번 위로하고 달래며 말하기를 "충신의 후손으로 됨됨이가 질박하고 성실하다는 것은 내 이미 알고 있다."라고 하였다. 비록 잠시 동안 면직되기를 허락하여 염의(廉義)를 펼치게 했지만 곧 다시 도로 제수하였다.

7월에 김일경 무리가 다시 들어와 조정이 일변하였는데, 공이 상소

48 이사성(李思晟)이……저지하였다 : 전임 북병사 이사성이 문신으로 일찍이 승지를 지낸 사람을 북평사로 차임하여 보낼 것을 청하고, 수령에 있어서는 현재 쫓겨나 귀양살이하고 있는 사람을 옮겨다 보임하여 실효를 내도록 책임지울 것을 청하였는데, 말씨가 외람되게 조금도 고려하고 기탄함이 없으므로, 참찬관 나학천(羅學川)이 추고할 것을 청했으나, 영조가 따르지 않았다. 이때 특진관으로 입시했던 이봉상(李鳳祥)은 이사성의 말을 두둔하였다.《英祖實錄 3年 3月 15日》 그러나 같은 날《승정원일기》의 기사에는 이봉상이 이사성의 의견에 반대한 것으로 나온다.

를 올려 스스로 논핵하며 삭출된 여러 신하들과 같은 죄로 처벌해 주기를 청하였다. 누차 성상의 명을 어기자 특명으로 외직으로 쫓겨나 충청병사(忠淸兵使)에 보임되었다. 공은 "이광좌(李光佐)와 조태억(趙泰億)은 일찍이 토벌을 청했던 역적들인데 지금 도리어 정승의 자리를 차지하고 있으니, 내 어찌 차마 그들을 대신으로 대우할 수 있겠는가." 라고 하고, 끝내 그들에게 하직인사를 하려고 하지 않았다. 이광좌의 고발로 공이 법리(法吏)에 넘겨져 사실대로 공초를 바치자, 성상의 특명으로 관직을 띤 채로 석방되었다. 애초에 공을 의심하고 헐뜯었던 자들은 도로 부끄러워하며 사죄하였다.

공은 시세가 염려스럽고 중외가 떠들썩하였기 때문에 하직인사를 하는 날 여러 고을을 엄히 신칙하고 군무(軍務)를 정비하기를 청하였는데, 성상이 편의에 맞게 수행하라고 명하였다. 감영에 도착한 후에 우선 오영(五營)을 신칙하고 중요한 길목에서 기찰하는 곳을 별도로 설치하였다. 또 무작위로 추출하여 순찰하기를 청하였는데, 비변사에서 막고서 보고하지 않기도 하고 망령되고 경솔하다고 비난하기도 했으며, 심지어 시끄럽고 자잘한 일은 조정에 전파하지 못하게 하는 법령을 만들기까지 하였다. 그래서 공은 탄식하며 말하기를, "전후로 보고한 것이 걸핏하면 저지되고 막혀 손발을 움직이지 못하게 만드니, 지혜로운 자라도 어찌할 수 없을 것이다." 하였다.

서소문(西小門)의 괘서(掛書) 변고[49]를 듣고 말하기를 "나는 화란이

49 서소문(西小門)의 괘서(掛書) 변고 : 경종이 영조에 의해 독살되고 영조가 숙종의 자식이 아니라는 내용의 괘서(掛書)가 1728년(영조4) 1월 서울 서소문(西小門)에 유포된 것을 가리킨다.

지방이 아니라 조정에서 일어날까 두렵다."라고 하였다. 당시 군흉들이 권세를 훔치고 세력을 형성하여 안팎으로 결탁하였으니, 이를테면 충청 감사 권첨(權詹), 전라 감사 정사효(鄭思孝), 함경 감사 권익관(權益寬), 평안 감사 이사성(李思晟)은 특히 적발된 자들이다. 이때에 숙장(宿將)으로 중요한 번진을 맡은 이는 공 한 사람뿐이었다. 이 때문에 역적들의 공초에서 모두 청주 병사를 반드시 먼저 제거한다면 나머지는 두려울 게 없다고 말하였다.

3월 15일 먼저 청주가 함락되었다. 역적 양덕부(梁德溥)는 공의 부장(副將)으로 역적의 후한 뇌물을 받고서 성문을 열어 길을 인도하니, 밤 4경(更)에 곧장 공의 침소로 돌진하였다. 공은 놀라서 일어나 검을 뽑아들고 적들과 맞서 싸우다가 한쪽 손이 잘리자 적들이 마침내 공을 치면서 포박한 채 속히 항복하라고 협박하며 말하기를, "13일에 이미 경성이 함락되었다. 만약 군대를 출동시켜 우리를 따른다면 부귀를 함께 누리게 될 것이다."라고 하였다. 공이 성을 내며 꾸짖기를 "나는 충의(忠義)를 지킨 가문의 후손이다. 어찌 너희 역적놈을 따라 배반하겠는가. 이 역적놈아, 이 역적놈아. 어서 나를 죽여라, 어서 나를 죽여라." 하고 이렇게 세 번 고함을 쳤다. 죽어가면서도 입으로 계속해서 적들을 꾸짖었다.

비장(裨將) 홍임(洪霖)이 난리를 듣고 공을 구하러 들어가 검으로 공격하여 수 명의 적을 해치웠다. 적들이 그를 포박하여 남쪽 담장 아래서 죽이고는 서로 돌아보며 탄식하기를 "저자는 주장(主將)을 위해서 목숨을 바쳤으니 열사(烈士)로다."라고 하였다. 또 중영(中營)을 습격하여 영장(營將)인 남연년(南延年)를 사로잡아 항복하라고 협박했는데, 그 또한 적들을 꾸짖으며 굴복하지 않고 죽었다. 공의 계부

이홍무(李弘茂)가 적들에게 사로잡히자 조카 이학상(李鶴祥)을 돌아보면서 이르기를, "불의(不義)로써 목숨을 구걸할 수는 없다.'라고 하고 꼿꼿이 서서 무릎을 꿇지 않았고 이름을 물어도 대답하지 않았다. 적들이 노하여 칼을 뽑아 마구 찔렀으나 끝내 굴복하지 않다가 구류된 지 6일 만에 결국 죽었다. 16일에 그 지역 군교(軍校) 김지행(金志行) 등이 적에게 빌어서 공의 시신을 수습하여 성의 서쪽에 묻었고, 26일에 아산(牙山)으로 반구(返柩)하여 널을 바꾸고 다시 염습하여 집 뒷마당에 임시로 매장하였다. 5월 16일에 본현의 나산(羅山) 선영의 자좌(子坐) 언덕에 안장하였다.

청주 목사 박당(朴鐺)이 애초에 관인(官印)과 병부(兵符)를 버리고 도망갔다가 후에 변고의 사유를 아뢸 적에 공의 사실을 모두 빼버렸는데, 어사 이도겸(李道謙)이 난리에서 돌아와 비로소 사실을 모두 아뢰었다. 이에 성상이 특명으로 공을 의정부 좌찬성에 추증하고 또 그로 인해 정려(旌閭)하게 하였으며, 본도에서 공의 장례를 치르게 하고 충민(忠愍)이라는 시호를 내렸다. 후에 어사 오원(吳瑗)의 주청으로 청주에 공을 기리는 사당을 세워 남연년과 홍임을 배향하도록 하고 표충사(表忠祠)라고 사액하였다. 아산(牙山)의 현충사(顯忠祠)는 바로 충무공을 제향하는 곳으로, 충무공의 조카인 증 판서 이완(李莞)이 정묘년(1627, 인조5)에 의주 부윤(義州府尹)으로서 국난에 세상을 떠나[50] 이 사당에 배향되었는데 이때에 이르러 공이 또 배향되었다.

50 이완(李莞)이……떠나 : 이완(李莞, 1579~1627)은 이순신의 조카이다. 정묘호란 때 적과 싸우다가 중과부적으로 패하자 분사(焚死)하였다. 1706년(숙종32) 아산 현충사에 배향되었다.

공의 모친 진주 정씨(晉州鄭氏)는 당시 살아있었는데, 조정에서 미곡과 포목을 공급해주고 정경부인으로 특별히 봉하였다. 부인은 성품이 엄하고 식견이 있었는데 공을 바른 도리로 가르쳤다. 공이 통제사로 있을 적에 부인이 경계하기를 "일찍이 통영의 군정(軍情)을 들어보니 충무공의 자손이 통제사가 되기를 원한다고 한다. 너는 반드시 선조의 공렬을 유념하여 국사에 심력을 다해 사람들을 실망시키지 않도록 하여라."라고 하였다. 또 옷상자를 내보이며 말하기를 "시원하고 따뜻한 너의 옷가지가 갖추어져 있으니 관가의 어떤 작은 물건도 사용하지 말거라."라고 하였다. 공의 상례 때 부인은 곡하지 않고 말하기를 "내 자식이 나라를 위해 죽어 조상을 욕되게 하지 않았으니, 내 어찌 슬퍼하리오."라고 하였다. 아! 부인의 어짊이 이와 같으니 공이 부인의 자식됨이 마땅하구나.

공은 모두 세 번 장가들었다. 죽산 안씨(竹山安氏)는 수사 안적(安績)의 딸로 1남 북병사 한필(漢弼)을 낳았다. 남양 홍씨(南陽洪氏)는 찰방 홍일장(洪日章)의 딸이다. 달성 서씨(達城徐氏)는 서종의(徐宗誼)의 딸로 1남 한익(漢翊)을 두었는데 요절하였다. 한필은 1남3녀를 두었는데 아들은 재해(載海)이고 딸은 김경주(金景柱)에게 시집갔으며 나머지는 어리다. 한익의 양자는 달해(達海)이다. 명(銘)은 다음과 같다.

옛날의 명장으로	在古名將
충무공이 계셨네	曰忠武公
산과 바다에 맹세하였으니[51]	誓海盟山
걸출한 기개를 상상할 수 있네	想像英風

예전의 전장에는 구름도 시름겨운데　戰處雲愁
거대한 비석에 공적을 기록하였네　穹碑記功
선조를 빼닮은 후손 있으니　有孫克肖
나라를 지키는 뛰어난 장수였네　干城之雄
어찌 난리에 임하여　豈徒臨難
죽는 것만이 충성이리오　決死爲忠
이 화란은　蓋此禍亂
얼음이 차츰 단단해진[52] 것이네　馴致冰至
안의 분쟁과 밖에서 오는 적은　內訌外寇
참으로 두 가지 일이 아니네　諒非二事
공은 조정에 있을 적에　公在于朝
그 마음이 변치 않았네　厥心不貳
훼방과 칭찬 분분하였으니　紛紛毁譽
남이 몰라준들 무슨 상관이리오　不知何傷
저 역적의 무리들　彼哉逆儔
조정에서 극성을 부렸네　赫赫巖廊

51 산과 바다에 맹세하였으니 : 이순신 장군의 시에 "바다에 맹세하니 어룡이 꿈틀대고, 산에 맹약하니 초목이 알아주네.〔誓海魚龍動, 盟山草木知.〕" 하였다. 《李忠武公全書 卷1 無題一聯》

52 얼음이 차츰 단단해진 : 일이 작은 일에서 촉발되어 차츰 심각한 변고를 초래한다는 뜻이다. 《주역》〈곤괘(坤卦) 초육(初六)〉 효사(爻辭)에 "서리를 밟으면 단단한 얼음이 이른다.〔履霜堅冰至〕"라는 구절이 있는데, 그 〈상전(象傳)〉에 '서리를 밟으면 단단한 얼음이 이른다'는 것은 음이 처음 응결한 것이니 그 도를 점차 이루어서 단단한 얼음에 이른다는 것이다.〔履霜堅冰, 陰始凝也, 馴致其道, 至堅冰也.〕" 하였다.

끝내 무릎을 굽히지 않았으니　有膝不屈
이미 의지가 굳세었네　此已倔强
오직 청주 병사가　維淸之閫
나라의 한 훌륭한 신하였네　國有一臣
역도들이 공을 해치기를　賊徒害之
몸에 붙은 독초를 제거하듯 하였네　如堇在身
형세상 반드시 먼저 제거되었지만　勢必先去
공은 마침내 인을 이루었네　我乃成仁
3월 15일　三月十五
고립된 성을 지키지 못하였네　孤城不守
호랑이 같은 공을 포박하니　縛侯如虎
적들을 개처럼 꾸짖는구나　罵賊如狗
표충사에　表忠之祠
유자들이 제사를 올리네　儒衿奔走
남공(남연년)은 왼쪽에 있고　南公在左
공은 오른쪽에 있네　公則在右
또한 건너편에 있는 홍 비장(홍임)은　亦越洪裨
의리로 공을 저버리지 않았네　義不負公
천억 년 지나도록　有來千億
무궁하게 숭양한 보답을 받으리라　崇報無窮
사람이 태어날 적에　凡人有生
각자 인륜을 타고나네　各賦天常
누군들 이 마음이 없겠는가마는　孰無是心
공만이 잃어버리지 않았네　公獨勿喪

너의 조상을 생각하지 않겠느냐[53]	無念爾祖
그 광채가 열렬히 빛나네	烈烈其光
공의 죽음이 없었다면	微公一死
사람의 도리가 거의 실추되었으리라	人紀幾墜
내가 명을 지으니	我作銘詩
두 마음을 품은 자 부끄러우리라	二心是愧

53 너의……않겠느냐 : 《시경》 〈대아(大雅) 문왕지십(文王之什) 문왕(文王)〉에 "너의 조상을 생각하지 않겠느냐, 그 덕을 닦을지어다. 길이 천명에 짝하는 것이, 스스로 많은 복을 구하는 길이니라."라고 한 데서 나온 말이다.

영장 증 판서 남공 신도비[54]

營將贈判書南公神道碑

나는 삼가 다음과 같은 사실을 괴이하게 여겼다. 예로부터 충절을 지킨 선비는 높은 관직과 많은 녹봉을 받는 부류에서 나오질 않고 대부분 평소 낮은 지위에 있어서 군주가 어떻게 생겼는 지도 모르는 부류에서 나오니, 그 까닭이 무엇인가? 높은 관직과 많은 녹봉은 대체로 모두 권세가에게 아첨하여 얻은 것이니, 낙척하여 불우한 자는 필시 시속이 좋아하는 바를 구차하게 따르지 않고 본성을 온전히 지키다가 화란(禍亂)이 닥쳐 우연히 분발하여 성취하였을 것이다. 나는 근세에 이와 같은 한 사람을 보았으니 바로 충장(忠壯) 남공(南公)이다.

공의 휘는 연년(延年)이고 자는 수백(壽伯)으로 의령(宜寧) 사람이다. 우리 태조(太祖) 때 상호군 심(深)이 요동(遼東) 정벌에 종군하여 무공을 세웠는데, 심이 성균관 대사성 상명(尙明)을 낳고, 상명이 병조참지 질(軼)을 낳으니 공의 9대조이다. 증조의 휘는 홍달(弘達)로 용양위 부호군을 지냈고, 조부의 휘는 유경(有慶)으로 사복시 첨정에 추증되었으며, 부친의 휘는 두명(斗明)으로 승정원 좌승지에 추증되었다.

공은 숙종 병진년(1676, 숙종2)에 무과에 급제하여 선전관에 임명되었다. 부친상을 당하여 삼년상을 마친 후에 무신겸선전관에 보임되

54 영장……신도비 : 남연년(南延年, 1653~1728)의 신도비이다. 남연년의 본관은 의령(宜寧), 자는 수백(壽伯), 시호는 충장(忠壯)이다.

고 비변사 낭관에 차임되었다. 군기시 판관으로 옮겼다가 얼마 뒤에 군기시 첨정에 올랐다. 상원 군수(祥原郡守)로 나갔다가 임기가 만료되어 돌아온 후에 또 고부 군수(古阜郡守)가 되었는데 어떤 일에 연좌되어 파직되었다. 정승 이세백(李世白)이 백성을 잘 다스린다는 공의 명성이 자자하여 파직시킬 수 없다고 말하자 잉임(仍任)하도록 명하였다. 훈련원 판관, 중추부 도사에 제수되었다가 도총부로 바뀌었다.

얼마 뒤에 훈련원 첨정을 거쳐 황해도 병마우후가 되었다. 곰이 고을에 들어와 사람을 잡아먹었는데, 공이 단기(單騎)로 달려가 화살로 쏘아 죽이니 이 때문에 영중(營中)의 군사들이 그의 용맹에 감복하였다. 후에 다시 도총부에 들어와 경력이 되었다가 선전관으로 바뀌었다. 외직으로 나가 이산(理山)과 박천(博川) 두 곳의 군수가 되었다. 박천에 있을 적에 봄가을로 고을의 자제들을 뽑아 문예를 시험하여, 그 가운데 우수한 자를 뽑아 학교에 두고서 감독하고 독서와 작문을 시험하여 상벌을 분명하게 하였다. 매달 초하룻날 선사(先師)를 예로 알현하며 제생들을 이끌고 명륜당(明倫堂)에 앉아서 함께 강론하였다. 고을 사람들이 공이 떠나갈 적에 흥학비(興學碑)를 세워 공의 덕을 칭송하였다.

신축년(1721, 경종1) 절충장군에 올라 성진 첨절제사(城津僉節制使)가 되었다. 이듬해 영장(營將)으로 나아가 안동(安東)을 진무하였는데, 한 해 남짓 지나 우림장군으로 돌아왔다. 지금 성상 3년 정미년(1727, 영조3)에 또 나아가 청주 영장(淸州營將)이 되었다. 이전에 경종이 병이 있는 데다 후사가 없어, 대신 충헌공(忠獻公) 김창집(金昌集) 등이 동조(東朝 인원왕후)에게 아뢰어 경종이 지금 성상을 왕세제로 책립하였다. 적신 김일경(金一鏡)과 박필몽(朴弼夢) 등이 몰래 두 마음을 품고 환관 박상검(朴尚儉) 등과 결탁하여 사대신[55]을 무함하여 대역죄로 몰아 죽인 다음, 저궁(儲宮 영조)를 위해하려고 도모하였지만 실패하였다. 지금 성상이 즉위하자 김일경은 복주(伏誅)를 당하고 박필몽은 유배를 당하였는데, 그의 무리인 이인좌(李麟佐), 정희량(鄭希亮), 남태징(南泰徵), 이사성(李思晟) 등과 함께 안팎으로 연합하여 반역을 도모하니 인심이 흉흉하여 모두 조만간 변고가 생길 것을 알고 있었다. 당시에 충민공(忠愍公) 이봉상(李鳳祥)이 절도사로 있었는데, 공이 충민공에게 말하기를, "어찌하여 대비하지 않습니까?"라고 하자, 충민공이 말하기를, "내가 절도사이니 어찌 환란을 대비하는 방도를 생각하지 않겠는가. 다만 변란이 아직 일어나지 않았는데 먼저 스스로 계엄하는 것은 내가 감히 못하겠다."라고 하였다.

무신년(1728) 3월 15일, 이인좌가 군대를 일으켜 청주를 습격하였다. 마침 눈이 내리고 한밤중이었는데 공이 변고를 듣고 놀라서 일어나 검을 잡고 뛰쳐나갔는데, 적들은 이미 침문(寢門) 안으로 들어와 있었다. 공이 검으로 적들을 공격하였지만 사로잡혀 적이 관덕당(觀德堂)으로 끌고갔다. 이인좌가 병사들을 늘어놓고 당상에 앉아 공에게 무릎을 꿇으라고 협박하였는데, 공은 꼿꼿이 서서 눈을 부라리며 큰 소리로 꾸짖기를, "나는 세 조종을 모신 구장(舊將)으로 이제 나이가 일흔이 넘었다. 어찌 한 목숨을 아끼자고 네놈에게 굴복하겠느냐. 내 머리는 자를 수 있지만 내 무릎은 굽힐 수 없을 것이다."라고 하였다. 적이 크게 노하여 더욱 맹렬하게 공을 협박하고 심지어 검을 뽑아 공의 두

55 사대신 : 신임옥사로 죽은 노론 사대신 김창집(金昌集), 이이명(李頤命), 이건명(李健命), 조태채(趙泰采)를 가리킨다.

무릎을 내리쳤지만 공은 끝내 무릎을 굽히지 않고 말하기를, "개새끼, 쥐새끼 같은 놈들아! 빨리 내 머리를 베어라."라고 하며 꾸짖는 소리가 끊어지지 않았다. 다음날 새벽에 살해되었으니 이때 나이가 76세였다. 성상이 이 소식을 듣고 크게 애도하며 말하기를, "질풍 속에서 비로소 굳게 버티는 풀을 알 수 있다."[56]라고 하고, 특별히 병조 판서에 추증하고 충장(忠壯)이라는 시호를 내려주었으며, 유사에게 명하여 정려문을 세우게 하였다. 절도사 이공 또한 굴복하지 않다가 죽었는데,[57] 뒤에 어사 오원(吳瑗)이 서계(書啓)로 주청하여 청주성 안에 사당을 세워 공과 이공을 함께 봉향하였다.

애초에 공이 죽었을 때 자식들은 모두 서울에 있어 오지 못했는데, 오직 사내종 만만(晩萬)과 계집종 헌례(憲禮)만이 공의 시신 곁에 있으면서 차마 떠나지 못하자 적들이 탄식하며 말하기를 "종들도 각자 제 주인을 위하는구나."라고 하고 끝내 그들을 해치지 않았다. 이때 공의 시신이 길가에 방치된 채 한낮이 되었는데도 염빈(殮殯)을 하지 못하여 종들이 매우 서글프게 곡하였는데, 고을 사람들이 그들의 정성에 감동하여 시신을 옮겨 성의 동쪽에 초빈(草殯)하였다. 7일이 지나 적들이 안성(安城)으로 도망가자 공의 조카인 덕기(德基)와 덕승(德

56 질풍……있다 : 어려움 속에서도 절의가 변치 않는 사람을 비유하는 말로, 당 태종(唐太宗)이 소우(蕭瑀)를 칭찬하면서 하사한 시에 "질풍 속에서 굳게 버티는 풀을 알 수 있고, 난리 속에서 충성스러운 신하를 알 수 있다.〔疾風知勁草, 板蕩識誠臣.〕"라고 한 데서 온 말이다. 《舊唐書 卷63 蕭瑀列傳》

57 절도사……죽었는데 : 이봉상(李鳳祥) 또한 이인좌의 무리에게 사로잡혀 굴복하지 않다가 죽임을 당했다. 본서 제30권 〈절도사 증 찬성 이공 신도비(節度使贈贊成李公神道碑)〉에 자세히 보인다.

升) 등이 비로소 시신을 모시고 고향으로 돌아왔다. 공이 죽은 지 8일이 지나 염을 하였는데 안색이 살아있을 때처럼 늠름하여 사람들이 모두 기이하게 여겼다. 그해 5월 병인일에 음성현(陰城縣)의 살던 마을 산 북쪽에 안장하였다.

공의 됨됨이는 침착하고 굳세며 용감하였다. 지극한 효성으로 부모를 섬겼으니, 부친이 병이 들었을 때는 목욕재계하고 북극성에 기도하며 자신이 부친을 대신하기를 빌었다. 또 손가락을 베어 피를 부친의 입에 넣어드렸고, 거상할 때는 아침저녁으로 무덤에 가서 슬프게 곡하였는데 풍우가 몰아쳐도 그만둔 적이 없었다. 아우들에게는 우애하여 병이 든 아우는 마음을 다해 구제하였고, 죽은 아우는 남겨진 조카들을 성인이 될 때까지 길러주었다. 집안에서의 독실한 행실이 이와 같았다.

입조한 지 50여 년 동안 청렴하고 방정하며 삼가고 공경스러워 한결같이 바꾸지 않았다. 일찍이 "임금을 부모 사랑하듯 사랑하고, 나라를 집안 걱정하듯 걱정한다.〔愛君如愛父 憂國如憂家〕"라는 열 글자를 잠자리에 걸어놓고 스스로 경계하였다. 공의 후배들은 대부분 곤임(閫任)의 지위에 이르렀으나 공은 홀로 지방 수령의 자리를 부침하여 이름이 알려지지 않아도 태연해하며 개의치 않았다. 항상 술이 거나하게 취하면 제갈량(諸葛亮)의 〈출사표(出師表)〉를 노래하며 길게 탄식하였는데, 남들은 공의 뜻을 헤아리지 못하였다. 기억하기로 공이 박천군수로 부임할 때 나에게 인사를 하러 왔는데, 단번에 지조가 확고하고 충성스런 사람임을 알아보았다. 그러나 당시엔 또한 예사로 여겼으니 저처럼 우뚝하게 절개를 수립할지 어찌 상상이나 했겠는가.

부인 양씨(楊氏)는 군수 양우한(楊遇漢)의 딸로 공보다 5년 뒤에 세상을 떠났다. 공의 묘를 진천현(鎭川縣) 명신동(明信洞) 해좌(亥坐)

의 언덕에 이장할 때 부인을 합장하였다. 2남을 두었으니 덕순(德純)은 지금 용궁 현감(龍宮縣監)이다. 덕하(德夏)는 관직이 함경북도 절도사에 이르렀는데, 일찍이 이삼(李森)에게 하직인사를 하러 가지 않았다고 해서 성상의 견책을 받았지만 끝내 뜻을 굽히지 않았으니,[58] 사람들이 부친의 풍모를 지녔다고 하였다. 덕순(德純)이 학사(學士) 황경원(黃景源)이 지은 행장을 가지고 와서 내게 묘비문을 청하기에 마침내 위와 같이 논찬하고 명(銘)을 덧붙인다. 명은 다음과 같다.

굳센 남공이여	烈烈南公
나라를 지키는 훌륭한 장수로다	干城之良
당시엔 낙척하여	當時落拓
평범한 듯 하였네	頗似尋常
안고경이 역적을 꾸짖으며	杲卿罵賊
비린내 나는 개 같은 오랑캐라 소리쳤지만[59]	曰臊羯狗
이 안고경을 공과 비교하면	將比於公
백발도 되지 않은 때였네	時未白首

58 이삼(李森)에게……않았으니 : 남덕하(南德夏)가 황해 수사(黃海水使)에 제수되었을 때, 당시 비변사 수장이었던 이삼(李森)에게 하직인사를 하러 가지 않았다. 이에 비변사에서 남덕하를 파직하라고 청하자, 청주에 정배하라는 명이 내려졌다. 《英祖實錄 7年 1月 28日》 참고로 이삼은 윤증(尹拯)의 문하에서 수학한 소론 측 무관이었다.

59 안고경이……소리쳤지만 : 당(唐)나라 충신 안고경(顔杲卿, 692~756)은 안녹산(安祿山)의 난리 때 상산군(常山郡)을 지키고 있던 중 사사명(史思明)의 공격을 받아 성이 함락되면서 포로로 잡혔다. 동도(東都)로 끌려가서 안녹산을 향해 꾸짖기를, "비린내 나는 개 같은 오랑캐야! 어찌 나를 빨리 죽이지 않느냐." 하며, 끝내 굴복하지 않아 처형당했다. 《新唐書 卷192 顔杲卿列傳》

팔십의 나이로	八十之年
밝은 의리로 죽은 것은	明白死者
고금에 드문 일이니	事曠今古
그 얼마나 씩씩한가	一何壯也
하늘의 올바른 기운이	維天正氣
모여서 인걸이 되었네	鍾而爲人
이미 크게 쓰이지 않았으니	旣不大用
굽혀지면 반드시 펴지기 마련이네	屈必有伸
물고기와 웅장의 선택[60]을	熊魚取舍
창졸간에 결단하여	決於造次
천지 사이에서	天地中間
우리 인륜의 기강을 세웠네	立我人紀
어찌 알았으랴, 넉넉한 기개가	安知餘烈
매서운 위세에도 흔들리지 않을 줄을	不化風霆
역란의 기운을 신속히 쓸어버려	迅埽逆氛
금세 깨끗해졌네	不日廓淸
두 충신이 한 사당에 모셔져 있으니[61]	一廟雙忠
선비와 벼슬아치가 몸을 굽혀 정성을 바치네	衿紳傴僂
응당 영원토록	宜爾億年

60 물고기와 웅장의 선택 : 목숨보다도 의리를 더 중시한다는 뜻이다. 《맹자》 〈고자상(告子上)〉에, 물고기〔魚〕보다는 곰 발바닥〔熊掌〕 요리를 더 좋아하는 것처럼 목숨보다는 의리를 따라야 한다는 취지의 말이 나온다.

61 두……있으니 : 청주의 표충사(表忠祠)에 남연년(南延年)과 이봉상(李鳳祥)이 함께 배향되었다.

변함없이 받들어지리라	崇奉無斁
진주의 북쪽에	鎭州之北
비석이 무덤 가에 세워져 있네	有石在隧
내가 명을 지어	我作銘詩
관직에 있는 이들을 깨우치노라	以風有位

좌윤 오공 신도비[62]

左尹吳公神道碑

경종 신축년(1721), 성상이 후사가 없고 병이 깊어지자 여러 대신들이 입대하여 자전(慈殿 인원왕후)의 뜻을 여쭈어 지금 성상을 왕세제로 책봉하였다. 이해 겨울 성상이 하교하여 왕세제로 하여금 대리청정을 하게 하였는데 백관들이 명을 도로 거두시기를 정청(庭請)하였다. 얼마 뒤 성상의 하교가 더욱 비상하자 대신이 여러 재상들과 더불어 정청을 정지하기를 의논하여 사대신(四大臣)이 연명으로 차자를 막 올리니 대리청정의 명이 곧 중지되었다. 간사한 무리가 집권하자 연명으로 차자를 올린 일로 죄를 꾸며 사대신을 죽이고, 또 한 목소리로 동의한[63] 일로 여러 재상들을 조사하니 화란(禍亂)의 징조가 매우 급박해졌다.

오중주(吳重周)는 무관 재상 가운데서 홀로 자수하니, 당시 동류들이 사람을 시켜 은근히 충고하기를, "공은 무신(武臣)이니 저 사람들과 함께 할 필요가 없습니다."라고 했지만 공은 응하지 않다가 마침내 삭출당하여 양성(陽城)에 물러나 살면서 자신의 호를 야은(野隱)이라 하였다. 이듬해 대계(臺啓)가 뒤늦게 나와서 호남의 남원(南原)으로 귀양을 갔다. 공은 산골마을에 집을 사서 날마다 산수 사이를 소요하면

62 좌윤 오공 신도비 : 오중주(吳重周, 1654~1735)의 신도비이다. 본관은 해주(海州), 자는 자후(子厚), 호는 야은(野隱)이다.

63 한목소리로 동의한 : 노론 사대신이 정청을 정지하자고 주장하면서 정청에 참여한 신하들의 의견을 물었는데, 이때 "예예〔唯諾〕"하며 정청을 정지하자는 주장에 동조한 사람들이 있었다.

서 근심하는 기색을 드러내지 않았다. 을사년(1725, 영조1) 유배 중에 기용되어 금군 별장에 제수되고 얼마 뒤 포도대장, 오위도총부 부총관에 임명되었다. 공은 성상이 새로 즉위한 터라 감히 들어가 사은숙배하지 않을 수 없었지만 애초에 벼슬에 오래 머무를 뜻은 없었다. 얼마 뒤에 시사가 여의치 않음을 보고, 늙고 병들었다는 핑계로 물러나 고향으로 돌아갔다. 이후 벼슬에 제수하는 교지에 모두 불응하다가 오직 무신년 난리(이인좌의 난) 때 국난에 달려갔고, 난리 이후에 단 한번 경기 수사(京畿水使)의 임명에 응했을 뿐이었다.

공의 자는 자후(子厚)로 해주(海州) 사람이다. 고조 휘 정방(定邦)은 경상우도 병마절도사를 지냈다. 광해군 시절 폐모론(廢母論)이 일어났을 때 "점점 다스려서 간악한 데에 이르지 않게 한다.〔烝烝乂, 不格姦〕"[64]라는 한 구절을 인용하여 의견을 아뢰었는데 사론(士論)이 훌륭하게 여겼다. 증조 휘 사겸(士謙)은 종친부 전부로 좌찬성에 추증되었는데 지극한 효성으로 이름이 났다. 조부 휘 상(翔)은 사복시 주부로 이조 판서에 추증되었다. 부친 휘 두흥(斗興)은 양곡(陽谷) 충정공(忠貞公 오두인(吳斗寅))의 형이다. 병조 판서에 추증된 것은 공이 귀하게 되었기 때문이다. 모친 선산 김씨(善山金氏)는 현감 김종연(金宗沇)의 딸로 고려의 충신 김주(金澍)의 후손이다.

공은 숭정(崇禎) 갑오년(1654, 효종5)에 태어났다. 어려서부터 기개와 도량이 넓고 활달하여 놀고 장난치는 것이 보통 아이들과 달랐다.

64 점점……한다 : 순(舜)임금이 완악한 아버지, 어리석은 어머니, 오만한 이복동생을 효성으로 화하게 하여 점점 다스려서 간악한 데에 이르지 않게 한〔烝烝乂, 不格姦〕 일을 가리킨다. 《書經 堯典》

관례를 치르기 전에 부친을 여의었는데 몸을 상할 정도로 슬퍼하기를 성인처럼 하였다. 김 부인(金夫人)은 아이들을 데리고 안산(安山)의 집으로 가서 거상하였다. 어느 날 저녁에 강도가 침입하여 공은 급히 부인을 부축하여 밖으로 뛰쳐나갔지만 큰형과 둘째형은 매를 맞아 거의 죽을 지경이었다. 공이 다시 칼날을 아랑곳하지 않고 들어가 구하다가 왼쪽 어깨에 칼을 맞았다. 큰형과 둘째형은 결국 죽고 공도 심한 상처를 입었다.

장성해서는 배울 시기를 놓쳤는데, 하루는 분발하여 스스로 맹세하기를 "대장부로서 어찌 세상에서 헛되이 살아서야 되겠는가." 하고 마침내 뜻을 굳혀 무예를 익혔다. 충정공 또한 말리지 않았다. 경신년(1680, 숙종6) 정시(庭試)에 급제하였다. 충정공의 친우들은 모두 이름난 공경이었는데 집에 갈 때마다 공을 불러다 얘기를 나누었다. 공의 용모와 태도는 영특하고 위대하여 주선하고 응대함에 모두 일정한 법도가 있었기에 공을 만나 본 공경들은 모두 그가 원대하게 되리라 기대하였다. 청성부원군(淸城府院君) 김석주(金錫胄)는 공을 더욱 높게 평가하여 자주 찾아오라고 공에게 권했지만 공은 일부러 가지 않았다. 김공이 여러 번 말을 하자 공은 사례하며 말하기를 "진실로 차마 정승의 문지기한테 아첨하면서까지 청알(請謁)할 수는 없습니다."라고 하였다. 김공의 가노(家奴)가 권세를 믿고 호방하고 사나웠기 때문에 공이 이처럼 대답한 것이었다.

임술년(1682) 모친상을 당하였고, 을축년(1685) 비로소 선전관에 제수되었다. 숙종이 선릉(先陵 영릉(寧陵))에 참배하고 돌아오는 길에 교외에서 열병(閱兵)하고자 하였다. 명령이 갑자기 내려온 터라 단상에 집사(執事)가 제대로 갖추어지지 않아 동료들은 두려워하며 실색하였다. 공이 어가 뒤에 있다가 앞으로 달려 나가 일을 주관하고 명령을 전달하여 훈련하는 동작이 절도에 맞았다. 모든 군사들이 놀라고 성상 또한 공을 눈여겨보았다.

훈련원 주부에 오르고 도총부 도사로 옮겼다가 수성도(輸城道) 찰방으로 나갔다. 법규를 매우 엄격히 지켰는데 얼마 뒤 미미한 잘못으로 파직되었다. 기사년(1689) 인현왕후(仁顯王后)가 중궁의 자리에서 물러날 때 충정공은 간언하다가 죽고 공 또한 연좌되어 금고를 당하였는데, 얼마 후 풀어주라는 명이 내렸다. 공은 두문불출하며 남들과 왕래하지 않았다. 신미년(1691)에 겸선전관에 제수되었다가 훈련원 판관·첨정, 도총부 경력으로 옮겼는데, 부지런히 공무에 힘썼다. 초계 군수(草溪郡守)로 나갔다. 마침 흉년이 들었는데 진휼을 잘한 공로로 재차 말을 하사받는 표창을 입었다.

공은 아랫사람을 과묵하게 대하여 위엄을 보이지 않아도 아랫사람이 공을 두려워하였기에 교활한 관리는 숨을 죽이고 감히 위로 쳐다보지 못하였다. 사형에 처할 죄를 지은 자는 반드시 의젓하게 정좌하고서 곤장을 쳐서 죽은 뒤에야 그쳤지만, 성색(聲色)을 크게 보인 적이 없었다. 5년이 지나서 벼슬을 그만두고 돌아갔다. 정축년(1697) 정평 부사(定平府使)가 되었다. 진휼한 정사가 도에서 으뜸이어서 또 말을 하사받는 표창을 입었다.

기묘년(1699) 내직으로 들어와 훈련원 정으로 옮기고 비변사 낭청을 겸하였다. 당시 북계(北溪) 이세백(李世白)이 묘당에 있으면서 공이 오랫동안 낮은 관직에만 머물러 있다고 생각하여 힘써 장려하며 발탁하였다. 한번은 공적인 일을 두고 서로 논박하였는데, 이공(李公)이 매우 화가 나서 공을 기다렸으나 공은 항변하며 종일토록 굴복하지 않았다. 이공은 끝내 공의 말을 따랐고 더욱 더 공을 중시하였다. 이해 승진하여 홍주 토포사(洪州討捕使)에 제수되었는데 부임하기 전에 내금장으로 옮겼다. 강계 부사(江界府使)에 제수되었는데 부임하기 전에 금위영 천총에서 전라우도 수군절도사에 제수되었다. 부임하는 길에 본도의 병사(兵使)에 올랐다. 공은 외방의 병사로 있을 적에 기강과 규율을 엄정하게 하여 사람들이 감히 어기지 못하였지만, 사졸들을 어루만져 은혜를 베풀었으며, 자주 대포와 조총 쏘는 것을 시험하여 후한 상을 내림으로써 그들의 마음을 북돋아 주었다. 이로 인해 군사들이 모두 사랑하여 떠받들었고, 공이 떠나자 또 모두 그리워하였다.

임기가 차서 돌아와 어영청 별장, 내금장, 선전관이 되었다. 함경남도 병사(咸鏡南道兵使)에 제수되었지만 병으로 부임하지 않았다. 영변 부사(寧邊府使)에 제수되었을 적에 조정에서 남솔(濫率)[65]을 금하는 법령을 실시하였는데, 공이 장자의 병이 위독하여 며느리까지 데리고 임지에 간 일로 인해 곧 자수하여 파직되어 돌아왔다.

정해년(1707) 금군 별장이 되어 규례상 가선대부의 품계에 오르고 도총부 부총관을 겸하였다. 얼마 뒤 금위영 중군이 되었다. 이때부터 여러 군영을 두루 옮겨 다녔는데 도총부에 들어간 경우가 특히 많았다. 이해 가을에 통제사가 되어 해안 방어를 크게 정비하였다. 이 충무공(李忠武公 이순신(李舜臣))의 거북선 제작법을 가지고 더욱 새롭게 만들어 바다를 다니기에 더욱 편리하게 만들었다. 이 일이 보고되자 바닷가 여러 군영에 이 제작법을 전하여 시행하게 하였다. 1년이 지나 공을

65 남솔(濫率) : 수령이 부임할 때 제한을 어기고 가솔들을 임지에 데려가는 일을 가리킨다.

미워하는 자의 논핵을 당했는데[66] 성상이 비록 허락하지 않았지만 공은 결국 사직하여 체직되었다. 공은 본래 고향에 머물기를 좋아하여 관직을 맡지 않으면 항상 곧장 고향으로 돌아갔다.

경인년(1710) 훈련원 도정에서 평안도 병사(平安道兵使)로 천거되어 제수되었다. 하직인사를 하는 날 성상이 공을 불러서 하교하기를, "안주(安州)는 서쪽 지역의 요충지인데 성지(城池)는 무너져 버려지고 군정(軍政)은 더욱 어설프니 내가 매우 우려하고 있다. 경은 기회를 잘 살펴 조치하여 내가 경에게 이곳을 맡긴 뜻에 부응하라." 하니, 공은 사은숙배하고, 부임한 다음날에 직접 성첩(城堞)을 자세히 살펴 날마다 군영의 하졸들을 감독하며 토석을 날라 보수하게 하였다. 직접 삼태기와 가래를 잡고 일하며 독려하여 한 달이 지나 완공되었는데, 백성들은 이러한 공사가 있었는지도 알지 못했다. 또 관찰사 권성(權惺)과 함께 논의하여 정부(丁夫)가 내는 2필의 군포를 모두 절반으로 줄였다. 정부를 교대로 주둔시키는 제도를 만들어 방비를 견고하게 하니 온 도의 병사와 백성이 큰 은혜에 고무되었다. 그런데 마침 변방의 백성이 금령을 어긴 일로 인해 공과 권공(權公)이 모두 파직되어 경영하고 계획하여 변통한 것이 미처 뜻대로 되지 못하였으니 식자들은 안타까워하였다.

임진년(1712) 춘천 부사(春川府使)가 되었다. 이듬해 남의 참소를 당해[67] 사직하여 체직되었다. 병신년(1716) 충청도 병사(忠淸道兵使)

66 공을……당했는데 : 대신(臺臣) 이정신(李正臣)이 오중주가 주사(酒邪)가 심해 말실수가 잦다는 이유로 탄핵하였다. 《月谷集 卷12 從叔父左尹公行狀》

67 남의 참소를 당해 : 대신(臺臣) 조명봉(趙鳴鳳)이 오중주의 파직을 청하며 심하게

가 되고, 무술년(1718) 통제사로 옮겼는데 얼마 지나지 않아 또 대각의 탄핵을 받아[68] 힘써 사직하여 체직되었다. 경자년(1720) 경기 수사(京畿水使)가 되었다. 군영이 본래 피폐하며 병장기가 썩고 파괴되었는데, 공이 힘을 다해 정비하고 대변청(待變廳)을 지어서 음우(陰雨)[69]에 대비하였다.

경기 수사는 교동(喬桐)을 다스리는 일을 겸하였는데, 조정의 사자(使者) 접대를 전적으로 백성의 세금에 의지하여 온 고을이 크게 빈곤하였다. 공이 천으로 헤아릴 만큼 돈과 곡식을 모은 다음 물가에 따라 사들이고 팔아 자금을 마련하여 접대비용을 충당하니 백성들이 지금까지도 이에 의지하고 있다. 이듬해에 병으로 체직되어 들어와 금군 별장, 도총부 부총관이 되었다.

공은 벼슬살이를 시작한 이후로 이름난 선배들로부터 이미 나라의 그릇으로 인정을 받았다. 그런데 성품이 담박하고 강직하여 공적인 일이 아니면 귀인의 집을 드나들지 않았고, 또 권세가들에게 선물을

비방하였다. 심지어는 백성을 핍박하여 자신의 잇속을 챙긴다고 말하였는데, 대각의 동료들이 조명봉이 무함한 것이라고 밝혔지만 오중주는 누차 사직을 청하여 체직되었다.《月谷集 卷12 從叔父左尹公行狀》

68 대각의 탄핵을 받아 : 이해 가을에 또 대신(臺臣) 박필정(朴弼正)이 오중주를 탄핵하였는데 그 말이 더욱 참망하여 여론이 매우 놀랐다. 이에 오중주는 힘써 사직하여 체직되었다.《月谷集 卷12 從叔父左尹公行狀》

69 음우(陰雨) : 갑작스레 닥치는 전란(戰亂)을 뜻한다.《시경》〈빈풍(豳風) 치효(鴟鴞)〉에 "하늘에서 장맛비가 아직 내리지 않을 때에, 저 뽕나무 뿌리를 거두어 모아다가 출입구를 단단히 얽어서 매어 놓는다면, 지금 이 아래에 있는 사람들이 혹시라도 감히 나를 업신여길 수 있겠는가.〔迨天之未陰雨, 徹彼桑土, 綢繆牖戶, 今此下民, 或敢侮予?〕"라고 한 데서 나온 말이다.

보내는 것을 큰 수치로 여겨 한 번도 뜻을 굽혀 세상에 영합하지 않았다. 이 때문에 누차 참소를 당했지만 공은 개의치 않았다. 젊은 후배들이 대부분 빨리 현달하여 번갈아 중요한 자리를 맡으니, 사람들이 모두 낮은 자리에 침체되어 있는 공을 안타까워하였다. 그럴 때마다 공은 웃으며 말하기를, "어찌 복이 아니라고 장담하겠는가."라고 하였다. 숙종이 승하하자 인심이 걱정하고 두려워하였다. 우리 중부 귀락공(歸樂公 이만성)이 이때 병조의 장관으로 있었는데, 대궐에서 숙직할 때 공을 아장(亞將)으로 삼으니 군무(軍務)를 한결같이 공에게 중하게 의지하였고 대궐이 엄숙해졌다.

공은 변고를 겪으면서 지절이 더욱 확고해졌다. 이전 조정의 숙장(宿將)들이 대부분 화난(禍難)의 그물에 걸렸지만 공만은 화를 입지 않았다. "예예〔唯諾〕"라고 동조한 사건[70]과 같은 경우에 남들은 모두 도거(刀鋸)와 정확(鼎鑊) 등의 형구가 눈앞에 펼쳐진 것처럼 여겼지만 공은 눈앞에 아무것도 없는 듯이 처신하고 오직 '의(義)' 한 글자만을 바라보았을 뿐이었다. 통어사(統禦使) 자리를 그만둔[71] 다음 곧장 고향집으로 돌아갔다. 경술년(1730, 영조6) 한성부 좌윤에 제수되고 이어서 동지중추부사 겸 훈련원 도정에 제수되었지만 모두 사직하고 다신 나아가지 않았다. 계축년(1733) 나이 80세가 되어 가의대부에 올랐다.

공의 종제 해창 도위(海昌都尉) 오태주(吳泰周)[72]가 일찍이 공이 별

70 예예라고 동조한 사건 : 68쪽 주63 참조.

71 통어사 자리를 그만둔 : 무신년(1728, 영조4) 이인좌(李麟佐)의 난리 때 오중주는 고향인 양성(陽城)에 있다가 분문(奔問)하였다. 조정에서 그를 다시 경기 수사로 임명하였는데, 1년이 지나서 병으로 체직되어 고향으로 돌아왔다.《月谷集 卷12 從叔父左尹公行狀》

채를 고쳤다는 소식을 듣고 손수 '이의당(二宜堂)'이라는 글씨를 써주었으니 이는 사공도(司空圖)의 말[73]을 취한 것이다. 이때에 공은 비로소 편액으로 걸고서 기뻐하며 말하기를 "지금에서야 내 뜻이 이루어졌다."[74]라고 하고, 내게 기문을 부탁하였다. 내가 한천(寒泉)으로 이사했는데 우연히 공의 집과 인접하고[75] 있었다. 봄가을의 한가한 날이면 공은 번번히 복건(幅巾)을 쓰고 학창의(鶴氅衣)를 입고서 나를 찾아왔다. 내가 또 이따금 공의 집을 방문할 때면 공은 방을 깨끗이 치우고 곁에는 도서(圖書)만을 둔 채 한미한 선비처럼 고즈넉하게 지냈다. 때때로 흥이 오르면 매와 사냥개를 데리고 날 듯이 산을 말 타고 달려 호방한 기운이 쇠하지 않았으니 지난날 장군이었음을 알 수 있었다.

72 오태주(吳泰周) : 1668~1716. 자는 도장(道長), 호는 취몽헌(醉夢軒), 시호는 문효(文孝)이다. 1679년(숙종5) 현종의 딸 명안공주(明安公主)와 혼인하여 해창위(海昌尉)에 봉해졌다. 글씨를 잘 썼으며 특히 예서에 능했다고 한다.

73 사공도(司空圖)의 말 : 당(唐)나라 사공도(司空圖)의 삼휴(三休) 고사를 가리킨다. 그가 만년에 벼슬을 그만두고 중조산(中條山) 왕관곡(王官谷)에 정자를 짓고 은거하였는데, 그 정자의 이름을 삼휴정(三休亭)이라고 칭하였다. 스스로 지은 기문에 "재주를 헤아려보니 당연히 쉬어야할 한 가지요, 분수를 헤아려보니 당연히 쉬어야할 두 가지요, 늙고 또 귀가 어두우니 당연히 쉬어야할 세 가지이다.〔蓋量其才一宜休, 揣其分二宜休, 耄且聵三宜休.〕" 하였다.《舊唐書 卷190下 文苑列傳 司空圖》

74 지금에서야……이루어졌다 : 오중주는 오태주가 써준 편액을 바로 걸지 않고 10여 년 뒤에 걸었다. 그 이유는 마땅히 벼슬을 그만두어야 하는 세 가지 이유, 즉 재주와 분수, 나이 가운데 나이가 아직 차지 않았기 때문이었다. 그래서 편액 글씨를 받고서도 보관해 두었다가 나이가 80세가 지나자 비로소 편액을 걸었던 것이다. 관련 내용은 《도암집(陶菴集)》 권24 〈이의당기(二宜堂記)〉에 자세히 보인다.

75 공의 집과 인접하고 : 저자가 살던 곳은 용인(龍仁)의 한천(寒泉)이었고, 오중주(吳重周)가 살던 곳은 양성(陽城 안성)이었다.

공은 효성과 우애가 독실하였다. 봉록으로 부모를 봉양하지 못한 것을 지극한 통한으로 여겨 부모 이야기가 나올 때마다 눈물을 흘렸으며, 제사는 더욱 근실하여 연로해서도 반드시 직접 제사 일을 행하였다. 중부모(仲父母)와 계부모(季父母)를 자신의 부모처럼 섬기고 홀로 된 조카를 보살폈으며, 집에 데려와 기른 생질 또한 여러 명이었다. 의복과 음식에서부터 시집보내고 장가보내는 혼수에 이르기까지 하나같이 자신의 자식과 똑같이 해주어 함께 사는 수십 명의 식구 사이에서 이간하는 말이 없었으니, 공이 입조하여 이뤄낸 사업이 실은 집안에서의 행실에 근본한 것이었다.

노년에는 독서를 좋아하여 고인의 충효와 절행을 보면 반드시 무릎을 치며 찬탄하여 자제들을 위해 외워서 말해주었다. 국조(國朝)의 전고(典故), 선배들의 훌륭한 일, 변방 방어의 요령과 득실, 소싯적 견문한 것에 이르기까지 사람을 만날 때마다 쉬지 않고 길게 말하였다. 이따금 또한 평생의 출처에 대해서 주저 없이 터놓고 말하였는데 신임(辛壬) 연간의 일[76]을 언급할 때면 격앙되어 말하는 것이 강개하였고 충의에서 일어나는 분한 마음이 격렬하여 왕왕 눈물이 흘러내려 옷깃을 적셨다. 양식이 자주 비었으므로 관가에서 빌린 곡식으로 살았지만 친족들과 술과 음식을 마련하여 모이는 것은 폐하는 경우가 없었다.

공은 을묘년(1735) 11월 30일 사우당(四友堂) 옛집에서 세상을 떠났으니 향년 82세였다. 이듬해 2월에 집 뒤 임좌(壬坐)의 언덕에 이부인(李夫人)의 묘를 열어 합장하였다.

76 신임(辛壬) 연간의 일 : 1721년(경종1)과 1722년 두 해에 걸쳐 노론과 소론 사이의 정국 주도권 다툼으로 일어난 신임옥사를 가리킨다.

이부인은 정릉(靖陵 중종)의 별자 덕양군(德陽君) 이기(李岐)의 5세손으로 부친은 현감 이재(李栽)이고, 유순하며 부인의 덕이 있었다. 2남1녀를 두었으니, 장남은 탁(琢)이고 차남은 박(璞)이며 딸은 사인 김황(金熀)에게 시집갔다. 탁은 후사가 없어 동생의 아들인 재희(載熙)를 후사로 삼았고, 사위 두 명은 이성수(李聖洙)와 박치규(朴致圭)이다. 사위 김황의 아들은 김재상(金載尙)과 김재록(金載祿)이다. 염(琰)과 점(玷), 허건(許謇)과 정진찬(鄭震贊), 조복빈(趙復彬)은 측실 소생의 아들과 사위이다.

공이 일찍이 웃으며 내게 말하기를, "나는 늙어서 죽을 날이 얼마 남지 않았다. 미리 빗돌 하나를 마련해 두었으니, 그대가 나를 위해 명(銘)을 지어주게나." 하였다. 공이 세상을 떠난 후 10년이 되었을 때 박(璞)이 와서 예전 공의 말을 가지고 부탁하기에 나는 감히 사양하지 못하고 명을 덧붙인다. 명은 다음과 같다.

예전 당화에서	在昔黨禍
팔준이니 팔급이니 불린 자들 손꼽을 수 있지만[77]	俊及可數
호걸로서 화를 면한 것을 부끄러워한 경우는	豪傑恥免
오직 황보규였다네[78]	獨有皇甫

77 예전……있지만 : 《후한서(後漢書)》 권67 〈당고열전서(黨錮列傳序)〉에 "세상에서 그 풍도를 흠모하는 자들이 마침내 서로 표방하면서 천하의 명사들을 지목하여 호칭하였는데, 첫째는 삼군(三君)이요, 다음은 팔준(八俊)이요, 다음은 팔고(八顧)요, 다음은 팔급(八及)이요, 다음은 팔주(八廚)라고 하였으니, 이는 옛날의 팔원(八元)이나 팔개(八凱)와 비슷한 것이었다."라는 말이 나온다.

78 호걸로서……황보규였다네 : 후한(後漢) 환제(桓帝) 때의 명장 황보규(皇甫規)

산림 속의 은자가 되는 것은	林下一人
옛날에도 드문 일인데	於古亦稀
무부로서 명리를 초월해 물러났으니	武夫恬退
공과 같은 이 몇이나 되겠는가	如公有幾
눈앞엔 오직 의 한 글자뿐이었으니	目中義字
화복 따위를 어찌 논하리오	禍福寧論
이의당이란 편액의 뜻	二宜之扁
행실이 능히 이 말을 돌아보았네[79]	行能顧言
천덕산은 높고	天德山高
천식암은 깊으니[80]	泉食菴深
문관과 무관으로 길이 달랐지만	文武殊塗
출처는 똑같은 마음이었네	出處同心
학창의를 입고 복건을 썼으니	鶴氅幅巾
더 이상 무관이 아니었네	非復櫜鞬
남여를 타고 오고가니	籃輿造謝

는 강직하고 덕망이 높아 환관에게 아부하지 않은 탓으로 무함을 받고 하옥되었는데, 제공(諸公)과 태학생 300여 명이 억울하다고 호소하여 사면을 받고 풀려났다. 그러나 당고(黨錮)의 화가 크게 일어나 천하의 명현들이 체포되는 와중에 자신은 체포되지 않은 것을 수치로 여기고, 스스로 상소하여 자신도 당인(黨人)임을 밝히고 함께 처벌받기를 청한 일이 있었다. 《後漢書 卷95 皇甫規列傳》

79 행실이……돌아보았네 : 《중용장구》 제13장에 "말할 적에는 나의 행실을 돌아보고, 행할 적에는 나의 말을 돌아보아야 하니, 이렇게 하면 군자가 어찌 독실해지지 않겠는가〔言顧行, 行顧言, 君子胡不慥慥爾?〕"라고 한 데서 나온 말이다.

80 천덕산은……깊으니 : 오중주가 살던 집이 양성(陽城 안성)의 천덕산(天德山) 아래에 있었고, 저자가 살던 집 이름이 천식암(泉食菴)이었다.

멀지 않은 교외였네 莽蒼非遠
때때로 수창하며 有時唱酬
떡과 술을 서로 권하였네 餻酒互勸
왕왕 사냥하고 돌아올 때면 往往獵歸
오색 깃털 흩뜨리며 떨어졌네[81] 五色離披
공이 세상을 떠난 후로 自公云凋
임천이 적막해졌네 林泉寂寥
나는 지루하게 죽지않아 支離不死
병이 깊고 오래되었네 我疾沈綿
강개한 마음으로 시대를 근심한들 忼慨憂時
이 마음을 누구에게 말하리오 有懷誰宣
집 뒤의 청산에 屋後青山
우뚝한 큰 비석 屹彼穹石
효자가 비문을 청하니 孝子乞文
공이 부탁한 것이었네 緊公攸屬
그 아름다움을 드러내어 載昭厥美
무궁토록 영원히 남기노라 永垂無極

81 오색……떨어졌네 : 한유(韓愈)의 〈꿩이 화살을 맞다〔雉帶箭〕〉 시에 "꿩이 사람 속을 뚫고 나와 백여 척 솟구쳐 오르니, 붉은 깃에 흰 화살촉 서로 비꼈어라. 장군은 우러러 웃고 군리들 축하하니, 오색 깃털 흩뜨리며 말 앞에 떨어지네.〔衝人決起百餘尺, 紅翎白鏃相傾斜. 將軍仰笑軍吏賀, 五色離披馬前墮.〕"라고 한 데서 나온 말이다.

비碑

만동묘비[82]

萬東廟碑

조선국 청주(淸州) 동쪽 80리 낙양산(洛陽山) 아래 화양동(華陽洞)에 만동묘(萬東廟)가 있다. 숭정(崇禎) 76년(1703, 숙종29) 가을 처음 완성되어 우리 신종 현황제(神宗顯皇帝)와 의종 열황제(毅宗烈皇帝)의 향사를 받들었는데 봄가을로 위차를 마련하여 제사를 올렸다. 43년이 지나 배신(陪臣) 이재(李縡)가 비석에 명(銘)을 새겨 천자의 덕을 칭송하고 우리나라 사람의 잊지 못하는 생각을 말하노라.

조선이란 국가는 기자(箕子)가 봉작을 받은 이후로 진(秦)·한(漢) 수(隋)·당(唐)의 수천 년간을 거치며 모두 변방 밖 풍속이 다른 나라로 취급받아 수 차례 침략과 정벌을 당하였다. 그러나 명(明)나라가 천하를 소유하자 고황제(高皇帝 태조 주원장)가 국호를 내려주시고, 함

82 만동묘비 : 저자가 1746년에 만동묘(萬東廟)의 비석에 쓴 비문(碑文)이다. 만동묘는 임진왜란 때 조선을 도와준 데 보답으로 명(明)나라 신종(神宗)과 의종(毅宗)을 제사지내기 위해 지은 사당이다. 현재 충청북도 괴산군 청천면에 있다. 만동묘의 전액은 유척기(兪拓基)가 썼다.

양시키고 길러주며 권장하고 가르쳐 중국의 내지(內地)와 동일하게 대해 주시니, 우리 선왕이 삼가 총명을 받들어 제후의 법도를 공경히 지켜온 지 300년이 흘렀다. 이에 중국의 예악과 문물의 아름다움이 바다 밖 여기까지 차츰 젖어들었다.

만력(萬曆) 임진년(1592, 선조25) 왜구가 침략하여 연달아 삼경(三京)을 함락시키니 소경왕(昭敬王 선조)은 서쪽 변방으로 파천하여 장차 요동을 건너 중국에 들어가 의탁하고자 사신을 보내 중국 조정에 구원을 청하였다. 현황제(顯皇帝)가 도독 이여송(李如松), 상서 형개(邢玠), 도독 진린(陳璘)·유정(劉綎), 어사 양호(楊鎬) 등에게 명령하여 요동(遼東)·계주(薊州)·사천(四川)·섬서(陝西)·호주(湖州)·절강(浙江)·운남(雲南), 귀주(貴州) 등의 군사를 전후로 23만 명을 징발하고 백금 583만과 수송비 300여 만을 내어 군비를 보급하게 하였는데, 7년 뒤에야 나라가 평정되었다. 이에 우리나라 군신과 부자, 부부로부터 아래로는 조수와 초목 같은 미물에 이르기까지 물불 속에 있는 고통, 긴 뱀과 큰 돼지의 해독[83]에서 벗어나 모두 커다란 은혜와 넓은 은택 속에 살게 되었다. 나라가 망했다가 다시 보존되고 종묘가 끊어졌다가 다시 제향되니, 지극히 성대한 덕은 동방의 역사 이래 일찍이 없었던 일이다.

40년 후 숭정 병자년(1636, 인조14) 건주(建州)의 오랑캐가 창궐하여 우리나라가 먼저 침략을 당하였다. 그리고 9년 뒤 갑신년(1644,

83 긴……해독 : 탐욕을 부리면서 포학하게 구는 왜적을 뜻한다. 《춘추좌씨전(春秋左氏傳)》 정공(定公) 4년 조에 "오나라는 큰 멧돼지와 긴 뱀이라서 끊임없이 상국을 잠식하고 있다.〔吳爲封豖長蛇, 以荐食上國.〕"라고 한 데서 온 말이다.

인조22) 열황제(烈皇帝)가 사직의 어려움을 구제하기 위해 목숨을 바쳐 명나라는 마침내 멸망하고 오랑캐가 중원의 주인이 되었다. 아! 어찌 차마 말할 수 있겠는가.

신이 삼가 《명사(明史)》의 본전(本傳)을 살펴보니, 오랑캐가 우리나라를 침략할 적에 황제가 산동(山東)의 수군을 징발하여 구원하도록 했는데, 도착하기 전에 오랑캐가 물러나 마침내 중지하였다. 바다 밖 제후국인데도 천자가 안전하게 보살피고 가엾게 여겨 염려해 주는 것이 전후로 이와 같았다. 그런데 보잘것없는 작은 나라가 왜구의 침략으로 피폐해진 뒤 끝에 오랑캐의 곤액을 당한 터라 강약의 형세가 달라, 일찍이 절개를 다하고 힘을 바쳐 조금이라도 부모와 같은 황제의 은혜에 보답하여 《춘추(春秋)》의 의리를 밝히지 못하고, 황실의 제사가 끊어지고 오랑캐가 황제가 되는 꼴을 근심스레 보고 있으니, 이것이 뜻있는 선비와 어진 이들이 마음이 무너지고 통곡하는 까닭이다.

홍익한(洪翼漢), 윤집(尹集), 오달제(吳達濟) 등은 이미 모두 이 때문에 몸을 바치면서도 후회하지 않았으며,[84] 선문왕(宣文王 효종)이 즉위하자 오로지 오랑캐를 물리치고 정벌하며 황실을 부흥시키는 것을 소임으로 여겼다. 어진 이를 구하고 외로운 이를 위로하며 백성을 보살피고 군사를 훈련시키면서 장차 깊은 원한을 씻어서 우리나라를 크게 이루어 준 황제의 은혜에 보답하고자 하였다. 이에 송시열(宋時烈)은 포의의 신분으로 기용되어 왕의 빈사(賓師)로서 함께 큰일을 도모하였

84 홍익한(洪翼漢)……않았으며 : 병자호란 때 청나라와의 화친을 반대하고 끝까지 척화를 주장한 이른바 삼학사(三學士) 홍익한(洪翼漢), 윤집(尹集), 오달제(吳達濟) 등을 가리킨다. 이들은 결국 심양(瀋陽)에 끌려가 순국하였다.

으나 얼마 지나지 않아 왕이 승하하니 천하의 일을 다시는 어찌 해볼 수가 없었다. 송시열은 마침내 산속으로 돌아왔으니, 이른바 화양동(華陽洞)이 이곳이다. 송시열이 죽음을 앞두었을 때 그의 문인 권상하(權尙夏)에게 부탁하기를,

> "두 분 황제가 우리나라를 다시 이루어 주신 은혜와 사직을 위해 목숨을 바친 의열에 대해서 응당 우리나라에서 제사지내야 한다고 생각한 지 오래되었지만 나는 실행하지 못하고 죽게 되었으니 네가 완수하여라."

하였다. 민정중(閔鼎重)이 일찍이 연경(燕京)에 갔다가 열황제가 직접 쓴 '비례부동(非禮不動)'이라는 글씨를 얻어서 돌아오니 송시열이 이것을 임모하여 화양동의 절벽에 새겼는데, 지금에 이르러 그 옆에 사당을 세우니 명나라가 멸망한 지 꼭 60년 되는 해였다.

아! 온 중국에 비린내가 진동하고 구묘(九廟 천자의 종묘)가 무너져서, 천자를 모시는 사당이 작은 바닷가 고을의 깊고 궁벽한 골짜기에 내려와 의탁하고 있으니 이는 천하의 지극한 변고이다. 비록 그렇지만 우리나라로 하여금 의리를 밝히고 인륜을 정립하여 우리의 당시 군신의 뜻을 선제의 혼령에게 바쳐서 천하의 후세 사람들에게 길이 할 말이 있게 만드는 것은 진실로 여기에 있으니, 그 일은 미미하지만 그 의리는 깊은 것이다. 예법에도 없고 참람한 일이라고 꺼리는 저들이 어찌 이 뜻을 알겠는가.

그런데 신이 삼가 살펴보건대, 왕의 은택이 이미 멀어지고 세상의 교화가 날로 쇠미해져 사대부는 오랑캐와 중국을 구분하는 데 어둡고 이익과 손해를 따지는 비루함에 빠져서, 차츰 사악하고 더러움에 물들어 응당 그러려니 여기고 있다. 이러하니 능히 인륜기강의 대원칙을

보존하면서 송시열이 전한 '원통을 품고 통분을 참으며 절박하여 어쩔 수 없이 한다.〔含寃忍痛迫不得已〕'[85]라는 마음을 잊지 않는 사람이 드물 것이니, 장차 날이 멀어질수록 잊어버려 의리를 배반하고 염치를 잃어 서로 오랑캐와 금수가 되는데도 구제할 수 없을 것이다. 이것이 송시열이 깊이 근심하고 멀리 염려하여 더욱 이 사당에 뜻을 다한 이유이다. 그러므로 신이 사당을 세운 사적을 서술하고 나서 이러한 의리로써 끝을 맺어 후세의 군자들에게 보인다.

사당이 완성된 이듬해에 원효왕(元孝王 숙종)이 열황제가 순국한 날 궁중에 제단을 마련하여 제사지내고, 다시 대보단(大報壇)을 지어 해마다 현황제(顯皇帝)를 제사지내고 있으니, 아! 천만 년 후에도 우리 군신의 뜻을 기억할 것이다. 명(銘)은 다음과 같다.

화양의 골짜기	華陽之谷
파수[86]의 절벽에	巴水之厓
그윽한 궁실이 있으니	有幽其宮
천자의 사당이라네	天子之祠
깊고 원대한 천자여	穆穆天子

85 원통을……한다 : 윤봉구(尹鳳九)가 지은 송시열의 묘지(墓誌)에 보인다. 송시열이 죽음을 앞두고 말하기를, "우리나라는 나라가 작고 힘이 약하여 비록 큰일을 할 수는 없으나 항상 원통을 품고 통분을 참으며 절박하여 어쩔 수 없는 마음을 그대들의 가슴속에 품고 있으면서 잊지 말아야 한다.〔我國國小力弱, 雖不能有爲, 常以含冤忍痛迫不得已之心, 吾黨之士, 存諸胸中勿失, 可.〕" 하였다.

86 파수(巴水) : 화양구곡(華陽九曲) 가운데 파곶이〔巴串〕 아래에 흐르는 파수를 가리킨다.

온 나라의 부모로다	萬邦父母
보살펴 주는 어짊과 두터운 은택	仁湛渥厚
우리나라까지 미쳤네	爰及東土
사지를 찢어서	膊之磔之
살무사의 해독을 제거하고	除其虺螫
따뜻하게 보살펴주어	煦之濡之
편히 살도록 만들어주었네	奠之衽席
산은 맑고 바다는 고요하며	山淸海晏
바람은 날리고 햇살은 펼쳐졌네	風揮日舒
변방의 나라 다시 이루어주니	藩邦再造
아름다운 공렬 애초에 없던 것이로다	猗烈無初
빛나는 의종 황제여	赫矣毅宗
예가 아니면 행하지 않았네	非禮不動
군주의 죽음 올바르니[87]	君死之正
백 대에 칭송되리라	百代攸誦
천하가 오랑캐 땅이 되고	四海化戎
구묘가 무너졌네	九廟崩燬
황제는 자식처럼 대했으나	帝視猶子
우리는 아버지처럼 대하지 못하였네	我莫視父
어느 누가 황제가 분노하는 자를 적대하여	誰敵王愾

87 군주의 죽음 올바르니 : 올바른 도를 다하고 죽었다는 뜻이다. 《맹자》〈진심 상(盡心上)에 "도리를 다하고 죽는 것이 정명이고, 형벌을 받아 죽는 것은 정명이 아니다.〔盡其道而死者正命也, 桎梏死者非正命也.〕" 하였다.

이 원통함을 밝히겠는가	以白此寃
황제의 충신	帝有藎臣
우리 선문왕이로다	曰我宣文
선문왕에게 충신 있어	宣文有臣
의로운 정벌 도왔는데	以涼義伐
하늘이 보살피지 않아	寔天不弔
중도에 무너졌구나	中途壞裂
곡하는 소리 하늘에 이르고	有哭徹昊
절벽 옆에 글을 새겼네	磨厓之側
부흥시키려던 계책이	興復之計
이 묘식으로 귀결되었네	歸此廟食
천자께서 만년 동안	天子萬年
매우 가까이에서 오르내리시니	陟降孔邇
사방에 오랑캐 비린내 아득하니	芒芒腥土
우리가 있는 곳이 아니면 어디에 머물겠는가	舍我奚止
높은 하늘 넓은 땅 같은 은혜	穹天博地
보답하고자 해도 끝이 없구나	欲報罔極
시내와 도랑의 마름[88]으로 제사지내더라도	澗藻行潦
신하의 정성을 싫어하지 않으리	臣誠無射

88 시내와 도랑의 마름 : 변변찮은 제수를 마련하여 정성스레 제사지내는 것을 뜻한다. 《시경》〈소남(召南) 채빈(采蘋)〉에 "이에 마름을 뜯기를 남간의 물가에서 하도다. 이에 마름을 뜯기를 저 도랑에서 하도다.〔于以采蘋, 南澗之濱. 于以采藻, 于彼行潦.〕"라고 한 데서 나온 말이다.

유유히 흐르는 장강과 한수는	悠悠江漢
만 번 굽어 반드시 동쪽으로 향한다네[89]	萬折必東
돌아가신 임금의 뜻	先君之志
새로운 사당을 지으라 명하셨네	命此新宮
아, 성스런 두 분 황제	於皇二聖
의리를 다하시고 인이 지극하였네	義盡仁至
하늘을 모사하고 해를 그리는 것[90]을	摸天畫日
신이 어찌 감히 말하겠는가	臣豈敢議
후인들에게 고하여	惟以詔後
떳떳한 도리를 길이 서술하노라	永叙厥彝
너의 마음에 의심하지 말지니	毋貳爾心
상제가 내려다보고 계시도다[91]	上帝臨猗

89 만……향한다네 : 공자에게 자공이 "군자가 큰 강물을 보면 반드시 살펴야 한다고 하신 까닭은 무엇입니까?〔君子之所以見大水必觀焉者, 是何?〕"라고 묻자, 공자가 "만 번을 굽이쳐 흘러도 반드시 동쪽으로 향하니 의지가 있는 것과 같다.〔其萬折也必東, 似志.〕"라고 대답한 데서 나온 말이다. 《荀子 卷20 宥坐》

90 하늘을……것 : 제왕의 덕행을 표출하는 것을 가리킨다.

91 너의……계시도다 : 《시경》 〈대아(大雅) 대명(大明)〉에 보인다.

고암서원 묘정비[92]

考巖書院廟庭碑

숙종 기사년(1689, 숙종15), 우암(尤菴) 송선생(宋先生)이 탐라(耽羅)에서 붙잡아 오라는 명령을 받고 이 고을에 이르러 사약을 받은 지 50여 년이 되었으나, 이곳을 지나는 학사대부(學士大夫)들은 모두 탄식하며 눈물을 흘리며 차마 떠나지 못하였다. 아! 이는 누가 그렇게 만든 것인가. 하늘이 대현(大賢)을 내린 것은 우리 도(道)와 생민을 위해서였다. 선생은 영릉(寧陵 효종)에게 지우를 입어 몸소 천하의 대의(大義)를 맡았으나 중도에 영릉이 승하하시어 더 이상 어찌할 수 없게 되자, 마침내 그 뜻을 거두어서 간직하였지만 여전히 충심으로 세상을 잊지 않고 천리(天理)를 밝히고 인심(人心)을 바로잡는 것을 자신의 소임으로 삼아 선성(先聖 공자)의 도를 보위하고 이단의 학설을 물리쳤으니 실로 맹자(孟子)와 주자(朱子) 이후의 한 사람이다. 이러한 의리를 간직하여 비록 큰 화가 눈앞에 닥쳤음을 명백히 알면서도 돌아보지 않다가, 군흉이 서로 선동하여 중전(中殿 인현왕후)을 폐출시킬 적에 선생이 맨 먼저 화를 당하였다.

문곡(文谷 김수항(金壽恒))의 묘지명은 선생의 절필(絶筆)인데 그 명

92 고암서원 묘정비 : 저자가 고암서원(考巖書院)에 세워진 묘정비에 쓴 비문(碑文)이다. 고암서원은 전북 정읍시에 있는 서원으로, 1695년(숙종21) 송시열(宋時烈)의 학문과 덕행을 추모하기 위해 만들어졌다. 같은 해 9월 '고암'이라 사액되었다. 고암은 정읍의 옛 지명으로, 송시열이 사사된 곳이다.

(銘)에 이르기를 "죽어서 영예로운 때가 있네.〔死有榮時〕"[93]라고 하였으니 이 또한 선생이 자신에게 말한 것이다. 선생이 비록 한때에 화를 당했지만 그 천경지의(天經地義)[94]는 끝내 없애지 못했으니, 이 도와 상반되는 자는 사특한 자가 아니면 역적일 것이다. 우리나라 한 지역으로 하여금 군신과 부자의 인륜을 알게 하여 이적과 금수가 되는 데서 면하게 한 것은 모두 선생의 은혜이다. 아, 성대하도다!

선생의 휘는 시열(時烈)이고 자는 영보(英甫)로 은진(恩津) 사람이다. 만력(萬曆) 정미년(1607, 선조40) 태어나 효종이 처음 정사를 펼칠 때 예를 다하여 불러들였으며 관직이 좌의정에 이르러 치사하였다. 화가 일어난 지 6년이 되었을 때 임금이 크게 뉘우쳐 중전의 자리를 다시 바로잡으면서 선생의 관작을 복위시키고 치제(致祭)하였으며 또 문정(文正)이라는 시호를 내렸다. 선생의 유택이 미친 곳에 모두 사당을 지어 제사지내니 고암서원(考巖書院)이 그중 하나이다. 유생들이 발의하여 장차 묘정(廟庭)에 비석을 세우려고 하면서 내게 그 비문을 부탁하기에 그 본말과 지업을 위와 같이 간략히 서술하노라.

93 죽어서……있네 : 송시열은 사사되기 5일 전에 김수항(金壽恒)을 위해 〈문곡김공묘지명(文谷金公墓誌銘)〉을 지었는데, 그 명(銘)에 "죽어서 나쁜 때도 있고 영예로운 때도 있네. 아, 공이 죽은 이때는 어떤 때인지 내 감히 알지 못하겠네.〔死有惡時, 亦有榮時. 嗟公之時, 吾不敢知之.〕" 하였다.

94 천경지의(天經地義) : 천지간의 변경할 수 없는 당연한 도리를 이른다. 《춘추좌씨전》 소공(昭公) 25년 조에 "예는 하늘의 법칙이고 땅의 도리이고 사람들이 본받아 이행하는 것이다.〔夫禮, 天之經也, 地之義也, 民之行也.〕" 하였다. 《효경》 〈삼재(三才)〉에 "효는 하늘의 법칙이고 땅의 도리이다.〔夫孝, 天之經也, 地之義也.〕" 하였다.

유 총관 선생 유허비[95]

兪摠管先生遺墟碑

아! 이곳은 고(故) 충신 도총관 유 선생(兪先生) 응부(應孚)의 유허이다. 포천현(抱川縣) 남쪽 20 리에 막곡(漠谷)이라는 곳은 선생의 옛 집이 있던 곳인데, 화를 당한 이후에 관가로 몰수되어 지금은 광릉(光陵 세조의 능)의 위전(位田)이 되었다고 한다. 마을의 서쪽에 높은 언덕이 있는데, 선생이 활을 쏘던 곳이라고 지금까지 전해진다.

선생의 성품은 지극히 효성스러웠으니, 집이 가난하여 부모를 봉양할 음식이 없었기에 매일 나가서 꿩을 잡아 맛있는 음식을 올렸다. 선생은 또 일찍이 형 응신(應信)과 함께 가마를 직접 메고 모친을 모시고 나가 유람하였다. 산천의 아름다운 곳에 이르면 곧 가마를 내려놓고 좌우에서 나란히 모시며 가무를 즐기기도 하고 사냥도 하면서 모친의 마음을 즐겁게 해드렸으니, 탑곡(塔谷)과 축석령(祝石嶺)이 바로 그곳이다.

아! 선생은 사육신(死六臣)의 한 사람이다. 옛날에 우암(尤菴) 송문정공(宋文正公 송시열)이 성삼문(成三問)과 박팽년(朴彭年) 두 사람을 위해서 그 유허지를 표창하되[96] 감히 거창하게 하지 못했다. 지금은

95 유……유허비 : 저자가 유응부(兪應孚, ?~1456)의 유허비에 쓴 비문이다. '충목공유허비(忠穆公遺虛碑)'라고도 한다. 경기도 포천군 무봉리에 있는데, 유척기(兪拓基)가 전액을 썼다. 유응부는 단종의 복위를 꾀하다 세조에게 죽음을 당한 사육신(死六臣)의 한 사람이다.

96 옛날에……표창하되 : 송시열은 성삼문과 박팽년을 위해 각각 〈홍주 성 선생 유허

장릉(莊陵 단종)이 이미 복위되고 죄적(罪籍)의 오명도 씻긴 만큼 선생의 충정과 대절이 절로 천지에 우뚝하고 일월처럼 빛나니 펴진들 굽어진들 본디 차이가 없다. 그렇다면 또한 어찌 저 구구한 저 석 자의 비석이 필요하겠는가. 그러나 이것을 기록하는 이유는 다만 옛 노인들이 서로 전하는 말이 민멸되지 않게 하고, 천억 년이 지나도 이곳이 충신의 집이었다는 사실을 알게 하려는 것이다.

고을 사람 성효기(成孝基)가 실제 그 일을 주관하고 온 지역 사람들이 귀천에 관계없이 각기 재물을 내어 서로 도왔으니, 이 어찌 천리와 인륜은 절로 끊어질 수 없는 것이라 그런 것이 아니겠는가. 비석이 마련되자 서생(徐生) 명부(徐命)가 내게 비문을 부탁하기에 이것을 간략히 써서 뒷면에 기록하게 한다. 서생 또한 포천 사람이다.

비(洪州成先生遺墟碑)〉와 〈회덕 박 선생 유허비(懷德朴先生遺墟碑)〉를 지었다.

삼인대비[97]

三印臺碑

순창군(淳昌郡)에서 20리 되는 곳에 복천사(福泉寺)라는 옛 절이 있었는데 지금은 강천사(剛泉寺)라고 부른다. 절 남쪽에 이른바 삼인대(三印臺)라고 하는 것이 있는데, 높이는 수십 길이고 아래로는 깊은 연못을 굽어보고 있으며 위로는 몇 그루 소나무가 바위틈에서 자라고 있는데 몇백 살인지 알 수가 없다.

삼인(三印)이란 무엇인가? 옛날 충암(沖菴) 김정(金淨) 선생이 본군(本郡)을 다스리고 눌재(訥齋) 박상(朴祥) 선생이 담양부(潭陽府)를 다스리고 석헌(石軒) 유옥(柳沃) 선생이 무안현(務安縣)을 다스렸는데, 이 대(臺)에서 모여 상소(上疏)의 일을 의논할 적에 세 현인이 각각 인장(印章)을 지니고 있었으므로 이것으로 이름을 삼았다.

삼가 살펴보건대 정덕(正德) 병인년(1506, 중종1), 우리 중종대왕(中宗大王)이 난리를 평정하여 반정하실 때 부인 신씨(愼氏)가 중전의 자리에 올랐으나, 훈신(勳臣) 박원종(朴元宗) 등이 부인의 부친인 좌의정 신수근(愼守勤)이 반정할 때 살해되었으므로 그 해가 자신들에게 미칠까 우려하여 신씨를 폐위시킬 것[98]을 주청하였다. 중종은 처음에

97 삼인대비 : 저자가 삼인대(三印臺)에 세워진 비석에 쓴 비문이다. 삼인대는 전라북도 순창군 팔덕면에 있는데, 순창 군수 김정(金淨), 담양 부사 박상(朴祥), 무안 현감 유옥의 사적을 기념하기 위해 세운 비석이다. 비석은 전액은 유척기(兪拓基)가 썼고, 비문의 글씨는 민우수(閔遇洙)가 썼다.

98 박원종(朴元宗)……것 : 신수근은 연산군의 처남이자 나중에 중종이 된 진성대군

하교하기를 "조강지처를 어떻게 처벌한단 말인가." 하였다. 그러나 수차례 주청 이후에 폐위시킬 것을 허락하고 마침내 숙의 윤씨(淑儀尹氏)를 왕비로 삼았으니 바로 장경왕후(章敬王后)이다. 10년 후 을해년(1515) 장경왕후가 세상을 떠났는데, 그때 재이(災異)가 발생해 신하들의 바른말을 널리 구하였다. 선생이 성상의 뜻에 응하여 상소를 올려, 신씨의 지위와 명호를 복위시킬 것을 청하면서 훈신들[99]이 군부(君父)를 협박하고 국모(國母)를 쫓아낸 죄를 극력 논열하였는데 그 말이 매우 통절하였다. 상소가 들어가자 대간(臺諫) 이행(李荇) 등이 선생을 잡아 국문할 것을 청하여 그 화를 가늠하기 어려웠는데, 상국 정광필(鄭光弼)이 힘껏 구명해준 덕분에 도배(徒配)에 그쳤고, 오랜 시간이 지난 뒤에 풀려났다.

상소의 초안을 잡을 적에 세 사람의 인장을 소나무 가지에 걸어두었다고 하니 충의에 분발된 모습이 아직도 보이는 듯하다. 그런데 상소에 유 선생의 이름이 빠져있으니 그 이유는 무엇인가? 예로부터 전하는 말로는, 두 선생이 석헌(石軒 유옥)에게 말하기를 "우리들이 모두 연로하신 부모가 계시기는 하지만 그대는 부모를 봉양할 다른 형제가 없으니 그대가 죽으면 효(孝)를 손상시키는 것이네."라고 하여, 이 때문에 석헌이 홀로 화를 면한 것이라고 한다.

아! 이 삼인대는 산천이 빼어난 곳에 자리하고 있어 고금 이래로

(晉城大君)의 장인이다. 중종반정 때 박원종(朴元宗) 등은 사람을 시켜 신수근을 맨 먼저 살해하였고, 신수근의 딸은 중종이 임금이 되면서 왕비로 책봉되었지만 화를 당할까 염려한 나머지 폐출시켰다.

99 훈신들 : 중종반정의 3공신인 박원종(朴元宗), 성희안(成希顔), 유순정(柳順汀) 등을 가리킨다. 이들은 중종의 묘정에 배향되었다.

수많은 벼슬아치의 수레가 지나갔지만, 그들은 모두 눈앞을 스치는 안개나 구름처럼 사라졌고 오직 세 선생의 풍모는 늠름하여 사라지지 않았으니, 어찌 군신부자의 윤리가 만세토록 길이 보존되는 천경지의(天經地義)[100]여서가 아니겠는가.

숙종 기묘년(1699, 숙종25), 현감 신규(申奎)의 상소[101]로 인해 신비(愼妃)의 지위와 명호를 복위시키려고 했지만 조정의 의론이 분분하여 시행되지 못하고 별묘(別廟)를 지어 받들기만 하였다. 지금 성상 경신년(1740, 영조16)에 다시 여러 신하들이 모여 의론하고 성상이 밝게 결단하여 신씨의 존호를 단경왕후(端敬王后)로 추상(追上)하고 태묘(太廟)에 올렸으며 능을 온릉(溫陵)이라고 하였다. 이때 두 선생도 모두 관작을 추증하고 치제(致祭)하였다.

아! 선생의 의론이 비록 한때에는 굽었지만 끝내 백 년이 흐른 뒤에 펴졌으니, 참으로 하늘의 뜻이 정해지면 반드시 사람을 이기는[102] 경우이다. 시비가 이미 크게 정해졌으니, 저 훈신들이 종향(從享)의 반열에서 편안할 수 있겠는가.

아! 고을 사람들이 삼인대 가에 비석을 세워 그 사적을 기록할 것을

100 천경지의(天經地義) : 90쪽 주94 참조.

101 신규(申奎)의 상소 : 1698년(숙종24) 9월 30일, 전 결성 현감(結城縣監) 신규가 노산군(魯山君 단종)과 신비(愼妃)를 복위할 것을 청하는 상소를 올린 것을 가리킨다. 《承政院日記 肅宗 24年 9月 30日, 10月 2日》

102 하늘의……이기는 : 시비가 결국에는 올바르게 가려진다는 뜻이다. 《사기》 권66 〈오자서열전(伍子胥列傳)〉에 "사람이 많으면 하늘을 이기는 경우도 있지만, 하늘의 뜻이 정해지면 또한 사람을 능히 이긴다〔人衆者勝天, 天定亦能破人.〕"라고 한 데서 나온 말이다.

도모하고 내게 비문을 부탁하였다. 나는 여기에서 떳떳한 본성으로 덕을 좋아하는 양심을 모든 사람들이 똑같이 간직하고 있다는 사실을 더욱 알게 되었다. 명(銘)을 덧붙이니, 명은 다음과 같다.

강천의 물이여 동쪽으로 넘실넘실 흐르네	剛泉之水兮東流泱泱
온릉의 나무여 북쪽을 바라보며 무성하네	溫陵之樹兮北望蒼蒼
비석은 닳아 없어지겠지만	石可泐兮
선생의 이름은 끝이 없으리라	先生之名靡終極

홍 장군 고루비[103]

洪將軍故壘碑

안성군(安城郡)에서 남쪽 15리에 있는 목촌(木村)의 옆에 우뚝 솟은 산이 있는데 마치 흙을 차곡차곡 쌓아 만든 것처럼 모두 몇 개 층이다. 고을 사람들이 전하기를, 고(故) 홍계남(洪季男) 장군이 진을 쳤던 곳이라고 한다. 장군은 남양(南陽) 사람으로 6대조 서(恕)는 태종(太宗)의 좌명 공신 강양공(康襄公)이다. 부친은 자수(自修)이고, 자수의 아들은 진(震), 제(霽), 전(電), 뇌(雷)인데 장군은 서출이다.

만력(萬曆) 임진년(1592, 선조25) 왜구가 대거 침입했을 적에 자수는 안성에 있으면서 네 아들을 거느리고 의병을 일으켰는데, 장군은 이미 모병에 응하여 순변사 이일(李鎰)의 휘하에 들어가 있었다. 이일이 상주(尙州)에서 패하자 또 신립(申砬)에게 가서 종군하였고, 신립이 또 패하여 죽자 장군은 몸소 임금을 호종하고자 갑절로 빨리 달려 서울에 이르렀지만 어가는 이미 서쪽으로 떠나버렸다. 자수가 진천(鎭川)의 엽돈령(鬣頓嶺)에서 왜적과 한창 대치 중이었는데 장군이 뒤늦게 달려가 협공하여 격파하니 왜적이 패퇴하였다. 이에 비로소 대장의 깃발과 북을 세우니 며칠 사이에 따르는 자가 3천 명이었고 마침내 목촌에 보루를 쌓아 근거지로 삼았다. 왜적이 죽산(竹山)·양지(陽智)

103 홍 장군 고루비 : 저자가 안성(安城)의 목촌(木村)에 세워진 고루비(故壘碑)에 쓴 비문이다. 이 보루는 임진왜란 때 홍계남(洪季男)이 왜적의 공격을 방어하기 위해 만든 것이다.

・용인(龍仁) 등지까지 두루두루 세력을 뻗쳐 이 세 곳에 큰 진영을 치자 장군이 거의 날마다 오가며 공격하니 왜적의 형세가 크게 꺾였다. 양성(陽城)의 서쪽과 내포(內浦)의 남쪽에 사는 백성들이 모두 안도하게 된 것은 실로 장군 덕분이었다. 장군이 군사들에게 말하기를,

"내 일찍이 사신의 편비(褊裨)로 일본(日本)에 간 적이 있어[104] 왜적의 실정을 속속들이 알고 있으니, 이 왜적 놈들은 상대하기 쉽다."

하였다. 왜적과 싸울 때마다 사졸들보다 앞서 달려가니 향하는 곳마다 대적할 자가 없었다. 한번은 총알을 맞고서도 손수 왜적을 베고 상처를 싸매고 힘써 싸우니 왜적이 장군을 두려워하여 말만 하면 "홍장군, 홍장군" 하였다.

임금이 용만(龍灣 의주)에 있을 때 승전 소식을 듣고 특별히 장군을 수원 판관(水原判官)에 제수하였다. 부임하기 전에 자수가 죽산에 있는 왜적을 공격하다 패하여 죽게 되자 장군의 형제 5명이 검을 뽑아 진중으로 돌격하여 적장을 죽이고 돌아오니, 왜적은 혀를 내두르며 그저 바라만 볼 뿐이었다. 마침내 호서(湖西)의 여러 군진에 격문을 보내어 합공하여 복수하기를 청하였는데, 얼마 지나지 않아 임금이 특별히 기복출사(起復出仕)를 명하여 경기・호서 양도의 조방장(助防將)에 제수되고 절충장군에 올랐다. 또 관찰사로 하여금 육식을 권하게 하였는데 장군이 눈물을 흘리며 먹지 않자 모든 군사들이 감탄하였다. 장군은 어떤 일로 명나라 장군을 거역하여 압송되었는데, 사실대로 대답하자 명나라 장군 또한 크게 뉘우쳐 상좌(上座)에 앉히고 사죄하

104 사신의……있어 : 홍계남은 1590년(선조30) 통신사의 군관으로 선발되어 황윤길(黃允吉), 김성일(金誠一) 일행을 따라 일본에 들어갔다가 이듬해 돌아왔다.

면서 영남에 있는 왜적을 함께 토벌하기를 구하였다.

계사년(1593, 선조26) 가을에 영천 군수(永川郡守)에 제수되고 이전처럼 조방장을 겸하였다. 하루는 절도사 고언백(高彦伯)과 함께 경주(慶州)에 진을 치고 있었는데, 왜적이 갑자기 경주의 안강현(安康縣)에 쳐들어와 남녀 5천여 명을 끌고 갔다. 제장(諸將)들은 감히 막지 못하고 있었는데 장군이 홀로 성을 내며 말하기를 "어찌 차마 가만히 서서 바라만 보고 구해주지 않을 수 있겠는가."라고 하고 마침내 왜적을 추격하여 그들을 모두 구해서 돌아오니, 경주 사람들은 지금도 변함없이 장군을 칭송하고 있다.

장군이 일찍이 말하기를 "이 왜적이 섬멸되지 않으면 군친(君親)의 원수를 갚을 길이 없다."라고 하였다. 고을에 5년 동안 있으면서 항상 왜적이 쳐들어올 것처럼 경계하며 사졸들을 훈련시키고 병기를 정비하였다. 정유년(1597, 선조30) 세상을 떠나니 향년 35세였다. 온 고을의 사람들이 친척을 잃은 것처럼 슬피 울부짖었으며, 체찰사 이원익(李元翼)은 종사관을 보내 영전에 고유하기를 "왜적이 아직 섬멸되지 않았거늘 장군은 어디로 가는가."라고 하였다. 임금이 장군의 소식을 듣고 슬피 애통해하며 판돈녕부사에 추증하고 그 자손들은 복호(復戶)하라고 명하였으며, 후에 또 정려문을 내렸다. 장군이 죽은 후 140여 년이 되었을 때 고을 사람들이 장군의 공적을 생각하여 비를 세우기로 상의하고 그 싸우던 곳에다 세웠다. 내가 인근에 살고 있다는 이유로 비문을 지어 기록해주길 부탁하였다.

내가 생각건대 장군의 공적은 원래 우뚝하여 응당 후세 사람들이 잊지 못할 것이지만 이보다 더 위대한 점이 있다. 무릇 사람이 사람이 되는 까닭을 본성으로 말하자면 인의(仁義)이고, 인륜으로 말하자면 군신(君臣)과 부자(父子)의 도이다. 장군의 부자 및 형제들이 국가가 위난한 시기를 만나 초야에서 분연히 일어나 의를 지켜 왜적을 토벌하였다. 비록 어떤 이는 죽고 어떤 이는 죽지 않았지만 임금에 대한 신하의 의리와 아버지에 대한 자식의 효도에 각기 그 본분을 다하였으니 한 집안의 충효가 성대하다고 할 만하다. 장군과 같은 자는 신분도 미천한데다 사후에 또 후사가 없는데도 백 년이나 떨어져 있는 사람의 마음을 감발시키니, 이 어찌 구구하게 왜적을 죽인 공적이 그렇게 만든 것이겠는가. 《시경(詩經)》에 이르기를 "하늘이 백성을 내시니 사물이 있으면 법칙이 있도다. 백성이 떳떳한 성품을 지니기에 이 아름다운 덕을 좋아하도다."[105]라고 하였으니, 아 정말로 그러하구나! 이에 시(詩)를 덧붙이니, 시는 다음과 같다.

당성(남양)의 집안에 정승이 나왔으니	唐城之家鼎台出
하늘이 웅호와 같은 기질 지닌 호걸을 내었네	天挺豪男熊虎質
난리를 만나 분연히 의병을 일으켰으니	丁時板蕩奮義卒
한 집안의 의열은 옛날에도 짝할 경우 드무네	一門毅烈古鮮匹
옛날에 사신을 따라 일본에 이르렀으니	昔隨仙槎窮出日
저 남방 왜적 따윈 안중에도 없었네	目下全無彼齒漆
가는 곳마다 대적할 자 없어 왜적은 벌벌 떨고	所向罔敵賊膽慄
장성처럼 우뚝이 막아 온 지역이 안정되었네	屹若長城一境謐
영남에서 승진하여 공훈을 떨쳤지만	嶺表遷秩彰勳伐
창을 베고 쓸개를 맛보는 마음[106] 한결같았네	枕戈嘗膽心如一

105 하늘이……좋아하도다 : 《시경》 〈대아(大雅) 증민(蒸民)〉에 보인다.

국사가 다난하여 다급한데[107] 장사가 죽었으니 多難維棘壯士失
아득한 남쪽 바다를 향한 뜻을 완수하지 못했네 蠻海茫茫志未畢
목촌의 옛 보루 이끼로 뒤덮였고 木村古壘苔蘚沒
농부는 종종 백골을 발견하네 耕夫往往得白骨
항상 어두침침한 하늘에 전운이 서려있으니 天色常陰陣雲結
혼백이 와서 노니는 듯 바람은 쓸쓸하구나 魂魄來遊風蕭瑟
임술년(1742)에 고을 사람들 공적을 새기니 邦人紀績歲壬戌
산 높고 물 흐르는 곳에 이 늙은이가 글을 남기네 山高水悠此老筆

106 창을……마음 : 침과대단(枕戈待旦)과 와신상담(臥薪嘗膽)을 뜻한다.

107 국사가……다급한데 : 국가가 위급할 때 임금의 부름을 받고 서둘러 달려가는 것을 뜻한다. 《시경》 〈소아(小雅) 출거(出車)〉에 "저 마부를 불러 짐을 실으라 이르고 왕사가 다난한지라 급히 하라 하였노라.〔召彼僕夫, 謂之載矣, 王事多難, 維其棘矣.〕"라고 한 데서 나온 말이다.

관찰사 김공 신도비 후기[108]

觀察使金公神道碑後記

영릉(寧陵 효종) 말년에 두 분 송 문정공(宋文正公 송시열과 송준길)의 진언[109]으로 특별히 학주(鶴洲) 김공(金公 김홍욱(金弘郁))의 관질을 회복시켰으며, 60년이 지난 무술년(1718, 숙종44) 숙종대왕께서 강빈(姜嬪)의 지위를 다시 회복시키고 민회(愍懷)라는 시호를 내리셨다. 판서 민진후(閔鎭厚)가 진언하기를,

"김 아무개의 당시 상소는 남들이 어렵게 여기는 것을 말했으니 그의 죽음은 애석합니다. 지금이라도 응당 특별히 포상하고 위로하는 은전을 내려셔야 합니다."

108 관찰사……후기 : 저자가 김홍욱(金弘郁)을 기린 신도비명 뒤에 쓴 후기이다. 신도비명은 송시열(宋時烈)이 지었다. 김홍욱(1602～1654)의 본관은 경주(慶州), 자는 문숙(文叔), 호는 학주(鶴洲), 시호는 문정(文貞)이다. 1635년(인조13) 문과에 급제하여 내외직을 두루 역임하였다. 1654년(효종5) 황해도관찰사 재임 시 천재로 효종이 구언(求言)하자 8년 전 사사된 민회빈(愍懷嬪) 강씨(姜氏 소현세자빈)의 억울함을 풀어줄 것을 상소했는데, 이른바 '강옥(姜獄)'이라고 불리는 이 사건은 종통(宗統)에 관한 문제로 효종의 왕위 보전과도 관련되는 것이기 때문에 감히 누구도 말하지 않던 것이었다. 이로 인해 격노한 효종에 의해 하옥되었고 결국 친국을 받던 중 장살되었다.

109 송 문정공의 진언 : 송시열은 김홍욱의 장살 사건에 대해 언급한 내용은 다음과 같다. 《효종실록》 8년 8월 16일 기사에 송시열이 "전하께서 저번에 한때의 분노로 인해 대뜸 김홍욱을 죽임으로써 크게 인심을 잃었습니다." 하였고, 10년 3월 27일 기사에 송시열이 "전하께서 위에서 정사를 펴신 이후로 덕망을 잃을 만한 일이 조금도 없었습니다만 김홍욱의 죽음만은 사람들이 모두 원통한 일이라고 말합니다." 하였다. 송준길의 언급은 《효종실록》 10년 3월 27일 기사에 보인다.

하니, 성상이 윤허하여 공을 이조 판서에 추증하였으며 치제를 내리고 그 자손들을 녹용하였다. 기해년(1719, 숙종45) 태상시에서 공의 시호를 문정(文貞)이라 정하였다.

아! 공은 충정의 마음으로 떨쳐 일어나 제 몸을 돌아보지 않고 할 말을 다하여 공 자신은 헤아릴 수 없는 위험에 빠졌지만 곧바로 임금께서 과오를 고치셨으니, 여기서 우리 성조(聖祖)께서 직언을 받아들이는 덕을 알 수 있다. 더구나 숙종께서 공을 추증한 은전은 충절을 다한 신하를 장려하기에 족하니 선대보다 빛난다고 할 만하다.

강빈의 옥사[110]는 천하의 지극히 원통한 일이다. 공이 언관의 지위가 아닌데도 목숨을 걸고 직언한 것은 어찌 다른 이유가 있어서겠는가. 그 확고한 충심으로 다만 임금을 잘못이 없도록 인도하려는 것일 뿐, 신후(身後)의 총애와 모욕 따윈 자신이 알 바가 아니었다. 그러나 결국에 지극한 원통이 씻어진 것은 실로 공의 한 통 상소 덕분이니, 공이 지각이 있다면 어찌 자신의 죽음을 영광된 일로 여기지 않겠는가. 공의 행실과 의리, 사업은 우암(尤菴) 문정공(文正公)의 글에 이미 다 기록되어 있다.[111]

110 강빈의 옥사 : 1646년(인조24) 소현세자빈(昭顯世子嬪) 강씨(姜氏)가 사사(賜死)된 옥사를 말한다. 1645년에 소현세자와 세자빈이 청나라에서 귀국하였는데, 강빈이 조 소용(趙昭容)과 반목이 생겨 싸우던 중 소현세자가 죽었다. 이에 조 소용이, 강빈이 세자를 죽였다고 무고하자, 인조가 강빈을 후원(後苑)에 유폐하였다가 이듬해에 사사하였다.

111 우암(尤菴)……있다 : 송시열이 지은 신도비명은 김홍욱(金弘郁)의 《학주집(鶴洲集)》 부록 권1에 수록되어 있는데, 송시열의 《송자대전(宋子大全)》에는 〈황해 감사 김공 묘갈명(黃海監司金公墓碣銘)〉이라는 제목으로 수록되어 있다. 두 글은 분량과 내용에 차이가 있다.

공의 차남 계진(季珍)은 훗날 현감이 되었다. 장손 두성(斗星 세진(世珍)의 아들)은 생원시에 합격하였다. 두성의 아들 홍경(興慶)은 원임 영의정이고, 신경(愼慶)과 인경(寅慶)은 봉사이다. 두정(斗井) 또한 봉사로 아들 인경(麟慶)은 군수, 용경(龍慶)은 참판이다. 두규(斗奎)는 현감으로 아들 윤경(潤慶)과 준경(濬慶)은 생원이고 순경(淳慶)은 봉사이다. 두벽(斗壁)은 현령으로 장남 이경(履慶), 차남 지경(趾慶), 삼남 기경(起慶)은 모두 현감이고 사남 치경(致慶)은 현령이고 오남 희경(喜慶)은 판관이다. 계진의 아들 두광(斗光)은 부사이고 딸은 이기항(李箕恒)의 처이다. 두광(斗光)의 아들은 운경(運慶)과 선경(選慶)이다. 공의 네 사위[112]의 아들은 현감 이수문(李秀文), 진사 조명적(趙命迪), 이시귀(李蓍龜), 박승석(朴曾錫), 박명석(朴命錫)이고, 한서(韓婿 한성열(韓聖說))의 계자는 시정(瑞丁)이다. 세진(世珍)의 사위인 박전(朴錪)의 아들은 상태(尙泰), 상택(尙澤)이고, 윤명원(尹明遠)의 아들은 부사 봉소(鳳韶), 참판 봉조(鳳朝)이다. 영의정 홍경의 아들 한신(漢藎)은 화순옹주(和順翁主)와 혼인하였고, 참판 용경의 아들 한철(漢喆)은 교리이다. 나머지는 다 기록하지 못한다.

112 공의 네 사위 : 김홍욱의 사위는 5명인데, 그중 이기직(李基稷), 조지한(趙持韓), 이기서(李箕叙), 박상주(朴尙胄)를 가리킨다.

김 삭주 형제 복수비[113]

金朔州兄弟復讎碑

담양부(潭陽府)에서 남쪽 2리 되는 향백동(香栢洞)에 '김공 성일 성구 복수효열비(金公成一成九復讎孝烈碑)'라는 큰 비석이 길에 세워져 있는데 지나는 자들이 모두 경의를 표한다. 김씨(金氏)는 광주(光州)에서 나왔는데 8대에 걸쳐 평장사(平章事)를 지낸 집안의 후손[114]이다. 이곳 향백동에 살게 된 것은 판교 자민(自敏)부터이다. 판교의 7세손 준민(俊民)은 통우후(統虞候)를 지냈는데 성일(成一)과 성구(成九)는 그의 아들이다.

준민에게 세민(世民)이라는 아우가 있었는데, 그의 노복 금이(金伊)가 세민의 처와 간통하였다. 준민이 성내고 증오하며 그를 죽이려고 했는데 그 일이 누설되었다. 기사년(1629, 인조7) 10월 30일에 금이는 자신의 부친, 아우와 함께 밤을 틈타 준민의 집에 들어가 잔혹하게 준민을 난도질하였다. 이때 성구는 부친의 집과는 몇 리 떨어진 향백동에 있었는데, 홀연 마음이 요동치고 놀라서 부르짖는 소리가 들리는 듯하여 서둘러 난리에 달려가다가 도중에 몇 말의 피를 토하였고, 성일 또한 서울에서 급히 돌아왔으나 적을 잡지 못하였다. 형제는 하늘을

113 김……복수비 : 저자가 김성일(金成一) 형제의 복수를 기린 복수비(復讎碑)에 대해 쓴 비문이다. 이 비석은 현재 전라남도 담양군 백동리에 세워져 있다.

114 김씨(金氏)는……후손 : 광주 김씨(光州金氏)는 본래 신라 왕자 홍광(興光)의 후예이다. 신라 말에 광주로 피신하였는데, 자손들이 그대로 살며 관향으로 삼았다. 고려 때 자손들이 번창하여 8대를 연이어 평장사(平章事)를 지냈다.

두고 굳게 맹세하여 장사를 지내지 않고 날마다 적의 동정만을 살피다가 저자거리에서 금이와 그의 부모를 잡아 직접 도살하고 그 간을 꺼내어 사람을 시켜 부친의 빈소 앞에 매달도록 하였으니 날짜를 헤아려보면 부친이 죽은 지 겨우 45일이었다. 그날로 담양부의 감옥에 나아가 함께 자수하면서 명을 청하기를,

"부친의 원수를 이미 갚았으니 죽어도 여한이 없습니다."

하였다. 담양 부사 이윤우(李潤雨)가 추관(推官)인 광주 목사(光州牧使) 임효달(任孝達)과 함께 경전을 근거하고 옛 사례를 증거로 대며 죄인을 살려주는 쪽으로 의론을 붙이기를 청하였고 관찰사 송상인(宋象仁)은 이를 보고하였다. 경오년(1630, 인조8) 9월 해조(該曹)에서 복주하면서 《대명률(大明律)》의 장벌조(杖罰條)[115]에 의거하여 시행하기를 청하니, 인조대왕께서 특별히 사면하라고 명하시고 승지 이경용(李景容)이 담당하여 사면령을 내려보냈다.

아! 부자(父子)는 한 몸이라 손, 발, 머리, 눈 따위처럼 형세상 떨어질 수 없으니 불행하게 변고를 만나면 그저 응당 목숨을 바칠 뿐이다. 그러나 부친이 남에게 살해되어 복수하는 자는 흔히 볼 수 없으니, 이는 혹 힘이 미치지 못하는 자도 있지만 결국은 자신의 생명을 아껴서일 뿐이다. 두 공이 이 일을 거행할 적에 어찌 스스로 반드시 죽지 않을 것을 알았겠는가. 죽음을 집에 돌아가듯 편안히 여겼지만 끝내

115 대명률(大明律)의 장벌조(杖罰條) : 《대명률(大明律)》 〈형률(刑律) 부조피구조(父祖被毆條)〉에 "만약 조부모 · 부모가 다른 사람에게 살해되어 자손이 마음대로 범인을 죽인 경우에는 장 60에 처하되, 그 즉시 죽인 경우에는 죄를 논하지 않는다." 하였다.

죽지 않았으니 이는 천리를 따르고 인심을 감동시켜 그렇게 하려 하지 않아도 절도 그렇게 된 것이 아니겠는가. 옛날 성왕이 법을 만들 적에 제멋대로 사람을 죽이는 것을 불허하고 하나같이 사형을 내렸지만, 그 가운데에 또한 상황을 참작하여 경중을 달리하는 경우도 있었다. 우리 성조의 특별한 은혜는 이 뜻을 깊이 얻은 데다 또한 인륜을 돈독히 하고 풍속을 가다듬는 뜻도 매우 성대하다. 이와 같지 않다면 어떻게 후세의 자식들을 위해 권면할 수 있겠는가.

성일 형제는 차마 더 이상 고향에 살수 없어 부안(扶安), 흥덕(興德) 등지로 옮겨 다녔는데, 훗날 성일은 여러 명공들에게 발탁되어 막하에 불려 다녔다. 병자년(1636, 인조14)에 남한산성으로 어가를 호종하였고, 얼마 지나지 않아 무과에 급제하여 내외 관직을 두루 역임하다가 삭주 부사(朔州府使)로 임소에서 죽었다. 성구는 부친의 변고를 겪은 후로 세상에 뜻이 없어 사진포(沙津浦) 가에 정자를 만들고는 날마다 문인이나 시인과 어울리며 바둑과 술을 즐기다가 생을 마감하였다. 우암 선생(尤菴先生)이 일찍이 이들을 위한 전(傳)을 지었는데, 그 글에서 적을 토벌하지 않았으면 장례를 기록하지 않는 《춘추(春秋)》의 의리를 논하고, 주자(朱子)의 설을 인용하여 그 뜻을 더욱 지극하게 드러내었으니,[116] 세교에 큰 보탬이 된다. 다만 성구의 일에 대해서는

116 적을……드러내었으니 : 송시열의 〈김 삭주 형제의 복수전〔金朔州兄弟復讎傳〕〉에 다음과 같은 내용이 보인다. "그 아버지의 장례를 뒤로 미루었던 것은 더욱이 주자의 설과 부합된 점이 있다. 주자가 일찍이 '《춘추》의 법에, 임금이 시해되었을 때 임금을 시해한 적을 토벌하지 못했으면 장례를 지냈다고 기록하지 않는 것은 바로 복수의 대의를 중히 여기고 장사 치르는 상례를 가볍게 여겨, 만세의 신자(臣子)에게 반드시 적을 토벌해서 원수를 갚은 다음에야 그 군친(君親)을 장사지낼 수 있음을 보이기 위함이다.

소략하여 빠진 부분이 있기에 고을 사람들이 안타깝게 여겼다. 나는 이 때문에 그 한두 가지 일을 모아 이 글을 지어 비석 뒷면에 새기도록 한다. 이 비석은 실로 담양 및 인근의 선비들이 합심하고 힘을 모아 만들었다고 한다.

그런데 그렇지 못하면 비록 관곽과 의금이 더없이 융숭할지라도 실상은 시체를 구학에 버려서 여우와 너구리가 뜯어먹고 파리와 모기가 빨아먹도록 내버려두는 것과 그 의리에 있어서 같은 것이다.' 하였으니, 그 의리가 아주 적절하다 하겠다." 하였다.

민씨 선산비[117]

閔氏先山碑

여흥(驪興) 민씨(閔氏)는 상의봉어(尙衣奉御) 휘 칭도(稱道)로부터 시작되어 8, 9대 동안 고려 시대에 크게 명성을 떨쳤는데, 평산(平山) 두성리(斗城里)에 있는 봉어의 손자 좌복야 의(懿)의 묘가 5백년이 지난 후에 다시 세상에 나왔고 그 나머지 묘역은 실전되어 찾지 못하였다. 송도(松都)의 서쪽에 감로사(甘露寺)라는 절이 있는데, 양촌(陽村) 권근(權近)이 쓴 중창기(重創記)에 이르기를 "여흥부원군(驪興府院君 민제(閔霽))의 선영이 모두 이 절 뒤에 있다."라고 하였다. 지금 살펴보니 여흥공(驪興公)의 부친[118]은 다른 곳에 안장되어 있다. 여흥공의 조부 문순공(文順公) 적(頔)으로부터 거슬러 올라가 봉어에 이르기까지는 실로 여러 민씨들의 동조(同祖)이니, 모든 묘들이 이곳에 있는 것은 응당 의심이 없을 듯한데 세대가 멀어져 자취가 민멸되어 아무도 찾지 못하였다.

정유년(1717, 숙종43) 후손 판서 진원(鎭遠)이 비로소 이른바 감로사라는 곳에 가서 찾아보았다. 절 뒤로는 산세가 가파른데 산등성이를 따라 가면 말을 타고 갈 만한 언덕이 나온다. 이 언덕은 강을 등지고 동남쪽 방향으로 뻗어 있는데 그곳에 세 기의 무덤이 총총히 모여 있었다. 마을의 촌로가 공이 왔다는 소식을 듣고 대번에 탄식하며 말하기를

117 민씨 선산비 : 저자가 여흥 민씨(驪興閔氏)의 선영에 세운 비석에 쓴 비문이다.

118 여흥공(驪興公)의 부친 : 여흥공 민제(閔霽)의 부친 민변(閔忭)을 가리킨다.

"이 언덕이 민씨의 묘역이라고 옛날부터 전해 내려왔는데 과연 사실이구나."라고 하였다. 또 말하기를 "옛날에 보았을 때는 귀부(龜趺)가 멀쩡했는데 지금은 없어졌다."라고 하였다. 언덕 서쪽에 절터가 있으니 지금까지 민씨 집안의 재궁(齋宮)이라고 일컬어지고, 골짜기 입구에 앉을 만한 바위가 있는데 국구(國舅 민제)가 옷을 갈아입던 곳이라고 한다. 그 지형이 사찰의 기록과 부합하고 고로(故老)가 전해준 얘기 또한 또렷하여 믿을 만한데 다만 증거할 만한 비각이 없어 누구누구의 묘인지 분별할 수가 없었다. 2년이 지나 다시 자식과 조카를 보내 묘 아래에 단을 설치하여 고유하게 하고 두루 묘지(墓誌)를 찾아보게 했지만 끝내 찾을 수 없었다. 이에 공은 탄식하며 "내가 어디에 정성을 바치겠는가. 장차 비석을 세워 사적을 기록하리라."라고 하고 생질인 나에게 비문을 쓰게 하였다.

삼가 생각건대 우리 외선조께서 덕을 쌓고 선을 닦으신 지 지금까지 수백 년이 되었으므로 비록 영욕이 일정하진 않지만 의리상 후손들이 영원히 보답을 받는 것이 마땅하니, 좌복야 공의 묘를 찾은 일에서 보면 징험할 수 있다. 더군다나 어짊은 선조의 은혜에 보답하는 것보다 앞서는 것이 없고 돈후함은 먼 조상을 추모하는 것보다 큰 것이 없으니, 나는 여기서 외가의 경사가 끝나지 않으리라는 것을 알겠다. 후손들이 만약 우리 외숙의 마음을 자신의 마음으로 삼아 지극하게 정성을 바친다면 신령이 반드시 이를 것이니, 이전에 묻혀있던 무덤이 훗날 세상에 드러나지 않는다고 어찌 장담하겠는가. 이는 아득하여 기필할 수 없을 듯하지만 기필할 수 있는 것은 하늘이니 다만 느리고 빠른 차이만 있을 뿐, 삼가 두 손을 모으고 기다려야 한다.

또 예조의 옛 기록을 살펴보니, 제릉(齊陵)[119]이 원경왕후(元敬王后)

민씨(閔氏)[120]의 본가 선영 안에 있었는데 개국 후에 가족 무덤과 개인 무덤을 모두 그대로 남겨두었다. 국가에서 한번은 예관을 보내어 벌목하였는데 그 서계(書啓)에 이르기를,

"외백호(外白虎)[121]로서 안산(案山)이 된 곳에 네 기의 무덤이 있고 또 남쪽 가장자리 서향의 언덕에 세 기의 무덤이 있으며, 그 아래 20보쯤 되는 곳에 또 세 기의 무덤이 있으니 무덤의 형상이 아직 남아있다."

하였다. 이 열 기의 무덤 또한 필시 문순공(文順公 민적) 윗대의 무덤일 것이나 지금은 자세히 알 수 없으니 이를 함께 기록하여 후손들에게 알린다.

119 제릉(齊陵) : 태조(太祖)의 비(妃) 신의왕후(神懿王后) 한씨(韓氏)의 능이다.

120 원경황후(元敬王后) 민씨(閔氏) : 태종(太宗)의 비 민씨(閔氏)로 민제(閔霽)의 딸이다.

121 외백호(外白虎) : 풍수지리에서 오른쪽으로 뻗어 나간 여러 갈래의 산줄기에서 가장 바깥쪽에 있는 줄기를 가리킨다.

숙인 창원 황씨 신위단비[122]

淑人昌原黃氏神位壇碑

고(故) 금구 현령(金溝縣令) 조현소(趙見素)[123]의 묘가 임천군(林川郡) 서반산(西盤山)에 있는데, 그의 원배(元配) 숙인 창원 황씨(昌原黃氏)는 정축년(1637, 인조5) 강도(江都)의 난리 때 바다에 몸을 던져 죽었으므로 안장하지 못했다. 그 후 100여 년이 지나 종손 귀세(龜世)와 족제 정세(靖世)가 다음과 같이 의논하였다.

"우리 조비(祖妣)께서는 몸을 깨끗이 하고 절의를 온전히 하여 수립한 바가 우뚝한데도 당시 정려하여 표창하던 명단에 우연히 빠졌기에 나중에 자손들이 사실에 기초하여 호소하였으나 조정에서는 세월이 오래되어 사실을 확인하기 어렵다고 허락하지 않았으니 참으로 지극히 통탄할 일이다. 게다가 안장한 묘가 없으므로 사시(四時) 제사를 못 드리고 있으니, 이 또한 자손들이 가슴을 치고 피눈물을 흘리면서도 어찌할 수 없는 점이다.

삼가 살펴보건대 고(故) 진사 송극기(宋克己)의 묘를 찾을 수 없자 그의 후손인 우암(尤菴) 문정 선생(文正先生)이 조비(祖妣)의

122 숙인……신위단비 : 저자가 조현소(趙見素)의 원배(元配) 창원 황씨(昌原黃氏)를 위해 세운 신위단(神位壇)에 쓴 비문이다. 사마시 합격 이후 과거공부를 그만두고 후학을 가르치는 데 힘썼다. 한때 금구 현령(金溝縣令)을 역임하였지만 그를 미워하는 자들의 해를 입어 관직을 그만두었다.

123 조현소(趙見素) : 1610~1677. 본관은 풍양(豊壤), 자는 자장(自章), 호는 성강(星江)이다.

묘 옆에다 신위단(神位壇)을 설치하여 제사를 지냈다. 그 기문에 이르기를 '《예기》에 「사당을 떠나면 단을 만든다〔去祧爲壇〕」[124]는 것과 「지방(紙榜)에 써서 표기한다〔榜標記之〕」[125]는 절문이 있으니, 이는 예법에 없다고 말할 수 없다. 삼가 오른쪽에서 흠향하시도록 신위를 설치하여 함께 제사지낼 곳으로 삼는다면 예의(禮義)에 있어서 다행히 허물이 없을 것이다.'[126]라고 하였다. 선정(先正)이 이미 행한 자취를 따라서 행해야 할 것이니 우리들이 여기에 정성을 바치지 않고 어디에 정성을 바치겠는가."

마침내 비석을 마련하여 현령 조공의 묘 왼쪽에 세우고 비문을 내게 부탁하였다. 나는 이미 숙인의 절행이 가려져서 드러나지 않는 점을 슬퍼하고 또 조상을 추모하는 조씨 후손의 정성을 가상히 여겨 그 대략을 위와 같이 서술하노라.

124 사당을……만든다 : 《예기》 〈제법(祭法)〉에 "사당을 떠나면 단을 만들고 단을 떠나면 선을 만든다.〔去祧爲壇, 去壇爲墠.〕" 하였다.

125 지방(紙榜)에 써서 표기한다 : 《예기》 〈내칙(內則)〉의 "적자와 서자는 종자와 종부를 삼가 모셔야 한다. ……〔適子庶子祗事宗子宗婦 ……〕"라는 조목 아래에 다음과 같은 주희(朱熹)의 편지글이 부기되어 있다. 〈이회숙에게 답하다〔答李晦叔〕〉에 "지난번 선배 중에 이와 같으면서 형제가 서로 멀리 떨어져 사는 자가 있었는데, 형 집에만 신주를 설치하고 아우는 신주를 세우지 못하고 단지 제사지낼 때 신위를 설치하여 지방으로 표기한 뒤 신위마다 제사를 지내고 제사가 끝나면 태웠다고 합니다. 이렇게 하는 것이 변례(變禮)에 맞을 듯한데, 다시 살펴보아야 할 것입니다." 하였다.

126 예기(禮器)에……것이다 : 송시열의 〈구대조 진사부군 신단비기(九代祖進士府君神壇碑記)〉에 보인다.

도암집

제31권

묘갈 墓碣

고려 직제학 김공 묘갈[1]

高麗直提學金公墓碣

광주 김씨(光州金氏)는 신라 왕자 흥광(興光)이 시조(始祖)인데, 신라가 망하고 나서 왕자가 먼저 떠나 드디어 광주 사람이 되었다. 그 후손 휘 약시(若時)가 고려의 국운(國運)이 끝날 때 광주(廣州)의 금광촌(金光村)에 은둔하여 말하기를 "나는 조선의 신하가 되지 않을 것이다."라고 하고, 72세에 세상을 떠났다. 군자가 말하기를, "김씨(金氏) 중에 두 명의 어진 사람이 있다." 하였다.

공은 을해년(1335, 충숙왕 복위4) 태어났으니, 실로 우리 태조대왕(太祖大王)과 같은 해 출생이며, 계해년(1383, 우왕9) 과거에 급제하여 관직이 직제학에 이르렀다. 태조가 조선을 개국하자, 공과 부인은 걸어서 광주로 가서 산골 사이에 나무를 엮어 거처를 만들어 눈과 바람을 피하니, 촌로(村老)가 공의 차림새를 괴이하게 여겨 종종 와서 문곤 하였는데, 대답을 하지 않았다. 혹 술과 음식을 보내주어도 받지 않았으며, 근심걱정으로 우울해 하다가 하늘을 바라보고 흐느끼며 한탄하였다. 사람들은 그의 마음을 헤아리지 못했으며, 누구인지도 몰랐다. 태조가 물색하여 그를 찾아 특별히 성명방(誠明坊)의 집을 하사하고, 직접 송헌(松軒)이라는 어호(御號)를 써주었으니, 이는 포의(布衣) 신분일 때 교제했던 벗으로 대우한 것이다. 또 원래 관직을 제수하여

1 고려……묘갈 : 이 글은 김약시(金若時, 1335~1406)의 묘갈이다. 김약시의 본관은 광산(光山), 호는 음촌(陰村)이다.

억지로 직임을 맡기려고 하였으나 공은 눈이 보이지 않는다는 핑계로 결국 관직을 받지 않았다. 한번은 가족들에게 말하기를,

"내가 나라가 망해도 죽지 못하고, 멀리 떠나 은둔하지 못했던 것은 선인(先人)의 무덤이 있기 때문이다. 내가 죽으면 이곳에 장사지내고 봉분을 만들지 말고 나무를 심지도 말며[2] 돌 두 개를 좌우에 두어 표시하여라."

하였는데, 공이 세상을 떠나자 그 말대로 하였다.

현종(顯宗) 때에 이르러 야대(夜對)를 할 적에 공의 후손 우형(宇亨)이 승지로 있었는데, 공의 유사(遺事)에 이야기가 미치자, 성상이 감탄하여 말하기를 "그대 조상의 절의가 훌륭하구나."라고 하였다. 공의 직계는 대제학 진(稹), 판군기시사(判軍器寺事) 영리(英利), 광성군(光城君) 정(鼎)이니, 이분들이 증조부, 조부, 부친이다. 전부인과 후부인은 여산 송씨(礪山宋氏)와 원주 원씨(原州元氏)이다. 자손으로 현달한 자는 제학 굉(硡), 검열 신동(神童), 전한 규(糾), 부윤 영남(穎男), 감사 지남(止男), 참판 질간(質幹)이며, 우형(宇亨)은 나중에 판서가 되었다.

10대손 대수(岱壽)와 11대손 정언 수석(壽錫)이 논의하여 말하기를

"우리 선조의 묘에는 각석(刻石)이 없으니, 먼 훗날 누가 알 수 있겠습니까? 비록 저와 같은 유언이 있지만, 길이 선조의 명성이 전해지도록 하는 것은 우리의 책임입니다."

2 봉분을……말며 : 《주역》 〈계사전 하(繫辭傳下)〉에 "옛날 장사지내는 사람은 섶을 두껍게 입혀서 들 가운데 장사를 지내는데 봉분을 하지 않고 나무를 심지 않으며 상기에 일정한 수가 없었다.〔古之葬者, 厚衣之以薪, 葬之中野, 不封不樹, 喪期无數.〕" 하였다.

하고는 드디어 나에게 묘갈문을 부탁하였다. 내가 생각하건대 공의 고매한 풍모와 높은 절개는 길 주서(吉注書)[3]와 비슷하지만, 공은 또 그 자취를 감추었으니, 성조(聖祖 현종)의 한 마디 칭찬은 공자(孔子)께서 태백(泰伯)의 의리를 칭찬한 뜻[4]에 감동했기 때문이 아니겠는가. 그러나 자취가 드러나고 감추어지는 것은 모두 때가 있으니, 공에게 무슨 영향을 끼칠 수 있겠는가. 오직 일편단심만은 금석을 꿰뚫고 천지에 통하기 충분하니, 지금 굳이 널리 찬양하여 공의 평소 뜻을 손상시킬 필요가 없기에 다만 '고려 직제학 김공 아무개의 묘'라고 기록하는 것으로 충분하다.

3 길 주서(吉注書) : 길재(吉再, 1353~1419)를 가리킨다. 본관은 해평(海平), 자는 재보(再父), 호는 야은(冶隱) 또는 금오산인(金烏山人), 시호는 충절(忠節)이다. 1389년(창왕1) 문하주서(門下注書)가 되었으나, 고려가 망할 것을 알고 이듬해 봄에 늙은 어머니를 모셔야 한다는 핑계로 벼슬을 버리고 고향 선산(善山)으로 돌아왔다.

4 공자(孔子)께서……뜻 : 태백은 주(周)나라 태왕(太王)의 세 아들 가운데 장자(長子)이다. 태왕의 막내 계력(季歷)이 창(昌)을 낳자, 태왕은 계력을 후사로 삼고자 하였다. 태백은 이를 알아차리고는 마침내 형만으로 도망가서 오(吳)의 시조가 되었다고 한다. 《논어》 〈태백(泰伯)〉에, "태백은 지극한 덕의 소유자라고 할 만하다. 세 번이나 천하를 사양하였으되, 백성들이 그의 덕을 칭송할 자취조차 남은 게 없구나.'〔泰伯其可謂至德也已矣, 三以天下讓, 民無得而稱焉.〕"라는 공자의 말이 보인다.

감찰 유공 묘갈[5]

監察柳公墓碣

국조(國朝)의 절의(節義)는 오직 장릉(莊陵 단종)시기가 가장 성대하니, 세상에서 육선생(六先生)이라고 일컫는 분들은 진실로 환히 일월(日月)과 빛을 다툰다. 그 나머지 산림에 자취를 감춘 분들이 얼마나 되는지 알 수 없으나 혹 수백 년이 지난 뒤에 비로소 드러나는 분도 있다. 내가 그 중에 한 분을 알고 있으니, 바로 감찰 유자미(柳自湄) 공이다.

가승(家乘)에 따르면 공은 경태(景泰) 신미년(1451, 문종1) 문과에 급제하였고, 5년 뒤 을해년(1455) 단종이 선위하였을 때 공은 곧바로 불가(佛家)로 귀의하여 자취를 감추었다. 공의 아들 집현전 교리 지(輊)가 공을 따르려 하자, 공이 만류하며 벼슬을 하도록 하였다. 매번 근친(覲親)을 청할 때면 번번이 "신의 아비는 마음에 병을 얻어 산수를 방랑하고 있습니다."라고 하였다. 처음에는 수양산(首陽山)의 신광사(神光寺)[6]에 거처하다가 만년에는 서산(西山)으로 옮겼으며, 경계하

5 감찰 유공 묘갈 : 이 글은 유자미(柳自湄, ?~1462)의 묘갈이다. 본관은 문화(文化), 자는 원지(原之), 호는 서산(西山)이다. 사육신의 한 사람인 유성원의 친족이다.

6 수양산(首陽山)의 신광사(神光寺) : 황해도 해주(海洲)의 별호가 수양(首陽)이기 때문에 그 동쪽에 있는 산을 수양산이라 이름하였는데, 신광사는 이 산 서쪽 계곡에 있다. 백이(伯夷)와 숙제(叔齊)가 은(殷)나라에 대한 충절을 지키며 은거하였던 중국 산서성(山西省) 영제현(永濟縣)에 있는 산과 이름이 같으므로 여기에도 백이와 숙제의 사당을 모셨다.

는 말을 남겨 불가의 법에 따라 장사를 지내지 말도록 하였고, 또 말하기를,

"내가 임금을 위해 죽지 못했으니, 나를 선인의 묘 곁에 장사지내지 말고, 묘도문에는 너희로 인해 추은(推恩) 받은 직함은 쓰지 말라."

하였다. 공이 세상을 떠나자 자제들이 감히 유언을 어기지 못했다. 해주(海州)에 있던 노비는 종자(宗子)의 집에 귀속시켰는데, 지금까지 개암과 밤, 곡식, 해산물, 키와 빗자루의 공물을 보내오니, 이는 공이 수양산에 있을 때부터 시작되었다.

공은 문화현(文化縣) 사람으로, 정승(政丞) 만수(曼殊), 상의중추(商議中樞) 원지(原之), 현감 함(涵)이 공의 3대이다. 공은 일곱 아들을 두었다. 윤(輪)은 현령, 지(輊)는 찬성, 진(軫)과 헌(軒)은 대사헌, 원(轅)은 현감, 보(輔)는 직장, 집(輯)은 정랑(正郎)이다. 집(輯)의 부인은 성삼문(成三問) 선생의 손녀이다.

공의 묘소는 양주(楊州)의 한동(漢洞)에 있었는데, 오랜 세월이 흘러 묘를 잃어버렸다. 숙종 신유년(1681, 숙종7), 후손 세정(世鼎)이 묘소 앞에서 작은 돌조각을 얻었는데, '사헌 감찰 유자미'라는 글씨를 분명히 읽을 수 있었다. 드디어 달려가 고하니, 자손들이 앞뒤를 이어와서 배알하고 봉분을 수축하였다. 관(祼)과 세현(世顯)과 세정(世鼎)은 모두 지(輊)의 후손이고, 진방(震芳)은 헌(軒)의 후손이며, 형배(亨培)는 원(轅)의 후손이다. 이로부터 묘소에 주인이 있게 되었는데, 관(祼)의 아들 세무(世茂)가 비갈(碑碣)을 세워 공의 행적을 드러내려고 나에게 묘갈문을 부탁하였다.

공의 큰 절개를 살펴보건대 실로 청한옹(淸寒翁)[7]과 같은 부류이지만 청한옹은 드러나고 공은 드러나지 않았으니 이는 무엇 때문인가?

내가 예전에 동협(東峽)에 우거한 적이 있는데[8], 그 지역에는 청한옹이 머물던 곳이 많아 초동과 목동도 그의 이름을 알아 머뭇거리며 떠나지 못했다. 모르겠지만 채미(採薇)의 유허지[9] 역시 이와 같지 않을까. 내가 서산에 올라 공의 사적을 찾고자 하였으나, 구름과 잡초에 뒤덮여 아득히 분별할 수가 없었다. 그러나 공의 묘소가 일실되었다가 다시 발견되었으니, 이는 공의 큰 절개가 끝내 묻혀버릴 수 없기 때문이다. 어쩌면 더디고 빠른 때가 있어서 그런 것인가! 율곡 선생(栗谷先生 이이(李珥))이 청한옹의 전(傳)을 지어 비록 그가 유교를 버린 것을 병통으로 여겼지만, 그 절의를 논하면서 "비록 백세의 스승이라 하더라도 역시 가까울 것이다."[10]라고 하였다. 만일 공이 당시에 드러났다면 마땅히 함께 전(傳)을 지었을 것이니, 어찌 달리 평가했겠는가. 우선 이렇게 기록하여 후세에 논할 자를 기다리노라.

7 청한옹(淸寒翁) : 김시습(金時習, 1435~1493)을 말한다. 호는 매월당(梅月堂), 자는 열경(悅卿), 법호는 설잠(雪岑), 본관은 강릉(江陵)이다. 어려서부터 천재로 널리 알려졌는데, 21세 때에 수양대군이 단종의 왕위를 찬탈하였다는 소식을 듣고, 보던 책들을 모두 불사른 뒤에 스스로 머리를 깎고 승려가 되어 전국 각지를 유랑하였다. 방랑생활을 계속하다가 59세에 별세하였다.

8 예전에……있는데 : 동협(東峽)은 설악산으로, 1722년(경종2) 저자가 중부(仲父) 이만성(李晩成)이 신임사화로 세상을 떠난 뒤 가솔을 이끌고 설악산 자락인 인제(麟蹄) 가덕산촌(佳德山村)에 은거하던 시절을 말한다.

9 채미(採薇)의 유허지 : 백이와 숙제가 절개를 지키면서 고사리를 캐어 먹다가 굶어 죽은 수양산을 말한다. 《史記 卷61 伯夷列傳》

10 율곡……것이다 : 선조의 명으로 이이가 지은 〈김시습전(金時習傳)〉을 말하는데, 이 글은 《율곡전서(栗谷全書)》 권14에 실려 있다.

장령 최공 묘갈[11]

掌令崔公墓碣

과거 연산군 시절에 사화(士禍)가 끝이 없어 한때 현인과 군자들이 이루 다 기록할 수 없을 만큼 죽임을 당했으니, 지금 생각해도 슬프기 그지없다. 나는 호남(湖南)의 사우(士友)에게 참봉 신응순(辛應純)이 엮은 《집록(輯錄)》을 얻어 읽어보니,

"장령 최형한(崔亨漢)이라는 분은 본관이 경주(慶州)로 생원 최영원(崔永源)의 둘째 아들이다. 연산군이 술과 여자에 푹 빠져 사람의 도리를 행하지 않자, 감히 직언을 하며 대궐 앞에서 대명(待命)하다가 드디어 스스로 목숨을 끊었다."

하였는데, 공이 바로 그 사람이다. 나는 공이 불행한 시대를 만나 충성스러운 마음을 지니고 억울하게 죽은 것을 슬퍼하였다. 그러나 당시의 사적으로는 무오당적(戊午黨籍)[12]보다 상세한 것이 없는데, 공에 대한 기록은 조금도 보이지 않으니, 어쩌면 공이 무오년(1498, 연산군4) 이전에 죽었기 때문이 아니겠는가. 감히 알 수가 없다.

최씨의 가승(家乘)은 병란에 다 일실된 터라 오직 선배들의 글에 남아 있는 내용으로 대략 의거할 수 있다. 공은 성화(成化) 경자년

11 장령 최공 묘갈 : 이 글은 최형한(崔亨漢, ~1504)의 묘갈이다. 본관은 경주(慶州). 자는 탁경(卓卿), 호는 영사정(永思亭)이다. 갑자사화 때 궁궐 앞에서 대죄하다가 굶어 죽었다. 문장에 뛰어났으며, 김일손(金馹孫), 성현(成俔) 등과 교유하였다.

12 무오당적(戊午黨籍) : 1498년(연산군4) 무오사화 때 화를 당한 김종직(金宗直) 등 30여 명의 성명을 기록한 명부이다.

(1480, 성종11) 진사가 되었고, 4년 후 계묘년(1483, 성종14) 문과에 급제하였다. 연이어 부모의 상을 당하였으며, 상복을 벗고서는 비로소 관천(館薦)[13]으로 사헌부 감찰에 제수되었다. 서장관에 충원되어 연경(燕京)으로 갔으며, 돌아와서는 옥과 현감(玉果縣監)으로 나갔다가 곧바로 영암 군수(靈巖郡守)에 제수되었고, 조정으로 들어와 장령이 되었으니, 이것이 공의 이력이다. 옥과 현감으로 나갈 적에 조정관원들이 모두 그가 외직으로 나가는 것을 애석하게 여겼는데, 탁영(濯纓) 김일손(金馹孫) 공이 서문(序文)을 지어 공을 전송하면서 공의 문학이 넉넉하다고 하면서 몹시 대단하게 칭찬하였다.

공의 집안은 대대로 광주(光州)에 살았는데, 광주의 서쪽 건지산(巾之山)에 부모의 묘가 있으며, 집과의 거리가 겨우 1리였다. 공이 그 곁에 영사정(永思亭)이라는 정자를 지었는데, 용재(慵齋) 성현(成俔)이 기문(記文)을 지어 공의 효성을 칭찬하였다. 공이 한 시대의 이름난 사대부에게 인정을 받은 것이 이와 같았지만, 유독 목숨을 바친 한 가지 일만은 상고할 수 없는 것이 한탄스럽다.

아, 옛날 사람은 임금에게 간언하다가 임금이 듣지 않으면 떠났고, 그렇지 않으면 직분을 위해 목숨을 바쳤으며, 또 이따금씩 근심하고 분개하며 답답해 하다가 자신의 뜻을 드러낼 수 없으면 차라리 자결하는 것을 스스로 통쾌하게 여겼다. 공은 이미 떠나지 못했으니, 공의 죽음은 진실로 이 두 가지를 벗어나지 않을 것이다. 그러나 그의 직언은 자세히 알 길이 없고, 더구나 스스로 목숨을 끊은 일에 대해서는 목을 매었다고 하고 약을 먹었다고도 하여 그 일이 일치하지 않으니,

13 관천(館薦) : 성균관에서 인재를 천거하는 것을 말한다.

공의 처신이 또 과연 어떠했는지 모르겠다.[14] 이에 대해서는 사관(史官)이 반드시 대서특필 하였을 것이니, 후대 사람들이 마땅히 저절로 알 것이다. 그러나 알던 모르던 간에 공에게 무슨 영향을 끼치겠는가.

공의 자는 탁경(倬卿)으로, 그 선대는 고려의 정승 계림부원군(雞林府院君) 광위(光位)에게서 시작되었으며, 그 후손 노(潞)는 중영랑장을 역임하였고, 낭장의 아들 중제(仲濟)는 현감을 지냈으니, 《집록》에서 말한 생원이 그의 아들이다. 공의 외조부는 생원 음성(陰城) 박계양(朴繼陽)이다. 공은 영광 김씨(靈光金氏)에 장가들었는데, 김씨 부인은 낭장 효본(孝本)의 따님이다. 3남 3녀를 두었으니, 장남 언충(彦潨)은 생원시와 진사시에 합격하였고, 차남 언홍(彦泓)은 진사이며, 삼남 언충(彦冲)은 생원이다. 딸은 진사 송숙(宋驌), 참봉 정수(丁需), 참봉 장현(張俔)에게 출가하였다. 언충의 아들 송년(松年)은 문과에 급제하여 현감을 지냈고, 언홍의 아들 백년(栢年)은 부장을 지냈으며, 춘년(春年)은 참봉을 지냈다. 언충의 아들은 응기(應期), 응세(應世), 응시(應時)이다. 사위 장현의 아들 장이길(張以吉)은 사간을 지냈다. 삼남의 자손이 가장 번성한데 모두 유업(儒業)으로 가문을 잇는다고 한다.

14 그의……모르겠다 : 최형한(崔亨漢)의 행적에 대해서는 송내희(宋來熙, 1791~1867)의 《금곡집(錦谷集)》 권14 〈영사정 최공 갈문 추기(永思亭崔公碣文追記)〉에 자세하다. 이 글에 따르면 저자가 최형한의 묘갈을 쓴 뒤 송내희가 《승정원일기》를 살펴본 결과 정사년(1497, 연산군3) 12월 6일 최형한이 직언으로 극간하다가 궐문 밖으로 나처되어 죽었다고 되어 있고, 또 부제학 최명상(崔命相)이 저술한 《경주최씨명현록(慶州崔氏名賢錄)》에는 연산군 때에 소인배들이 여러 현인을 무함하자, 최형한이 대직(臺職)에 있으면서 간언하다가 9일 동안 밥을 먹지 않다가 죽었다고 하였는데, 그 날짜가 《승정원일기》와 부합한다고 하여 최형한이 무오년 이전에 죽은 것이라고 고증하였다. 그러나 현재의 《승정원일기》에는 관련 기록이 없다.

공의 묘 역시 건지산에 있는데, 8세손 진사 낙(洛)과 옥(沃)이 와서 묘갈문을 청하니, 내가 말하기를,

"공의 사적은 진실로 은미하여 드러나지 않지만, 그 마음은 이른바 민멸시킬 수 없는 천리와 인륜이다.[15] 이치상 반드시 결국에는 세상에 드러날 것이다. 어찌 천천히 하지 않는가?"

하니, 낙이 일어나서 말하기를,

"비록 그렇지만 그대의 글을 얻어 후세에 보이고자 합니다."

하기에 내가 사양할 수가 없다. 명(銘)은 다음과 같다.

내가 들으니 탁영은	我聞濯纓
절개와 행실이 있는 선비라지	節行之士
문장을 여사로 여기고	餘事文章
활보하며 세상 내려다보았네	闊步高視
그러나 공에 대해서만은	而獨於公
이처럼 인정을 하였네	引重若是
기질이 동일하니	聲氣之同
누가 공의 죽음을 의심하랴	孰疑其死
백세가 지난 뒤에	百世之後
국사에서 징험하길 청하노라	請徵國史

15 민멸시킬……인륜이다 : 《소학》 〈선행(善行)〉에 "아, 하늘의 이치와 사람의 떳떳한 도가 사람의 마음에 있어 영원히 없어지지 않는 것을 여기에서 볼 수 있구나.〔嗚呼, 天理民彝之在人心, 終古而不泯滅者, 於此可見矣.〕" 하였다.

지평 회곡 조공 묘갈[16]

持平晦谷趙公墓碣

아, 이곳은 기묘명현(己卯名賢)[17] 회곡(晦谷) 조광좌(趙廣佐) 선생의 묘이다. 공의 중형 광보(廣輔)는 호가 방은(方隱)인데, 그의 장지가 공의 묘소 위 몇십 보 되는 곳에 있다. 선생은 한양(漢陽) 사람으로 정암 선생(靜菴先生 조광조(趙光祖))과 먼 친척 사이인데, 도의(道義)로 서로 의기투합하여 함께 용인(龍仁)에 살았으며, 거처가 겨우 십 리 거리였다. 음애(陰崖) 이자(李耔)도 그 사이에 살았는데, 절친한 교분을 맺고 학문을 강론하는 유익함이 있었다. 냇가에서 낚시하기도 하고, 산에서 나물을 캐기도 하며, 또 음풍농월하다가 돌아오기도 하였는데, 그 즐거움은 남들이 미처 알지 못하는 점이 있었다. 고로(故老)들이 전하는 말에 네 분 선생은 매번 식사를 할 때 다른 그릇을 쓴 적이 없고, 또 하나의 숟가락을 썼으며, 또 두암(斗巖)의 바위 옆에 사은정(四隱亭)을 짓기로 도모하였는데 결행하지 못했다고 한다.

16 지평……묘갈 : 이 글은 조광좌(趙廣佐, 1484～1521)의 묘갈이다. 조광좌의 본관은 한양(漢陽), 자는 계량(季良), 호는 회곡(晦谷)이다. 1519년(중종14) 기묘사화가 일어났을 때, 조광조의 붕당으로 몰려 삭직되었고, 1521년(중종16)에 일어난 신사무옥 때 연루되어 장살당하였다.

17 기묘명현(己卯名賢) : 중종 14년(1519) 일어난 기묘사화 때 화를 입은 이들을 말한다. 조광조를 위시한 김정(金淨), 김식(金湜) 등 유교로써 정치와 교화의 근본을 삼아 이른바 삼대(三代)의 왕도정치를 실현하려던 신진 사류인데, 남곤, 심정을 위시한 훈구 대신 일파에 의해 뜻이 좌절되어 참화를 입었다.

정암이 음애를 비롯한 여러 현인들과 일시에 무리지어 세상에 나갔는데, 선생 역시 천거를 받아 형조 정랑에 제수되었으며, 얼마 후 사헌부 지평으로 발탁되었다. 한창 현량과(賢良科)를 시행하여 선생이 그 추천에 들었으나 나아가려 하지 않았다. 정암이 당시에 대사헌으로 있었는데, 선생이 함께 대궐문에 엎드려 정국공신(靖國功臣) 중에 과분하게 책록된 사람을 삭훈하기를 청하였는데, 여러 차례 아뢰자 임금이 비로소 따랐다. 사화가 일어났을 때, 대사헌 유운(柳雲)과 힘껏 정암을 구명하였으나, 임금이 따르지 않았다. 얼마 뒤에 정암이 사사(賜死)당하니, 당적(黨籍)에 함께 오른 사람이 39명이었으며, 선생 역시 삭탈되었다. 신사년(1521, 중종16) 송사련(宋祀連)이 상변(上變)하여[18] 선생이 체포되었고 결국 고문을 당하다 죽었으니, 10월 20일의 일로, 당시 나이가 38세였다. 방은은 갑술년(1514, 중종9) 이후로 미친 척하고 스스로 자취를 감추었는데, 뒤에 역시 남곤(南袞)과 심정(沈貞)에게 무고를 당하여 거의 죽을 지경에 이르렀다가 살아났다.

과거에 음애가 말하기를,

> "효직(孝直 조광조)은 계량(季良 조광좌)을 출사시켰으나 중익(仲翼 조광보)을 출사시키지 못했다. 효직은 중익이 출사하고자 하지 않는다는 것을 알았으니, 중익은 실로 우리들보다 몇 등급 높다."

하였다. 또 말하기를,

18 송사련(宋祀連)이 상변(上變)하여 : 신사무옥을 말한다. 기묘사화 때 조광조 일파를 두둔하였다는 혐의로 파직된 안당의 아들 안처겸(安處謙)이 일으킨 옥사이다. 안처겸과 이정숙(李正叔), 권전 등은 기묘사화로 득세한 심정, 남곤 등이 사림을 해치고 왕의 총명을 흐리게 한다 하여 이를 제거하기로 모의하였는데, 함께 참석했던 송사련이 이 사실을 고변하여 안처겸을 비롯한 많은 사람들이 처형된 사건이다.

"효직이 늘 중익을 칭찬하여 안자(顔子)가 다시 살아났다고 하였고, 계량을 칭찬하여 호걸다운 선비라고 하였다."

하였다. 효직(孝直)은 정암의 자(字)이고, 중익(仲翼)과 계량(季良)은 선생 형제의 자이다.

선생은 성품이 지극히 효성스러워 부모 곁에 있을 때에는 밤에도 옷을 벗지 않아 서캐와 이가 몸에 가득하였다. 선조에게 제사지내고 늙은 어버이를 봉양할 때에는 비록 절구질 같은 일도 반드시 직접 하였으니, 고로(故老)들이 전하는 이야기도 이와 같다. 탁영(濯纓) 김일손(金馹孫)이 선생의 백형인 정자(正字) 광림(廣臨)의 묘갈을 지었는데, 그 글에 형제들이 날마다 《소학(小學)》을 강론하고, 도(道)에 힘쓰기를 선(善)으로 하였다는 내용이 있다. 선생은 천성이 원래 남들보다 뛰어났지만, 학문에서 터득한 것 역시 속일 수가 없다

조씨는 고려조의 첨의중서(僉議中書) 지수(之壽)에게서 나왔으며, 한평부원군(漢平府院君) 연(涓)은 우리 태조(太祖)의 생질로 좌명공신에 책훈되었다. 이분이 지돈녕부사 모(慕)를 낳았고, 모가 첨지중추부사 종효(宗孝)를 낳았으며, 종효가 군수 훈(勛)을 낳았으니, 이분이 선생의 부친이다. 선생의 부인은 단양 이씨(丹陽李氏)이며, 계자(繼子) 항(沆)이 있다. 방은은 후사가 없다고 한다.

선생의 5대손 첨지중추부사 정익(廷翊)과 정빈(廷賓)이 와서 묘갈문을 요청하기에 내가 말하기를,

"선생의 성대한 덕업에 대해 아는 사람이 적다. 그렇지만 정암의 도가 높으니 선생의 도 역시 높고, 정암의 명성이 사라지지 않았으니, 선생의 명성 역시 사라지지 않을 것이다. 어찌 내 말이 필요하겠는가. 다만 내가 지금 이 지역에 살고 있어 다행히도 선생과 같은

마을이며, 행주(幸州)가 또 나의 고향인데, 선생의 무덤이 마침 여기에 있으니, 풍모를 듣고 우러러 사모하는 정도가 실로 남들보다 백 배이니, 사문(斯文)에 이름을 의탁하는 것 역시 다행이다."
하였다.

선생의 가승이 병란에 일실되어 징험할 만한 것이 한두 가지도 없으니, 대략 야사(野史)에 실린 내용과 음애의 편지에 실린 글을 취하여 서술하여 이 글을 지어 묘소 곁에다 세우게 한다. 방은의 일에 대해서도 역시 감히 다 빼놓지 못하는 것은 옛사람이 함께 전하는 뜻을 본받은 것이다. 후세 사람이 행여 여기에서 살필 수 있을 것이다. 명(銘)은 다음과 같다.

아, 성대하도다	嗚呼盛哉
한양 조씨 집안이여	漢陽之門
이미 정암을 배출하였네	旣生靜菴
또 선생을 배출하였으니	又有先生
한 사람도 어려운 법인데	一之已難
하물며 세 사람이란 말인가	而況其三
먼 훗날에는	百世之後
누가 알 수 있으랴	誰其知者
나는 검담[19]에서 징험하노라	我徵劒潭

19 검담(劒潭) : 조광조와 관련된 인물이나 지명과 관계된 말인 듯하나, 자세히 알 수 없다.

찰방 남공 묘갈[20]

察訪南公墓碣

황간(黃澗)의 남쪽에 고반대(考槃臺)라는 곳이 있는데, 고을 사람들이 가리켜 말하기를 "이곳은 삼괴옹(三槐翁)의 유허지이다."라고 한다. 삼괴옹은 명종(明宗) 때 사람으로, 휘가 지언(知言)이며, 자(字)가 신지(愼之)이다. 처음에 참봉에 제수되었으나 나아가지 않았고, 김천도 찰방(金泉道察訪)이 되었을 때에는 한번 관직에 나아갔다가 바로 돌아왔다. 경치가 좋은 곳을 택하여 집을 짓고 살며 유유자적하면서 평생을 보냈는데, 문 밖에 세 그루의 회나무를 심고, 그로 인해 호(號)로 삼았다. 삼괴옹이 세상을 떠난 지 거의 2백 년이 되었는데, 사람들이 그의 절개를 높여 여전히 칭송이 사그러들지 않고 있다. 그러나 공은 어려서부터 부모를 예(禮)로 섬겨 봉양할 적에는 충심을 다하였고, 상(喪)을 당해서는 슬픔을 다하였으며, 제사를 지낼 때에는 공경을 다하였다. 그 일이 읍지(邑志)에 실려 있어 읽는 자들이 "다행이구나, 이런 자식이 있었으니."라고 하니, 이것이 더 중대한 점이다.

처음에 공은 일찍 문장을 공부하여 향시에 제1등으로 합격하였는데, 선비들의 습속이 좋지 않은 것을 보고는 다시 회시(會試)에 응시하지 않았으며, 어떤 사람이 권하면 시를 지어 자신의 뜻을 보였다. 고을에 불효자가 있었는데, 공은 늘 집밖을 나설 때 우회하는 길을 택하여

20 찰방 남공 묘갈 : 이 글은 남지언(南知言, 1507~1566)의 묘갈이다. 남지언의 본관은 고성(固城), 자는 신지(愼之), 호는 삼괴당(三槐翁)이다.

그 집 문앞을 지나가려 하지 않았다. 주자서(朱子書)와 《소학》을 즐겨 읽었으며, 마을의 뛰어난 학자와 강론하고 토론하기를 게을리 하지 않았다. 병이 악화되자, 날씨가 어떤지 묻고는 억지로 일어나 세수를 하고 빗질을 하고 자리에 똑바로 앉아 세상을 떠났으니, 그가 태어난 정덕(正德) 정묘년(1507, 중종2)으로부터 60년 되던 해이다.

공의 부친은 참봉 휘 인(寅)이니, 효성으로 조정에 알려졌다. 공은 또 장인인 남정(嵐亭) 김시창(金始昌) 공에게 나아가 수학하였는데, 남정은 《소학》으로 몸가짐을 바로잡은 분이니, 남의 아름다움을 칭찬하려면 반드시 부형(父兄)과 사우(師友)에게 근본을 찾아야 한다는 말을 어찌 믿지 않겠는가.

남씨(南氏)는 영양(英陽)을 관향으로 삼는데, 뒤에 고성(固城)으로 고쳤다. 휘 금(琴)이 이조 판서를 역임하였으며, 그의 아들 의문(義文)이 처음으로 황간(黃澗)에 거주하였다. 이분이 봉사 세지(世智)를 낳았으니, 참봉공의 부친이다. 외조부는 판서에 추증된 고령(高靈) 신형(申泂)이다. 공은 아들 둘을 두었다. 장남 경효(景孝)는 직장을 지냈고, 차남은 경제(景悌)인데, 경효(景孝)가 집안의 효를 이어 사람들이 남씨 집안의 세 효자라고 한다. 수약(守約), 수겸(守謙), 수유(守柔)는 모두 80세가 되어 수직(壽職)으로 통정대부에 올랐고, 수일(守一)은 현령을 역임하였는데, 장남 소생이다.

공의 묘소는 수산(壽山)에 있어 고반대와 마주 보고 있는데, 공의 내손(來孫) 도홍(道弘)이 장암(丈巖) 정호(鄭澔) 공이 지은 행장을 가지고 와서 명(銘)을 청하니, 명은 다음과 같다.

황간의 물이여 黃溪之水

넘실넘실 흐르는구나 其流洋洋
현인이 물가에 있으니[21] 碩人在澗
그 즐거움 끝이 없구나 其樂無央
그보다 더 훌륭한 점 있으니 然且有大
효가 모든 행동의 근원이지 孝爲行源
힘쓸지어다, 후손이여 勉哉後人
이 묘소에 공경을 표하라 尙式斯墳

21 현인이 물가에 있으니 : 산림에 은거하며 안빈낙도하는 은사의 생활을 즐긴다는 말이다. 《시경》 〈위풍(衛風) 고반(考槃)〉에 "산골 시냇가에서 한가히 소요하나니, 현인의 마음이 넉넉하도다.〔考槃在澗, 碩人之寬.〕" 하였다.

현감 박공 묘갈[22]

縣監朴公墓碣

퇴도(退陶 이황(李滉))의 문인 중에 어진 사람으로 호남(湖南)에 박광전(朴光前) 공이 있었는데, 자(字)는 현재(顯哉)이고, 호(號)가 죽천(竹川)이다. 그 선대는 진원현(珍原縣)에서 나왔는데, 국초에 직제학 희중(熙中)이 있었고, 그의 아들 휘생(暉生)이 보성(寶城)으로 장가들어 처가살이를 하면서 자손이 계속 그곳에서 살았다.[23] 증조 윤원(胤原)은 생원이고, 조부 간(衎)은 선교랑이며, 부친 이의(而誼)는 진사이다.

공은 젊어서 문장을 잘하였으므로 부형이 과거 공부를 하라고 명하였으나 몹시 즐거워하지 않았으며, 이따금 《성리대전(性理大全)》을 가져다 깊이 마음을 쏟아 탐구하였는데, 터득한 것이 있는 듯 기뻐하였다. 기묘사화 이후로 사대부가 도학(道學)을 말하기를 꺼렸으나, 공은 분발하여 스스로 섰다. 그 뜻이 본래 이미 높았으나 뒤늦게야 비로소 퇴계의 문하에 수업을 청하였다. 선생이 한창 손수 주자서(朱子書)를 초록(抄錄)하다가 돌아보고 공에게 말하기를, "이것은 학문을 하는 바

22 현감 박공 묘갈 : 이 글은 박광전(朴光前, 1526~1597)의 묘갈이다. 박광전의 본관은 진원(珍原), 자는 현재(顯哉), 호는 죽천(竹川), 시호는 문강(文康)이다.

23 휘생(暉生)이……살았다 : 안방준의 《은봉전서(隱峯全書)》 권4 〈죽천 박 선생 행장(竹川朴先生行狀)〉에 의하면 휘생(暉生)은 보성에 사는 능성 현령(綾城縣令) 선시중(宣時中)의 딸에게 장가를 든 인연으로 그 고을에 살게 되어 마침내 보성 사람이 되었다.

탕이다.”라고 하였다. 작별할 때 시 다섯 장(章)을 써주었는데, 장려와 권면이 매우 지극했다.

융경(隆慶) 무진년(1568, 선조1) 진사가 되었다. 미암(眉巖) 유희춘(柳希春)이 감사로 있을 때 조정에서 인재를 구하였는데, 공을 추천하여 그 명에 응하였다. 공은 경기전 참봉(慶基殿參奉)에 제수되고, 헌릉 참봉(獻陵參奉)으로 자리를 옮겼다. 얼마 뒤 벼슬을 버리고 돌아갔는데, 다시 빙고 별좌에 제수되었다. 당시에 나라에 세자가 없어서 왕자를 보좌하여 이끌어 줄 스승을 찾는 일을 급하게 여겼는데, 공과 하락(河洛)이 사부(師傅)가 되었다. 글을 강독할 때마다 하락은 많은 분량을 공부하는 데 힘썼고, 공은 정밀하게 공부하는데 힘썼는데, 성상이 왕자가 읽은 것을 살펴보고 말하기를,

“많은 양을 공부하면 정밀하지 못하니, 박 사부를 따라야 한다.” 하였다.

임기가 만료되어 감찰로 옮기고, 함열 현감(咸悅縣監)으로 나갔는데, 자애롭고 선량하며 즐겁고 편안히 하여 백성이 모두 친근하게 대하였다. 공무의 여가에는 향교에 가서 고을 자제를 인도하여 함께 강학하였다. 어떤 일로 감사의 뜻을 거슬러 파직되었다가 뒤에 장원서(掌苑署)를 거쳐 회덕 현감(懷德縣監)이 되었는데, 옥송(獄訟)을 판결할 때 권세를 두려워하지 않고 또 구차하게 상관의 뜻을 따르지 않아 곧 파직되어 돌아갔다.

임진왜란 때에 임계영(任啓英) 공과 함께 의병을 일으켜 왜적을 토벌하였고, 또 광해군이 세자로서 감군(監軍)하여 남쪽으로 내려갔을 때에는 공이 나아가 뵙고 시사(時事) 10여 조목을 아뢰었다. 난이 평정되고 나서 곡물을 모은 공로로 군자감 정에 제수되었는데, 공이 근심하

며 말하기를, "공이 없는데 감히 그 상을 편안히 여길 수 있겠는가."라고 하였다. 임공을 통해 사실대로 스스로 논열(論列)하자, 드디어 명을 거두고 행하지 않으니, 식자들이 의롭게 여겼다. 세자익위사 익위에 제수되었으나, 한번 사은하고 돌아왔다.

정유재란 때 왜적이 또 호남을 침범하자 사람들이 공을 의병장으로 추대하니, 공이 말하기를,

"내가 비록 늙었으나 감히 한번 죽는 것을 아끼겠는가."

하였다. 아내 문씨(文氏)가 난리 중에 세상을 떠났고, 공의 병세도 심하였으나 오히려 충의로 스스로 힘써 군사의 기세가 조금 진작되자, 새나 짐승처럼 흩어져 숨은 수령들이 공이 공로를 세우는 것을 꺼려서 도리어 방해하였다. 얼마 지나지 않아 세상을 떠났으니, 이때가 11월 18일로, 향년 72세였다. 그 고을 사곡(沙谷)의 간좌(艮坐) 언덕에 장사지냈는데, 훗날 좌승지에 추증되었다.

공은 집안에서의 행실이 순수하게 갖추어져 부모를 섬길 적에는 조금도 그 뜻을 어긴 적이 없고, 늙어서도 더욱 확고하게 상을 치렀다. 조상에게 제사지내는 데 독실하고 친족을 후하게 대하였다. 평소에 법도가 매우 엄하였으나, 성심으로 남을 대하여 화기애애하였으므로 어진 사람이나 불초한 사람이나 모두 싫어하지 않았다. 학문은 오로지 자신의 수양을 하는데 힘썼으므로 쌓인 것이 두터워지자 감출수록 더욱 드러났다. 남을 가르칠 때에는 먼저 《소학》으로 하고 상례와 제례는 모두 《가례》를 따랐으니, 이는 한결같이 주자(朱子)를 표준으로 삼은 것이다. 선생이 일찍이 《주자서절요》 한 질을 주었는데, 공이 종신토록 읽어서 게을리 하지 않았다. 《질의(質疑)》 한 책이 세상에 전한다.

문씨(文氏)는 첨사 문양(文亮)의 딸이며, 아들 근효(根孝)는 현감이

고, 근제(根悌)는 참봉이다. 손자는 춘수(春秀), 춘장(春長), 춘호(春豪)이고, 증손은 진형(震亨), 익형(益亨), 분형(賁亨), 동형(同亨), 제형(濟亨), 유형(有亨), 세형(世亨), 만형(蔓亨)이다. 사위 중에서 현달한 자는 판서 이광적(李光迪)이며, 나머지는 다 기록하지 않는다.

공이 별세하고 나서 이미 백여 년이 지났으니, 그가 이룬 덕의 깊이는 헤아리기가 쉽지 않지만 문인의 서술에서 그래도 징험할 수 있다. 우산(牛山) 안방준(安邦俊)이 호남의 명유(名儒)를 논하면서 하서(河西 김인후(金麟厚))를 첫째로 꼽고, 고봉(高峯 기대승(奇大升)), 일재(一齋 이항(李恒)), 미암(眉巖 유희춘(柳希春)) 및 공을 다음으로 꼽았으니, 그의 말은 아첨하는 것이 아니다. 공을 칭송하여 또 실천이 독실하다고 하였다.[24] 아! 공과 같은 이는 예전에 이른바 '선생과 제자인 줄 알 수 있다.'[25]는 경우라 하겠다. 명(銘)은 다음과 같다.

퇴계의 학문은	退陶之學
실로 주자에게 근본하였네	實本朱子

24 안방준(安邦俊)이……하였다 : 안방준의 《은봉전서》 권4 〈죽천 박 선생 행장〉에 "아, 우리 호남은 본래 문헌(文獻)의 고장으로 불렸다. 고려 말부터 조선조에 이르기까지 학문으로 세상에 이름이 높았던 자는 오직 김 하서, 기 고봉 ,이 일재, 유 미암 그리고 우리 선생뿐이다.……실천의 독실함을 논하자면 저 세 분 현인이 우리 선생과 더불어 누가 더 나은지 모르겠다." 하였다.

25 선생과……있다 : 뛰어난 스승에 뛰어난 제자를 말한다. 《소학》 권6 〈선행(善行)〉 편에, 호원(胡瑗)이 호주(湖州)의 교수(敎授)로 있을 때, 많은 학생들을 가르쳐 뛰어난 학생들이 많이 배출되었다. 학생들의 행동거지도 반듯하여 "묻지 않아도 선생의 제자이며 선생을 칭찬할 때는 묻지 않아도 호공인 줄 안다.〔不問可知爲先生弟子, 稱先生, 不問可知爲胡公.〕"라고 했다는 내용이 보인다.

한 부의 《주사서절요》가	一部節要
바로 그 종지라네	乃其宗旨
누구에게 전수해야 하나	誰當授者
그대는 위기지학을 하라고 하였네	曰汝爲己
공이 일어나 절하고는	公起且拜
자신은 변변치 못하다고 하였네	小子無似
정성을 쌓고 마음을 다하여	積誠單心
여기에 힘썼네	庶幾於是
경황이 없거나 위급한 상황에도 실천하여	造次顚沛
죽은 뒤에야 그만 두었네	斃而後已
내가 공의 행실을 살펴보니	我考其用
시종일관 효도하였네	孝有終始
의리는 임금을 뒤로 하지 않았고	義無後君
충성은 죽음을 아까워하지 않았네	忠不惜死
사람의 도리 중에 큰 것이	人道之大
요컨대 이를 벗어나지 않네	要不外此
배운 것을 저버리지 않았으니	不負所學
아, 훌륭하도다	嘻其賢矣
오직 공의 덕행은	惟公德行
본말이 있으니	有源有委
내가 우로(牛老 안방준)의 말에 의거하여	我徵牛老
그 아름다움을 칭송하노라	以揚厥美

목사 서공 묘갈[26]

牧使徐公墓碣

율곡 선생이 병세가 위독해졌을 때, 입으로 북쪽 변방을 지킬 방책을 불러서 명을 받고 순무하러 가는 사람에게 주었으니, 자(字)가 군수(君受)인 서익(徐益) 공이 바로 그 분이다. 공이 돌아와서는 편의책(便宜策) 12조목을 올렸는데, 당시 선생은 이미 세상을 떠났기에 조정에서 그 계책을 쓰지 않았다. 중봉(重峰) 조헌(趙憲) 공이 상소하여 그에 대해 논쟁하였으나 답이 없었다.[27] 공과 선생은 도의(道義)로 교유하였으며, 또 송강(松江) 정철(鄭澈) 공과 가장 친했다. 하루는 송강이 남쪽에 있다가 조정으로 가서 선생에게 안부를 묻고 해가 기울 때까지 이야기를 하였는데, 선생이 말하기를 "그대는 군수(君受)를 보려고 왔는가? 그의 언론과 풍채가 서로 비슷하네."라고 하였다. 선생이 동인(東人)과 서인(西人)이 서로 다투는 것을 매우 근심하여 지성으로 조정하였으나, 끝내 뜻을 이루지 못했다.

26 목사 서공 묘갈 : 이 글은 서익(徐益, 1542~1587)의 묘갈이다. 서익의 본관은 부여(扶餘), 자는 군수(君受), 호는 만죽(萬竹)이다.

27 중봉(重峰)……없었다 : 공주(公州)의 주학 제독관(州學提督官)으로 임명된 조헌이 학정(學政)의 폐단을 논하면서 시사에 대하여 극력 아뢰었는데, 그 상소에서 서익이 사명을 받고 육진(六鎭)으로 나갈 때 이이가 직접 여섯 조목의 질문을 받고 정신이 혼미한 가운데에서도 조리 정연하게 말하여 마치 변방의 산천을 직접 보는 듯하였으므로 크게 장사들이 감복하여 더욱 이이의 죽음을 슬퍼하였다고 말하였으나 선조는 답하지 않았다. 《宣祖修正實錄 19年 10月 1日》

훗날 정여립(鄭汝立)이 뒤늦게 선생을 공격하였을 때, 송강도 함께 공격하였는데, 공이 의주(義州)에 있으면서 개탄스러운 마음에 상소를 올려 현인들을 위해 변무(辨誣)하고, 정여립이 그간 태도를 바꾼 실상을 극력 논하였다. 또 자식들이 다투는 변고를 당한 어떤 아비가 술을 마련하여 울면서 자식들에게 고하여 자식들을 감동시켰다는 일을 비유하며 "신은 두 집안의 자제가 한 쪽은 성공하고 한 쪽은 실패하여 대대로 적이 되어 전하의 자손만대에 근심거리가 될까 두렵습니다.[28] 라고 하였으나, 성상이 살피지 않았다. 해직되어 돌아오자 시세가 갈수록 어그러져 울적한 마음에 조정에 있는 것을 즐거워하지 않았다. 양호(兩湖 호서와 호남) 사이를 떠돌다가 고산(高山)의 산수가 맑고 뛰어나 공이 즐거워하며 정자 하나를 짓고 대나무 만 그루를 심어 자신의 호를 만죽(萬竹)이라고 하였다.

처음에 정여립이 대단한 명성이 있었을 때, 공이 한번 찾아간 적이 있는데, 그가 사특한 마음을 숨기고 있음을 알고는 만나지 않고 돌아와서 상소를 올려 말하기를,

> "정여립이 겉으로는 무거운 명망을 훔치고, 안으로는 남모르는 흉계를 품고 있으니, 필시 반역을 도모할 것입니다. 바라건대 일찍 땔나무를 옮기십시오."[29]

28 공이……두렵습니다 : 의주 목사로 있던 서익이 정여립의 처신을 비판하고 이산보, 박점 등의 성품에 대해 아뢴 상소에 나오는 내용이다. 《宣祖實錄 18年 5月 28日》

29 일찍 땔나무를 옮기십시오 : 선견지명을 발휘하여 화를 미연에 방지하라는 말이다. 전국 시대 제(齊)나라 순우곤(淳于髡)이, 옆집의 굴뚝이 곧게 뻗어 땔나무 옆으로 나 있는 것을 보고는 화재의 위험이 있다고 경고하며 굴뚝을 굽게 고치고 땔나무를 옮기도록 충고하였는데, 그 말을 듣지 않다가 과연 집을 태웠던 고사가 있다. 《漢書

하였는데, 성상이 상소를 태워버렸다.

정여립이 복주(伏誅)되자, 성상이 비로소 그의 선견지명에 탄복하였으나, 공이 세상을 떠난 지 3년이 지난 뒤였다. 명을 내려 그 집에 있는 나머지 원고를 찾게 하였으나, 집에 남아있는 것이 없어 상소가 드디어 전하지 않게 되었다.

공의 선대는 백제(百濟)에서 나왔으며, 고려 때는 병부 상서 존(存)이 가장 현달하였고, 그 후에 정수(貞壽)가 우리 세조 때에 은진(恩津)으로 유배를 와서 자손이 그곳에 살게 되었는데, 공에게는 5대조가 된다. 고조는 희(熙)이고, 증조는 수손(秀孫)이며, 조부는 진사 관(寬)이고, 부친은 진남(震男)이다. 외조부는 직제학 준암(樽巖) 이약해(李若海) 공이니, 기묘명현(己卯名賢)이다.

공은 일찍 문장을 성취하여 13세에 호서의 향시에서 장원을 하였으며, 갑자년(1564, 명종19) 생원시에서 제2등을 하였는데, 당시에 율곡이 장원을 차지하였다. 기사년(1569, 선조2) 문과에 급제하여 내직으로는 병조와 이조의 낭관, 홍문관 교리, 의정부 사인을 역임하였으며, 외직으로는 서천 군수(舒川郡守), 안동 부사(安東府使), 의주 목사(義州牧使)를 역임하였는데, 의주 목사는 발탁된 것이었다. 과거에 자주 대각(臺閣)에 의망되었는데, 성상이 망설이자 인사를 담당한 신하가 그 까닭을 물으니, 성상이 대답하기를,

"그 사람이 너무 올곧아서 감찰하는 직책을 맡기면 조정에 온전한 사람이 없을까 두렵다."

하였다. 공의 가승(家乘)이 흩어지고 일실되어 그 이력과 사업을 모두

卷68 霍光傳》

상세히 알 수 없다.

혹자가 전하기를 공이 소싯적에 절에서 글을 읽다가 밤에 측간을 가는데 도깨비가 덤비자, 공이 꾸짖어 물리쳤다고 한다. 오래도록 버려진 어떤 공관(公館)에 지나가던 사신들이 종종 잠을 자다가 가위에 눌려 일어나지 못하는 일이 있었다. 공은 홀로 촛불을 밝히고 책을 읽었는데 여자 귀신을 보았다. 귀신이 어떤 사람에게 살해를 당하여 그 시체가 들보 위에 있다고 하소연하니, 그 사실을 조사하여 밝혀내어 살인범을 찾아 사형시켰다고 한다.

안동(安東)의 아전은 교활하고 사나워 통제하기가 어려웠는데, 공이 명을 내려 문에서 섬돌까지 마목(馬木)[30]을 늘어세우고는 아전들을 불러 머리에 도기(陶器)로 만든 관을 쓰고 몸을 숙여 그 아래로 지나가게 하니, 한 달도 못되어 태도가 바뀌었다. 의주 백성 중에 세 딸을 모두 중귀인(中貴人 환관(宦官))에게 시집보낸 자가 있었는데, 공이 의주로 부임할 때에 중귀인이 번갈아 술을 보내기를 청하니, 공이 허락하였다. 그 사람이 찾아왔을 때 공이 세 잔의 술을 마시라고 명하고는 끌어내려 그의 죄상을 열거하고 죽였다고 한다. 그의 시는 맑고 굳세어 격조가 있었다. 성상이 의주에 행차하여 공이 객관에 쓴 절구 한 수를 보고 칭찬하며 그 현판을 떼어 가지고 돌아왔다.

공은 만력(萬曆) 정해년(1587, 선조20) 1월 14일 익산(益山)의 임시 거처에서 세상을 떠났으니, 향년 46세였다. 묘소는 은진(恩津)의 동쪽 두지리(杜芝里) 오향(午向)의 언덕에 있는데, 부인 황씨를 합장하였

30 마목(馬木) : 상여 따위를 올려놓을 때 괴는, 나무로 만든 네 발 달린 받침틀을 말한다.

다. 황씨 부인은 감역 정수(廷秀)의 따님이며, 판서 조언수(趙彦秀)의 외손이다. 가정(嘉靖) 을사년(1545, 인종1) 태어나 공보다 14년 뒤에 세상을 떠났다.

슬하에 2남 3녀를 두었는데, 아들은 용갑(龍甲)과 호갑(虎甲)이며, 사위는 감찰 김길원(金吉遠), 도사 송영조(宋榮祚), 도사 백신민(白信民)이다. 인갑(寅甲), 양갑(羊甲), 영갑(永甲), 옥갑(玉甲), 윤양(尹暘)은 측실 소생 아들과 사위이다. 평시서 영 운준(雲駿)과 판서에 추증된 운기(雲驥)는 장남 소생이며, 운환(雲驩)은 차남 소생이다. 운준(雲駿)의 아들 후성(後聖)은 남의 후사로 출계하였고, 후원(後遠)은 찰방이며, 행원(行遠)과 상원(尙遠)이 있다. 운기의 아들 필원(必遠)은 문과에 급제하여 판서를 지냈다. 운환의 아들은 명원(鳴遠), 제원(濟遠), 지원(志遠)이다. 상원의 아들은 경시(敬始)와 경일(敬一)인데, 경일은 후원의 후사가 되었다. 명원의 아들은 경수(敬守), 경대(敬大), 경소(敬所)이다. 제원의 아들은 경유(敬維)이며, 지원의 아들은 경초(敬初)와 경행(敬行)이며, 필원의 아들은 목사 경조(敬祖)이다. 경일(敬一)은 족자(族子) 문덕(文德)을 데려다 후사로 삼았으니, 실제 공의 제사를 받드는 자이다.

공은 성대한 선조(宣祖) 때 태어났으며, 게다가 율곡과 송강을 사우(師友)로 삼았으니, 정직한 지조와 경세제민의 역량은 그 대략을 상상할 수 있다. 그러나 결국에는 궁색하게 지내다 큰일을 하지 못했으니, 어찌 하늘의 뜻이 아니겠는가. 내가 공이 의주에 있을 때 올린 봉사(封事)를 읽어보니 충군애국의 마음이 넘쳤고, 붕당의 재앙을 논한 것은 진실로 백 년 앞서 훤히 보는 듯하였다. 율곡은 동서 붕당이 나뉘려 했던 초기에 보합하려 하였고, 공은 이미 붕당이 나누어진 뒤에 구원하려고 하였으니, 그 형세가 이미 어렵지 않겠는가. 만일 공이 죽지 않았다면 결국에는 필시 송강을 비롯한 여러 공들과 재앙을 당했을 것임은 의심의 여지가 없다. 후세의 조정(調停)[31]하는 방법에 견준다면 이는 공을 모르는 것이다. 아, 공의 마음은 율곡의 마음과 같다. 명(銘)은 다음과 같다.

우뚝한 서공이여 嶷嶷徐公
담대하고 지혜 두루 통하였네 膽大智圓
하물며 정직하였으니 矧是正直
하늘이 완전히 본성을 주었네 天與其全
누가 그의 스승과 벗인가 誰其師友
큰 현인 율곡이라네 栗翁大賢
율곡이 돌아가시자 栗翁云喪
공 역시 운명 험난하였네 公亦迍邅
저 장한 뜻을 거두어 斂彼壯志
산림에 은거하였네 于林于泉
백두산은 높디높고 長白嵯峨
압록강은 맑고 잔잔하네 鴨水淸漣
중간의 벼슬길은 中間宦跡

31 조정(調停) : 조화(調和)하고 균정(均停)하게 한다는 뜻이다. 원우(元祐) 말년에 여대방(呂大防)과 유지(劉摯)가 희령(熙寧), 원풍(元豐) 연간의 구신(舊臣)들이 다투어 사설(邪說)을 일으켜서 조정의 관직에 있는 사람들을 밀쳐내려 한다고 하여, 그들을 조금 등용하여 옛 원한을 평정시키려고 하면서 조정(調停)이라는 말을 썼다. 군자와 소인을 섞어서 등용함으로써 양당의 분쟁을 불식시키려고 하는 것을 가리킨다.

구름과 안개처럼 사라졌네	滅如雲烟
오직 한 통의 상소문이	惟有一封
책에 빛난다네	輝映簡編
드넓은 강수(江水)와 하수(河水)도	江河之大
잔잔한 시내에서 시작되는 법	始自涓涓
밝은 식견이 없다면	不有明見
누가 미리 알겠는가	孰識未然

정랑 양공 묘갈[32]

正郞楊公墓碣

공의 휘는 사형(士衡), 자(字)는 계평(季平), 자호는 어은(漁隱)이다. 양씨(楊氏)는 남원(南原)에서 나왔는데, 시조는 지군사(知郡事) 경문(敬文)이며, 순창(淳昌)에 살게 된 것은 실로 열부(烈婦) 이씨(李氏) 때부터이다. 고려 말 대제학 이시(以時)가 목은(牧隱 이색(李穡)) 등 여러 현인들과 종유하였다. 이분이 직제학을 지낸 수생(首生)을 낳았으니, 이씨는 그의 아내이다. 이씨는 고아를 안고 남쪽으로 도망쳐 자신의 정절을 지켰으며 이어서 살 곳을 찾아 그곳에 거주하였다.[33] 직제학의 5세손이 병조 좌랑 공준(公俊)인데, 이분이 사복시 부정 홍(洪)을 낳았으니, 이 분들이 공의 조부와 부친이다. 모친은 풍기 안씨(豐基安氏)로, 부친은 주부 극성(克誠)이다.

공은 기묘년(1579, 선조12) 사마시에 합격하였으며, 무자년(1588,

32 정랑 양공 묘갈 : 이 글은 양사형(楊士衡, 1547~1599)의 묘갈이다. 양사형의 본관은 남원(南原), 자는 계평(季平), 호는 영은(漁隱) 또는 구남(龜南)이다.

33 이씨는……거주하였다 : 본서 제25권 〈열부 이씨전(烈婦李氏傳)〉에 의하면 양수생이 일찍 세상을 떠나자, 친정 부모가 이씨에게 개가할 것을 권하였는데 당시 이씨는 임신 중이었다. 아들을 낳고 나서도 부모가 계속 개가를 권하자 노비를 데리고 남편의 옛 집인 남원의 별업으로 도망쳐왔다. 남원의 서쪽 교룡산 아래에서 살다가 얼마 후에 칠치(漆齒)의 난을 피하여 비홍산에 올라 그곳에서 순창의 구악(龜岳)을 바라보고 말하기를 '산기가 좋구나!' 하고 바로 가서 집을 짓고 살았다. 양씨의 자손은 그 후로 그곳에서 대대로 살게 되었다. 현재 순창군 동계면 구미리에 부인의 정려비인 '고려 직제학 양수생 처 열부 이씨려(高麗直提學楊首生妻烈婦李氏閭)'가 세워져 있다.

선조21) 문과에 급제하였다. 임진왜란이 일어나서 성상이 서쪽으로 몽진을 떠나고 팔도가 와해되었는데, 관찰사 이광(李洸)이 병사들을 움직이지 않고 좌시하고 있었다. 공이 당시에 직장으로 있다가 파직을 당하여 고향에 내려와 있었는데, 편지를 보내어 근왕(勤王)의 의리로 질책하니, 말뜻이 엄정하였다. 뒤이어 걸어서 행재소로 갔다. 그 후 또 변사정(邊士貞), 정염(丁焰) 공과 함께 의병을 규합하여 남은 왜구를 섬멸하였다. 관직은 병조 정랑, 도체찰부 종사관, 남평 현감(南平縣監), 영광 군수(靈光郡守)를 역임하였는데, 죽은 뒤에 원종공신에 책록되고 승정원 도승지에 추증되었다.

아, 공은 난리를 만나 충절을 다하였으니, 충의(忠義)가 격렬하여 세상과 임금을 뒤로하는 후세 사람들이 부끄러움을 느끼도록 하기에 충분하다. 그 나머지 집안의 행실과 벼슬길의 행적에도 필시 볼 만한 것이 많을 것이나, 안타깝게도 가승(家乘)이 일실되어 전하는 것이 드물다. 듣자하니 공은 일찍 옥계(玉溪) 노진(盧禛) 공과 미암(眉巖) 유희춘(柳希春) 공의 문하를 드나들었으며, 활계(活溪) 이대유(李大㕀)는 남쪽의 훌륭한 선비인데, 또 그와 벗으로 잘 지냈다고 하니 옛날에 이른바 "산을 볼 수 없으면 나무라도 보고 싶다."라는 경우에 가깝다. 활계가 공을 곡하면서 지은 시에 "남을 대하여 담소 나눌 때는 온화한 기운이었고, 나라를 경륜하는 데에는 강개한 마음 바쳤네.〔接人諧笑沖和氣, 許國經綸慷慨心.〕"라고 하였으니, 여기에서 공의 사람됨을 알 수 있다.

공은 가정 정미년(1547, 명종2) 태어나 만력(萬曆) 기해년(1599, 선조32) 세상을 떠났는데, 남원(南原)의 구선동(求仙洞)에 장사지내고 삭녕 최씨(朔寧崔氏)를 합장하였다. 최씨 부인의 부친은 승지에 추증된 영(穎)이다. 슬하에 3남 3녀를 두었는데, 시진(時晉)은 지평이고, 시면(時冕)은 진사로 고아한 아취가 있었으며, 시매(時邁)는 장사랑이다. 사위는 박사 정홍서(鄭弘緒), 현감 조응휴(曹應休), 신상준(申尙浚)이다. 진사 여매(汝梅), 여재(汝梓), 여종(汝棕)은 장남 소생이며, 차남과 삼남 소생은 여직(汝㮨)과 여장(汝樟)이다. 증손은 해거(海擧), 명거(溟擧), 필거(弼擧), 별검 몽거(夢擧), 일거(逸擧), 이거(爾擧), 후거(後擧), 중거(仲擧), 성거(聖擧), 선거(先擧), 군수 오거(五擧), 순거(舜擧), 열거(說擧), 설거(卨擧)이다. 열거의 손자 응수(應秀)가 여러 종인(宗人)들의 말로 나에게 명(銘)을 부탁하였다. 명은 다음과 같다.

구악의 땅에　龜岳之土
열부가 집터를 잡았네　烈婦胥宇
하늘은 선량한 이에게 보답하니　天報善良
여러 양씨를 낳았네　以生衆楊
마땅하도다 그대의 어진 자손　宜爾賢孫
집안을 번성하게 만드는 것이　昌大其門
내가 그 아름다움을 널리 알리니　我闡厥美
충성스럽고 의로운 선비로다　忠義之士

현감 홍공 묘갈[34]

縣監洪公墓碣

정암 선생(靜菴先生 조광조)에게 훌륭한 제자가 있었으니, 판결사 홍봉세(洪奉世)[35]이다. 봉세의 손자가 백순(百順)인데, 자(字)가 사길(士吉)이다. 겨우 젖니를 갈 무렵에 부친을 여의어 판결공이 불쌍히 여겨 기르며 항상 품 안에 두었다. 공은 어려서부터 남다른 자질이 있었는데, 《효경》과 《소학》을 배우고는 곧 "이 책을 배우지 않으면 사람이 될 수 없다."라고 하였다. 장성해서는 과거 공부에 뜻을 접고, 집안의 가르침을 명심하여 오로지 학문에 정진하였다. 판결공이 세상을 떠나자 공은 망극한 심정으로 추모하였다. 판결공이 손수 쓴 성현의 격언 및 사우(師友)와 주고받은 편지가 병란에 일실되어 공이 마음으로 늘 매우 한스럽게 생각하였는데, 남아 있는 것을 수습하여 하나의 서첩으로 만들어 아침저녁으로 살펴보았다. 일찍이 말하기를,

"옛날 조부의 슬하에 있을 때 조부께서 《중용》, 《대학》, 《심경》, 《근사록》 등의 책을 읽기를 좋아하시는 것을 보았는데, 덕(德)에 나아간 실상을 어찌 감히 엿볼 수 있겠는가. 그러나 오직 독서하는 한 가지 일은 그래도 조부의 뜻을 계승할 수 있으니, 어찌 감히 힘쓰

34 현감 홍공 묘갈 : 이 글은 홍백순(洪百順, 1557~1639)의 묘갈이다. 홍백순의 본관은 남양(南陽), 자는 사길(士吉)이다.

35 홍봉세(洪奉世, 1498~1575) : 본관은 남양(南陽), 자는 흠중(欽仲)으로, 조광조의 문인이다. 1519년(중종14) 기묘사화가 일어나 많은 사림파가 피해를 당하자 벼슬을 단념하였다.

지 않겠는가."

하였다. 또 말하기를,

"내가 늘 꿈에서 조부를 만나 내가 행한 일의 실제를 아뢰었는데, 조부께서 기뻐하는 기색이 있었다. 조부와 손자는 한 몸이니, 어찌 감응하여 통하는 이치가 없겠는가."

하며, 말 한마디와 행동 하나에도 판결공을 준칙으로 삼지 않은 것이 없으니, 아! 공과 같은 자는 판결공을 닮은 손자라고 할만하다.

공이 이미 판결공이 읽었던 여러 서적을 존중하고 믿어서 뜻을 두고 깊이 생각하여 잠시도 손에서 놓지 않아 자득한 묘리가 많았지만, 오히려 자신하지 않고 송 구봉(宋龜峰 송익필(宋翼弼)) 선생에게 의문이 나는 곳을 따져 묻고 답하며 반복하여 침잠하여 의리의 큰 근원을 환히 보았다. 사계(沙溪) 문원 선생(文元先生 김장생(金長生))과는 처음에는 동문(同門) 사이였다가 결국에는 또 스승으로 섬겼다. 선생은 공을 노우(老友)로 대우하였으니, 공이 문원 선생보다 아홉 살이 적었다. 공은 늘 말하기를,

"사람은 훌륭한 부형을 둔 것을 즐거워하고, 군자는 도(道)가 있는 자를 찾아가 질정하니,[36] 이와 같지 않으면 어찌 덕을 이룰 수 있겠는가."

36 사람은……질정하니 : 《맹자》 〈이루 하(離婁下)〉에 "정도에 맞는 자가 맞지 않는 자를 길러 주며, 재주 있는 자가 재주 없는 자를 길러 준다. 그러므로 사람들은 훌륭한 부형이 있는 것을 즐거워한다.〔中也養不中, 才也養不才, 故人樂有賢父兄也.〕" 하였고, 《논어》 〈학이(學而)〉에 "군자는 음식에 배부름을 구하지 않고, 거처에 편안함을 구하지 않으며, 일은 민첩하게 행하고 말은 신중히 하며, 도가 있는 이를 찾아가서 질정한다.〔君子食無求飽, 居無求安, 敏於事而愼於言, 就有道而正焉.〕" 하였다.

하였다.

공은 천성이 지극히 효성스러워 판결공을 섬길 적에는 순종하여 어긴 적이 없었고, 사랑과 공경이 모두 지극하였다. 판결공이 만년에 질병이 많았는데, 밤낮으로 약시중을 들며 의관을 벗지 않았으며, 상(喪)을 당해서는 장례와 제사를 한결같이 예법대로 하였다. 시묘살이하는 3년 동안 날마다 묘소에 가서 곡을 하고 절을 하여 비바람이 불거나 춥거나 더워도 빠뜨리는 일이 없었다. 스스로 어릴 적에 부친을 여의어 봉양을 하지 못한 것을 평생의 아픔으로 여겨 늘 기일(忌日)이 되면 마치 초상을 당했을 때처럼 몹시 슬퍼하였다.

모친을 섬길 적에는 자식의 직분을 다하여 의복을 올리고 좋은 음식을 마련하는데 정성을 다하지 않은 것이 없었다. 조금이라도 편찮으시면 머리를 빗지 않고 활기차게 다니지 않아 얼굴에 근심하는 기색이 드러났다. 부엌에 들어가 죽을 끓이는 일은 직접 하고 여종의 손에 맡기지 않았으며, 밤에는 장작을 안고 불을 지폈다. 모친이 감탄하여 말하기를,

"자식이 되어서 누가 부모에게 효도를 하지 않겠는가마는 어찌 우리 아들보다 훌륭한 자가 있겠는가."

하였다.

모친이 세상을 떠나자 장례와 제사, 시묘살이를 판결공이 상을 당했을 때와 동일하게 하였는데, 몸이 많이 상하여 거의 살아남지 못할 지경이었으며, 늙기도 전에 수염과 머리가 하얗게 세었다. 상례를 마치고 나서는 번번이 자신을 이기지 못할 정도로 오열하며,

"쓸쓸히 남은 이 목숨 죽어야 하는데도 죽지 못하고, 망극한 덕에 보답할 길이 없으니, 오직 제사를 받들어 정성과 공경을 다할 뿐이

다."

하였다. 늘 가을이 되면 1년 동안의 크고 작은 제사에 쓰일 것을 헤아려 쌀과 장물(醬物), 유밀과(油蜜果), 과일 따위를 미리 구비해두어 별도로 저장해 두었다. 집이 비록 가난했지만 하나도 빠뜨린 것이 없었다. 제사 당일에는 손수 제기를 씻고 음식을 장만하고는 앉은 채로 닭이 울 때까지 기다렸다가 제사를 지냈으며, 제사를 마치고 문을 닫고 물러 나와서도 숙연하여 마치 제사 받는 분의 움직이는 소리가 들리는 것처럼[37] 늘 줄줄 눈물을 흘렸다. 혹 한가롭게 정원을 거닐다가 묘소를 바라보면 역시 눈물을 흘렸고, 늘 새벽에 일어나면 의관을 정제하여 사당을 배알하였으며, 초하루와 보름에는 반드시 성묘를 하였는데, 노년에 이르러서도 조금도 게을리하지 않았다. 사람들이 "효성스럽구나, 홍공이여! 거의 옛날에도 없던 사람이다."라고 하였다.

계해년(1623, 인조1) 반정이 일어나 학문과 행실이 있는 재야의 선비를 천거하라는 명을 내리자 특별히 공을 등용하였는데, 포의로 곧장 의령 현감(宜寧縣監)에 제수되었다. 우리 증조부 만회공(晩悔公 이유겸(李有謙))과 신재(愼齋) 김 문경공(金文敬公 김집(金集)) 역시 이 선발에 들었으니, 세상에서 그 성대함을 칭송하였다. 공이 억지로 관직에 나아가니 드세고 교활한 무리들이 공손해졌고, 폐기되었던 모든 일들이 부흥하였다. 1년이 안 되어 관직을 버리고 돌아왔는데 행낭이 텅 비어 지푸라기 하나도 누가 되지 않게 하였으니, 백성이 지금까지 공의 청렴

37 제사……것처럼 : 《예기》 〈제의(祭義)〉에 나오는 "제수(祭需)를 차려서 사당의 문을 들어서면 숙연하여 반드시 고인(故人)이 움직이는 소리가 들리는 듯하다.〔周還出戶, 肅然必有聞乎其容聲.〕"라는 말에서 인용한 것이다.

결백을 칭송한다. 병자년(1636, 인조14) 병란을 피하여 영좌(嶺左 영남좌도)로 갔는데, 원근에서 찾아와 공을 보려는 사람이 빽빽이 모여들어 문에 가득하였다. 오랑캐들이 물러가자 옛 집으로 돌아와 기묘년(1639, 인조17) 12월 10일 세상을 떠나니, 춘추가 83세였다. 경진년(1640, 인조18) 2월 광주(廣州) 호동(狐洞) 자좌(子坐)의 언덕에 장사 지내고, 최 공인(崔恭人)과 합장하였다.

공이 세상을 떠난 뒤 거의 30년이 지나 고을에서 공론이 비로소 발의되어 공의 지극한 행실을 조정에 아뢰었다. 동춘(同春) 송 선생(宋先生 송준길(宋浚吉))이 연석에서 아뢰어 포상을 내려주기를 청하였다. 이에 특별히 공을 승정원 좌승지로 주증하고 이어 '효자의 집안'이라고 정려를 내렸다.

내가 과거에 사계 선생(沙溪先生 김집)의 옛집을 방문하여 우연히 옛날의 서적을 열람하다가 공이 선생에게 보낸 편지를 보았는데, 경서를 읽는 것을 전폐한 일을 몹시 한탄하는 내용이었다. 공의 당시 나이가 75세였는데, 그 또렷한 마음을 알 수 있으니, 혼후하고 간곡한 마음은 전부 천성에서 나온 것이다. 내가 읽고 나서는 공경하여 한 부를 전하여 베껴서 공의 현손인 하서(河瑞)에게 주었는데, 하서가 평생토록 학문에 힘썼으니, 역시 공을 닮은 후손이 되기에 충분하다. 하서는 문과에 급하여 병조 좌랑을 지냈는데, 청렴하고 속되지 않아 궁핍하게 굶주리다가 죽었다. 나머지 자손은 다 기록하지 못한다. 내가 일찍 공의 아름다운 덕을 사모하였으니, 지금 공의 묘갈문을 의리상 감히 사양할 수가 없어 대략 차례대로 쓰고 이어 명(銘)을 짓는다. 명은 다음과 같다.

사람은 선조와	人於祖先
형기(形氣)가 동일하네	同一形氣
각기 모습과 형체를 갖추니	各具容體
닮은 이 드물다네	鮮有肖似
더구나 저 덕성은	矧伊德性
숭상하는 바가 비슷하네	其尚克類
이 때문에 《시경》에 이르기를	是以詩云
일찍 일어나고 늦게 잠들어서	夙興夜寐
너를 낳아준 분을 욕되게 하지 말라[38] 하였으니	無忝爾所生
아마도 공을 두고 말한 것이리라	殆公之謂歟

38 일찍……말라 : 《시경》 〈소완(小宛)〉에 "내 날로 매진하거든 너도 날로 매진하라. 일찍 일어나고 밤늦게 자서 너를 낳아 주신 분을 욕되게 하지 말라.〔我日斯邁, 而月斯征, 夙興夜寐, 無忝爾所生.〕" 하였는데, 늘 노력하여 부모를 욕되게 하지 말라는 뜻이다.

참봉 임공 묘갈[39]

參奉任公墓碣

예로부터 시인(詩人)은 대부분 경박하고 기개 있는 사람이 적었으므로 사람들이 더러 경시하였다. 그러나 담암(澹菴)[40] 같은 강직한 기상과 후산(後山)[41]처럼 변함없는 굳은 절개를 지닌 인물도 시인이라는 지목을 면하지 못하였다. 이로 보건대 이른바 시인을 어찌 한 가지 예로 논할 수 있겠는가. 국조(國朝 조선)의 시운(詩運)은 목릉(穆陵 선조) 때보다 더 융성한 적이 없었는데, 명고(鳴皐) 임공(任公)이란 분이 석주(石洲 권필(權韠))와 명성을 나란히 하였으니, 그 역시 진실로 이른바 시인이라고 하겠다. 그런데 선배들이 서술한 글을 상고해보니, 실로 충의(忠義)와 절행(節行)이 있는 선비이고, 지금 공의 유사(遺事)를 읽어보니 정말로 그렇다.

공의 휘는 전(錪)이고, 자(字)는 관보(寬甫)이며, 호(號)는 명고(鳴皐)이다. 젊은 시절에 우계(牛溪) 성 선생(成先生 성혼(成渾))을 찾아가

39 참봉 임공 묘갈 : 이 글은 임전(任錪, 1559~1611)의 묘갈이다. 임전의 본관은 풍천(豐川), 자는 관보(寬甫), 호는 명고(鳴皐)이다.

40 담암(澹菴) : 송(宋)나라의 관료로서 금(金)나라에 격렬히 대항했던 호전(胡銓)의 호이다. 소흥(紹興) 8년(1138), 진회(秦檜)가 화친을 주장하자 고종(高宗)에게 봉사(封事)를 올려 이를 강력하게 반대하였다.

41 후산(後山) : 송(宋)나라의 시인 진사도(陳師道)를 가리킨다. 그는 지절(志節)이 매우 높았고, 경학(經學)과 시문(詩文)에 모두 뛰어났으며, 일생을 안빈낙도하며 지내다가 끝내는 추운 날씨에 입을 옷이 없어 한질(寒疾)로 죽었다고 한다.

배울 때 선생이 학문을 좋아하는 좋은 선비라고 칭찬하였다. 평소 효성과 우애에 독실하였고, 집안이 매우 가난하였지만 편안히 지냈다. 세 번이나 참봉에 임명되었으나 모두 나가지 않았다. 임진년(1592, 선조 25) 왜란이 일어나 어가(御駕)가 서쪽으로 몽진을 떠나자, 공이 처음에 병란을 피해 동협(東峽)으로 가서 동지들과 같이 개연히 임금을 호종하려는 뜻이 있었으나, 길이 막혀 갈 수가 없었다. 호남 창의사(湖南倡義使) 김천일(金千鎰)이 병력을 거느리고 강화도에 주둔하고 있다는 말을 듣고는 찾아가 서기(書記)가 되었다.

명(明)나라 장수가 한성(漢城)의 적을 공격하려는 계획을 하자, 공이 창의사의 명에 따라 도성도(都城圖)를 그려 올리고 또 이십운시(二十韻詩)를 지어서 바치니, 명나라 장수가 자리를 내주며 포상하였다. 뒤에 창의사가 진주성(晉州城)을 수비하다가 전사하자 공이 그의 집을 찾아가 곡하였고, 막하(幕下)의 옛날 동료들과 같이 돌을 깎아 강도에 사적을 기록하였으며, 글을 지어 호남에 알렸다. 공은 비록 험난하고 급박한 난리 속에 있어도 스승을 잊지 않아 간절한 정성에 꿈속에서도 여러 번 나타났으니, 일록(日錄)[42]에서 알 수 있다.

공이 평소 유영경(柳永慶)과 정인홍(鄭仁弘)의 사람됨을 미워한 나머지 항상 큰 소리로 분노하여 꾸짖었었는데, 광해군 때 이르러 시사가 갈수록 잘못되는 것을 보고는 오직 몸을 깨끗이 하고 행동을 준엄하게 하려는 뜻을 지녔으니, 함께 교유하던 자들은 모두 유명한 사림(士林)이었다. 마음이 편안하지 못하거나 무료할 적에는 한결같이 시로 드러내었는데, 두릉(杜陵 두보(杜甫))의 충군애국의 뜻을 깊이 얻었다. 공이

42 일록(日錄) : 임전이 남긴 《임진일기(壬辰日記)》를 말하는 것으로 보인다.

세상을 떠난 뒤에 석주가 시를 지어 화를 당하자[43] 집안사람이 공이 평소 지은 시들을 모두 불태워버렸기 때문에 공의 시가 세상에 많이 전하지 않는다. 옛날 방옹(放翁 육유(陸游))이 거의 한탁주(韓侂冑)에게 물들자, 주자(朱子)가 걱정하여 천진교(天津橋) 위의 원숭이에게 현혹되었다는 비난까지 하였으니,[44] 아, 공과 같은 분은 혼탁한 가운데서 벗어나 시인의 수치를 한번 씻어냈다고 할 만하다.

공이 일찍이 이백(李白)의 〈고풍(古風)〉을 모방하여 '소식(蘇軾)과 황정견(黃廷堅)이 풍아(風雅)를 어지럽혔다.〔蘇黃亂風雅〕'[45]라는 구절을 지었는데, 이는 매우 미워한 것이다. 공의 장인 판서 윤자신(尹自新)이 공이 당시의 문풍(文風)을 따르지 않아 과거에 떨어졌다고 여겨서 손수 소식과 황정견의 시를 써서 권하였으나 공이 보려고 하지 않았으니, 그 지향이 이와 같았다.

43 석주가……당하자 : 권필이 광해군의 비(妃) 유씨(柳氏)의 아우 유희분(柳希奮) 등 척족(戚族)들을 풍자한 〈궁류시(宮柳詩)〉를 지었는데, 광해군이 크게 노하여 시의 출처를 찾던 중, 1612년 김직재(金直哉)의 옥사에 연루된 조수륜(趙守倫)의 집을 수색하다가그의 시가 발견되어 친국(親鞫) 받은 뒤 혹독한 고문 끝에 귀양길에 올라 동대문 밖에 이르렀을 때 사람들이 주는 술을 폭음하고 이튿날 죽었다.

44 방옹(放翁)이……하였으니 : 《주자대전(朱子大全)》 권64 〈답공중지(答鞏仲至)〉에 "방옹의 필력이 더욱 건장한데, 다만 무고하게 천진교 위에서 원숭이에게 흔들려서 문득 대이삼장의 엿보는 바가 된 것이 한스럽다.〔放翁筆力愈健, 但恨無故被天津橋,上胡孫攪亂, 却爲大耳三藏覰見.〕"라고 한 말을 가리킨다. 《주자대전차의(朱子大全箚疑)》에 "당시 육방옹(陸放翁)의 뜻이 부귀에 있었기 때문에 간신 한탁주(韓侂冑)가 그 뜻을 간파하고 〈남원기(南園記)〉를 짓게 한 것이다. 주자는 부귀를 원숭이에, 한탁주를 대이삼장에 비교한 것이다." 하였다.

45 소식(蘇軾)과……어지럽혔다 : 임전의 《명고집(鳴皐集)》 권6 〈술회(述懷)〉에 보인다.

공은 만력(萬曆) 신해년(1611, 광해군3) 세상을 떠났으니, 향년 53세였다. 그 뒤에 호성 원종공신으로 책록되어 사헌부 집의에 추증되었다. 묘소는 양주(楊州) 사곡(笥谷) 간좌(艮坐)의 언덕에 있는데, 부인 숙인 남원 윤씨(南原尹氏)와 합장하였다.

임씨는 풍천(豐川)에서 나와 우리나라의 유명한 씨족이 되었다. 공의 부친 휘 윤신(允臣)은 관찰사를 지냈고, 조부 휘 정(禎)은 시 정(寺正)을 지냈으며, 증조 휘 유손(由遜)은 감찰을 지냈다. 공의 아들 기지(器之)는 진사에 장원하고 문과에 급제하여 헌납을 지냈고, 세 명의 사위는 설서 정성(鄭晟), 진사 봉식(奉埴), 교관 황로(黃潞)이다. 손자는 승(昇), 식(寔), 필(弼), 고(翯)이다. 증손은 세태(世泰), 진사 세정(世鼎), 효행으로 지평에 추증된 세복(世復), 세익(世益), 세직(世稷), 세룡(世龍), 세기(世夔), 세중(世重)이다. 현손 술(述)과 원(遠)은 모두 문과에 급제하였고, 선(選)과 도(道)는 진사이며, 운(運), 매(邁), 달(達), 형(迥), 적(迪), 준(遵), 거(蘧), 우(遇), 수(遂), 근(近), 유(逌), 규(逵), 봉(逢)이 있다. 술의 아우 일(逸)이 나에게 찾아와 명(銘)을 지어달라고 요청하니, 명은 다음과 같다.

시는 성정에서 나오니 詩出情性
바른 시도 있고 사특한 시도 있다 有正有邪
이를 통해 사람을 관찰하면 於此觀人
거의 틀리지 않는다 庶不或蹉
공은 시를 지을 적에 公之爲詩
사실을 취하고 화려함을 버렸다 就實去華
소식과 황정견은 曰蘇曰黃

대가로 불렸기에	號爲大家
온 세상 사람들 분주히 따랐지만	擧世奔趨
공만은 아부하지 않았다	而獨不阿
마음 속에 정음을 가지고	中抱正音
음란한 소리는 일소하였다	一埽淫哇
오직 이러한 절행은	維此節行
근원이 다른 것이 아니다	所原匪它
등(滕)나라의 인(仁)과 제(齊)나라의 공렬[46]은	滕仁齊烈
비교하면 어느 것이 더 훌륭한가	將比孰多
농로(農老)[47]가 공에 대해 평론했으니	農老有評
내가 또 무엇을 덧붙이겠는가	我又何加
이에 명시(銘詩)를 지으니	爰作銘詩
영원히 마멸되지 않으리라	永世不磨

46 등(滕)나라의……공렬 : 등나라는 전국 시대의 소국(小國)이었는데 인정(仁政)을 행하였고, 제나라는 대국(大國)이었으나 공렬(功烈)만을 앞세웠다. 맹자가 등문공(滕文公)에게 인정은 반드시 토지의 경계를 다스리는 데에서 시작한다고 말하였으며, 제 선왕(齊宣王)이 공렬을 중시하여 일찍이 전쟁을 벌여서 토지를 넓히고 진초(秦楚)를 호령하고자 하는 야욕을 보이자, 맹자가 "이러한 행위로써 이러한 욕망을 구하신다면 나무에 올라가서 물고기를 구하는 것과 같습니다." 하였다. 《孟子 滕文公上》《孟子 梁惠王上》

47 농로(農老) : 농암(農巖) 김창협(金昌協, 1651~1708)을 말한다. 김창협은 임전의 시고(詩稿)를 산정(刪正)하였다.

종사 이공 묘갈[48]

從事李公墓碣

만력(萬曆) 임진년(1592, 선조25) 왜적이 대거 침입하여 영남 일대가 와해되었다. 왜적이 상주(尙州)에 이르자 조방장(助防將) 변기(邊璣)는 도망쳤고, 종사관 이경유(李慶流) 공은 전사하였다. 당시 전쟁으로 인해 길이 통하지 않아 조정에 제때 보고하지 못하였으며, 난리가 평정되고 나서도 미처 포상하여 녹훈하지 못했다. 공의 아들 제(穧)는 공이 전사할 때에 겨우 네 살이었다. 장성한 뒤에 글을 올려 아뢰니 비로소 아무관직을 추증하고, 정려(旌閭)를 세워 '충신의 집안'이라고 하였다.

공의 자(字)는 장원(長源)으로, 한산(韓山) 사람이다. 가정(稼亭 이곡(李穀))과 목은(牧隱 이색(李穡))으로부터 양경공(良景公) 종선(種善), 문열공(文烈公) 계전(季甸), 대사성 우(堣)에 이르기까지 여러 대에 걸쳐 고관대작이 나왔으며, 3대를 내려와 판서 증(增)에 이르러 경주 이씨(慶州李氏) 사직 몽원(夢黿)의 딸과 혼인하여 공을 낳았다. 공은 강개하고 절개가 있었고, 28세에 진사가 되었으며, 이어 명경과(明經科)에 합격하였다. 판서공의 공로[49]에 의하여 6품으로 승진하여

48 종사 이공 묘갈 : 이 글은 이경류(李慶流,1564~1592)의 묘갈이다. 이경류의 본관은 한산(韓山), 자는 장원(長源), 호는 반금(伴琴)이다.

49 판서공의 공로 : 이경류의 부친 이증(李增)은 1589년 대관의 장으로 정여립(鄭汝立) 옥사의 국문에 참여하는 공을 세워 이듬해 평난공신(平難功臣) 3등에 책록되고 아천군(鵝川君)에 봉해졌다.

성균관 전적이 되고, 다음해에 사헌부 감찰과 병조 좌랑에 제수되었으며, 얼마 뒤에 예조로 옮겼다.

왜적이 침입했다는 소식이 갑자기 이르자 백관들은 새나 짐승처럼 숨어 버렸으나 공은 급히 대궐로 달려갔다. 묘당에서 장수를 보내 조령(鳥嶺)을 지키려고 하는데 공의 중형(仲兄) 경함(慶涵)이 종사관으로 임명되었는데, 급작스러운 와중에 공의 이름을 잘못 써서 계하(啓下)를 받았다. 형이 말하기를,

"조정의 의논이 나에게 맡겼으니, 내가 반드시 가야 한다."

하니, 공이 말하기를,

"사세가 급박하니, 어찌 감히 어려움을 사양하겠습니까."

하고는 곧 말을 달려 떠나니, 아무 기미도 얼굴에 드러나지 않았다.

영남에 이르러 주장(主將)이 머물러 나아가지 않으려는 뜻이 있음을 보고 의리로 책망하였다. 그날 밤에 주장이 달아나 간 곳을 알 수 없자 모든 군사들이 놀라서 흩어졌다. 공은 방법이 없었으나 이일(李鎰)의 군대가 상주(尙州)에 있다는 말을 듣고 속히 가서 그를 따랐는데, 수십 리도 못가서 적군이 이미 온 들판에 가득했고, 이일도 달아나 버렸다. 윤섬(尹暹) 공과 박호(朴篪) 공이 종사관으로서 모두 죽자, 공이 눈물을 흩뿌리며 남아 있는 무리들에게 고하기를,

"나라 일이 이 지경에 이르렀으니 오직 죽음이 있을 뿐이다."

하고, 드디어 적진으로 뛰어들어 힘껏 싸우다가 전사하였으니, 곧 4월 25일의 일이었다.

전장에 다다라서는 관복과 이불을 한 아전에게 부쳐 돌려보내며 집안사람에게 편지를 써서 말하기를,

"사세가 이미 급하게 되었으니 나의 목숨은 하늘에 달려 있다. 다만

부모님을 편안하게 받들고 아이들을 잘 보호하기를 바랄 뿐이다."
하였다. 또 가동(家僮)에게 말하기를,

"내가 시장기가 심하니 밥 한 사발을 가져 오거라."

하였다. 밥을 찾아서 돌아오자, 이미 공의 소재를 알 수 없었다. 이에 사잇길로 돌아오다가 행재소(行在所)로 가는 판서공을 만나 통곡하며 정황을 아뢰니, 판서공이 그 관복과 이불을 사용하여 광주(廣州) 낙생(樂生)의 선영에 장사지냈다. 팔곡(八谷) 구사맹(具思孟)이 〈삼종사가(三從事歌)〉[50]를 지어 그들을 애도하였다.

아! 공은 보잘 것 없는 백면서생으로서 벼슬길에 나선 지 겨우 1년이었고 군사에 관한 일은 그가 배운 것도 아니었는데, 하루아침에 급작스러운 변고가 발생하자 사지(死地)로 뛰어들기를 주저하지 않았다. 저 강한 군사를 거느리고 나라의 두터운 은혜를 받고서도 적의 기세만 바라보고 도망치는 자가 서로 잇따랐는데, 홀로 목숨을 버리고 의리에 나아갔으니, 분명하고도 조용하였다. 비록 재능을 다 발휘하지 못했지만 그 풍도와 의리는 사람의 인륜을 부지하기에 충분하다. 국가에서 수백 년 동안 선비를 양성하여 바로 오늘에야 그 힘을 얻게 되었으니, 공의 죽음을 또 어찌 작은 것이라고 하겠는가.

공이 세상을 떠난 지 40여 년이 지났으나 혼백은 사라지지 않았으니, 어떤 걱정이나 경사가 있을 경우에 집안사람에게 종종 보이는 것 같기도 하고 들리는 것 같기도 하였다. 나는 같은 고을의 후생(後生)으로서 또한 익숙하게 들었으니, 어찌 주자(朱子)가 말한 "수양하여 얻은 기(氣)는 강대하여 한번 응결되면 흩어지지 않는다."라는 것이 아니겠는

50 삼종사가(三從事歌) : 구사맹의 《팔곡잡고(八谷雜稿)》 〈찬화(贊畫)〉에 실려 있다.

가. 아! 기이하도다.

부인은 횡성 조씨(橫城趙氏)이며 그 부친은 첨지 인(遴)이다. 부인은 가정의 범절을 순수하게 갖추었으며, 공이 보낸 영결하는 편지를 종신토록 마음에 새겼다. 88세의 나이로 경인년(1650, 효종1) 세상을 떠나니, 공의 묘소 우측에 장사지냈다. 아들 제(穧)는 문과에 급제하여 부사를 지냈고, 별좌 권영(權偀), 목사 김효성(金孝誠)은 사위이다. 부사는 아들 둘을 두었는데 정기(廷夔)는 참판이고, 정룡(廷龍)은 군수이다. 봉사 자(濱), 군수 행(涬), 판서에 추증된 항(沆)은 장남 소생이며, 부사 오(澳), 참판 택(澤), 진사 협(浹), 관찰사 집(潗)은 차남 소생이다. 항의 아들 병상(秉常)은 판서를 지내고 대제학을 맡았으며, 협의 아들 병태(秉泰)는 부제학을 역임하였다. 외손으로 현달한 자는 승지 김세정(金世鼎)과 판서 윤덕준(尹德駿)이다. 공의 후손은 이미 번성하고 또 훌륭한 인물이 많으니, 하늘이 공에게 보답으로 베푼 것이 아마도 여기에 있는 것인가.

관찰사가 황해 감영에 있을 때 묘갈을 세우고자 하여 서찰과 예물을 보내와 글을 청하였는데, 내가 공경히 승낙하였다. 얼마 뒤에 관찰사가 임소에서 세상을 떠나 상여로 돌아오니, 그의 조카인 판관 병정(秉鼎)이 편지로 독촉하기를, "글을 지어주지 않으시면 우리 숙부께서 눈을 감지 못하실 것입니다."라고 하기에 내가 관찰사의 뜻을 슬피 여겨 드디어 그를 위하여 명(銘)을 짓는다. 명은 다음과 같다.

천지 사이는	天地之間
기운이 강하고도 굳세도다	氣剛烈兮
살아 있으면 존재하고	不生與存

죽으면 없어지는 것이 아니다 死與滅兮
혹 녹아서 응결되면 是或融結
우뚝한 산이 되고 山岳崒兮
또 우레와 번개가 되어 又爲雷霆
답답한 기운을 쏟아내네 洩壹鬱兮
상수(商水)가 넘실넘실대니[51] 商水湯湯
평원이 보이지 않네 平原忽兮
공중에서 귤이 떨어지니 空裏投橘
신령이 황홀하도다[52] 神怳惚兮
원숭이 울음과 학의 날개 짓은 猨唫鶴飛
내 짝이 아니라네[53] 非我匹兮
울창한 오동나무와 가래나무 有菀梧楸

51 상수(商水)가 넘실넘실대니 : 상수(商水)는 상산(商山)의 강이라는 뜻으로, 상산은 상주(尙州)의 고호(古號)이다. 이경류가 상주 전투에서 전사하였기 때문에 말한 것이다.

52 공중에서……황홀하도다 : 성해응(成海應)의 《연경재전집》 권54 〈초사담헌〉에 이경류가 상주 전투에서 전사한 뒤 혼령이 집에 돌아왔는데, 그의 혼령이 모습을 드러내어 모친이 기절한 일이 있고, 또 이경류의 아들 재(穧)가 천연두를 앓아 의원이 동정귤(洞庭橘)이 있어야 치료할 수 있다고 하자, 귤 10개를 떨어뜨려 주어 아들의 병이 나았다고 한다.

53 원숭이……아니라네 : 이경류의 혼령이 이리저리 떠돌아다니지 않는다는 뜻이다. 한유(韓愈)가 유종원(柳宗元)을 위해 지은 〈유주나지묘비(柳州羅池墓碑)〉에, 유종원의 혼령을 말하는 부분에 "후(侯)가 아침에 나가 놀다가 저녁에 돌아오시니, 봄에는 원숭이와 함께 날고 가을에는 학과 함께 날도다.〔侯朝出遊兮暮來歸, 春與猿吟兮秋鶴與飛.〕" 하였다.

이 집에 편히 살리라	安此室兮
선비들 많이 모여	冠佩莘莘
정갈히 제사지내네	享祀潔兮
이 충효를 심었으니	鍾玆忠孝
경사가 길이 드러나리라	慶長發兮

판돈녕 윤공 묘갈[54]

判敦寧尹公墓碣

정희(靖僖) 윤공(尹公)이 세상을 떠난 지 81년이 지난 뒤에 그 후손 제주 목사(濟州牧使) 식(植)이 공의 씨족과 관력, 행실, 덕의의 대강을 가지고 나 삼주(三州) 이재(李縡)에게 묘갈문(墓碣文)을 부탁하였다.

공은 파평(坡平) 사람으로, 휘는 경(絅)이고, 자는 미중(美中)이며, 자호가 기천(歧川)이다. 그의 선대는 고려의 공신 신달(莘達)에게서 나왔다. 몇 대를 지나 문숙공(文肅公) 관(瓘)에 이르러 문숙공과 그의 아들 언이(彦頤)가 모두 문무를 겸비하고 충성스럽고 근면하여 나라에 공을 세웠다. 국조(國朝 조선)에 들어와서는 의정부 우의정 사흔(士昕)과 공양공(恭襄公) 계겸(繼謙)이 모두 당시에 현달하였다. 계겸이 휘 무(珷)를 낳으니, 삭녕 군수(朔寧郡守)를 지내고 이조 참판에 추증되었다. 이분이 돈인(敦仁)을 낳았으니, 수원 부사(水原府使)를 지내고 이조 판서에 추증되었다. 돈인의 아들이 충좌위 상호군을 지내고 의정부 좌찬성에 추증된 휘 대로(大老)이며, 부인 이씨(李氏)는 좌의정 행(荇)의 손녀이니, 융경(隆慶) 정묘년(1567, 명종22) 공을 낳았다.

공은 어려서부터 스스로 배울 줄을 알았고, 조금 자라 《춘추좌씨전》에 밝았다. 23세에 진사시에 합격하였고, 만력(萬曆) 병신년(1596 선

54 판돈녕 윤공 묘갈 : 이 글은 윤경(尹絅, 1567~1664)의 묘갈이다. 윤경의 본관은 파평(坡平), 자는 미중(美仲), 호는 기천(岐川), 시호는 정희(靖僖)이다.

조29) 문과에 급제하여 교서관 정자에 보임되었고, 승정원 주서로 자리를 옮겼는데, 오랫동안 임금의 측근에 있으면서 직무에 부지런히 힘쓰고 게을리하지 않았다. 성균관 전적으로 승진하여 여러 차례 옮겨 예조, 병조, 형조의 좌랑을 역임하였으며, 양재도 찰방(良才道察訪)에 조용되었다. 얼마 뒤에 소환되어 사헌부 지평에 제수되어 역적 허균(許筠)의 죄를 논하였으며, 이로 말미암아 외직으로 나가 평양 서윤(平壤庶尹)을 역임하고, 평안도와 황해도의 도사를 역임하였다. 호조와 병조의 정랑을 거쳐 서천 군수(舒川郡守)와 서흥 부사(瑞興府使)에 보임되었는데, 가는 곳마다 치적이 있다고 일컬어졌다.

부친의 상을 당하였다가 상복을 벗고 나서는 죽주 목사(竹州牧使)에 임명되었는데, 더러운 것을 쓸어내고 백성의 가려운 곳을 긁어주니 순리(循吏)라고 일컬어졌다. 임기가 다 되어서는 백성들의 바람에 따라 1년을 더 머물도록 하였다. 체직되어 돌아와서는 잇따라 분사(分司)의 승지와 병조 참의에 임명되었다. 당시에 광해군이 모후(母后)를 서궁(西宮)으로 옮기고 역신 이이첨(李爾瞻)등이 모후를 폐위시키려고 도모하여[55] 따르지 않는 자들은 죽였다. 공은 마음 속 깊이 분하고 답답해 하여 끝내 조정의 논의에 참여하지 않았고, 또 말하기를,

55 당시에……도모하여 : 이이첨은 1612년(광해군4) 김직재(金直哉)의 무옥(誣獄)을 일으켰고, 이듬해 강도죄로 잡힌 박응서(朴應犀) 등을 사주하여 그로 하여금 영창대군을 옹립하려 했다고 무고하게 하여 영창대군을 서인(庶人)으로 강등시켜 강화에 안치시키고 김제남(金悌男) 등을 사사시켰다. 이듬해 영창대군을 살해하고, 1617년 인목대비(仁穆大妃)의 폐모론을 발의해 이듬해 대비를 서궁(西宮 경운궁(慶運宮))에 유폐하였는데, 이때의 일을 말한다.《光海君日記 5年 6月 1日, 6年 2月 10日, 10年 1月 30日》

"신은 분사의 관원으로 지금 서궁을 지키고 있으니, 감히 의견을 낼 수가 없습니다."

하였다. 드디어 연좌되어 파면되어 양근(楊根)으로 돌아왔다.

신유년(1621, 광해군13) 모문룡(毛文龍)의 접반사로 가도(椵島)에 갔다. 당시에 서쪽 변방에 일이 한창 많아져서 사람들이 모두 회피하였으나, 공은 태연히 어려워하지 않았다. 얼마 뒤에 또 선유사(宣諭使)가 되어 관서(關西)로 갔는데, 돌아오기 전에 인조(仁祖)가 즉위하여 청렴하고 공평한 인물을 등용하니, 해주 목사(海州牧使)에 임명되었다. 이듬해 이괄(李适)의 변란이 일어나자, 공이 해주의 병사를 이끌고 황주(黃州)로 갔다.

정묘호란이 일어나자 소현세자(昭顯世子)를 호종하여 전주(全州)로 내려갔는데, 말고삐를 잡고 온갖 어려움을 겪었다. 여산 부사(礪山府使)로 있다가 장례원 판결사에 임명되었는데, 직무에 부지런하고 판결하는 데 지체하지 않으니 성상이 가상히 여겼다. 병자년(1636 인조14) 성상을 호종하여 남한산성(南漢山城)으로 갔는데, 전쟁 중이라 경황이 없어 모든 관원이 직분을 제대로 수행하지 못했다. 그런데 공만은 인신(印信)을 가지고 관아에 앉아 평상시처럼 편안한 모습이었다. 병조의 참지와 참의로 옮겼다가 얼마 뒤에 임금을 호종한 공로로 도총부 부총관으로 승진하였으며, 이천 부사(利川府使)에 임명되었다가 파직되어 돌아왔다. 재야에서 7, 8년 동안 유유자적 하다가 공조 참판에 임명되었다.

병술년(1646, 인조 24) 공의 나이가 80세였는데, 자제들이 관례에 따라 은혜를 내려주기를 청원하고자 하였으나 공이 힘써 만류하였다. 성상이 그 일을 듣고서는 훌륭히 여겨 공을 특별히 지중추부사 겸 춘추

관사에 임명하여 기로소(耆老所)에 들어가게 하였다. 기축년(1649, 인조27)에 사마회방연(司馬回榜宴)[56]을 열었다.

효종 원년(1650) 한성부 판윤에 임명되었고, 이듬해 정헌대부에 올랐으며, 그 뒤에 연신(筵臣)의 말로 인해 또 숭정대부에 올라 공조 판서에 임명되었다. 당시 공의 나이가 90세였는데, 연로하다는 이유로 사직을 청하였으나 윤허를 받지 못하였고, 판중추부사로 개차되었으며, 사포서 제조에 임명되었다. 현종 원년(1660) 판돈녕부사에 임명되었는데, 달마다 월름(月廩)을 보내주고, 봄가을로 옷감을 보내주어 총애하자, 공이 상소를 올려 사양하였으나 융숭한 비답을 내려 윤허하지 않았다.

갑진년(1664, 현종5) 5월 11일에 집에서 세상을 떠나니, 성상이 공을 위해 이틀 동안 조회를 열지 않고, 부의(賻儀)를 더 내려주고 관아에서 장례를 돕도록 하였으며, 규례대로 예관(禮官)을 보내 치제하였다. 그해 7월에 적성현(積城縣) 장평(長坪)의 언덕에 장사지냈다. 숙종 신유년(1681, 숙종7) '정희(靖僖)'라는 시호를 내렸다.

부인은 종실(宗室)의 이씨(李氏)로 아내의 덕에 어긋남이 없었으며, 공보다 15년 앞서 세상을 떠났으니, 수명 역시 80세였다. 처음에는 정부인에 봉해졌다가 뒤에 정경부인으로 추증되었다. 슬하에 5남 3녀를 두었다. 아들은 정득(正得), 명득(命得), 신득(信得), 지득(志得), 첨정 선득(善得)이고, 딸은 신희순(辛喜循), 홍우관(洪宇寬), 첨정 이

56 사마회방연(司馬回榜宴) : 사마회방은 생원・진사 시험에 합격한 지 만 60년이 돌아온 것을 말하는데, 그때를 맞이하여 거행하는 잔치이다. 윤경은 1589년(선조22) 진사시에 합격하였으므로, 이때가 60년이 되는 해이다.

진(李晉)에게 각각 출가하였다. 영(誸), 흠(歆), 소(韶), 호(頀), 창(彰)은 손자이다. 흠의 아들이 첨지중추부사 집성(集成)인데, 제주 목사의 부친이다.

공은 사람됨이 인후(仁厚)하고 충성스러웠으며 남과 교제할 때에는 거스르는 일이 없었고, 일에 임해서는 견고하고 확실하여 흔들리지 않았다. 여러 조정에 걸쳐 관직을 맡아 벼슬한 지가 거의 70년인데, 지위는 공경에 이르렀으나 자신의 몸가짐을 포의(布衣) 시절처럼 하였다. 가난하여 집안 살림을 꾸릴 수가 없었는데도 그 마음은 오히려 여유가 있었다. 소인배들에게 곤액을 당하고 중간에 배척을 당하여 낮은 관직과 작은 고을을 전전하였으나 그 뜻은 꺼리지 않았다. 항상 초가집에 앉아 있으면서 좌우에 꽃과 나무를 심고 술을 마시고 시를 읊조리며 주위를 거닐면서 스스로 즐거워하였다.

우리 선조인 호부공(戶部公 이유겸(李有謙))께서 일찍이 공을 비롯한 명경(名卿)과 약속을 하여 도성 서쪽에서 기영회(耆英會)[57] 모임을 열었으며, 내가 어릴 때에 동네에서 공의 정원으로 놀러 간 적이 있어 공의 집을 알고, 또 제주 목사와 잘 지내는 터라 공에 대해서 자세히 알기에 마땅히 그를 위해 명(銘)을 짓는다.

57 기영회(耆英會) : 기영(耆英)은 조선 시대에 나이가 많은 임금과 벼슬에서 물러난 70세 이상 정2품 이상 문관을 예우(禮遇)하기 위해 조직한 기로소(耆老所)를 가리킨다. 송(宋)나라 때 문언박(文彦博)이 서경 유수(西京留守)로 있으면서 당(唐)나라 백거이(白居易)의 구로회(九老會)를 모방하여 부필(富弼), 사마광(司馬光) 등 13인의 학덕(學德) 높은 노인들과 함께 즐겼던 모임을 낙양기영회(洛陽耆英會)라고 한 데서 유래하였다. 《宋史 卷313 文彦博列傳》

만력 연간 이전에 萬曆之前
공은 정기를 받고 태어났네 公則降精
반복되는 길흉화복을 겪으며 平陂往復
백세 가까이 수를 누렸네 垂及百齡
벼슬은 공고[58]에 견주고 秩視公孤
예우는 노경[59]에 가까웠네 禮近老更
존귀해졌으나 자처하지 않았으니 尊而不有
그 덕을 비길 만한 사람이 없네 德莫與京
다투지도 않고 구하지도 않아 無競無求
남과 자신이 모두 화평하였네 物我兩平
옛날의 도 있는 사람과 유사하니 類古有道
순녕[60]이라 이를 만하네 可謂順寧

58 공고(公孤) : 삼공삼고(三公三孤)의 준말로 정승 같은 고관을 의미한다. 《주례(周禮)》에서 삼공(三公)은 주(周)의 태사(太師)·태부(太傅)·태보(太保)를 가리키고, 삼고(三孤)는 삼공(三公) 다음 가는 소사(小師)·소부(小傅)·소보(小保)를 가리킨다.

59 노경(老更) : 삼로(三老)와 오경(五更)으로 고대에 삼로와 오경의 자리를 설치하여 노인을 봉양하였다. 《예기》 〈문왕세자(文王世子)〉에 "삼로와 오경의 자리를 설치하였다."라고 하였는데 그 주에, "삼로와 오경은 각각 한 사람씩인데, 모두 늙도록 일을 하고 벼슬에서 물러난 사람들이다. 천자가 부형처럼 섬기어 천하에 효도와 우애를 본보기로 보인 것이다." 하였다.

60 순녕(順寧) : 송(宋)나라 장재(張載)의 〈서명(西銘)〉에 "살아서는 순리대로 섬길 것이고 죽어서는 편안하리라.〔存吾順事, 沒吾寧也.〕"라고 했는데, 웅강대(熊剛大)의 주석에 "효자는 살아서는 어버이를 그 뜻을 어기지 아니하고 잘 섬기고, 죽으면 편안하여 부모에 대해서 부끄러움이 없다." 하였다.

아, 이 소자는	嗟余小子
같은 마을 후생이라네	同閈後生
동쪽 정원에 노닌 적 있으니	遊于東園
공의 모습 상상할 수 있네	想像典刑
그 풍류 넓고도 크니	風流弘長
잊혀지게 할 수 있겠는가	俾也可忘
이 검은 비석에다 새겨서	勒于玄竁
아득한 후세에 보이노라	用視茫茫

참봉 김공 묘갈[61]

參奉金公墓碣

남원(南原)에 재간당(在澗堂)이라는 곳이 있으니, 고(故) 처사 김화(金澕) 공이 거처하던 곳이다. 이를 자호로 삼았으니, 그 뜻은 《시경》의 〈위풍(衛風)〉[62]에서 취한 것이다. 고을 사람들이 사당을 세워 제사를 지내니, 그 유풍과 여운이 오히려 지금까지도 쇠하지 않았다. 그의 후손 협(筴)이 묘갈문을 부탁하러 나를 찾아왔는데, 내가 그의 행장을 읽어보니 실로 공의 조카 지백(之白)이 지은 것이었다. 지백 역시 훌륭한 선비이니, 그의 말을 더욱 믿을 만하다.

공의 자는 도원(道源)으로, 상조(上祖)는 고려 때 평장사를 지낸 구(坵)이다. 증조 석량(錫良)은 진사로 절행(節行)이 있었는데, 남명(南冥) 조식(曺植)이 그의 묘지명을 지었다.[63] 조부 광(光)은 찰방을 역임하였고, 부친 익복(益福)은 충청 도사(忠淸都事)를 역임하였다. 김씨는 대대로 부안(扶安)을 관향으로 하였는데, 평장사의 후손인 광서(光敍)가 고려가 멸망한 뒤에 두 성씨의 임금을 섬기기를 원치 않아

61 참봉 김공 묘갈 : 이 글은 김화(金澕, 1571~1645)의 묘갈이다. 김화의 본관은 부안(扶安), 자는 도원(道源), 호는 재간당(在澗堂)이다.

62 시경의 위풍(衛風) : 재간(在澗)은 《시경》 〈위풍(衛風) 고반(考槃)〉의 "산골 시냇가에 움막이 있나니, 현인의 마음이 넉넉하도다.〔考槃在澗, 碩人之寬.〕"라는 말에서 취한 것인데, 산림에 은거하는 현자의 즐거움을 노래한 것이다.

63 남명(南冥)……지었다 : 조식의 《남명집(南冥集)》 권2에 〈진사 김공 의인 안씨쌍묘지명(進士金公宜人安氏雙墓誌銘)〉이라는 제목으로 실려 있다.

돌아와서 그곳에서 늙으니, 자손들이 부안(扶安) 사람이 되었다.

공에 이르러 외가를 따라 비로소 남원(南原)으로 옮겨 살았다. 홍문관 박사 안처순(安處順) 공은 기묘명현(己卯名賢)으로, 호가 죽계(竹溪)인 그의 아들 탁(琢)이 공의 외조부이다.

공은 태어나면서부터 뛰어난 재주가 있었고, 문장에는 세속의 기운이 없었으며, 출세하는 것을 즐거워하지 않았다. 그러나 부모가 계셔 억지로 과거에 응시하여 만력 계묘년(1603 선조36) 생원시와 진사시에 합격하였다. 이후로는 세상사에 뜻을 접고 문을 닫고 독서를 하였다. 모친을 섬길 적에는 색양(色養)[64]이 극진하였고, 상(喪)을 당해서는 가슴아파하였으며, 형제들과는 즐겁게 지내며 틈이 없었다. 살던 곳에 경치가 좋은 시내와 계곡이 있었는데, 또 꽃과 대나무를 심어 늘 한가한 날에 거닐며 훌쩍 세속을 벗어나려는 생각이 있었으니, 세상에서 이른바 명예와 이익, 욕심 따위는 그의 마음에 누를 끼칠 수가 없었다.

평상시 몸가짐을 단정하고 근엄하게 하였으며, 비록 다급한 상황을 만나도 말을 빨리하거나 얼굴색이 갑자기 바뀌는 일이 없었다. 남의 선한 일을 들으면 마치 자기가 소유한 듯이 여겼고, 남의 잘못을 보면 불쌍히 여겨 용납해주었다. 마음이 평탄하여 온화한 기운이 넘쳐 바라보면 자연스레 공경할 만하였다. 학문을 할 적에는 입으로 읽고 귀로

64 색양(色養) : 자식이 낯빛을 온화하게 하여 부모를 봉양하는 것을 말한다. 자하(子夏)가 효(孝)에 대해 묻자, 공자가 '색난(色難)'이라고 대답한 데서 유래한 말이다. 이에 대한 주희(朱熹)의 주석에 "색난은 부모를 섬길 때에 얼굴빛을 온화하게 하는 것이 어려움을 말한다." 하였다. 《論語 爲政》

듣는 말단적인 것에 집착하지 않고, 몸에 돌이켜 실천하고 본원을 함양하였으니, 만년의 고원한 기상은 남들이 그 경지를 헤아리기가 어려웠다. 공은 문밖을 나서지 않았지만, 조정의 사대부들이 풍문을 듣고 서로 칭송하니 천거되어 군자감 참봉으로 임명되었는데 나아가지 않았다.

75세로 세상을 떠났는데, 임종에 이르러서는 마음이 편안하고 여유로와 죽은 뒤의 일에 대해서는 일체 언급하지 않았다. 고을에서는 모두 현인(賢人)이 죽었다고 탄식하였으며, 찾아와서 곡을 하던 사람들 역시 슬픔을 다하지 않음이 없었다. 부인은 전의 이씨(全義李氏)로, 생원 정룡(廷龍)의 따님이며, 그 조부는 정언 승효(承孝)이다. 아들 지순(之純)은 경학과 행실로 천거되어 참봉이 되었고, 딸은 사인 이국형(李國馨)에게 출가하였다. 지견(之堅), 지건(之鍵)과 이필경(李必慶)의 처는 측실 소생이다. 참봉의 아들은 시(蓍)이며, 시의 아들은 영세(榮世)와 영업(榮業)이다. 이국형의 아들은 생원 문규(文規)와 문주(文胄)이며, 사위는 이필명(李必明)이다. 협(筴)은 영세의 몇대 손이라고 한다.

공은 천성이 아주 아름다웠으며 함양에 방도가 있었으니, 그의 마음에 필시 남보다 뛰어난 점이 있었을 것이다. 지금 공이 세상을 떠난지 백여 년이 지났으니, 비록 그 만에 하나라도 상상해 보려 하지만 그럴 수가 없다. 내가 《시경》의 〈위풍〉을 읽어본 적이 있는데, 이른바 은자(隱者)의 언행을 징험할 수가 없고, 또 그 시에 이른바 '길이 잊지 않기로 맹세하도다.〔永矢不諼〕'라는 말은 즐기는 것이 어떤 일인지 알 수가 없다.[65] 그러나 그 뜻을 깊이 음미해보면 마음이 크고 넓어 충분히

65 내가……없다 : 《시경》 〈위풍(衛風) 고반(考槃)〉에 "은거하는 곳이 시냇가에 있

만족함을 알 수 있고, 천하의 사물 중에 이것과 바꿀 수 있는 것이 없다고 여긴 것이니, 공이 스스로 즐거워한 것 역시 이와 같을 뿐이다. 이 시를 잘 읽고 이해하는 자는 공을 알 수 있을 것이다. 명(銘)은 다음과 같다.

옛날의 대방(帶方 남원)에 미인이 있으니　有美一人兮古帶方
명월주(明月珠)를 차고 은자의 옷을 입었네　明月佩兮芙蓉裳
호탕한 노래 부르며 쭉쭉 뻗은 대나무에 기대고　發浩歌兮依脩篁
더러운 세상을 벗어나 즐거움 끝이 없네　蛻穢濁兮樂無央
산은 푸르고 샘물은 넘실넘실　山蒼蒼兮泉泱泱
남다른 풍류 잊을 수가 없네　風流長兮不可忘
내가 공의 명을 지으니 공은 사라지지 않으리　我銘公兮公不亡

으니, 큰 사람의 마음이 넉넉하도다. 홀로 자고 깨어 말하나, 길이 잊지 않기로 맹세하도다.〔考槃在澗, 碩人之寬. 獨寐寤言, 永矢不諼.〕" 하였다. 〈모시 서(毛詩序)〉에 의하면, 이 시는 현자로 하여금 물러나 곤궁한 생활을 하게 했던 장공(莊公)을 풍자한 시라고 하는데, 저자로서는 시의 내용과 풀이가 잘 이해되지 않는다는 뜻이다.

세마 조공 묘갈[66]

洗馬趙公墓碣

내가 옛날에 듣기로 세마 조평(趙平)은 호남과 영남 사이의 호걸스러운 선비라고 하는데, 내가 뒤에 태어나서 그가 어떤 인물인지 상세하게 알지 못하였다. 지금 처사 황신구(黃信龜)가 지은 행장을 읽어보니, 자는 형중(衡仲)이고, 호는 운학(雲壑)이다. 공은 일찍 한강(寒崗) 정 문목공(鄭文穆公 정구(鄭逑))의 풍모를 들었으며, 만년에는 사계(沙溪) 문원 선생(文元先生 김장생(金長生))에게 나아가 수학하였다. 공은 총명하고 숙성하여 태어난 지 3년 만에 글자를 알았으며, 8세에 조모상을 당하였는데, 상기(喪期)를 마치고 나서야 비로소 술과 고기를 먹었다.

문목공이 함안 군수(咸安郡守)로 있으면서 유교를 크게 일으켰을 때, 공은 고을의 자제로 어린 나이였는데, 무리 중에서 빼어났다. 문목공이 한 번 보고는 기특하다고 하면서 공에게 물으니, 고 참봉 조원오(趙元鰲)의 손자라고 하였다. 함안은 조씨의 관향으로, 참봉은 경학에 밝고 행실을 잘 닦아 천거되었다고 한다. 참봉의 상을 당해서 장례를 치르고 나서도 과거를 보러 가지 않자, 문목공이 기뻐하고 감탄해 마지않았다. 함안군에 있는 금천서원(琴川書院)에는 백 명 가량의 학생이 있는데, 모두 공을 제일로 꼽았다.

66 세마 조공 묘갈 : 이글은 조평(趙平, 1569~1647)의 묘갈이다. 조평의 본관은 함안(咸安), 자는 형중(衡仲), 호는 운학(雲壑), 설보(雪洑)이다.

임진왜란이 일어나자 연로한 부모님을 모시고 피난하여 호남으로 들어갔으며, 임실(任實)에서 김제(金堤)의 구천동(九水洞)으로 들어가 자신의 거처를 '삼구(三求)'로 이름지었는데, 명(銘)에 '마음은 올바름을 구하고, 벗은 어진 이를 구하며, 밭은 밭가는 것을 구한다.'라고 하였다. 사계(溪門)의 문하에 들어간 뒤로 물러나와서는 석계(石溪) 최명룡(崔命龍)과 강학하였는데, 믿고 따르는 자들이 많았다.

공은 문장을 지을 적에 시(詩)에 더욱 뛰어났는데, 41세에 비로소 사마시에 합격하였다. 한번은 과거의 대책문(對策文)에서 당시의 금기(禁忌)에 저촉되는 바른 말을 하였다가 낙방하였다. 광해군 때 폐모론(廢母論)이 일어나자 문을 닫고 칩거하였으며, 얼마 후에 터무니없는 일로 어떤 사람에게 무함을 당하여 체포되었다가 곧장 풀려났다. 임실(任實)로 이사하였다가 다시 순창(淳昌)으로 이사하였다. 계해년(1623, 인조1) 반정이 일어나 문원 선생이 임금의 간곡한 부름을 받고 공에게 편지를 보내 출처의 의리를 묻자, 공이 대답하기를 "옛날의 성현(聖賢)은 도(道)를 시행할 수 있다는 것을 안 뒤에 그 조정에 섰습니다."라고 하였다. 이 해 겨울에 공을 창릉 참봉(昌陵參奉)에 제수하고 이어 황산 찰방(黃山察訪)에 제수하였으나 모두 나아가지 않았다.

정묘년(1627, 인조5) 세자 세마에 제수되었다가 곧 체직되어 사근 찰방(沙斤察訪)으로 제수되었는데, 마지못해 부임지로 가서 역(驛)의 폐단을 다 제거하였다. 또 무옥(誣獄)에 걸려들었는데, 성상이 평소에 그가 어진 줄 알아서 특별히 사면하였다. 몇 년 뒤에 또 제원 찰방(濟原察訪)에 제수되자 공이 감격하여 나아가 사은(謝恩)하였다. 부임하고 보니 김 충암(金沖菴 김정(金淨))의 손자 김성발(金聲發)이 금산 군수(錦山郡守)로 있었는데, 공이 그와 협력하여 칠백의총(七百義塚)[67]을 중수하여 5단으로 만들고, 중봉(重峰 조헌(趙憲))과 제봉(霽峰 고경명(高敬命)) 등 여러 공과 그 자제 및 막료를 두루 제사지냈으며, 드디어 일정한 제도로 만들었다. 의영고 직장으로 자리를 옮기게 되었으나, 병으로 나아가지 못했다.

병자년(1636, 인조14) 호란이 일어났을 때, 공은 초모 도유사(招募都有司)가 되어 대의(大義)로 깨우치자 듣는 자들이 감동하였다. 이에 정예병 수십 명을 모으고 아울러 군량을 마련하여 의병을 도왔다. 얼마 뒤에 남한산성에서 항복했다는 소식을 듣고는 우산(牛山) 안방준(安邦俊)과 함께 북쪽을 향해 몹시 통곡하고 돌아왔다. 한번은 상소의 초본을 지어,

> "우리나라가 비록 힘이 약해 굴복했지만 명(明)나라의 은혜를 잊어서는 안 되니, 몰래 사신을 보내어 해로(海路)를 따라 남경(南京)으로 가서 조회하게 해야 합니다."

하였는데, 미처 올리지 못한 상태에서 공이 이미 병이 들었다. 79세의 나이로 정해년(1647, 인조25)에 세상을 떠나니, 그를 위해 상복을 입은 문인들이 60여 명이었다.

공의 부친은 순세(舜歲)로, 사헌부 장령에 추증되었으며, 모친은 창녕(昌寧) 조씨(曺氏)이다. 공은 세 번 장가를 들었으니, 부인은 고령 이씨(高靈李氏), 광주 김씨(光州金氏), 함풍 노씨(咸豐魯氏)이다. 모두 슬하에 자식이 없어 종인(宗人) 경린(景麟)을 양자로 들였다. 경린

67 칠백의총(七百義塚) : 조선의 임진왜란 때 금산(錦山) 전투에서 왜군과 싸우다 순절한 칠백 의사의 무덤이다. 1592년(선조25) 조헌(趙憲)의 문인 박정량(朴廷亮) 등이 의병과 승병의 시신을 수습하여 조성하였으며, 현재 충남 금산군(錦山郡)에 있다.

은 네 아들을 두었으니, 유련(有璉), 유현(有玹), 유호(有琥), 유원(有瑗)이다.

공은 타고난 자질이 뛰어나고 굳세었으며, 학문의 힘을 보태어 여러 노선생들에게 크게 인정을 받았다. 그러나 불행한 때를 만나 온갖 험난한 일을 겪었으니, 하늘이 사람의 마음을 격동시키고 성질을 참게 하여 능하지 못한 것을 잘하게 하여 장차 세상에서 큰일을 할 것 같았는데 결국 그렇게 하지 못했으니, 이것이 어찌 하늘의 이치인가.

공은 비록 몸이 초야에 있었지만, 그 마음은 세상을 잊을 수가 없었다. 언어와 문자 사이로 솟아나와 충의(忠義)가 지금까지 사람으로 하여금 머리카락이 서고 기운이 샘솟게 하니, 뜻과 사업을 다하지 못한 것이 안타깝다. 그러나 공의 충성스럽고 남을 사랑하는 성품은 역시 근본이 있다. 난리로 위태로운 상황에서 부모의 상을 당해서도 상을 치르고 장사지내며 제사를 올릴 때에 모두 극진히 하였으며, 또 모친이 병이 들었을 때에는 연이어 왼손의 새끼손가락 끝을 베어서 흐르는 피를 입에다 넣어드리자 모친의 병이 나았다. 공이 노년에 기력이 쇠하여 병을 앓게 된 것은 실로 그 원인이 여기에 있으니, 그의 독실한 행실이 이와 같았다.

공의 묘소는 임실현(任實縣)의 서쪽 사곡(沙谷)의 선영에 있다. 유원이 자신의 아들 진항(鎭恒)을 시켜 나에게 와서 명(銘)을 부탁하게 하니, 유현의 소생인데 유원의 양자로 들어간 자이다. 명은 다음과 같다.

골짜기에 우뚝한 구름 덮인 소나무	聳壑雲松
마음껏 하늘을 나는 가을 물수리	橫天秋鶚

이 몇 마디 말에서	於此數語
그 기상을 상상할 수 있네	可以想見其氣象
공은 더욱 위대한 점 있으니	抑公有大
바다에 빠져 죽으려는 열렬한 마음[68]	烈烈蹈海之心
늙어서도 더욱 강건하였네	老而益壯
아, 공의 충성과 의리는	噫公忠義
떳떳한 본성에서 얻은 것이라네	得於秉彝
효(孝)를 근본으로 삼고	孝以爲本
학문으로 이루었네	學以濟之
노(魯)나라에 군자가 없다면	魯無君子
이분이 어디에서 이런 덕을 취하였겠는가[69]	斯焉取斯
운수산(雲水山)[70]에	雲水之山
이렇게 뛰어난 기운을 지닌 분 묻혔네	埋此奇氣
내가 숨겨진 행적 드러내니	我闡其幽
이 역시 쇠퇴한 세상을 걱정하는 뜻이다	斯亦衰世之意

68 바다에……마음 : 조평이 병자호란 때에 청나라에 끝까지 항전하고 명나라에 조회를 해야 한다고 주장했던 일을 가리킨다. 전국 시대 제(齊)나라 사람 노중련이 위(魏)나라 신원연(新垣衍)이 무도한 진(秦)나라를 황제로 받들자고 하자, 이를 허락하지 않고 "내 동해 바다에 몸을 던져 죽을지언정, 차마 그 백성으로 살아갈 수는 없다.〔連有蹈東海而死耳, 吾不忍爲之民也.〕" 하였다. 《史記 卷83 魯仲連列傳》

69 노(魯)나라에……취하였겠는가 : 조평이 그의 조부 조원오(趙元鰲)의 행실을 본받았다는 뜻이다. 《논어》〈공야장(公冶長)〉에 공자가 복자천(宓子賤)을 평하여 "군자답구나, 이 사람은. 노나라에 군자가 없었다면 이 사람이 어디에서 이런 훌륭한 면모를 얻었겠는가.〔君子哉, 若人, 魯無君子者, 斯焉取斯?〕" 하였다.

70 운수산(雲水山) : 전라북도 임실군 임실읍에 있는 산이다.

전첨 정공 묘갈[71]

典籤鄭公墓碣

숭정(崇禎) 정축년(1637, 인조15) 난리에 남한산성의 포위가 풀리자 조정이 청나라를 위해 삼전도(三田渡)의 강가에 비석을 세웠는데, 사신(詞臣) 이경석(李景奭)이 그 비문(碑文)을 지어 올려 청나라의 공덕을 매우 성대히 칭송하였다.[72] 우리 숙종대왕이 일찍이 경연에 임하여 이 일에 대해 논의하여 말하기를,

> "비록 부득이하여 명(命)에 응한 것이지만,[73] 어찌하여 이렇게까지 칭송을 했단 말인가. 그 말에 전혀 짐작하고 생각한 것이 없으니, 송시열(宋時烈)이 비난하여 배척한 것이 마땅하도다."[74]

71 전첨 정공 묘갈 : 이 글은 정준(鄭儁, 1573~1644)의 묘갈이다. 정준의 본관은 영일(迎日), 자는 사수(士守), 호는 쌍봉(雙峯)이다.

72 숭정……칭송하였다 : 1636년(인조14) 병자호란이 일어나자 인조가 남한산성으로 피난하였는데, 이듬해 1월에 남한산성이 포위되자 결국 성문을 열고 나와 산성 아래의 삼전도(三田渡)에서 청나라 태종(太宗)에게 항복하고 청나라와 군신(君臣)의 관계를 맺는 맹약을 맺었다. 삼전도비는 청나라의 강요에 의해 태종의 공덕을 칭송하여 비에 새긴 '대청황제공덕비(大淸皇帝功德碑)'를 가리킨다.

73 비록……것이지만 : 《승정원일기》 인조 15년 11월 25일 〈장유 등에게 명하여 삼전도비의 글을 짓게 하고 이경석의 글을 택하다〉의 기사에 "장유, 이경전(李慶全), 조희일(趙希逸), 이경석에게 명하여 삼전도비를 짓게 하였는데, 장유 등이 다 상소하여 사양하였으나, 상이 따르지 않았다. 세 신하가 마지못하여 다 지어 바쳤는데 조희일은 고의로 글을 거칠게 만들어 채용되지 않기를 바랐고 이경전은 병 때문에 짓지 못하였으므로, 마침내 이경석의 글을 썼다." 하였다.

74 송시열이……마땅하도다 : 정강(靖康) 2년(1127), 송 흠종(宋欽宗)이 금나라에

하였다.

이때에 정준(鄭儁) 사수(士秀) 공이 와서 별제(瓦署別提)가 되어 기와를 구워서 비각을 세우는 일을 담당하게 되었는데, 수치스러운 마음에 그 일을 하지 않으려고 곧바로 관직을 버리고 떠났다. 공의 아들 운한(雲翰)이 운봉 현감(雲峰縣監)이 되자, 공은 구차히 수령이 된 아들의 봉양을 받지 않으려고 바닷가에서 거처하면서 자신의 절개를 바꾸지 않았다. 차남 운익(雲翼)이 어린아이로 공을 따라가 행상(行商) 노릇을 하여 봉양하였으니, 사대부가 그의 절개를 훌륭히 여겼다.

공은 연일(延日) 사람으로, 포은 선생(圃隱先生 정몽주)의 후손이다. 선생은 진실로 우리나라 도학(道學)의 조종(祖宗)이며, 그가 앞장서서 밝힌 《춘추》의 대의(大義)는 더욱 세교(世敎)에 공이 있다. 공이 세상에 드러낸 것은 비록 작은 일이지만, 역시 선조의 공렬을 더럽히지 않았다고 할만하다. 공은 위대한 현인의 종손인 까닭에 조정에서 처음에 녹봉을 주었고, 30세에 희릉 참봉(禧陵參奉)에 제수되었으며, 건원릉 참봉(健元陵參奉)으로 전직되었다가 제용감 봉사로 자리를 옮겼으며, 사재감 직장, 장흥고 주부, 돈녕부 주부를 역임하였다. 돈녕부 주부에서 체직되어 와서 별제가 되었으며, 그 후 몇 년이 지나 다시 돈녕부 판관이 되었다.

갑신년(1644, 인조22) 10월 19일 종친부 전첨으로 세상을 떠났으니,

항복했을 때 그들이 요청하는 항복문을 손적(孫覿)이 지었는데, 지나치게 송나라를 비하하고 오랑캐에게 아첨했다 하여 주희(朱熹)가 그 일을 기록하여 손적을 나무란 일이 있었다. 병자호란 때 인조가 청나라에 항복하자 이경석이 그 항복문인 삼전도 비문을 지어 올리자, 송시열이 이 일을 손적에 비유하여 비난하였다.《朱子大全 卷71 雜著 記孫覿事》《燃藜室記述 卷26 仁祖朝故事本末》

향년 72세였다. 포은 선생의 묘 서쪽 미향(未向)의 언덕에 장사를 지냈다. 뒤에 임금을 호종한 공로로 인해 승정원 좌승지에 추증되었다. 공은 두 번 장가를 들었는데, 원씨(元氏) 부인은 사인 세필(世弼)의 따님이고, 오씨(吳氏) 부인은 진사 상립(尙立)의 따님이다. 아들 운한과 현감 조면(趙沔)에게 출가한 딸은 원씨 소생이다. 뒤에 현감이 된 아들 운익과 윤원(尹黿), 이명시(李命時)에게 출가한 두 딸은 오씨 소생이다. 장남의 아들 원징(元徵)은 현감이고, 귀징(龜徵)은 종사랑이며, 성징(星徵)은 봉사이다. 차남의 아들은 문징(文徵)과 헌징(獻徵)이다. 원징의 아들 찬광(纘光)은 도사이며, 찬휘(纘輝)는 세자익위사 익찬(翊贊)으로, 대대로 그 학문을 잇는다. 귀징의 아들 찬헌(纘憲)은 참봉이고, 찬조(纘祖), 찬창(纘昌), 찬성(纘成), 찬장(纘章)이 있다. 성징의 아들은 찬일(纘一), 찬빈(纘彬), 찬형(纘馨), 찬연(纘淵), 찬명(纘明)이다. 문징의 아들은 찬주(纘胄)와 찬유(纘㕀)이다. 도사의 두 아들 호(鎬)와 석(錫)은 모두 현감이다. 명(銘)은 다음과 같다.

미관말직이었지만 몸은 대의를 실천했네 位微祿而身大義兮
늠름하도다, 바다에 빠져 죽으려던 기풍이여 凜乎其蹈海之風
오직 유골은 산기슭으로 돌아갔으니 惟歸骨於山足兮
포옹(圃翁 정몽주)에게 거의 부끄러움이 없구나 庶無愧於圃翁

군수 유공 묘갈[75]

郡守柳公墓碣

나는 어릴 때부터 승지 유태명(柳泰明) 도휘(道輝)와 어울렸는데, 그의 효성스럽고 우애있는 행실에 마음으로 감복하였다. 지금 그의 고조부 군수공의 가장(家狀)을 읽어보니, "기쁘고 즐겁게 부모를 봉양하였으며, 형제와 한솥밥을 먹으며 사는 것을 매우 즐거워하였다."라는 말이 있다. 내가 여기서 대대로 전해지는 덕이 근원이 있는 줄 알았다.

공의 휘는 윤창(允昌), 자는 백욱(伯勖)이다. 유씨가 전주(全州)에 살게 된 것은 그의 조상 흡(濕)부터인데, 그대로 그곳이 관향이 되었다. 증조 휘 감(堪)은 의정부 사인으로, 을사사화 때의 사류(士流)이다. 조부 휘 영립(永立)과 부친 휘 색(穡)은 모두 문과 급제하여 관찰사를 지냈으며, 외조부는 정랑을 지낸 유필인(兪必仁)이다. 공은 만년에 사마시에 합격하여 벼슬을 시작하였는데, 관력의 차례는 상세히 알 수 없으나 사옹원 직장, 장례원 사평, 형조 좌랑, 사헌부 감찰을 역임하였고, 외직으로는 개령(開寧), 영덕(盈德) 두 현의 현감과 마전 군수(麻田郡守)를 역임하였다.

공은 사람됨이 질박하였고 관직에 있으면서 구차하지 않았다. 자기보다 우위에 있는 존귀하고 권세 있는 사람과도 누차 곧은 도로 상대하며 조금도 굴복하지 않았다. 비록 이로 인해 어려운 상황을 만났으나

75 군수 유공 묘갈 : 이 글은 유윤창(柳允昌, 1583~1647)의 묘갈이다. 유윤창의 본관은 전주(全州), 자는 백욱(伯勖), 호는 금은(琴隱)이다.

역시 후회하지 않았다. 부임한 고을에서는 모두 은혜로운 정사를 펼쳤으며, 떠나간 뒤에는 번번이 백성들이 사모하였다. 자제들을 바른 길로 훈도하였으며, 집안사람들을 다스릴 때에는 먼저 명분을 바로잡아 집안이 조정처럼 엄숙하였으나 타인을 대할 때에는 화기애애하였다. 평소에 거처할 때에는 방을 정결하게 치웠고 담담히 구속됨이 없었으며 오직 거문고와 서책으로 스스로 즐겨 호를 금은(琴隱)이라 했다고 한다. 숭정(崇禎) 정해년(1647, 인조25) 6월 27일 세상을 떠났으니, 향년 65세였다. 두 번이나 원종공신에 참여하여 승정원 좌승지에 추증되었다. 교하(交河)의 검산(黔山) 계좌(癸坐)의 언덕에 장사지냈다. 부인 순창 조씨(昌寧曺氏)는 참판 탁(倬)의 따님으로, 공보다 12년 먼저 세상을 떠났는데, 이때에 이르러 합장하였다.

아들 현(炫)은 음보로 군수를 지냈고, 측실 소생 아들과 딸이 있는데, 아들은 훈(爋)이며, 딸은 주부 이지징(李之澄), 급제 염응징(廉應徵), 장필주(張弼周)에게 각각 출가하였다. 현은 아들이 셋인데, 참의에 추증된 세헌(世憲), 세안(世顔), 세민(世閔)이 있다. 참의는 아들이 여섯인데, 장남은 도사 성(宬)으로, 승지는 그의 아들이다. 승지의 아우 복명(復明) 역시 문과에 급제하여 참판을 지냈는데, 승지가 세상을 떠난 뒤에 참판이 편지를 보내 명(銘)을 부탁하였다. 명은 다음과 같다.

옛날의 순량(循良)[76]은	維昔循良
진실하고 꾸밈이 없었으니	悃愊無華

76 순량(循良) : 33쪽 주21 참조.

공의 시종을 관찰하면	觀公始終
거의 근사한 점이 있네	其庶幾耶
오직 이 효성과 우애를	惟此孝友
집안 대대로 잘 계승하였네	克世其家
내가 그 근원을 거슬러 올라가	我溯厥源
이에 명(銘)을 짓노라	庸作銘歌

현감 박공 묘갈[77]

縣監朴公墓碣

밀양 박씨(密陽朴氏)는 우리나라의 이름난 가문이다. 눌재(訥齋) 휘 증영(增榮)은 성종(成宗) 때에 교리를 지냈다. 이분이 승지 휘 훈(薰)을 낳았는데, 세상에서 강수 선생(江叟先生)이라고 불렀으며, 기묘사화(己卯士禍) 때 정암(靜菴 조광조) 및 여러 현인들과 함께 쫓겨났다. 공은 그의 현손으로, 휘가 정룡(廷龍)이며, 자가 자운(子雲)이다. 40세에 비로소 벼슬에 올라 사헌부 감찰, 군자감 판관을 역임하였으며, 외직으로 산음(山陰)과 안음(安陰) 두 현의 현감을 역임하였는데, 치적이 있었다. 당시에 양친이 무탈하셨는데 뜻을 받들고 물건으로 봉양하기를 극진히 하였다. 양친이 돌아가시고 나서는 다시 벼슬길에 나아가지 않고 고향으로 돌아와 노년을 보냈다.

공은 성품이 혼후(渾厚)하여 남의 선한 점을 보면 마치 자기가 소유한 듯이 여겼으니, 사람들이 그 덕성에 감복하였다. 현종 계축년(1673, 현종14) 12월 21일 세상을 떠났으니, 향년 75세였다. 청주(淸州) 목과동(木瓜洞)에 장사지냈는데, 공의 집과 몇 리 떨어진 곳이다.

공은 일찍이 눌재와 강수 두 공의 유문(遺文)을 모아 세상에 전하였는데, 우암 선생(尤菴先生 송시열)이 서문을 써서 매우 칭찬하였다. 《예기》에 "선조에게 선한 행실이 있는데도 모르는 것은 밝지 못한 것이며,

77 현감 박공 묘갈 : 이 글은 박정용(朴廷龍, 1599~1673)의 묘갈이다. 박정용의 본관은 밀양(密陽), 자는 자운(子雲)이다.

알고서도 전하지 않는다면 인(仁)하지 못한 것이다."[78]라고 하였으니, 아, 공은 이 잘못을 면하였다.

부친 휘 안건(安建)은 사직서 영을 역임하였고, 조부 휘 승현(承賢)은 현감을 역임하였으며, 외조부 현령 송응선(宋應先)은 우암에게 숙조(叔祖)가 된다. 부인 청풍 김씨(淸風金氏)는 진백(振伯)의 따님으로 공과 합장하였다. 아들과 딸은 모두 네 명씩으로 세휘(世輝), 세미(世美), 세장(世長), 세헌(世憲)이며, 사위는 신상(申湘), 황유손(黃有孫), 최우(崔堣), 박경후(朴慶後)이다. 손자는 수성(守成), 수소(守素), 수호(守皥), 수약(守約), 수문(守文), 수초(守初), 수유(守裕), 수겸(守謙), 수양(守讓), 수회(守誨)이며, 증손은 다 기록할 수 없다. 명(銘)은 다음과 같다.

두 현인이 후손을 두었네	二賢有後
우로(尤老 송시열)의 말이 있으니	尤老之言
공의 명성 길이 전하리라	公其不朽

78 선조에게……것이다 : 《예기》 〈제통(祭統)〉에 나오는 말이다. "종묘와 사직을 지키는 자손이 그 선조가 아무런 미덕이 없는데 칭송하는 것은 속이는 것이요, 선행이 있는데 알지 못하는 것은 밝지 못한 것이요, 알면서 전하지 않는 것은 어질지 못한 것이니, 이 세 가지는 군자가 부끄러워하는 바이다." 하였다.

직강 박공 묘갈[79]

直講朴公墓碣

국초에 호족을 이주시켜 변경지역을 채웠는데, 사족(士族)도 이따금 흘러들어가서 그대로 그 자손들을 키웠다. 그러나 북방은 가장 황폐하고 먼 지역이며, 습속이 무지하여 사람들이 대부분 비루하게 여긴다. 그런데 근세에 박홍종(朴興宗) 공이 분발하여 자립해서 학문과 행실로 한 지역을 인도하니, 이로부터 유교(儒敎)가 조금 진작되었다. 내가 젊은 시절 평사(評事)로 경성(鏡城)을 지나다가[80] 고로(故老)들에게 물으니, 대개 이와 같이 말했다.

공의 자는 현숙(顯叔)으로, 함양(咸陽) 사람이다. 북방으로 옮겨 살게 된 것은 7대조 소(素) 때부터이며, 조부는 겸(謙)이고, 부친 몽필(夢弼)은 훈도(訓導)이다. 공이 태어났을 때, 모친 마씨(馬氏)가 용이 여의주를 물고 방으로 들어오는 꿈을 꾸었다. 어려서부터 남달리 뛰어나 책은 눈으로 훑어보기만 해도 암송하였으며, 문장은 더욱 신속하여 여러 번 향시(鄕試)에서 장원을 차지하였다.

인조 경오년(1630, 인조8) 진사시에 합격하고, 임오년(1642, 인조20) 명경과에 급제하여 성균관에 예속되었으며, 차례대로 승진하여

79 직강 박공 묘갈 : 이 글은 박홍종(朴興宗, 1600~1687)의 묘갈이다. 박홍종의 본관은 함양(咸陽), 자는 현숙(顯叔)이다.

80 내가……지나다가 : 저자는 1709년(숙종35) 함경북도 병마평사(咸鏡北道兵馬評事)를 역임하였다.

전적이 되었다. 외직으로 나가 수성도 찰방(輸城道察訪)을 역임하였는데, 너그럽고 인자하여 아전과 역졸의 마음을 얻었다. 함흥부(咸興府) 교수가 되어서는 후진들을 잘 인도하고 양성하였으며, 뒤에 다시 전적과 교수에 제수되었으나 모두 사직하였으며, 직강에 제수되었는데 또 나아가지 않았다. 당시에 부모님이 집에 계셨는데, 역시 녹봉으로 봉양하는데 마음을 두지 않고 오직 날마다 그 곁에서 기쁘게 해드렸다. 수령이 그의 매우 곤궁한 처지를 불쌍히 여겨 진휼하고 남은 곡식을 덜어주어 구휼해 주었으나 받지 않았으니, 그의 깨끗한 성품이 이와 같았다.

공은 젊은 시절에 동악(東岳) 이안눌(李安訥)에게 시를 배워 크게 칭찬과 인정을 받았는데, 얼마 뒤에 뉘우치며 말하기를,

"시인은 대부분 경박하니, 덕의 바탕을 기르는 방법이 아니다."

하였다. 성리학과 관련된 여러 서적을 매우 좋아하여 손으로 초록하고 입으로 외우며 잠시도 틈이 없이 깊이 연구하여 거의 밥 먹고 잠자는 것조차 잊을 정도였다. 그가 살던 어랑리(漁郎里)는 호해(湖海)의 정취가 있었으나 고요한 화곡(華谷)을 좋아하여 그 사이에 집을 짓자 마을의 뛰어난 자제들 중에 따르는 자들이 많았다. 독서하는 여가에 혹 산과 물가를 오갔는데, 즐거운 마음에 늙는 줄도 몰랐다.

공은 만력(萬曆) 경자년(1600, 선조33)에 태어나서 숙종 정묘년(1687, 숙종13)에 세상을 떠났으니, 향년 88세였다. 비홍호(飛鴻湖) 곁에 장사지냈으며, 부인 양천 허씨(陽川許氏)를 합장하였다. 아들은 문희(文熙), 문수(文粹)이고, 측실 소생 문정(文精)은 문과에 급제하여 정자를 지냈다. 딸은 각각 이휘길(李暉吉), 지천여(池天與), 이주(李週)에게 출가하였다. 문희의 아들은 제(濟)이고, 문수의 아들은 심

(淰), 식(湜), 정(淨)이며, 문정의 아들은 수(洙), 징(澂), 담(澹)이다. 정기(廷頎)와 정헌(廷獻)은 제의 소생이며, 정최(廷最)는 정의 소생인데, 출계하여 식의 양자가 되었다. 정즙(廷楫), 정림(廷霖) 및 정익(廷榏), 정로(廷櫓), 정상(廷相)은 징(澂)과 담(澹)의 소생이다.

공은 행실이 아주 지극하였으며, 부모의 상(喪)을 당하여 모두 6년 동안 시묘살이를 하였다. 백모(伯母)가 길러준 은혜가 있다고 하여 또 백모를 위해 심상(心喪)을 입었다. 친족과 화목하게 지내고 벗에게 신의가 있었으며, 고을에서는 겸손하여 자신을 낮추고, 공손히 따르기를 일삼았다. 평소 게으른 모습이 없었고, 갑자기 안색을 바꾸는 일이 없었으며, 날마다 언행을 기록하여 그 잘잘못을 스스로 살폈으며, 심술(心術)의 은미한 곳을 더욱 통렬히 성찰하였다.

자제에게 학문을 가르칠 때에는 너무 느리지도 말고 너무 서둘지도 말라는 것으로 요체를 삼았으며, 문장이 도(道)에 해를 끼치고 과거 공부가 뜻을 빼앗는다고 경계하였다. 또 말하기를,

"형기(形氣)의 욕심은 크고 작음에 관계가 없으니, 비록 한번 물을 마시고 한번 밥을 먹는 순간이라도 만일 먹기를 탐내는 마음에 흔들리면 이는 곧 부귀를 탐하고 빈천을 싫어하는 싹이 트는 것이다."

하였으니, 아, 이는 명언(名言)이다.

공은 먼 변방에서 몸을 일으켜 우뚝이 지키는 바가 있었으며, 늙어서도 오히려 학문을 좋아하였다. 세상을 떠난 지가 거의 60년인데, 고을 사람들의 사모하는 마음이 쇠하지 않았으니, 어찌 옛날에 이른바 호걸스러운 선비가 아니겠는가. 제(濟)의 손자 원지(遠枝)가 일찍이 내게 배웠기에 멀리에서 와서 명(銘)을 부탁하였다. 명은 다음과 같다.

구불구불한 화곡이여	華谷逶迤
호수가 넘실거린다	湖水洋洋
아름다운 사람이 있으니	有美一人
향풀 차고 은자의 옷을 입었네	蕙佩荷裳
좌우에 《시경》과 《서경》 있으니	左詩右書
그 즐거움 끝이 없었네	其樂無央
덕음(德音)이 훌륭하니	德音孔嘉
잊을 수가 있겠는가	俾也可忘
내가 이 돌에 명(銘)을 새겨	我銘斯石
북방을 교화하노라	以風北方

참봉 공공 묘갈[81]
參奉孔公墓碣

공자(孔子)의 54세 후손 중에 소(紹)라는 분이 원(元)나라에서 벼슬하다가 어떤 일로 인해 우리나라로 와서 창원백(昌原伯)에 봉해졌는데,[82] 자손들이 그대로 그곳을 관향으로 삼아 창원 사람이 되었다. 그의 아들 부(俯)는 호가 어촌(漁村)으로, 포은(圃隱 정몽주)과 목은(牧隱 이색) 및 여러 현인들과 벗으로 잘 지냈는데, 본조(本朝 조선)에 들어와서는 여러 차례 불러도 나오지 않았다. 7세손 대사헌 서린(瑞麟)은 기묘명현(己卯名賢)이며, 공은 그의 현손이다. 부친 도전(道傳)과 조부 미수(眉壽)는 모두 덕을 숨기고 벼슬길에 나아가지 않았다. 증조 심(諶)은 사헌부 감찰을 역임하였고, 외조부는 여흥(驪興) 민사성(閔師聖)이다.

공의 휘는 덕일(德一), 자는 응삼(應三)으로, 기국(器局)이 깊고 침착하여 어려서부터 이미 성인(成人)의 기량을 지니고 있었다. 8세에 시(詩)와 부(賦)를 읊을 수 있었으며, 관례를 올리기 전에 동당시(東堂

81 참봉 공공 묘갈 : 이 글은 공덕일(孔德一, 1602~1658)의 묘갈이다. 공덕일의 본관은 창원(昌原), 자는 응삼(應三), 호는 주은(酒隱)이다.

82 공자(孔子)의……봉해졌는데 : 공소(孔紹)는 원나라의 순제(順帝) 때 한림학사로 임명되어 노국대장공주와 함께 고려로 나와 귀화하였다. 그 뒤 문하시랑 평장사가 되었다. 창원백(昌原伯)에 봉해진 뒤 원나라에 돌아가지 않고 우리나라 공씨의 시조가 되었다.

試)에 나아가 공명을 당장 이룰 수 있을 것이라 여겼는데, 이윽고 여러 차례 과거에 낙방하고 나서는 드디어 달가워하지 않았다. 일찍이 말하기를,

"우리 선조 대헌공의 학문은 실로 한훤(寒暄) 김 선생(金先生 김굉필(金宏弼))에게서 나왔는데, 선생의 가르침은 실로 《소학》에 바탕을 두고 있다. 학문에 뜻을 둔 사람이 어찌 이것을 기준으로 삼지 않겠는가."

하였다. 이로부터 오로지 자신의 수양을 위한 학문에 뜻을 두어 밤낮으로 부지런히 공부하여 염락관민(濂洛關閩)[83]의 여러 서적에 이르기까지 연구하지 않은 것이 없었고, 비록 의약(醫藥), 복서(卜筮), 산수(筭數), 병법(兵法)까지도 역시 모두 두루 통하여 자기 본분의 일로 여겼다.

어떤 이가 전하기로, 계해년(1623, 인조1) 반정 때 여러 공들이 공이 문무(文武)의 재질을 지니고 있다고 여겨 인조에게 권하여 두 차례 동호(東湖)로 공을 찾아갔다고 하는데, 상세히 알 수가 없다. 적신(賊臣) 김자점(金自點)이 정승의 자리에 올라 강가에 새로 정자를 소유하였는데, 공의 거처와 가깝고 공의 명성을 사모하여 여러 차례 찾아갔다. 그러자 공이 악한 사람을 만난 뒤에야 허물을 피할 수 있다는 의리[84]

83 염락관민(濂洛關閩) : '염(濂)'은 염계(濂溪)로 송학(宋學)의 비조(鼻祖) 주돈이(周敦頤)가 거주하던 곳이고, '낙(洛)'은 낙양(洛陽)으로 정호(程顥)와 정이(程頤)가, '관(關)'은 관중(關中)으로 장재(張載)가, '민(閩)'은 민중(閩中)으로 주희(朱熹)가 거주하던 곳으로, 염락관민은 송대 성리학을 개창하고 발전시킨 주요 학자들을 대칭(代稱)하는 말이다.

84 악한……의리 : 《주역》 규괘(睽卦)의 초구(初九)에 "후회가 없어지니, 말을 잃고

로 인해 찾아가서 인사를 하였는데, 작은 일로 인해 그가 임금을 무시하는 마음을 지니고 있음을 알고는 드디어 관계를 끊고 다시 만나지 않았다.

병자년(1636, 인조14) 선공감 참봉에 제수되었으나 나아가지 않았다. 이해 겨울에 양친을 모시고 병란을 피해 영남으로 갔다. 당시는 몹시 어수선한 상황이었는데도 몸소 쌀을 지고 가서 끼니를 봉양하였다. 난리가 평정되자 여강(驪江)에 들러 초가집을 짓고 거처하였다. 부친의 병이 심해지자, 세 손가락을 베어 피를 약과 섞어서 올렸는데, 다시 소생하자 사람들이 효성에 감동해서 그리된 것이라 하였다. 상(喪)을 당해서는 예제를 지나치도록 슬퍼하였고, 상례(喪禮)와 장례(葬禮)는 모두 주 문공(朱文公 주희(朱熹))의 《가례》를 따랐다.

누이 세 명이 일찍 과부가 되자, 공이 모두 자신의 집으로 데려와 부양하며 성심을 다해 돌봐주었다. 아침저녁으로 부모님께 문안드릴 때 여러 누이가 곁에 있으면 밤에 들어갈 때도 반드시 촛불을 켰으며, 또 한 번도 같이 자리에 앉은 적이 없었다. 비록 난리의 와중에 급히 피난을 갈 때에도 반드시 토실(土室)을 달리하여 거처하였으니, 공이 남녀의 구분에 엄격한 것이 이와 같았다. 봄과 가을이면 대헌공의 묘소에 제사를 지냈으며, 이어 친족을 모아놓고 화목하게 지내는 의리를

좇아가지 않아도 스스로 돌아올 것이니, 악한 사람을 만나 보면 허물이 없을 것이다.〔悔亡, 喪馬勿逐自復, 見惡人, 無咎.〕" 하였는데, 그 주(註)에, '위는 불이고 아래는 물이기 때문에 약간의 상위점은 있으나 괘덕(卦德)이 서로 응하여 뉘우침이 없어지기 때문에 말〔馬〕을 잃고 좇아가지 않아도 저절로 찾아오게 되는 상이다. 그러나 반드시 악한 사람을 만난 뒤라야 허물을 피할 수 있는데, 이는 마치 공자가 양화(陽貨)에게서의 일과 같다.' 하였다.

실천하였다.

공은 타고난 자질이 호탕하고 의지와 기개가 강개하여 항상 글을 읽다가 국가의 흥망과 충신열사와 관련된 일에 이르면 책을 덮고 여러 번 탄식하지 않은 적이 없었다. 남한산성에서 항복하던 날 공은 영외(嶺外)에 있었는데, 소식을 듣고는 음식을 물리고 눈물을 줄줄 흘리며 말하기를,

"내가 태어난 때를 잘못 만나 이런 세상을 보게 되는구나."

하였다. 간혹 가사(歌詞)를 지어 울분을 표출하였는데, 바다에 빠져 죽으려는 뜻[85]과 〈하천(下泉)〉의 슬픔[86]이 깃들어 읽어보면 숙연한 마음이 드니, 공의 사람됨을 상상할 수 있다.

공은 이때부터 용인(龍仁)의 묘소 아래에 칩거하면서 자호를 주은(酒隱)이라고 하였다. 무술년(1658, 효종9) 7월 20일 세상을 떠났으니, 공이 태어난 임인년(1602, 선조35)으로부터 향년 57세였다. 같은 현(縣)의 지석(支石) 북쪽 기슭 해좌(亥坐)의 언덕에 장사지냈으며, 부인 전의 이씨(全義李氏)를 합장하였다. 그 후 숙종 병술년(1706, 숙종32) 많은 선비들이 글을 올려 호조 참판에 추증되었으니, 효성으로 인한 것이다.

아들 원봉(元鳳)과 박창주(朴昌周)에게 출가한 딸이 있다. 구봉(九鳳)과 을봉(乙鳳)은 측실 소생이다. 원봉은 아들이 셋인데, 내홍(迺

85 바다에……뜻 : 181쪽 주68 참조.

86 하천(下泉)의 슬픔 : 하천은 《시경》 〈조풍(曹風)〉의 편명으로, 주(周) 왕실이 점점 쇠약해지는 것을 현인이 개탄하는 내용이다. 주로 망한 왕조를 그리워한다는 내용인데, 여기에서는 청나라에 멸망한 명나라에 대한 감회를 말한다.

興), 내문(迺文), 내장(迺章)이다. 내흥의 아들은 중로(重魯)이며, 내장의 양자는 승로(承魯)이다. 공의 시문 약간 권이 집안에 소장되어 있다. 취인(就仁)이 와서 명(銘)을 구하니, 바로 공의 제사를 받드는 자이다. 명은 다음과 같다.

문무의 재질 지녔으니	文武之材
태어남은 우연이 아니라네	生若不偶
씩씩한 마음은 실의하여	壯心濩落
어느새 백발이 되었네	居然皓首
천지가 뒤집히고	天地飜覆
세상 운수는 양구[87]를 만났네	世運陽九
바다에도 뛰어들지 못하고	有海莫蹈
이에 술에 자취를 숨겼네	迺隱于酒
슬피 노래하며 격앙된 마음은	悲歌激昂
노년의 의기라네	老年意氣
효성과 절개 드날려	孝烈載揚
증직으로 빛냈네	哀贈有煒
한 가지 선행으로 명성을 이루는 일[88]	一善成名

87 양구(陽九) : 엄청난 재액(災厄)을 의미한다. 4천 5백 년 되는 1원(元) 중에 양액(陽厄)이 다섯 번, 음액(陰厄)이 네 번 발생한다고 하는데, 1백 6년 되는 해에 양액이 발생한다고 한다. 《漢書 卷21 律歷志 上》

88 한……일 : 여대림(呂大臨)이 정명도(程明道)의 애사(哀詞)에 "자중함이 중함에 있어서는 차라리 성인을 배우다가 이르지 못할지언정 한 가지 선행으로 명성을 이루려고 하지 않으셨다.〔其自任之重也, 寧學聖人而未至,不欲以一善成名.〕" 하였다. 《近思錄

어찌 공이 평소에 기대한 것이랴　　豈公素期
죽은 뒤 사당에 제사지내는 것은　　歿可祭社
고을의 여론이지 사적인 뜻 아니라네　　鄕議非私
내 명이 길이 전해질 것이니　　我銘不朽
여기에서 사실을 확인하리라　　徵信在玆

卷14 觀聖賢類》

현감 강공 묘갈[89]

縣監姜公墓碣

병자년(1636, 인조14) 이후로 천지가 꽉 막히고 관과 신이 뒤바뀌어[90] 뜻있는 선비들이 피눈물을 닦고 통분을 삼키며 곧바로 멀리 떠나 세상에서 자취를 숨기려 하였다. 당시에 강흡(姜恰), 심장세(沈長世), 홍우정(洪宇定), 정양(鄭瀁), 홍석(洪錫) 공이 서로 이끌고 태백산(太白山) 춘양동(春陽洞)에 은거하니, 사대부들이 그 기풍과 절개를 높이 칭송하였다. 그 후에 몇 분의 공은 세상에 나가기도 하고 은거하기도 하였으며, 벼슬하다가 그만두기도 하였는데, 이는 일률적으로 논할 수 없으니, 다만 그 당시 상황이 어떠했는지를 살펴보아야 한다.

강공(姜公)은 자가 정오(正吾)로, 진주(晉州) 사람이다. 고구려 때 원수(元帥)를 지낸 이식(以式)이 고구려를 정벌하려 했던 수 양제(隋煬帝)의 군사를 막아내었는데, 공의 비조(鼻祖)이다. 국조(國朝 조선)에서는 통정(通亭) 형제[91]가 가장 현달하였는데, 대제학 회중(淮仲)의 증손 참판 징(澂)이 선조의 미덕을 계승하였으니, 이분이 공의 고조이다. 증조 억(億)은 정언을 역임하였고, 조부 덕서(德瑞)는 응교를 역임

89 현감 강공 묘갈 : 이 글은 강흡(姜恰, 1602~1671)의 묘갈이다. 강흡의 본관은 진주(晉州), 자는 정오(正吾), 호는 이오당(二吾堂), 잠은(潛隱)이다.

90 관과 신이 뒤바뀌어 : 갓과 신발의 위치가 바뀌었다는 뜻으로, 위계(位階)가 무너져 상하(上下)가 도치된 상황을 비유한다.

91 통정(通亭) 형제 : 통정(通亭) 강회백(姜淮伯, 1357~1402)과 통계(通溪) 강회중(姜淮仲, ?~1441)을 말한다.

하였으며, 부친 윤조(胤祖)는 금부 도사를 역임하였다.

공은 젊은 시절 정승 상촌(象村) 신흠(申欽)에게 수학하였으며, 경오년(1630, 인조8) 사마시에 합격하여 성균관에서 공부하였는데, 사론(士論)이 존중하였다. 을해년(1635, 인조13) 율곡(栗谷 이이)과 우계(牛溪 성혼) 두 선생을 문묘에 배향해야 한다는 청이 나왔는데, 공이 실제 상소를 올리는 일을 주도하였다. 얼마 뒤에 난리를 만나 남쪽으로 피난을 갔는데, 공은 성품이 지극히 효성스러워 비록 병란으로 어수선하여 임시로 거처하는 어려운 와중에도 맛있는 음식이 떨어지는 경우가 없었다. 늘 저녁에는 직접 불을 지펴서 온도를 알맞게 하였다. 부친이 병에 걸리자 변을 맛보고 하늘에 기도를 하였으며, 상을 당하자 3년 동안 채소와 장(醬)을 입에 대지 않았다. 처음으로 제릉 참봉(齊陵參奉)에 제수되었으나 나아가지 않았다. 정유년(1657, 효종8) 또 익위사 세마에 제수되니, 억지로 명에 따라 나아가 차례대로 승진하여 시직과 부솔을 역임하였다.

하루는 마음에 변화가 있어 갑자기 고향으로 돌아왔는데, 며칠 후에 계모 윤 부인(尹夫人)이 세상을 떠나자 논하는 자들이 말하기를,

"옛날의 검루(黔婁)[92]와 비교해도 더욱 기이한 일이다."

92 옛날의 검루(黔婁) : 검루는 유검루(庾黔婁)로, 남제(南齊) 시기 양(梁)나라 사람이다. 그가 잔릉현(孱陵縣)의 현령으로 부임한 지 열흘도 채 되지 않았는데 갑자기 심장이 뛰고 땀이 났다. 집에 일이 있음을 예감한 유검루는 관직을 사직하고 고향으로 돌아갔다. 집에 와서 보니 부친의 병이 위독한지 이틀이나 되었다. 의원은 그에게 "병이 고칠 수 있는지 없는지 알려면 환자의 대변을 맛봐야 하는데 맛이 쓰면 고칠 수 있다." 하였다. 검루는 바로 부친의 변을 맛보았는데 맛이 달콤하자 내심 걱정이 태산 같았다. 자정에 북두칠성을 향하여 부친을 대신하여 죽을 수 있도록 기도를 올리자, 그때 공중에

하였으니, 공이 평소에 윤 부인을 잘 섬겼기 때문이다.

부인에게는 아들 한 명이 있었는데 따로 살았다. 부인이 종종 왕래하기는 하였으나 한 번도 머물러 잠을 잔 적은 없으니, 공의 효성스러운 마음을 상하게 할까 염려했기 때문이다. 그 아들이 죽자, 부인은 공에게 근심을 끼치지 않으려고 오직 그 집만 바라보며 슬프게 눈물을 흘릴 뿐이었다. 그의 고아를 데려다 길렀는데 항상 경계하기를,

"바라건대 너의 모든 행동을 네 큰아버지처럼 하여라."

하였으니, 부인이 마음으로 기뻐하는 것이 이와 같았다.

부인의 상을 당했을 때 공의 나이는 육순에 가까웠는데, 너무 애통해 하다가 몸이 상하여 거의 보전하지 못할 정도였다. 부친의 묘가 수백 리 밖 교하(交河)에 있었는데, 고생스럽게 운구하여 합장하고 말하기를,

"이제야 내가 죽어도 눈을 감을 수 있겠구나."

하였다.

정승 남구만(南九萬)이 어사로 나갔을 적에 공의 참된 행실을 추천하여 성현 찰방(省峴察訪)에 제수되었는데, 공은 선친이 예전에 역임했던 관직이라고 하여 또 애써 부임하였다. 역졸(驛卒)이 죄를 지으면 공은 번번이 심하게 책망하였고 간간이 매질도 하였으나, 애달파하고 불쌍히 여기는 마음이 지극하였으니, 역졸이 서로 단속하여 차마 공을 속이지 않았다. 당시에 큰 역병이 발생하여 소가 거의 다 죽자, 공이 녹봉을 덜어 영동(嶺東)에서 소를 사 와서 역호(驛戶)의 크고 작음을

서 이미 명이 다했으나 정성 때문에 월말까지 연장시켜 주겠다는 말이 들려왔고, 실제로 월말이 되자 아비가 죽었다고 한다.《梁書 卷47 庾黔婁列傳》

헤아려 나누어 주었다. 그리하여 백성이 농사를 망치지 않아 풍년이 들었고 소 역시 많이 번식하니, 역졸이 '강 사또의 소'라고 불렀다. 관찰사가 표창하는 보고를 올리자, 승진하여 산음 현감(山陰縣監)에 제수되었는데, 공이 떠날 때 수레를 붙잡고 우는 자들이 수천 명이었다. 공이 떠난 뒤에 혹 어려운 일이 있을 때면 반드시 공의 비석 앞에 엎드려 하소연하였다.

산음현은 호남과 영남의 사이에 있어 백성의 풍속이 예스럽지 않았는데, 공이 엄정하고 명철하게 다스리자 아전은 잠잠해지고 백성은 사모하였다. 또 옥사를 신중히 다스리니, 감히 이치에 닿지 않는 일로 소송하는 자가 없었고, 세력가들 중에는 이따금 공의 덕에 감동하여 교화된 자들이 있었다. 임기를 채우고 나서 비로소 돌아왔는데, 행낭이 텅 비어 오직 약봉지와 책상자뿐이었다.

공은 사람됨이 바르고 결백하여 습속을 벗어났으며, 선(善)을 즐기고 의(義)를 좋아하였으며, 의기(意氣)가 강개하였다. 한솥밥을 먹는 친족이 수십 명이었으며, 4대에 이르도록 가정에는 이간질하는 말이 없었다. 어떤 친구가 도적을 만나 죽자 처자식이 빈곤하게 살았는데, 공이 애달피 여겨 그의 딸을 데려다 막내 아들과 혼인을 시켰다. 그 나머지 기록할 만한 일이 한두 가지가 아니지만, 공의 지극은 행실은 실로 옛날의 이른바 효자에 부끄러울 것이 없으니, 작은 일은 생략해도 괜찮다. 공이 세자익위사에 있을 때 동춘(同春) 송 문정(宋文正 송준길) 선생이 찬선이 되었는데, 차분하게 이야기를 나누고는 깊이 공경하고 탄복하였으며, 또 의관에 야인(野人)의 기상이 있다고 감탄하였다고 한다.

아, 옛날 우리 영릉(寧陵 효종)이 재위할 적에 개연히 지난날의 수치를 씻는 것을 자신의 임무로 삼자,[93] 산림의 현인들이 모두 나아가 조정에 모였는데 은밀한 계획을 세우고 교화가 밝아졌다. 그러므로 공과 같이 은둔하여 세속과의 인연을 끊었던 선비 역시 처음의 뜻을 굳게 지킬 수가 없었으니, 만일 그렇지 않았다면 어찌 미미한 찰방 벼슬 때문에 갑자기 세상에 나오려 했겠는가. 그러나 공의 만년을 보면 자호(自號)를 잠은(潛隱)이라 하였으니, 이는 시대를 거슬러 올라가 팽택(彭澤 도연명(陶淵明))을 벗삼은 것이니, 역시 지나간 과거를 후회하고 다가올 미래를 따르려는 뜻[94]이 있었던 것이 아니겠는가. 공을 만나 물어보지 못하는 것이 한스럽다.

공의 부인은 청송 심씨(青松沈氏)로, 감역 설(偰)의 따님인데, 정승을 지낸 지원(之源)이 부인의 오빠이다. 슬하에 아들 셋을 두었으니, 호(鄗), 후(郈), 자(鄑)이다. 장남의 아들은 재열(再烈)과 재발(再發)인데, 모두 첨지중추부사이다. 선교랑 재필(再弼)과 재량(再亮), 재창(再昌), 재망(再望), 재광(再光)은 차남과 삼남의 소생이다.증손과 현손은 다 기록하지 않는다. 재필의 아들 원일(元一)이 그 가업을 잘 잇고 있는데, 그의 조카 전(淟)을 시켜 명(銘)을 구하였다. 명은 다음과 같다.

93 영릉(寧陵)이……삼자 : 효종이 청나라에게 당한 병자호란의 치욕을 설욕하고자 하여 추진한 북벌정책을 가리킨다.

94 지나간……뜻 : 도연명(陶淵明)의 〈귀거래사(歸去來辭)〉에 "이미 지나간 것은 어쩔 수 없고, 앞으로 오는 날은 내 뜻에 따르리라 다짐하네. 방황하였지만 그다지 멀리 떨어지지 않았으니, 어제는 잘못되었고 오늘은 옳음을 깨달았도다.〔悟已往之不諫, 知來者之可追. 實迷塗其未遠, 覺今是而昨非.〕"라고 한 내용을 인용한 것이다.

아름다운 분 있으니	有美一人
태백산에 은거하였네	太白之巓
소리 높여 격렬히 노래했으니	高歌激烈
천지가 오랑캐에게 더럽혀졌기 때문이지	天地腥羶
음기가 쌓이고 양기가 미약해지니	積陰微陽
산골짜기가 맑고 고왔네	洞壑淸娟
옷차림에 광채가 났으니	衣佩光華
바라보면 신선 같았네	望若神仙
그러나 은둔한 것은	然其遐遯
제몸을 깨끗이 하려는 것 아니었네	非欲潔身
주나라 노인이 귀의하고[95]	周老來歸
월나라 쓸개를 걸어 놓았네[96]	越膽方懸
그 당시 초야에는	于時草野
절로 유현이 없었네	自無遺賢

95 주나라 노인이 귀의하고 : 강흡이 처음에는 은거하였다가 다시 세상에 나왔다는 뜻이다. 주나라 노인은 태공망(太公望)을 가리킨다. 《맹자》 〈이루 상(離婁上)〉에 "태공이 주왕을 피하여 동해의 바닷가에 거주하다가, 문왕이 일어났다는 말을 듣고는 흥기하여 말하기를 '내가 어찌 그에게 귀의하지 않겠는가. 내가 듣건대 서백은 노인을 잘 봉양한다고 하였다.' 하였다.〔太公避紂, 居東海之濱, 聞文王作, 興曰盍歸乎來? 吾聞西伯善養老者.〕"는 말이 나온다.

96 월나라……놓았네 : 치욕을 잊지 않는다는 뜻이다. 춘추 시대 때 월왕(越王) 구천(句踐)이 회계산(會稽山)에서 오왕(吳王) 부차(夫差)에게 대패하고 오나라의 속국이 된 고국으로 돌아와서 은밀히 군사를 길러 결국 회계의 치욕을 씻고 부차를 대신하여 천하의 패자(霸者)가 되었다. 이때 곁에다 쓸개를 놔두고 앉으나 서나 그 쓸개의 맛을 보며 회계의 치욕을 상기했던 고사가 있다. 《史記 卷41 越王句踐世家》

낮은 관직 비루하게 여기지 않았으니	小官非卑
대의를 어찌 감히 버리랴	大義敢捐
송아지를 남겨둔 은혜[97]	留犢之惠
백년 후에도 노래로 읊네	歌詠百年
원숭이와 학이 서로 부르니	猿鶴相招
산골짜기는 예전 그대로라네[98]	林澗依然
천리를 즐기고 세상의 변화를 보다	樂天觀化
법천(法川)[99]에서 생을 마감하였네	終焉法川
만년의 절개는 도연명과 같았고	晩節淵明
본래 마음은 노중련[100]과 같았네	本心魯連
훗날 공에 대해 알려고 한다면	後欲知公
이 묘갈을 볼지어다	視此幽鐫

97 송아지를 남겨둔 은혜 : 후한의 시묘(時苗)가 수춘 영(壽春令)으로 부임할 때 누런 암소가 끄는 수레를 타고 갔는데, 1년 남짓 벼슬살이하는 동안에 그 암소가 송아지 한 마리를 낳았다. 고을을 떠나올 때가 되자 그 송아지를 그곳에 남겨 두면서 "내가 올 때는 본래 이 송아지가 없었으니, 이 송아지는 회남(淮南)에서 낳은 것이다."라고 하였다.《三國志 卷23 魏書 常林傳 裴松之註》 여기에서는 강흡이 성현 찰방(省峴察訪)으로 있을 때 영동(嶺東)에서 소를 사와 백성들의 농사를 구제했던 일을 말한다.

98 원숭이와……그대로라네 : 강흡이 다시 은거지로 돌아왔다는 뜻이다. 원숭이와 학은 은거지에 사는 동물로,《고문진보》〈북산이문(北山移文)〉에 은자가 떠나고 난 뒤의 정경을 묘사하며 "혜장이 텅 비자 밤에 학이 원망하고, 산 사람이 떠나가자 새벽에 원숭이가 놀라 우네.〔蕙帳空兮夜鶴怨, 山人去兮曉猿驚.〕" 하였다. 본문에서는 은자가 은거지를 떠나는 상황이 아니라, 은거지로 돌아오는 상황으로 비유한 것이다.

99 법천(法川) : 강흡이 은거하던 춘양현(春陽縣) 법전리(法田里 현 경북 봉화군 법전면 법전리)를 말하는 것으로 보인다.

100 노중련(魯仲連) : 181쪽 주68 참조.

정랑 유공 묘갈[101]

正郎柳公墓碣

공의 휘는 현(炫)이고, 자는 여해(汝晦)이며, 계보는 전주(全州)에서 나왔으니, 실로 고려의 대승(大丞) 차달(車達)의 후손이다. 대사간 헌(軒)과 사인 감(堪)은 모두 사화를 당해 유배되었으며, 휘 영립(永立)과 휘 색(穡)은 2대가 여러 차례 관찰사와 참판을 역임하였다. 공의 부친은 군수 윤창(允昌)으로 색의 아들이며, 부인은 창녕 조씨(昌寧曺氏)로 참판 탁(倬)의 따님이다.

공은 만력(萬曆) 계묘년(1603, 선조36) 태어났다. 나면서부터 기개와 국량이 크고 높아 사람들이 모두 큰 인물이 될 것이라 기대하였다. 임오년(1642, 인조20) 생원시에 제2명(名)으로 합격하였으며, 3년 뒤에 사산 감역에 제수되었다. 관력은 세자익위사 위솔과 공조 좌랑을 역임하였으며, 외직으로는 함흥 판관(咸興判官), 청도 군수(淸道郡守), 태안 군수(泰安郡守), 합천 군수(陜川郡守)를 역임하였는데, 부임한 곳마다 우뚝한 치적이 있었으며 송덕비를 세워 공을 그리워하기도 하였다. 공은 문장에 뛰어났으나 결국 문과에 급제하지 못하였으며, 강직한 성격으로 세상과 부합하는 점이 적어 벼슬도 현달하지 못했다. 갑진년(1664, 현종5) 10월 21일 세상을 떠나니, 이듬해에 교하(交河) 검산(黔山)에 있는 선영 곁에 장사지냈다.

101 정랑 유공 묘갈 : 이 글은 유현(柳炫, 1603~1664)의 묘갈이다. 유현의 본관은 전주(全州), 자는 여해(汝晦)이다.

내가 이미 군수공의 묘갈을 지었으니,[102] 효성과 우애있는 행실은 대대로 전해 받은 것이다. 공은 또 거상(居喪)을 잘하여 3년 동안 시묘살이를 했다고 한다. 서모(庶母)의 성품이 좋지 않았지만 그 환심을 잃지 않았고, 옷과 먹을 것 따위를 제공하여 만족시킨 뒤에 그만두니 결국에는 감복하였다. 서모의 아들이 용맹을 좋아하여 싸움을 잘 하였는데, 공이 지성으로 가르치고 경계하였으나 말을 듣지 않았다. 결국 죽을 죄를 저질렀으나 죽음을 면했으니, 역시 공이 감싸준 덕분이었다. 공은 평소에 조심하여 말실수가 적었으며 성품이 간소하여 남과 어울려 다니는 것을 좋아하지 않았으나, 벗에게는 대부분 유익한 충고를 많이 해주었다. 무하당(無何堂) 홍주원(洪柱元) 공, 정승 정치화(鄭致和), 진선(進善) 정양(鄭瀁)과 가장 교유가 돈독하였는데, 여러 공들이 늘 서로 말하기를,

"유 아무개가 비록 친한 사이지만, 함부로 할 수 있겠는가."

하였으니, 공이 이처럼 존경을 받았다.

숙인(淑人) 남양 홍씨(南陽洪氏)는 부친이 목사 매(邁)이고, 조부가 참판 인서(仁恕)이다. 부유하고 세력 있는 집안에서 태어났지만, 화려한 것을 좋아하지 않았으며, 노비들은 부인이 이를 드러내고 웃는 모습을 본 적이 드물었다. 57세의 나이로 공보다 먼저 세상을 떠났는데, 공을 장사지낼 때 합장하였다.

아들로는 참판에 추증된 세헌(世憲), 세안(世顔), 세민(世閔)이 있으며, 딸은 부정 권세경(權世經)에게 출가하였다. 측실 소생으로 세정

102 내가……지었으니 : 이재가 유현의 부친 군수 유윤창의 묘갈을 지었는데, 본서 제31권에 실려 있는 〈군수 유공 묘갈(郡守柳公墓碣)〉이다.

(世程)이 있다. 장남은 아들이 여섯인데, 도사 성(宬), 선(宣), 완(完), 인(寅), 관(寬), 적(寂)이다. 사위가 셋인데, 사인 신석(辛晢), 이경(李絅), 정언 이징규(李徵奎)이다. 도사의 아들은 승지 태명(泰明), 익명(益明), 진명(震明), 참봉 항명(恒明), 참판 복명(復明), 참봉 정명(鼎明)이다. 세안의 양자가 된 완(完)은 참봉이며, 완의 아들 겸명(謙明)은 수찬이다. 세민의 아들은 용(容)이고, 딸은 김상일(金相逸)에게 출가하였다. 인(寅)의 사위는 영의정 이의현(李宜顯)이며, 사위 권세경은 아들이 둘인데, 목사 상하(相夏)와 첨정 상은(相殷)이다. 명(銘)은 다음과 같다.

선행을 행한 보답은	爲善之報
더디고 빠른 차이가 있네	遲速各有
자신의 몸에 남지 않으면	不羸于躬
후손에게 미치는 법	以貽厥後
내가 공을 위해 명을 지어	我爲公銘
영원히 권면하노라	用勸永久

참봉 박공 묘갈[103]

參奉朴公墓碣

공의 휘는 유동(惟棟), 자는 시보(時甫)이다. 옛집은 황간현(黃澗縣) 안정촌(安定村)이었는데, 만년에 물한산(物閒山) 아래 옥계(玉溪) 가로 거처를 옮겼으며, 그 후에 또 석교(石橋)의 활계(活溪)로 옮겼는데, 자호를 일석(一石)이라고 하였다. 중봉 선생(重峰先生 조헌)과 많이 닮았으며,[104] 사계(沙溪) 문원 선생(文元先生 김장생)을 스승으로 섬겼으며, 우암(尤菴 송시열), 동춘(同春 송준길) 두 송 선생과 벗으로 지냈다.

공은 젊은 시절 직접 물고기를 잡고 사냥을 하고 부엌으로 들어가 음식을 마련하였으나 밤에는 독서를 하였는데, 이는 중봉의 풍도(風度)를 들은 것이다. 집안이 매우 가난하였으나 태연히 지냈으며, 책을 몹시 좋아하여 일찍이 말하기를,

"《주자대전》은 지부해함(地負海涵)[105]과 같아 의리가 모여 있으니, 평생의 구경법(究竟法)[106]이 될 수 있다."

103 참봉 박공 묘갈 : 이 글은 박유동(朴惟棟, 1604~1688)의 묘갈이다. 박유동의 본관은 충주(忠州), 자는 시보(時甫), 호는 일석(一石)이다.

104 중봉……닮았으며 : 박유동은 조헌의 생질이다.

105 지부해함(地負海涵) : 땅은 만물을 다 지고 있고, 바다는 광활한 지역을 포용한다는 뜻으로, 무한히 광대함을 비유한 말이다.

106 구경법(究竟法) : 제법실상(諸法實相)을 뜻하는 불가(佛家)의 용어로, 최고 경지의 원리를 뜻한다. 《주자어류(朱子語類)》 권8에 "세간의 온갖 일은 잠깐 사이에 변화

라고 하였으니, 이는 또 우암(尤菴)의 법문(法門)이다.

공은 부모를 섬길 적에 깊은 애정이 있어 부모 곁에 있을 때에는 화난 기색을 하거나 큰 소리를 내지 않고 오직 부모의 뜻에 따랐다. 아우 하나와 누이 셋이 있었는데 우애가 돈독하였다. 상례(喪禮)와 제례(祭禮)는 모두 예법대로 하였으며, 국기일(國忌日)에도 재계하며 고기를 먹지 않았는데, 향리에서 교화된 자가 많았다.

임진년(1652, 효종3) 진사시에 합격하였고, 학행으로 천거되어 목릉 참봉(穆陵參奉), 경기전 참봉(慶基殿參奉), 사직서 참봉에 제수되었으나 어떤 경우에는 명을 받들고 몇 개월 재직하다가 돌아왔고, 어떤 경우에는 명을 받들지 않았다.

우암이 일찍이 장기(長鬐)에서 유배 생활을 할 때 공에게 화답한 시에서 "오직 안정촌의 거사가 불쌍하니, 곤(鯤)은 아득한 바다에 누워 지느러미를 벗지 못했구나.〔惟憐安定村居士, 鯤臥滄溟未脫鬐.〕"라고 하였다. 우암이 유배에서 풀려나니, 공이 송계서원(松溪書院)에서 그를 맞이하여 유생들과 함께 상읍례(相揖禮)를 행하였다. 윤증(尹拯)이 스승을 배반했을 때[107] 공이 의리에 근거하여 엄히 질책하니, 윤증이

하여 없어지는 것인 만큼 모두 가슴속에 담아 둘 가치가 없다고 할 것이다. 오직 궁리하고 수신하는 것이야말로 구경법이라고 하겠다.〔世間萬事, 須臾變滅, 皆不足置胸中. 惟有窮理修身, 爲究竟法耳.〕" 하였다.

107 윤증(尹拯)이……때 : 윤증(尹拯)이 부친 윤선거(尹宣擧)의 묘갈문을 송시열에게 부탁했는데, 송시열은 박세채의 행장이 상세한 까닭에 묘갈을 간략하게 적었다. 이때 윤증이 윤선거가 송시열에게 보내려던 편지인 〈기유의서(己酉擬書)〉를 보여 주었다. 거기에 윤휴와 허목을 융화, 보합하자고 하는 내용이 있었다. 송시열은 음관이나 퇴계 자손의 발탁도 엄격하게 막던 사람이 정작 시비를 흐린다고 말했는데, 이 과정에서 윤증과 송시열의 갈등이 시작되었고 결국 윤증이 스승인 송시열을 배사(背師) 하는데

겉으로는 뉘우치는 듯하였으나 결국에는 태도를 바꾸지 않았다.

공은 단정히 거처하며 고요히 앉아 날마다 고을의 뛰어난 자제들과 강학하고 토론하는 일을 즐거움으로 삼았는데, 80세가 넘어서도 정력이 여전히 왕성하여 산을 오르내릴 적에 걸음이 나는 듯하였고, 흥이 나면 시를 지었는데 필력이 호방하고 힘이 있었다. 우옹(尤翁)이 편지를 보내 말하기를, "노형은 화식(火食)을 하는 신선이라 하겠습니다." 하였다.

무진년(1688, 숙종14) 4월 24일 세상을 떠났으니, 향년 85세였다. 임종 때 남녀 자손을 불러 당부하기를,

"너희들은 형제간에는 화목하게 지내고, 부부간에는 공경하며, 종족간에는 돈독하게 지내라."

하였으니, 이는 모두 공이 일생동안 몸소 실천하고 집안사람들에게 교화한 것이다.

공은 또 직접 두보(杜甫)의 시구 중에 "곧 선생과 영결하게 되었으니, 아득한 구천길에서 교분의 정 다하세나.〔便與先生成永訣, 九重泉路盡交期.〕"[108]라는 구절을 써서 우암에게 보내도록 하였으니, 처음부터 끝까지 한결같이 우정에 연연해 한 것이 이와 같았다.

박씨(朴氏)는 충주(忠州)에서 나왔는데, 시조는 고려 때 부정(副正)을 지낸 영(英)이며, 국조(國朝 조선)에서는 강릉 부사(江陵府使)를 지낸 효함(孝諴)이 청백리로 이름이 났다. 증조 휘 성건(成健)은 부위(副

까지 이르렀다.《국역 송자대전 부록 연보5 계축년조》

108 곧……다하세나 : 두보(杜甫)의 〈송정십팔폄태주사호(送鄭十八貶台州司戶)〉라는 시에 나오는 구절이다.

尉)를 역임하였고, 조부는 휘 이린(以麟)이며, 부친은 휘 사삼(事三)인데, 효행으로 사옹원 참봉에 추증되었다. 모친은 배천 조씨(白川趙氏)로, 판서에 추증된 응지(應趾)의 따님이다. 장엄하고 예의가 있었으며, 《효경》과 《소학》에 밝았는데 중봉 선생이 말하기를, "우리 누이는 여사(女士)이다." 하였다. 종조부 응훈(應勳)은 호가 오촌(梧村)으로, 효행으로 이름이 났다. 공이 세상을 떠난 뒤 오촌과 함께 송계서원에 제향되었으니, 향촌의 논의를 따른 것이다.

공의 묘소는 김산(金山) 괘방령(掛榜嶺) 아래 유좌(酉坐)의 언덕에 있다. 부인 화순 최씨(和順崔氏)는 공보다 먼저 세상을 떠났는데, 이때에 이르러 합장하였다. 아들은 함장(含章), 헌장(獻章), 천장(天章)이며, 딸은 이문귀(李文龜), 유시택(柳時澤), 참봉 곽검(郭檢)에게 각각 출가하였다. 내가 일찍이 공의 행실을 사모하였는데, 공의 증손 경운(慶運)이 와서 명(銘)을 부탁하니, 감히 사양할 수가 없다. 명은 다음과 같다.

아름다운 분 있으니	有美一人
시냇가에서 한가히 소요하였네	考槃在澗
산골짜기에서 생애 보내며	邱壑生涯
시서(詩書)를 고기처럼 즐겼네	詩書芻豢
하늘이 그 복을 내려주어	天餉厥福
장수를 누리고 건강하였네	壽而康健
나의 명은 거짓이 아니니	我銘不爽
연원이 멀리 있다네	淵源之遠

도암집

제32권

묘갈 墓碣

사어 손우 홍공 묘갈[1]

司禦遜愚洪公墓碣

공의 휘는 석(錫), 자는 공서(公叙), 호는 손우(遜愚)이다. 어려서부터 청음(淸陰) 김 문정(金文正 김상헌(金尙憲)) 선생을 스승으로 섬겼다. 정축년(1637, 인조15) 호란에 선생이 남한산성(南漢山城)에서 통곡하며 복주(福州 안동(安東))로 돌아오자, 공 또한 개연히 바다에 몸을 던지려는 뜻[2]을 두었다. 그때 마침 부친상을 당했는데 상기(喪期)를 마치자마자 과거 공부를 그만두고서 경전을 들고 깊은 산으로 들어갔다. 마침내 태백산(太白山) 춘양동(春陽洞)에 터를 잡고 살면서 강흡(姜恰), 정양(鄭瀁), 홍우정(洪宇定), 심장세(沈長世) 공과 교우하니, 사대부들이 그 풍골과 절조를 높이 평가하여 상산사호(商山四皓)에 비겼다.[3] 문을 닫고 글을 읽으면서 그대로 일생을 마칠 듯이 하였다. 기해년(1659, 효종10) 김수항(金壽恒) 공이 상께 아뢰기를,

"신의 조부 김상헌이 일찍이 말하기를, '홍 아무개는 은거하여 자신의 뜻을 추구하니 평범한 선비가 아니다.'라고 하였습니다."

하였다. 우암 선생(尤菴先生 송시열)이 당시 이조 판서로 있었는데 차

1 사어……묘갈 : 이 글은 홍석(洪錫, 1604~1680)의 묘갈이다. 홍석의 본관은 남양(南陽), 자는 공서(公叙), 호는 손우(遜愚) 또는 만오(晩悟)이다.

2 바다에……뜻 : 181쪽 주68 참조.

3 태백산(太白山)……비겼다 : 홍석은 이 네 사람과 함께 태백산오현(太白山五賢)으로 불렸다. 상산사호(商山四皓)는 상산에 은거했던 네 명의 은사(隱士)로, 동원공(東園公), 기리계(綺里季), 하황공(夏黃公), 녹리선생(甪里先生)이다.

례를 뛰어넘어 특별히 발탁하는 예로 대우하기를 청하여 처음에는 공조 낭관에 의망하고 곧바로 종부시 주부에 제수하였다. 사람들이 공에게 거취를 물으니,

"나는 대대로 벼슬한 집안의 신하요, 성상께서 또 장차 큰일을 하려 하시니, 깊은 산속에서 죽는 것을 나는 원치 않는다."

하고, 신속하게 일어나 명에 부응하였다. 얼마 지나지 않아 효종께서 승하하시자, 공은 사직 상소를 올리고 곧장 돌아왔다. 그 후로 한 차례 우관(郵官)이 되었다가 다시 종부시 주부를 거쳐 용담 현령(龍潭縣令)에 제수되었다. 또 익위사 익찬(翊贊)과 사어(司禦)에 제수되자 모두 명에 응하였다. 사람들이 혹 공의 출처를 의심하니 공이 말하기를,

"낮은 관직을 하찮게 여기지 않는 것이 나의 뜻이다."

하였다.

용담 현령으로 재직할 때에는 치적이 탁월하였다. 가장 먼저 효자와 열녀를 찾아서 정려하여 표창하였으며, 출가하여 승려가 되는 것을 금지하고 기로(耆老)를 봉양하였다. 부득이 백성을 수고롭게 할 일이 있으면 온 경내의 백성을 소집하여 도리로 타일렀으니 백성이 비록 수고로워도 원망하지 않았다. 매번 관청이 파하면 그날 하루 동안의 일을 스스로 반성하였는데, 혹여 사(私)가 공(公)보다 치우친 경우가 있으면 침식(寢食)이 편치 못하였다. 산골 고을의 풍속이 무지한지라, 그 지명(地名)에서 취하여 안자(顔子), 정자(程子), 주자(朱子), 제갈무후(諸葛武侯)의 사당을 짓고서[4] 생도들로 하여금 기거하며 공부하게

4 그……짓고서 : 《숙종실록》 21년 5월 14일 기사에 "용담현(龍潭縣)에는 안자동(顔子洞), 정자천(程子川), 주자천(朱子川), 와룡암(臥龍巖) 등의 지명이 있었는데, 현령

하였다. 우암 선생이 공이 지은 작은 정자에 태고정(太古亭)이라는 이름을 지어주었는데 이는 공의 정사를 아름답게 여겨서이다. 익위사 사어의 신분으로 상소하여 춘궁(春宮)의 진학(進學)의 요체를 아뢰고선 곧바로 벼슬을 버리고 돌아온 뒤론 오직 영릉(寧陵)을 천봉(遷奉)할 때와 현종께서 승하했을 때에만 한번 능묘와 대궐에 나아가 정성을 폈을 뿐이다. 공은 산골에 물러나 살면서도 나라를 향한 염려를 잊은 적이 없으니 우암 선생이 남쪽으로 유배되었다는 소식을 듣고는 세도(世道)를 염려하여 눈물을 흘리기까지 하였다.

경신년(1680, 숙종6) 시운(時運)이 다시 회복되어 옛 신하들이 대거 등용되었으나 공은 알 수 없었으니, 이해 1월 21일에 세상을 떠났기 때문이다. 죽음을 앞두고 지은 시에 "우습구나 후사성이여! 의사를 물을 필요 있으랴.[5]〔可笑侯師聖, 何須問意思?〕"라는 구절이 있으며, 또 사람을 시켜 "거두어들여 극에 모여야[6] 모든 이치가 비로소 온전하리라.〔還收會極萬理方全〕" 여덟 글자를 쓰게 하였으니, 향년 77세였다. 안동(安東) 미곡산(味谷山) 계좌(癸坐)의 언덕에 장사지냈다.

홍석(洪錫)이 주자(朱子)의 남강(南康) 고사(故事)에 의거하여 서원을 창건하고, 안자, 두 정자, 주자를 제사하고 제갈무후(諸葛武候)를 배향하였다." 하였다.

5 우습구나……있으랴 : 후사성(侯師聖)은 송(宋)나라 후중량(侯仲良)으로, 정이(程頤)의 제자이다. 정이가 죽을 때 자신의 손자인 단언(端彦)에게 종통을 계승하라고 유언하였다. 상사가 끝나고 정호(程顥)의 장손 앙(昻)이 스스로 종통을 계승하려고 하자, 후사성이 이에 대하여 정호가 아버지인 태중(太中)보다 먼저 죽었으므로 정이가 태중의 제사를 주관하였고 이제 정이를 계승할 사람은 단언이라고 반대하였다.《二程外書卷7 胡氏本拾遺》 여기서는 후사성에게 종통 문제에 대한 의사를 물을 필요가 없었다는 비난의 뜻인 듯하다.

6 극에 모여야 : 왕도의 큰 원칙에 부합된다는 뜻이다. 43쪽 주37 참조.

공은 남양(南陽) 사람으로, 고려 장군 선행(先幸)의 후손이다. 부제학 형(泂)은 연산군(燕山君) 때 천양(泉壤)의 화를 당하였다.[7] 이 분이 언필(彦弼)을 낳고, 언필이 섬(暹)을 낳으니, 부자가 이어 영의정이 되었다. 이 분이 감정(監正) 기영(耆英)을 낳고, 감정이 군수 경소(敬紹)를 낳았으니, 군수가 바로 공의 부친이다. 모친 청주 한씨(淸州韓氏)는 도사 완(浣)의 딸로, 조부는 부마 경록(景祿)이고 외조부는 임당(林塘) 정승 정유길(鄭惟吉)이다.

군수공이 일찍이 공을 위해 혼처를 정했는데, 혼인을 앞두고 그 집안이 탐오죄(貪汚罪)에 걸리자 공은 강경하게 장가들려 하지 않았다. 군수공이 처음에는 혼인 약정을 어기는 것을 어렵게 여겼지만 또한 억지로 강요할 수 없었다. 숙인(淑人) 기계 유씨(杞溪兪氏)는 감정(監正) 상증(尙曾)의 딸로, 공보다 2년 먼저 세상을 떠났다. 수명이 공과 같았으며 공과 합장하였다.

5남 2녀를 두었다. 아들은 성적(聖迪), 성휴(聖休), 성희(聖希), 성범(聖範), 성전(聖傳)이고, 사위는 사인(士人) 윤위(尹瑋)와 윤제경(尹濟卿)이다. 익상(翊相)과 택상(宅相)은 장남의 소생이고, 사예 가상(可相)과 생원 윤상(允相) 및 은상(殷相), 복상(履相), 도상(道相)은 차남과 사남의 소생이다. 오남의 아들은 참봉 시상(是相), 일상(一相), 우상(禹相), 제상(濟相)이고, 일상은 삼남의 후사가 되었다. 증손과 현손 이하는 다 기록하지 못한다.

7 부제학……당하였다 : 홍형(洪泂, 1446~1500)은 연산군의 생모 윤비(尹妃) 폐출 사건 당시 승정원 주서로 적극 개입하였다 하여 갑자사화로 처형되고 이어 부관참시당했다.

공은 재주와 지혜가 뛰어난 인물로, 기운은 온화하나 얼굴빛은 엄정하였으며 억지로 남의 뜻에 동조하지 않았다. 가법이 엄격하여 출입할 때에 부부가 서로 절하였고 자제들이 새벽과 밤에 반드시 절하였다. 기일이 되면 그 달이 마치도록 왕래를 끊고 잔치를 폐하였다. 장남으로서 제사를 주관함에 있어 연로해서도 항상 직접 수행하였다. 제수를 별도로 저장해 두었다가 방아 찧고 키질하였으며, 반드시 자제들에게 목욕재계하고서 제사를 감독하게 하였고, 생선 비늘과 과일 껍질도 감히 함부로 땅에 버리지 않았다. 또 노복들에겐 옷을 깨끗이 빨아 입고 하무를 물고 제사를 받들게 하였다. 기르던 닭과 개의 고기를 먹지 않았으며, 혹 초목이 덩굴에 휘감긴 것을 보면 반드시 손으로 풀어주고야 말았으니, 그 덕성이 이러하였다. 자신을 단속하는데 더욱 엄격하여 일찍이 반성하는 세 조목을 만들었는데, "마음가짐이 바르지 못한가? 남을 대할 적에 정성스럽지 못한가? 일처리가 이치에 맞지 않음이 있는가?"라는 것이었다.

〈고설(瞽說)〉 몇천 자를 지어 나라를 다스리는 방도를 3강 18조목으로 설명하였다.[8] 갑인년(1674, 현종15) 이후 또 일곱 조목을 상소에

8 고설(瞽說)……설명하였다 : 《손우선생문집(遜愚先生文集)》 권7 〈고설(瞽說)〉에는 사강(四綱)으로 되어 있다. 고설의 첫머리에 다음과 같은 내용이 있다. "4강은 임금의 마음을 바로잡음, 훌륭한 재상을 얻음, 오래 직임을 맡김, 경장(更張)이고, 18조목은 내수사 혁파, 공안(貢案)의 수개(修改), 호패법을 다시 설행함, 호적을 거듭 밝힘, 군현(郡縣)의 합병, 쓸데없는 관직을 줄임, 사령(赦令)을 신중히 행함, 장수의 수를 일정하게 정함, 군정(軍政)의 수개, 과거시험을 드물게 설행함, 가자(加資)의 변통, 율문(律文)의 변통, 장률(贓律)의 엄격한 시행, 서얼(庶孼)의 통용, 과부의 허가(許嫁), 승려에 대한 금손(禁損), 자제(子弟)들의 수포(收布), 경장(更張)의 계술(繼述)이다."

진술하였으나 끝내 올리지 못하였다. 어려서부터 손에서 책을 놓지 않았으며 만년에는 아송(雅頌)[9]을 좋아하여 거의 고기 맛을 잊을 정도였다.[10] 우암 선생이 일찍이 감탄하여 "늙어서도 배우기를 좋아하니 사랑할 만하다."라고 하였다. 공은 여러 서적을 두루 연구하여 저술이 또한 많은데, 단지 《상제요록(喪祭要錄)》만 세상에 통행되고 있다. 《예기유회(禮記類會)》는 실로 문정 선생에게 질정을 받은 책이다.

아! 문정 선생의 출처(出處)의 큰 절개가 해와 별처럼 빛나니, 공이 길이 속세를 떠난 것은 본디 선생과 뜻을 함께한 것이다. 중간에 벼슬하기도 하고 물러나기도 한 것은 반드시 그때에 해당하는 의리가 있었던 것이요 또한 수초(遂初)[11]의 뜻을 잃지 않았다. 공은 한 구석에 정체되는 고루하고 편협한 선비와는 비교할 수 없이 큰 포부를 지닌 분이라, 장차 세상에서 큰일을 행할 듯하였는데 나아가 스스로 시험한 것이 하나의 작은 고을뿐이었으니 그 운명을 어찌하겠는가. 그러나 자신을 단속하고 행실을 가다듬어 하늘에서 부여받은 천성을 온전히 하였으니, 또한 배운 바를 저버리지 않았다고 할 만하다. 증손 생원 희적(熙

9 아송(雅頌) : 《시경》의 〈대아(大雅)〉, 〈소아(小雅)〉와 〈주송(周頌)〉, 〈노송(魯頌)〉, 〈상송(商頌)〉을 가리킨다.

10 고기……정도였다 : 매우 심취하였다는 말이다. 《논어》 〈술이(述而)〉에 "공자께서 제나라에 계시면서 순 임금의 음악인 소악을 들으시며 석 달 동안 고기 맛을 알지 못하셨다.〔子在齊聞韶, 三月不知肉味.〕"라고 한 데서 온 말이다.

11 수초(遂初) : 처음 뜻을 이룬다는 말로, 벼슬을 그만두고 전야에 은거함을 뜻한다. 진(晉)나라 손작(孫綽)이 십여 년 동안 산수에 노닐며, 산림에 은거하려고 마음먹은 처음의 뜻을 마침내 이루게 되었다는 내용으로 〈수초부(遂初賦)〉를 지은 데서 유래한 말이다. 《晉書 卷56 孫綽列傳》

績)이 와서 명을 청하였다. 명은 다음과 같다.

우뚝하게 솟은 태백산에	太白之山高巃嵸
그 은자는 누구인가 손우공이라네	誰其隱者遜愚公
장단 맞춰 높이 노래하며 무슨 생각하였나	擊節高歌何所思
바다를 밟는 선비와 영지 먹은 늙은이였네[12]	蹈海之士茹芝翁
출처가 어찌 끝내 같을 필요 있으랴	畢竟出處何必同
임금과 백성을 차마 잊을 수 없었네	乃心未忍忘君民
칠십칠세 나이에도 앉아서 독서하고	七十七歲坐讀書
산림에서 무탈하게 원숭이와 학과 친하였네	林巒無恙猿鶴親
내가 큰 붓으로 그 무덤에 쓰노니	我將大筆書其墓
석실 선생[13]의 문인이어라	石室先生之門人

12 바다를……늙은이였네 : 바다를 밟은 선비는 노중련(魯仲連)을 말하고, 영지 먹는 늙은이는 상산사호(商山四皓)를 말한다. 상산사호가 한 고조(漢高祖)의 초빙에도 응하지 않고 상산에 은거하여 자줏빛 영지〔紫芝〕를 캐 먹었다고 하는데, 그들이 지은 자지가(紫芝歌)에 "무성한 자지여, 주림을 달랠 만하네. 요순 시대가 이미 지났으니, 우리가 의당 어디로 돌아가리오.〔曄曄紫芝, 可以療飢. 唐虞往矣, 吾當安歸?〕" 하였다.

13 석실 선생 : 김상헌(金尙憲)의 호가 석실산인(石室山人)이다.

시정 최공 묘갈[14]

寺正崔公墓碣

하산(何山) 최공(崔公)은 휘가 효건(孝騫), 자가 성허(聖許)로, 하산은 그의 호이다. 최씨의 선조 중에 영규(永奎)라는 분이 고려 태조를 도와 공을 세워 수성백(隋城伯)에 봉해졌는데, 수성은 수원(水原)을 일컬으니 마침내 수원 사람이 되었다. 대대로 벼슬이 이어지다가 근세에 와서 조금 떨치지 못하여 부장 의(義)와 판관 경원(慶元)은 무신(武臣)으로 진출하였다. 부친 휘 상고(尙高)는 바른 행실로 사옹원 참봉에 포증(褒贈)되었다. 모친은 한양 조씨(漢陽趙氏)이다.

공은 6, 7세에 능히 문장을 지었으며 말을 하면 사람들을 놀라게 하였다. 호정(壺亭) 정두원(鄭斗源)에게 나아가 배웠는데, 정공이 신동이라 칭찬하였다. 장성해서는 경사(經史)를 널리 섭렵하고 백가(百家)의 글을 두루 읽었다. 특히 장자(莊子), 사마천(司馬遷), 한유(韓愈)의 문장을 좋아하여 밤낮으로 읽으며 싫증내지 않았으며, 개연한 심정으로 고문장(古文章)을 배우고 송(宋)나라 이하의 글은 보려 하지 않았다. 과장(科場)에 나아가 문예를 겨루어 누차 상위를 차지하였다.

갑신년(1644, 인조22) 별시(別試)에 을과(乙科)로 급제하여 성균관에 분관되고 의정부 사록으로 옮겼다. 중간에 승정원 주서직을 섭행하여 입시하였는데 나는 듯한 붓놀림에 상께서 눈여겨보았다. 전적으로

14 시정 최공 묘갈 : 이 글은 예빈시 정을 지낸 최효건(崔孝騫, 1605~1677)의 묘갈이다. 최효건은 본관이 수원(水原), 자가 성허(聖許), 호가 하산(何山)이다.

옮겼다가 사헌부 감찰이 되었다. 당시 대군(大君)의 궁노(宮奴) 중에 비단옷을 입은 자가 있었는데 금리(禁吏)들이 감히 문책하지 못했다. 공이 분연히 말하기를,

"내가 직책은 비록 낮지만 어찌 귀척의 집안을 두려워하겠는가."

하고, 금리를 보내어 체포하자 대군이 막을 수 없었으니, 대간(臺諫)의 기풍이 엄숙해졌다. 예조 낭관을 거쳐 강원 도사(江原都事)로 나갔다. 이후 여러 차례 외직을 맡아 무장(茂長), 결성(結城), 영평(永平), 재령(載寧), 단천(端川), 안산(安山), 영천(永川), 부평(富平)의 수령이 되었는데, 단천은 부모가 연로한 까닭에 부임하지 않았다. 내직으로는 형조의 낭관, 성균관의 직강과 사예, 예빈시 정을 역임하였다.

공은 성품이 강직하여 세속에 맞추려 하지 않았다. 고을을 다스릴 적에는 청렴하고 엄명하여 강경한 자들을 제거하기에 힘썼다. 또 상관에게 아부하지 않아 간혹 권신(權臣)의 청탁이 있어도 정도를 지키고 흔들리지 않았고 왕왕 벼슬을 버리고 떠나기까지 하였으니, 이 때문에 오랫동안 한 고을을 다스릴 수 없었지만 떠난 뒤에는 백성들이 매번 비석을 세워 추모하였다. 공의 치적이 드러나 조정에서 큰 고을을 맡기려 하였는데, 공은 원치 않으며 말하기를,

"나는 작은 고을을 얻어 편히 부모를 봉양하길 원할 뿐이다."

하였다. 마침내 영평으로 부임하게 되자 한가한 날에는 산수 사이에서 시를 읊조리며 스스로 즐겼다.

안산을 다스릴 적에 성변(星變)으로 인하여 구언 전지(求言傳旨)에 응해 만언소(萬言疏)를 올렸다. 《중용》의 삼달덕(三達德)[15]을 정치의

15 삼달덕(三達德) : 사람이 누구나 지니고 있는 덕인 지(知), 인(仁), 용(勇)을 가리

근본으로 삼고, 또 개혁해야 할 시폐(時弊)를 조목조목 진술하니, 상께서 우악한 비답을 내려 칭찬하고 장려하였으며 묘당에 내려 논의하게 하였으나 막혀서 시행되지 않았다.

영천 고을은 매우 고질적인 병폐가 있었다. 공이 부임해서는 대대적으로 관청 문을 열어 온 고을 사람들을 나오게 하여 원통한 일을 즉시 고하게 하였고 들은 즉시 억울함을 풀어주었다. 또 항통(缿筒)[16]을 설치하여 간악한 자들을 적발하니 3개월 만에 크게 다스려졌다. 모친을 봉양할 수 없는 점을 들어 사직하고 돌아오는데 백성이 길을 막고 머물기를 청하고 또 관찰사에게 달려가 호소하였으나 어쩔 수 없었다.

안성 군수에 제수되었을 때는 부임하기 전에 모친상을 당하여 예제(禮制)에 지나치도록 슬퍼하였다. 상기를 마친 뒤에도 그대로 무덤 곁에 머물며 성시(城市)에 들어오지 않으니, 조정이 공의 청렴하고 맑은 절개를 기억하여 오래 산직(散職)에 있는 것을 애석하게 여겼다.

갑인년(1674, 현종15) 좌통례에 제수되고 마침내 개성 경력(開城經歷)이 되었다. 당시 시사가 일변하여 여러 현인들이 다 쫓겨나자 공은 근심과 개탄을 그치지 않았다. 마침 영남 사람이 황해 도사(黃海都事)로 있다가 대직(臺職)에 제수되어 개성부를 지나가는데 공이 나가서 만나지 않으니, 이로 인해 무함을 받고 파직되었다.

정사년(1677, 숙종3) 간신들이 정사를 어지럽힘이 더욱 심한 것을 보고서 공이 상소를 지었는데, 심지어 광해군 때의 일을 인용하여 그

킨다. 《중용장구(中庸章句)》 제20장에 "지, 인, 용 세 가지는 천하의 달덕이다.〔知仁勇三者, 天下之達德也.〕" 하였다.

16 항통(缿筒) : 백성이 투서할 수 있도록 관청에 설치해 둔 통이다.

탐욕스러운 정상을 통렬하게 꾸짖었다. 그러나 돈괘(遯卦)를 만나[17] 끝내 올리지 못했다. 73세의 나이로 양주(楊州) 하산정사(何山精舍)에서 세상을 떠났다. 산북(山北) 축좌(丑坐)의 언덕에 안장하였다.

공의 배위 단양 우씨(丹陽禹氏)는 통정 홍기(弘基)의 딸로, 명유(名儒) 탁(倬)의 후손이다. 90세의 수를 누려 숙부인의 작위를 하사받았고 이어 공은 승정원 좌승지에 추증되었다. 공보다 13년 늦은 계유년(1693, 숙종19) 세상을 떠나 공의 무덤에 합장하였다

외아들 적(勣)은 문학과 행실이 있었으나 누차 과거에 낙방하고 영릉 참봉(英陵參奉)에 제수되었는데 일찍 죽었다. 세 딸은 사인 구징(具徵), 감찰 김찬(金燦), 생원 박홍우(朴弘祐)에게 출가하였다. 적은 아들 둘을 두었는데 장남은 생원 숙운(叔雲)이고 차남은 숙우(叔雨)이다. 숙운은 4남 2녀를 두었는데 아들은 진사 치당(致堂), 장령 치중(致重), 생원 치후(致垕), 치규(致圭)이고, 사인 조연(趙綖)과 홍중인(洪重人)이 그 사위이다. 숙우도 아들 넷을 두었는데 진사 치성(致城), 치균(致均), 치망(致望), 치양(致壤)이고, 딸 하나는 사인 조민(趙愍)에게 출가하였다. 치당은 아들이 없어 치중의 아들 일관(日觀)을 후사로 삼았다. 치후는 치규의 아들 일진(日晉)을 후사로 삼았다. 치규는 아들 넷을 두었는데 장남은 일복(日復), 차남은 일진(日晉)이고, 나머지는 어리다.

17 돈괘(遯卦)를 만나 : 상소문을 다 써 놓은 뒤에 불가피한 사정이 생겨서 올리지 못할 때에 쓰는 표현이다. 주희(朱熹)가 영주(永州)로 유배된 재상 조여우(趙汝愚)의 억울함을 변론하고 한탁주(韓侂胄)의 간사함을 밝히는 상소를 지어 올리려 하였는데, 이때 문인 채원정(蔡元定)이 점을 쳐서 둔괘(遯卦)가 나오자 상소를 불태웠다는 고사에서 온 말이다.《閩中理學淵源考 卷16》

공은 기개가 높고 컸으며 성품이 독서를 좋아하여 길을 다닐 때에도 반드시 경서를 지니고 다녔다. 문장을 지으면 마치 물이 용솟음치고 산이 솟구치는 듯하였으니, 동명(東溟) 정두경(鄭斗卿)이 항상 높이 평가하여 "최 아무개의 문장은 《맹자》에서 득력한 것이 가장 많다."라고 하였다. 간간이 창해(滄海) 허격(許格), 북정(北汀) 홍처량(洪處亮), 호곡(壺谷) 남용익(南龍翼)과 시를 주고받았는데, 여러 공들이 모두 옷깃을 여미며 칭송하고 탄복하였다.

일곱 고을을 다스리는 동안 청빈한 생활을 힘써 벼슬을 그만둘 때에는 집에 한 섬의 쌀도 없었다. 벼슬살이 40년간 낮은 지위에 배회하여 사대부들이 모두 탄식하였지만 공은 태연하였다. 만년에 시골로 물러나 두 아우와 함께 살았는데 우애가 매우 돈독하였다. 막내아우의 집이 가장 가난하고 또 두 자녀가 있었는데, 공은 그들이 혼기를 놓친 것을 안타깝게 여겨 매번 직접 주선하였다. 자제를 가르치는데 법도가 있어, 사장(詞章)을 독려하면서도 효제충신(孝悌忠信)의 행실에 근본을 두었으며 고을 서당 사이에선 글 읽는 소리가 성대하였다. 항상 문을 닫고 조용히 지내며 도서를 좌우에 두고 즐겼으며 흥이 나면 고시(古詩)를 읊었는데 그 기상과 격조가 맑고 장대하였다. 무릇 분개하거나 울적할 때면 시에 그 심정을 드러내었는데, 지은 시문이 모두 천여 편이다. 삼연(三淵) 김창흡(金昌翕) 공이 산정(刪定)하여 유고(遺稿) 약간 편이 세상에 통행되고 있다. 공은 충군애국(忠君愛國)의 마음이 간곡하여 시에 그 심정을 잘 서술하였다. 일찍이 효종(孝宗)의 기일(忌日)에 시를 지어 감회를 적으니, 논하는 자들이 성대하게 두보(杜甫)의 유의(遺意)가 있다고 하였다.

일복(日復)이 내게 배웠기에 장령공(掌令公 최치중(崔致重))의 명으로 내게 명(銘)을 청하였다. 명은 다음과 같다.

빈궁과 영달, 평탄하고 험함을	窮通夷病
한결같이 명에 맡기고	一委之命
감개하고 비통한 심정	感憤憂悲
일체 시에 드러내었네	一發之詩
충효와 청렴함이	忠孝廉潔
공의 큰 절조라네	乃其大節
이는 군자의 면모니	斯其爲君子
누가 문사라 하리오	孰謂之文士

도정 황공 묘갈[18]

都正黃公墓碣

숙종 신미년(1691, 숙종17), 황세구(黃世耉) 공이 80세가 되었으니 정전(政典)에 따르면 4품 이상의 관원은 품계를 올려주어야 한다. 그러나 공은,

"내가 늙어서 힘을 바칠 수 없는데 감히 나라의 은혜를 헛되게 하겠는가."

하였다. 4년 뒤 이조에서 상전(常典)을 폐할 수 없다고 하여 마침내 공을 통정대부 돈녕부 도정에 제수하였다. 또 그 4년 뒤 세상을 떠났다.

공의 자는 정로(廷老)이다. 어려서부터 과거 공부에 힘써 명성이 있었으며 교류하는 이들이 모두 명사들이었다. 을유년(1645, 인조23) 사마시에 합격하였다. 일찍이 대책문(對策文)이 높은 점수에 들었는데도 배척당하자, 공은 운명이라 말하고서 이때부터 과거에 응시하지 않았다. 참봉으로 벼슬을 시작하여 한 자급 올랐는데 작은 일로 파직되었다. 다시 서용되어 의금부 도사, 사도시 직장에 제수되고 사복시 주부로 옮겼다. 호조 좌랑을 거쳐 가평 군수(加平郡守)로 나갔다가 5년 뒤 체차되어 공조 좌랑에 제수되었다. 공이 평소 재능이 드러났기에 호조에서 또 불러 낭관으로 삼았는데, 모두 세 차례 호조에 들어갔다. 면천(沔川)과 괴산(槐山) 두 고을 수령을 역임하고, 내직으로는

18 도정 황공 묘갈 : 이 글은 황세구(黃世耉, 1612~1699)의 묘갈이다. 황세구는 본관이 창원(昌原), 자가 정로(廷老)이다.

사재감 첨정, 사직서 영, 광흥창 수, 선공감 부정, 군자감과 제용감의 정을 역임하였다.

공은 담박하고 조용하게 생활하였으며 고을을 다스릴 때에는 몸가짐을 단속하여 공무를 수행하였기에 어사가 여러 차례 포창하여 아뢰었다. 괴산 군수로 재직시에 우암 선생(尤菴先生 송시열)이 화양산(華陽山)에 계셨는데, 공이 말 한 필로 오고가자 선생께서 이은(吏隱)[19]이라고 칭찬하였다. 노년에는 성서기사회(城西耆社會)를 만들어 한가한 날이면 초청하여 술잔을 주고받았는데, 우리 종조(從祖) 도정공(都正公 이핵(李翮))도 여기에 참여하였다. 이는 지금까지도 훌륭한 일로 전해진다. 공은 사후 29년에 손자 귀하(龜河)로 인해 추은(推恩)되어 이조참판에 추증되었다.

황씨(黃氏)는 창원(昌原)에서 나왔으며 시조는 고려에서 시중을 지낸 충준(忠俊)이다. 증조 휘 위(瑋)는 봉교(奉敎)로 있다가 평안도 평사(平安道評事)에 보임되어 관직을 마쳤다. 조부 휘 입중(立中)은 군수를 지냈고, 부친 휘 형(泂)은 좌승지에 추증되었다. 모친 청주 한씨(淸州韓氏)는 첨정 응문(應文)의 딸이다.

공은 일찍 부친을 여의고 효성을 다하여 한 부인(韓夫人)을 섬겼다. 집이 가난해도 맛난 음식을 빠뜨리지 않았고 밤이면 직접 군불을 때서 온도를 맞추었으며 상을 당해서는 시묘살이하면서 슬픔을 다하였다. 형님을 부친처럼 섬기고 종당(宗黨)을 자애롭게 대하였고 벗들과 신의로 사귀었다.

공의 배위 함양 박씨(咸陽朴氏)는 창수(倉守) 지양(知讓)의 딸이

19 이은(吏隱) : 관직에 있으면서도 은자처럼 살아가는 이를 말한다.

다. 딸 넷을 두었는데, 장녀는 이진영(李震英), 차녀는 참판 심평(沈枰), 삼녀는 유찬(兪瓚), 사녀는 목사 박중규(朴重圭)에게 출가하였다. 양자는 건(鍵)이다. 건은 아들 넷을 두었는데, 태하(泰河)는 부사를 지내고, 귀하(龜河)는 문과에 급제하여 호조 판서를 지내고, 원하(遠河)는 현령을 지내고, 성하(星河)는 현감을 지냈다. 이인기(李仁基), 이원기(李元基), 이중기(李重基), 이동기(李東基), 부사 심수준(沈壽俊), 진사 박돈의(朴敦義)는 사위의 소생이고, 사위 유찬의 양자는 생원 수일(守一)이다. 직(稷), 격(格), 합(柙), 익(榏), 륜(棆), 집(楫), 노(櫓)는 증손이다. 무덤은 광주(廣州) 험천(險川) 손향(巽向)의 언덕에 있다.

태하가 판돈녕공 흠(欽)[20]이 지은 가장(家狀)을 가지고 와서 내게 묘문을 청하였다. 나는 같은 마을의 후생으로 일찍부터 공의 기덕(耆德)을 사모해온 터라 감히 사양할 수 없다. 명은 다음과 같다.

옛 성인이 말씀하셨으니	往聖有言
공손하면 반드시 장수한다 하였네	恭則必壽
공이 그 선을 지녔으니	公有厥善
하늘이 많은 복 내렸네	天餉之厚
선에도 큰 선이 있으니	而善有大
효성과 우애라네	維孝與友
벼슬에 나가서도 미루어 행하니	在邦而推
백성의 칭송이 입으로 전해지네	有碑民口

20 판돈녕공 흠(欽) : 황흠(黃欽, 1639~1730)으로 황세구의 조카이다.

낙사[21]에서 한가로이 지내니	洛社婆娑
온화한 낯빛의 백발노인이네	韶顔皓首
또한 벗들이 있어	亦有友朋
이 봄 술을 즐겼네	樂此春酒
성대에 노인을 우대하여	聖世優老
떳떳한 법이 있네	常憲則有
공은 뒤로 물러나	公乃逡巡
자신의 지조 증험하였네	乃驗厥守
기묘년(1699, 숙종25)에	維歲在卯
해 기울자 질장구 두드리며 노래하였네[22]	日昃歌缶
무성한 저 소나무와 가래나무	菀彼松檟
광릉[23]의 무덤	廣陵之皐
사시로 와서 제사지내니	四時來祀
붉은 수레 타고 붉은 인끈을 찼네	朱輪紫綬
어찌 자신의 소생일 필요 있으랴	豈必自生
조카를 후사로 삼았네	猶子我後

21 낙사(洛社) : 송(宋)나라 문언박(文彦博)이 낙양(洛陽)에 있을 적에 당(唐)나라 백거이(白居易)의 구로회(九老會)를 모방하여 부필(富弼), 사마광(司馬光) 등 13인과 조직한 결사(結社)로 낙양기영회(洛陽耆英會)라고도 한다. 여기서는 황세구(黃世耉)가 노년에 만든 모임인 성서기사회(城西耆社會)를 말한다

22 해……노래하였네 : 죽음을 담담히 맞이했다는 뜻이다. 《주역》 〈이괘(離卦) 구삼(九三)〉에 "기운 해가 걸려 있음이니, 질장구를 두드리며 노래하지 않으면 노년을 한탄하는 것이니 흉하다.〔日昃之離, 不鼓缶而歌, 則大耋之嗟, 凶.〕"라고 한 데서 온 말이다.

23 광릉(廣陵) : 경기도 광주(廣州)의 이칭이다.

조카가 공의 덕행을 기록하니	猶子狀德
그도 이미 덕망 높은 노인이네	亦旣耆舊
내가 그 글을 모아	我最其文
영원히 밝게 보이노라	昭視永久

지평 오공 묘갈[24]

持平吳公墓碣

대개 효종 즉위 초에 인재가 성대하였다. 대체로 명절(名節)을 갈고 닦아 서로 청의(淸議)를 숭상하였으니, 지평 오핵(吳翮) 공은 그 가운데 뛰어난 분이다. 선비들이 중하게 의지하였는데 불행히도 일찍 세상을 떠나 동춘 선생(同春先生 송준길)이 만시를 지어 애도하였다.

공의 자는 일소(逸少)이고, 해주(海州) 사람이다. 그 선조는 고려(高麗) 때에 군기감을 지낸 인유(仁裕)에서 나왔다. 부친 휘 사겸(士謙)은 종친부 전부를 지냈다. 모친 전주 이씨(全州李氏)는 서윤 시중(時中)의 딸이다. 조부 휘 정방(定邦)은 병마절도사를 지냈는데, 바로 광해군이 모후(母后)를 폐위할 때에 "점점 다스려서 간악한 데 이르지 않게 하였다.〔烝烝乂, 不格姦.〕"라는 한 구절로 헌의(獻議)하신 분이다.[25] 증조 휘 수억(壽億)은 우후를 지냈다. 공의 형제에 이르러 문학(文學)으로 크게 이름을 떨쳤다. 천파공(天坡公 오숙(吳䎘))은 항상 공을 묘군(卯君)이라 불렀는데 공이 을묘년(1615, 광해군7)에 태어났기 때문이다.

24 지평 오공 묘갈 : 이 글은 오핵(吳翮, 1615~1653)의 묘갈이다. 오핵은 본관이 해주(海州), 자가 일소(逸少), 호가 백천당(百千堂)이다.

25 조부……분이다 : 계축년(1613, 광해군5)에 모후를 폐위하는 문제에 관하여 백관들에게 수의(收議)하였는데, 오정방(吳定邦)은 "신은 무신으로서 《사략(史略)》 초권(初卷)의 '점점 다스려 간악한 데에 이르지 않게 하였다.〔烝烝乂, 不格姦.〕라는 말만 읽었습니다."라고 헌의(獻議)하였다. 《白軒集 卷42 慶尙右道節度使吳公神道碑銘》

공은 계유년(1633, 인조11) 사마시에 합격하였다. 헌릉 참봉(獻陵參奉)에 제수되었으나 나아가지 않았다. 병술년(1646, 인조24) 정시에 장원급제하였다. 성균관 전적, 병조와 예조의 낭관, 사간원 정언, 사헌부 지평, 시강원 사서, 지제교, 인조실록 도청낭관을 역임하고 홍문록(弘文錄)에 선발되었다.

공은 조정에서 벼슬할 때에 그 풍채가 볼 만하였다. 당시 김자점(金自點)이 정권을 잡고서 멋대로 불법을 자행하여 그 기세가 하늘을 찔렀는데, 그를 삭출하라는 논의의 주창은 실로 공에게서 시작되었다. 동춘 선생이 이어 김자점의 유배를 청하고 곧이어 훈재(勳宰)의 압객(狎客)까지 아울러 탄핵하였다. 대사헌(김남중(金南重))이 그 논의에 반대하자, 공이 동춘 선생을 도와 대사헌을 배척하였다.

청음(淸陰) 김 문정공(金文正公 김상헌)이 이전에 유석(柳碩)에게 모함당한 적이 있었는데, 유석이 강원도 관찰사로서 국상(國喪)에 공석(公席)에서 고기를 먹었다. 공이 그 죄를 모두 거론하여 그를 사판(仕版)에서 삭제시켰다.

대사헌 조석윤(趙錫胤) 공과 정언 이경억(李慶億) 공이 정사를 논하다가 크게 성상의 분노를 샀는데, 공이 구제하는 소를 올려 성심(聖心)의 분노에서 오는 실수에 대하여 깊이 아뢰었다. 상께서 비록 공을 체직시켰지만 견책당했던 자들에 대한 노여움은 조금 풀렸다. 또 구언전지(求言傳旨)에 응하여 여덟 조목을 올리니 말이 더욱 간절하였다. 상께서도 공의 충심을 알고서 아침저녁으로 논사(論思)할 때 공의 의논을 기다렸으나 공은 이미 병이 들었다. 공은 39세의 나이로 10월 21일에 세상을 떠났다. 양성(陽城) 천덕산(天德山) 선영의 신좌(辛坐)의 언덕에 안장하였다.

공의 배위 원주 원씨(原州元氏)는 부친이 대군의 사부(師傅)를 지낸 진해(振海)이다. 자애롭고 순하며 장엄하고 정숙하여 부녀자의 도리를 깊이 갖추었다. 공과 같은 해에 태어나 병진년(1676, 숙종2) 세상을 떠났으며 같은 언덕에 안장하였다.

아들 셋을 두었다. 두광(斗光)은 통덕랑을 지내고, 두룡(斗龍)은 진사에 합격하고 좌랑을 지냈으며, 두웅(斗雄)은 통덕랑을 지냈다. 딸은 감역 신원만(愼元萬)에게 출가하였다. 생원 면주(冕周)와 봉주(鳳周)는 장남의 소생이다. 차남의 아들은 창주(昌周)이고, 삼남의 아들은 종주(宗周)이다. 면주는 봉주의 아들 정(珽)을 후사로 삼았다. 창주와 종주는 모두 아들 넷을 두었는데, 질(瓆), 욱(頊), 혁([illegible]), 수(璲)와 위(瑋), 섭(瓊), 근(瑾), 경(璥)이다.

공은 깨끗하고 정결한 사람으로 천성적으로 선(善)을 즐기고 의(義)를 좋아하였다. 평소에는 다급하게 말하고 황급한 기색이 없지만 일을 맡으면 과감하고 확고하게 행하였으며 음악과 여색과 재물과 이익에 담박하였다. 어머니가 병들었을 때에는 대변을 맛보았고 상을 당해서는 예를 갖추어 장사지내고 제사지냈다. 기일이면 열흘 동안 치재(致齋)하여 종신토록 그 슬픔을 간직하였고, 큰 형수를 어머니처럼 봉양하였다. 충실한 마음으로 사람들을 대하고 말투가 온화하여 보는 자들이 절로 감복하였다.

어려서 계곡(谿谷) 장유(張維)에게 수학하였는데, 계곡이 문장가의 솜씨를 지녔다고 칭찬하였다. 과장(科場)에 나가선 번번이 동년배를 압도하였으며 공이 지은 사부(詞賦)는 특히 당시에 회자되었다. 그러나 공은 이를 대단하게 여기지 않았으니 일찍이 집을 짓고서 백천당(百千堂)[26]이라고 명명하였다. 독실한 뜻으로 학문을 닦아 손에서 책을 놓지 않았는데, 《주역》과 《근사록》에 가장 깊이 힘을 쏟았으며 사학(史學)에도 조예가 깊었다.

성품이 벼슬하기를 좋아하지 않아 8년간의 관직 생활에 거의 반은 집에서 지냈으며 한가할 때면 필마로 풍악산(楓嶽山)을 유람하고 돌아왔으니 풍치가 초연하였다. 우리 장인 양곡공(陽谷公 오두인(吳斗寅))이 일찍이 말씀하기를,

"우리 계부(季父)는 세속에서 천 길 높이 벗어나셨다."

하였으니 그 사람됨을 상상할 수 있다. 나는 또 일찍이 공이 젊은 시절에 지은 〈척화삼신전(斥和三臣傳)〉과 〈의평료주(擬平遼奏)〉를 읽었는데, 그 강개한 말과 뜻에 눈물이 흐를 지경이었다. 가령 공이 자신의 지향(志向)과 절조(節操)를 다 채웠다면 그 성취를 어찌 헤아릴 수 있겠는가. 지금은 인물이 없고 의리가 사라져 사대부 사이에서 더 이상 이런 언론을 들을 수 없으니, 구천에서 공을 일으키고 싶지만 어찌 될 수 있겠는가. 아!

면주가 명(銘)을 청하였다. 명은 다음과 같다.

백설처럼 깨끗하고	玉雪之淸
화살처럼 곧으셨네	弦矢之直
공을 보진 못했지만	我不見公
그 마음 알 수 있네	其心可得

26 백천당(百千堂) : 《중용장구》 제20장의 "남이 한 번에 능숙하게 하면 나는 백 번을 할 것이며, 남이 열 번에 능숙하게 하면 나는 천 번을 할 것이다.〔人一能之, 己百之; 人十能之, 己千之.〕"라고 한 뜻을 취한 것이다.

아, 영왕[27]께서 於戲寧王
백성의 법도를 세우셨네 立我民極
현인이 등용되고 간신이 제거되니[28] 茅拔距脫
공이 기여한 바가 있었네 公與有力
달고 깨끗한 저 우물물이여 洌彼井泉
길을 수 있고 먹을 수 있네[29] 可汲可食
어찌하여 오래도록 살아 胡不永年
그 복을 누리지 못하였나 並受其福
〈비풍〉[30]을 반복해 읽으니 三復匪風
이내 마음 더욱 슬퍼지네 增我心惻
내가 비석에 명을 쓰나니 我銘玄石
그 이름 길이 영원하리라 其名不泐

27 영왕(寧王) : 천명(天命)을 받아 천하를 평안하게 한 선왕(先王)이라는 뜻으로, 《서경》 〈대고(大誥)〉에서 주(周)나라 성왕(成王)이 부왕(父王)인 무왕(武王)에 대하여 "영왕께서 나에게 큰 보배인 거북을 물려 주셨다.〔寧王遺我大寶龜.〕"라고 한 데서 온 말이다. 여기서는 효종을 말한다.

28 현인이……제거되니 : 송(宋)나라 때의 저명한 학자 석개(石介)의 〈경력성덕시(慶曆聖德詩)〉에 "여러 현인들을 등용하기를 마치 띠를 뽑듯이 하고, 큰 간신을 제거하기를 마치 며느리발톱을 뽑듯이 하네.〔衆賢之進, 如茅斯拔; 大奸之去, 如距斯脫.〕" 하였다.

29 달고……있네 : 오핵의 재능이 세상에 쓰일 만했다는 말이다. 《주역》 〈정괘(井卦) 구오(九五)〉에 "우물물이 달고 깨끗하여 시원한 샘물을 먹도다.〔井洌寒泉食〕"라고 한 데서 온 말이다.

30 비풍 : 《시경》 〈회풍(檜風)〉의 편명으로, 주(周)나라 왕실이 쇠미해지는 것을 현인(賢人)이 근심하고 탄식하는 시이다. 여기서는 오핵이 지은 〈척화삼신전(斥和三臣傳)〉과 〈의평료주(擬平遼奏)〉를 말한다.

목사 이공 묘갈[31]

牧使李公墓碣

연평부원군(延平府院君) 이 충정공(李忠定公 이귀(李貴))은 정사 원훈(靖社元勳)으로서 충효의 큰 절개가 있었다. 그 자손들이 품행이 돈독하고 신의를 중시하여 대체로 기상이 웅대하니 세속의 악착스럽고 용렬한 무리와는 같지 않은데, 상주 목사(尙州牧使) 휘 회(恢) 대이(大而)가 여러 손자들 중에 가장 영달하고 숙성하였다.

그 부친 연성공(延城公 이시방(李時昉))이 서산 군수(瑞山郡守)로 있을 적에 동맹(同盟)의 지기(知己)인 함릉부원군(咸陵府院君) 이해(李澥) 공도 홍양(洪陽)을 다스렸는데, 이웃 고을을 맡아 다스리며 서로 묻고 의논하는 일이 많았다. 편지로 다 말하기 어려운 일은 반드시 공을 보내었는데, 공은 당시 여섯 살의 나이로 어른에게 명을 전함이 성인처럼 의젓하였다. 함릉부원군이 매번 연성공의 자(字)를 부르며 공을 칭찬하기를,

"아무개에게 이런 아들이 있으니 이는 국가의 복이다."

하였다.

9세에 모친을 따라 외가에 갔는데, 모친이 날을 택해 외조모를 축수(祝壽)하려던 차에 갑자기 연성공의 병보(病報)를 듣고서 급히 돌아가게 되었다. 공이 청하기를,

31 목사 이공 묘갈 : 이 글은 이회(李恢, 1619~1691)의 묘갈이다. 이회는 본관이 연안(延安), 자가 대이(大而)이다.

"제가 비록 어리지만 어머니 대신 정을 펼 수 있습니다."

하니 부인이 허락하였다. 마침내 많은 잔치 음식을 갖추고 예에 맞게 잔을 올리니 온 집안사람들이 놀라고 탄복하였다.

성동(成童)이 되었을 때에 회은군(懷恩君) 덕인(德仁)에게 수학하였는데, 함께 공부한 사람들은 모두 당대의 명사들이었다. 정축년(1637, 인조15) 이후로는 당시 세상에 뜻이 없어 그대로 과거 공부를 그만두었다.

을유년(1645, 인조23) 집안의 공로로 출사하여 금정 찰방(金井察訪)을 거쳐 사복시 주부로 옮겼다. 외직으로 나가 금구 현령(金溝縣令)이 되었다가 곧바로 체차되고, 충훈부 도사와 평시서 영을 역임하였다. 모친상을 당하였다. 상기를 마치고 익위사 익찬에 제수되었는데 병으로 사직하고, 예산 현감(禮山縣監)에 제수되었다.

연성공이 국은(國恩)을 입은 몸으로 벼슬에서 물러날 수 없었는데, 죽음을 앞두고 공에게 명하기를,

"내가 죽은 뒤에 호장(湖庄)에서 반의(返疑)[32]하고 그대로 3년을 지낸다면 고향에 돌아가 쉬고 싶은 나의 소망에 거의 부응할 것이다."

하였다. 공이 그 말대로 하고서 이후 관직에서 체차될 때마다 호장으로 돌아갔으니 실로 부친의 유지(遺志)를 따른 것이다.

이전에 연성공이 20여 년간 선혜청 당상으로 있으면서 계획하고 조

32 반의(返疑) : 장례를 마치는 것을 의미하는 말로, 《예기》 〈단궁 상(檀弓上)〉에 "장례를 치름에 갈 때에는 죽은 이와 차마 헤어질 수 없어 사모하는 듯하고, 돌아올 때에는 죽은 이의 혼이 아직 곁에 있는지 의심하는 듯하다.〔其往也如慕, 其反也如疑.〕" 라고 한 데서 온 말이다.

치한 것이 많았다. 기천(沂川) 홍명하(洪命夏) 상국이 뒤를 이어 선혜청을 맡아 그 규정을 일체 준수하고는 공이 상기를 마치자마자 불러서 낭관으로 삼으니, 공이 마지못해 힘써 직책에 나아갔다. 오래지 않아 외직으로 천안 군수(天安郡守)에 제수되고, 이후 또 공산 판관(公山判官)과 배천 군수(白川郡守)에 제수되었다. 대대로 벼슬한 집안의 신하는 국가와 기쁨과 슬픔을 함께 해야 한다는 생각으로 공은 부임하는 곳마다 마음을 다해 공무를 수행하여 성대하게 효과가 있었다. 공물(公物)은 한 자의 베조차 사적인 용도로 쓰지 않았으니 그 청빈한 생활이 이러하였다.

갑인년(1674, 숙종즉위년)에 간사한 무리들이 뜻을 얻어 사류(士類)가 쫓겨나자, 공은 개연한 심정으로 벼슬에 종사할 뜻이 더욱 없어져 누차 태복시와 선공감 첨정에 제수되었으나 모두 나아가지 않았다. 연성공의 연시(延諡)[33]를 위해 한산 군수(韓山郡守)로 부임하였는데, 마침 큰 흉년을 만나 훌륭하게 진휼하였다. 고향으로 돌아가기를 결심하자, 고을 사람 수천 명이 글을 올려 머물기를 바랐지만 되지 않았다.

경신년(1680, 숙종6) 풍덕 부사(豐德府使)에 제수되었으나 병으로 인해 면직되었다. 얼마 뒤에 토역회맹연(討逆會盟宴)에 참여하고 통정대부에 올랐다.

임술년(1682, 숙종8) 상주 목사(尙州牧使)에 제수되었는데, 공은 늙었다는 이유로 사양하고서 명에 응할 뜻이 없었다. 국법에 수령으로 있다가 다른 고을로 옮겨갈 적에는 하직 인사를 올리지 않고 부임하지

33 연시(延諡) : 시호를 받는 의례적인 행사로, 선시관(宣諡官)이 시호를 받들고 나오면 그 본가(本家)에서 해당 인물의 신주를 모시고 나와 시호를 받는 의식이다.

만, 집에 있다가 부임하는 경우에는 이런 예가 없다. 그런데 상신(相臣)과 이조 판서가 공을 돈면하고자 파격적으로 허락하기를 청하고, 이어 경상도와 호서 관찰사로 하여금 공이 집을 떠난 날짜와 관소에 도착한 날짜를 물어 보고하게 하자, 공이 특별한 은혜에 감격하여 감히 사양하지 못하고 1년을 지내고 돌아왔다. 논하는 자들이 "공의 치적은 근래에 드문 일이다."라고 하였다. 73세의 나이로 신미년(1691, 숙종17) 5월 4일에 호장의 수경당(水鏡堂)에서 세상을 떠났다. 이해 8월에 보령(保寧) 효치(孝峙)의 연성공 무덤 옆 기슭 갑좌(甲坐)의 언덕에 안장하였다.

공의 배위 안동 김씨(安東金氏)는 참판 광현(光炫)의 딸로, 문충공(文忠公) 상용(尙容)의 손녀이다. 효성스럽고 유순하며 부지런하고 검소하였으며 집안을 다스리는 법도가 있었다. 경신년(1620, 광해군12)에 태어나 공보다 18년 뒤에 세상을 떠나 공의 무덤 왼쪽에 안장하였는데 묘역은 같고 무덤은 달리하였다.

공은 자녀가 없었다. 조정에서 특별히 명하여 공의 아우 동지돈녕부사 항(恒)의 아들 언저(彦著)를 후사로 삼게 하였는데, 언저는 문과에 급제하고 지평을 지냈다. 언저는 아들 셋을 두었다. 장남 굉(浤)은 돈녕부 도정을 지냈고, 차남 제(濟)는 지행(志行)이 있었으나 일찍 죽었고, 삼남 성(渻)은 현감을 지냈는데 남의 후사로 나갔다. 두 딸은 진사 김석우(金錫禹)와 군수 조철명(趙哲命)에게 출가하였다. 굉(浤)의 네 아들은 진사 명집(命集), 진사 명채(命采), 명래(命來), 명계(命棨)이고, 사위는 봉사 심용(沈鏞)이다. 제(濟)의 다섯 아들은 명억(命億), 명석(命奭), 명록(命祿), 명혁(命爀), 명악(命岳)이고, 사위는 현감 민락수(閔樂洙)이다. 성(渻)의 세 아들은 생원시에 장원하고 교관을 지낸 명덕(命德), 명복(命福), 명적(命迪)이고, 사위는 정만상(鄭晩祥)과 유언선(兪彦鐥)이다. 사위 김석우의 양자는 봉사 도건(道健)이고, 사위 조철명의 아들은 봉사 재우(載遇), 진사 재선(載選), 재술(載述), 재도(載道)이다.

공은 총명함이 남달라 위로 경사(經史)로부터 이수(理數)에 이르기까지 두루 미쳤으며 별자리, 풍수지리, 병법, 형법, 의약, 복서(卜筮)에도 통달하지 않음이 없었다. 평소에는 무능한 사람처럼 묵묵하였지만 마음 맞는 사람과 대화를 나눌 때면 인물의 현우(賢愚)와 고금의 치란과 득실을 막힘없이 논하였으니, 세상에 쓰일 만한 재주를 지님이 이러하였다.

집안에서의 행실 또한 독실하였다. 부모를 섬김에 있어 살아계실 때는 힘써 뜻을 봉양하였고 제사지낼 때는 예법에 어긋나지 않았다. 선영을 보살피는 일에 더욱 힘을 다하여 묘지기들에게 은혜롭게 대하였고 심지어 근처에 사는 비천한 사람들도 공경히 대했으니 주자(朱子)의 유의(遺意)를 깊이 얻었다고 하겠다.

공의 집에는 적장자(嫡長子)의 봉록이 있었고 경기(京畿)의 전장(田庄)에서 해마다 들어오는 수입도 넉넉하였다. 도성에 사는 여러 아우와 누이들이 궁핍할 때면 공에게 말하지 않고 거의 다 가져다 썼는데, 노비가 와서 이를 고하자 꾸짖기를,

"내 아우들이 썼는데 무엇을 따지느냐."

하였다. 안마(鞍馬)와 복식(服飾)에 이르러서도 피차의 구분이 없었다. 어린 조카들도 대부분 데려다 길러 자신의 소생과 차이를 두지 않았으며, 아녀자들의 말이 많은 것을 통렬하게 금하여 집안이 화목하였다.

어릴 적 친구가 혹 높은 관직에 오르면 종신토록 그 집을 찾지 않았으며, 기미(氣味)가 서로 부합하는 궁핍한 친구에 대해서는 친구가 죽어도 우정이 변치 않아 평소보다 그 고아와 과부를 더욱 잘 보살폈다. 평생 의(義)를 중시하고 재물을 가볍게 여겨 남의 어려움을 구제하기를 미치지 못할 듯이 하였으니, 남쪽으로 내려온 사대부들이 공을 중하게 의지하였으며, 공을 따라 이사한 처가 친척들이 많게는 여덟아홉 집에 이르렀다.

공은 평소에 거문고를 좋아하여 흥이 나면 자주 연주하곤 하였는데, 만년에 형제들이 모두 벼슬을 그만두고 물러나 쉴 적에 집에다 악기를 갖추어 두고서 말하기를,

"내가 이를 즐겨서가 아니라, 다만 형제간 노년의 즐거움을 위해서이다."

하였다. 간혹 거문고와 젓대를 부는 노비에게 일반 노복들과 다름없이 땔감을 구해오고 물을 길어오게 시켰으니, 공이 오로지 이것만을 즐기지 않았음을 알 수 있다.

공처럼 기개와 도량이 탁월하고 식견과 사려가 두루 통달한 사람은 비록 훈공이 있는 문벌에 태어나지 않았더라도 시무를 아는 호걸이라 하기 충분한데, 더구나 공의 부친의 벗인 여러 명공(名公)들이 모두 공을 국가의 인재로 인정하였다. 그런데도 공은 가득차면 넘친다는 경계를 깊이 보존하고 자신을 감추는 뜻을 굳게 지켜 미관말직에 머물며 평범한 관리로 자처하여 자신의 큰 포부를 만분의 일도 펼치지 않았으니, 아! 애석하도다.

명석이 와서 명(銘)을 청하였다. 명은 다음과 같다.

높은 산 큰 골짜기에　高山鉅谷
용호가 변화무쌍하니　龍虎變化
연평을 상상하건대　我想延平
걸출한 인물이었네[34]　魁傑人也
바로 아래 손자들도　直下諸孫
악착스러운 자 없었으니　無齷齪者
공이 가장 빼어나　公惟最秀
기량이 탁월하였네　器度倜儻
여섯 살에 부친의 명을 전하자　六歲傳命
부친의 벗이 손뼉 치며　先執撫掌
이런 일을 할 수 있으니　曰此可做
장수가 되고 재상이 될 것이라 하였네　宜將宜相
어찌하여 낮은 관직에　胡然下僚
이 웅대한 포부를 굽혔나　屈此雄圖
여러 고을에서 입으로 전하니　數邑碑口
치적이 탁월하였네　治蹟卓殊
공의 포부를 논하건대　論其抱負
어찌 펼쳤다고 하리오　曷云展布
천도는 가득참을 시기하니　天道忌盈

34 높은……인물이었네 : 한유(韓愈)의 〈전중소감마군묘지(殿中少監馬君墓誌)〉에 "그 당시 내가 북평왕(北平王)을 북쪽 정자에서 만났는데 마치 높은 산 깊은 숲에 용호가 변화무쌍한 듯하였으니, 걸출한 인물이었다.〔當是時, 見王於北亭, 猶高山深林, 龍虎變化不測, 傑魁人也.〕"라고 한 데서 온 말이다.

군자가 때로 자신을 감추네	君子時晦
고향에서 쉬고자 한 부친의 유지 받들어	思休遺志
허름한 집을 두었네	爰有弊廬
바다처럼 드넓은 호쾌한 기상	湖海豪氣
노년에도 쇠하지 않았네	老年不除
산골에서 유유자적 지내며	婆娑邱壑
젓대를 불고 질나발 불었네[35]	我篪我塤
해 기울자 질장구 두드리며 노래하니[36]	昃日歌缶
초연히 진원으로 돌아갔네	翛然返眞
내가 옛 집을 찾아와	我訪舊宅
길이 공을 생각하네	永懷其人
명을 지어 아름다움을 밝혀	作銘闡美
천추토록 알리노라	以詔千春

35 젓대를……불었네 : 형제간의 우애를 비유할 때 쓰이는 말로, 《시경》 〈하인사(何人斯)〉에 "백씨는 질나발을 불고 중씨는 젓대를 분다.〔伯氏吹壎, 仲氏吹篪.〕"라고 한 데서 온 말이다.

36 해……노래하니 : 233쪽 주22 참조.

지평 노공 묘갈[37]

持平盧公墓碣

옥계(玉溪) 노 선생(盧先生 노진(盧禛))은 명종(明宗)과 선조(宣祖) 연간의 이름난 신하인데, 그 증손 형하(亨夏)는 자가 장경(長卿)이고 여섯 형제 중에 다섯째였다. 공이 일곱 살에 부친을 여의고 어른처럼 집상(執喪)하자, 사람들이 옥계가 다시 태어났다고 말하였다.

옥계의 구거(舊居)는 영남 함양(咸陽)이었는데 공의 모친 최 부인(崔夫人)이 남원(南原)으로 옮겨가니, 남원은 부인의 본향(本鄕)이다. 미능재(未能齋) 휘 상중(尙重)이 부인의 부친이고 그 자제들이 또 대부분 어질었기 때문에 부인이 남편이 죽은 뒤에 자식들을 데리고 가서 의지한 것이다.

공은 성품이 민첩하고 부지런하여 책이라면 통달하지 않은 것이 없었다. 또 시에 능하여 아홉 살에 지은 〈여회(旅懷)〉 시는 인구에 회자되었으며, 또 몇년 뒤에 지은 〈만고음(萬古吟)〉 백여 구는 숙유(宿儒)들도 미칠 수 없다고 탄복하였다.

을유년(1645, 인조23) 진사시에 합격하였다.

무자년(1648) 문과에 급제하여 권지 승문원정자에 보임되었다. 공이 처음 성균관에서 수학했을 때에 교류한 이들이 모두 당대의 명사들이었고, 공을 팔미군자(八美君子)[38]라 칭했는데 조정에 벼슬하게 되자

37 지평 노공 묘갈 : 이 글은 노형하(盧亨夏, 1620~1654)의 묘갈이다. 노형하는 본관이 풍천(豊川), 자가 장경(長卿)이다.

명성이 더욱 성대해졌다. 그러나 공이 자신들과 뜻이 다르다는 이유로 헐뜯는 영남 사람이 많아 사관(史官)에 추천되지 못했다가 한참 뒤에 비로소 시강원 설서로 옮겼다. 승정원 주서로 옮겼다가 상호하여 모친의 병을 아뢰고 돌아가 보살피기를 청하자, 상께서 허락하고 이어 약물을 하사하였다.

임진년(1652, 효종3) 승문원으로 돌아와 차례로 승진하여 박사에 이르고 병조 좌랑으로 옮겼다. 《인조실록(仁祖實錄)》 편수에 참여하였다.

계사년(1653) 사헌부 지평에 제수되었다. 완남(完南) 이후원(李厚源) 공이 동료 대간(臺諫)에게 무고당하자, 공이 인피(引避)하여 그 실상을 밝혔는데, 상의 뜻을 거슬러 파직되어 고향으로 내려갔다. 얼마 뒤에 서용되어 사간원 정원에 제수되었으나 병 때문에 부름에 나아갈 수 없었다.

갑오년(1654) 11월 21일 세상을 떠나니 향년 겨우 35세였다. 부고가 전해지자 상께서 하교하기를,

> "노형하의 사람됨을 내가 몹시 가상히 여기고 아꼈는데, 지금 그의 부고를 들으니 애통함을 금할 수 없다."

하셨다. 아! 공은 보잘것없는 일개 신진(新進)일 뿐인데 성상에게 이러한 지우(知遇)를 받았으니, 어찌 이것이 이유가 없겠는가. 공은 타

38 팔미군자(八美君子) : 《동강유고(東岡遺稿)》 권7 〈지평노공행장(持平盧公行狀)〉에 "한 시대의 청류(淸流)들이 모두 공을 흠모하여 교제하지 않은 사람이 없었으며 심지어 팔미군자(八美君子)라 일컬었으니, 이는 학식(學識), 문장(文章), 용모(容貌), 언사(言辭), 선필법(善筆法), 선주덕(善酒德), 선가무(善歌舞)를 가리킨 것이다." 하였다.

고난 자질이 순수하고 아름답고 풍도가 빼어나 조금도 저속한 기운이 없었으며, 효성과 우애가 가정에서 드러나고 충성과 신의가 고을에서 믿음을 받았다. 또 그 재주가 민첩하고 통달하여 공을 좋아하지 않는 사람들조차도 나라의 인재라고 칭찬했다고 한다.

노씨는 풍천(豐川)에서 나왔다. 시조는 고려조(高麗朝)의 국자감 진사 유(裕)이다. 본조의 참판 숙동(叔仝), 교리 분(昐), 신고당(信古堂) 우명(友明)이 바로 옥계의 3대이다. 옥계의 휘는 진(禛)이고 시호는 문효(文孝)이다. 아들 사첨(士詹)이 재주와 행실이 있었으나 일찍 죽어, 중형(仲兄) 군수 사회(士誨)의 아들 철(脪)을 후사로 삼았는데, 바로 공의 부친이다.

공의 배위 함안 윤씨(咸安尹氏)는 경(熲)의 딸로, 정숙하고 부덕(婦德)이 있었다. 공이 세상을 떠나자 칼을 뽑아 자결하였으나 최 부인의 구호 덕분에 살아났다. 임인년(1702, 숙종28) 84세의 나이로 세상을 떠났다.

후사로 들어온 아들은 식(湜)이고, 동혁(東奕), 동익(東益), 동필(東弼)이 그 소생이다. 동익의 아들은 득일(得一)과 득칠(得七)이다. 동혁은 남의 후사로 나갔는데, 아들은 득규(得珪)와 득기(得琦)이고, 사위 고한원(高漢元)과 윤홍리(尹弘履)는 모두 사인(士人)이다.

아! 우리나라 문명(文明)의 정치는 효종 즉위 초보다 성대한 때가 없으니, 여러 현인들이 무리지어 나와 사론(士論)이 활짝 펼쳐졌다. 공이 다행스럽게도 이때에 태어났으니, 진실로 오래 살았다면 언론과 사업에 필시 매우 볼 만한 것이 있었을 것이다. 그런데 요절하여 백에 하나도 시행하지 못했으니, 이는 누가 그렇게 만든 것인가? 문순공(文純公) 권상하(權尙夏) 공이 일찍이 문인들에게 말하기를,

"우리 선친께서 주서(注書) 시절에 노공(盧公)과 함께 실록청에 있었는데, 노공의 문장과 행실이 당시 동료들에게 가장 존중받았다고 하셨다."

하였으니, 그 말을 더욱 믿을 수 있다.

공은 부(府) 남쪽 제봉(霽峰) 아래 유좌(酉坐)의 언덕에 안장하였고 숙인(淑人)을 합장하였다. 동익이 득일을 보내어 명(銘)을 청하였다. 명은 다음과 같다.

영호남의 선비요[39]	嶺湖之彦
옥계의 손자라네	玉溪之孫
그 재주와 행실	之才之行
문호를 크게 일으키기 마땅하였네	宜大爾門
문장으로 이름 날렸건만	旣鳴以文
수명은 어찌 이리도 인색한가	胡嗇其年
아, 이제는 끝났으니	嗚呼已而
어쩔 수 없는 것이 천명이네[40]	不我者天

39 영호남의 선비요 : 노형하의 친가가 영남 함양(咸陽)인데 외가인 호남 남원(南原)에서 자랐기 때문에 영호남의 선비라고 한 것이다.

40 어쩔……천명이네 : 한유(韓愈)의 〈당고조산대부상주자사제명사봉주동부군묘지명(唐故朝散大夫商州刺史除名徙封州董府君墓誌銘)〉에 "내게서 비롯된 것은 내가 초래한 것이고, 내게서 말미암지 않은 것은 천명이다.〔由我者吾, 不我者天.〕" 하였다.

동지중추부사 황공 묘갈[41]

同知黃公墓碣

어린 시절 외가에서 나는 외가를 방문한 황 동추(黃同樞) 어른을 뵌 적이 있는데, 우리 외숙 문충공(忠文公 민진후(閔鎭厚)) 형제가 모두 신을 거꾸로 신고 계단을 내려가 맞이하였다. 하루는 정승 문효공(文孝公 민진장(閔鎭長))이 우연히 왔다가 또한 이처럼 지극히 공경하였는데, 공은 번번이 사양하지 않고 윗자리에 앉았다. 당시 공은 이미 연로했지만 넓은 이마와 성긴 눈썹에 풍채가 환하게 빛났으니 마치 우뚝 선 선학(仙鶴)처럼 고고하였다. 그 말씀을 들으면 해학과 웃음이 섞였고 기운이 온화하여 한번 보아도 후덕한 군자임을 알 수 있었다. 외숙의 말씀에 따르면 공의 학문은 동춘 선생(同春先生)에게서 얻은 것이 많다고 한다. 공이 세상을 떠나고 30여 년이 지난 뒤에 공의 손자 이장(以章)이 와서 묘문(墓文)을 청하였다. 내가 일찍부터 공의 덕의(德義)를 사모해온 터라 감히 사양할 수 없어 마침내 그 가장을 살펴 다음과 같이 서술한다.

공의 휘는 세정(世楨)이고, 자는 주경(周卿)이다. 시조 낙(珞)은 중국의 재상으로 신라 때 우리나라에 왔는데 그대로 회덕(懷德)에 머물러 살아 마침내 본관이 되었다. 휘 유(裕)는 회천위(懷川尉)에 봉해지고 시호는 양도(良悼)로, 태종대왕의 따님에게 장가들었다. 그 현손

41 동지중추부사 황공 묘갈 : 이 글은 황세정(黃世楨, 1622~1705)의 묘갈이다. 황세정은 본관이 회덕(懷德), 자가 주경(周卿), 호가 제곡(霽谷)이다.

휘 삼계(三戒)는 사헌부 감찰을 지냈는데, 공의 증조이다. 조부 휘 영남(穎男)은 장악원 주부를 지냈다. 부친 휘 덕윤(德潤)은 사마 양시(司馬兩試 생원시와 진사시)에 합격하고 또 문과에 급제했다가 파방(罷榜)되었는데 얼마 뒤에 젊은 나이로 세상을 떠났다.[42] 모친 고령 박씨(高靈朴氏)는 선교랑 공(珙)의 딸이다.

공은 나면서부터 수려하여 평범한 아이와는 달랐다. 3세에 아버지를 여의자, 종조모(從祖叔) 조씨(趙氏)가 회덕으로 데려가 맡아 길렀다. 6세에 처음으로 동춘 송 선생에게 수학하여 1년 만에 19사(史)를 다 읽으니, 선생이 자주 영재라고 칭찬하였다. 공은 모친이 도성에 있었기 때문에 모친을 뵈러 왕래하였는데, 9세에 정승 최명길(崔鳴吉)에게 찾아가 《강목(綱目)》을 여쭈었다. 당시 행동거지가 이미 노성한 사람처럼 의젓했기에 정승이 큰 이름을 얻을 인재라고 칭찬하였다. 당시에 마침 중국에서 사신이 와서 채붕(彩棚)[43]을 설치하였는데, 도성의 노인과 어린아이들이 다투어 달려갔으나 공은 홀로 보지 않고서 조용히 앉아 독서하니 사람들이 모두 특이하게 여겼다.

12세에 이르러 모친의 명으로 위기지학(爲己之學)에 전념하니, 이때부터 사문(師門)을 떠나지 않고 아침저녁으로 옷자락을 걷어잡고 나아가 공손히 가르침을 받들었다. 여러 성리서(性理書)에 통달하지

42 부친……떠났다 : 황덕윤은 명경과에 급제했으나, 인조반정 이후에 광해군 때의 시취(試取)에 불공정한 일이 많았다는 이유로 파방하고 다시 강(講)하게 하였는데, 미처 응시하지 못하고 병으로 죽었다. 《宋子大全 卷198 進士黃公墓表》

43 채붕(彩棚) : 임금이나 사신의 행차가 지나가는 곳의 성문, 다리, 지붕, 문 위 등에 색실, 색종이, 채색 헝겊 등을 새끼에 꽂아 내걸어 장식하던 것으로, 일종의 환영을 표시하는 행위이다

않음이 없었는데, 타고난 자질이 총명했기 때문에 의리가 어지러이 뒤섞인 곳도 듣는 대로 받아들이고 의문이 없었으며 뜻에 맞는 대목이 있으면 잠자고 먹는 것도 잊었다. 어른을 섬기고 빈객을 대접할 때는 반드시 공경하고 삼갔으며 나아가고 물러나고 읍하고 사양하는 예절이 절로 예의법도에 맞았으니, 문하에 있는 제자 중에 선생이 가장 사랑하는 제자였다. 선생의 아들 송광식(宋光栻)과 함께 신재(愼齋) 김 선생(金先生 김집(金集))의 문하에 들어가 공부하면서 듣지 못했던 것을 더욱 들었다.

이전에 우암(尤菴) 송 선생(宋先生)이 동춘 선생과 같은 마을에 살면서 도학(道學)을 강론하였는데, 공도 따라서 스승으로 섬기며 좌우에서 질문하여 깨우친 것이 많았다. 공이 일찍이 한적하고 조용한 기성(杞城)의 성전(星田)을 좋아하였는데, 우암 선생이 그 땅이 평소에 마음에 들었다고 하면서 집을 옮겨 같은 마을에 살았으니 그 돈독한 사랑을 남들이 이간할 수 없었다.

효종 병신년(1656, 효종7), 진신(搢紳)들이 입을 모아 천거하여 공이 연이어 영릉 참봉(英陵參奉)과 동몽교관(童蒙敎官)에 제수되었으나 모두 나아가지 않았다.

기해년(1659) 다시 동몽교관에 제수되었다. 공은 모부인이 연로했던 까닭에 억지로 직분에 나아갔다. 노봉(老峰) 민공(閔公 민정중(閔鼎重))이 가장 먼저 아들 민진장(閔鎭長)을 보내어 공부시키자 학도들이 날로 모여들었다. 공은 지성으로 부지런히 가르쳐 기필코 성취시켰으니, 근세 이래로 이 직임을 맡아 그 책임을 다하기로는 공만한 사람이 없었다고 한다. 얼마 뒤에 벼슬을 버리고 돌아와 연기(燕岐)에 작은 집을 지었는데, 우암 선생이 '제곡유거(霽谷幽居)' 네 글자를 써서 주자, 공이 그대로 호로 삼았다.

임자년(1672, 현종14) 동춘 선생의 상에 곡하고 1년 동안 복상(服喪)하였다. 이전에 공과 매우 친밀했던 윤휴(尹鑴)가 명성을 훔쳐 스스로 《중용》의 주석을 고치자 공이 이미 그 마음씀을 살피고도 차마 대번에 끊지 못했었다. 이때에 와서 윤휴가 불량한 무리를 이끌고 일망타진할 계책을 세워 기해년 복제(服制) 논의[44]로 두 선생의 죄를 얽는데 못하는 짓이 없어 우암 선생을 북쪽 변방으로 유배하였고 동춘 선생도 관작이 추탈되었다. 공이 분개하여 죽고자 하는 마음으로 상소를 지어 두 스승의 원통함을 드러내고 또 윤휴와 허목(許穆) 등이 임금을 속이고 바른 사람을 무함한 정상을 반박하니 수천여 자가 매우 간절하였다. 상소가 들어가자 즉시 진도(珍島)에 유배되어 갖은 고생을 겪었지만 곤경에 처해도 도(道)는 더욱 형통하였다. 감사 박신규(朴信圭)가 당시 재상의 뜻에 영합하여 공에게 가죄(加罪)할 것을 장계로 청했으나 되지 않았다.

경신년(1680, 숙종6) 정국이 바뀌자 유배에서 풀려나 의영고 주부(義盈庫主簿)에 제수되고 공조 좌랑으로 옮겼다. 연풍 현감(延豐縣監)으로 나가서는 문치(文治)로 고을을 다스려 백성이 그 은혜를 기렸다. 대신들이 모두 공이 낮은 관직에 머무는 것을 애석하게 여겨 추천장에 이름을 올렸다.

얼마 뒤에 기사년(1689, 숙종15)의 변란[45]이 일어났다. 우암 선생은

44 기해년 복제(服制) 논의 : 기해년(1659) 효종이 사망하자 인조의 계비인 자의대비(慈懿大妃)의 복제를 두고 일어난 논쟁이다.

45 기사년(1689)의 변란 : 기사환국을 말한다.

처음 제주(濟州)에 유배되었다가 곧이어 압송하라는 명이 내려졌다. 공은 애통한 심정을 금치 못하여 속히 상소를 지어 자신이 대신 형을 받기를 원했으나 한 친구의 만류로 올리지 못했다. 임금에게 호소할 수 없자 다시 길을 나서 밤낮으로 달려 해남(海南) 강가에 이르러 선생의 행차를 만났다. 선생을 바라보며 비오듯 눈물을 흘리자, 선생이 부녀자처럼 운다고 꾸짖었다. 마침내 장성(長城)에 이르러 밤에 모시고 잤으며 정읍(井邑)에 이르러 선생이 사약을 받았다. 공은 동춘 선생 때처럼 복상하였다.

갑술년(1694, 숙종20) 인현왕후(仁顯王后)께서 복위되고 스승의 무함이 시원하게 풀렸다. 공은 종묘서 영(宗廟署令)에 복직되어 한번 사은하기 위해 병든 몸으로 힘써 상경하였다. 현석(玄石) 박공(朴公 박세채)이 당시 조정에 나왔는데, 공을 찾아와 만나고는 함께 국사를 논의하자고 했으나 공이 감당할 수 없다고 사양하고 즉시 고향으로 내려왔다. 그해 가을에 문생(門生) 민 상공(閔相公 민진장) 이하 여러 사람이 상소하여 학생들을 잘 가르친 공로를 아뢰어 녹봉을 내려달라고 청하니, 이에 특별히 통정대부에 오르고 이어 첨지충주부사에 제수되었다.

공은 78세의 나이에 남과 상의하지 않고 풍악산(楓岳山)을 유람하였는데, 그 나는 듯한 발걸음에 승려들이 모두 기이하게 여기며 우암 선생 이후로 이런 사람은 처음 본다고 말하였다.

신사년(1701, 숙종27) 판서 김창집(金昌集) 공이 "황 아무개는 실천이 독실하고 나이도 많으니 응당 포상해야 한다."라고 아뢰어 또 가선대부에 오르고 동지중추부사에 제수되었다.

갑신년(1704) 조정에서 명(明)나라의 명운이 다한 해[46]라고 하여 은혜를 갚으려는 뜻으로 단(壇)을 만들어 친히 제사지낸 뒤에 또 사당을 세우려 도모했으나 연신(筵臣)이 중에 어떤 이가 제후가 천자를 제사지내는 것은 고례(古禮)에 없는 일이라고 논란하였다. 공은 개연한 심정으로 상소하여 미자(微子)가 제기(祭器)를 안고 떠나 다른 곳에서 은(殷)나라 제사를 지내려 했던 것을 말하고, 이어 주자(朱子)가 《강목》 〈한기(漢紀)〉에서 군국(郡國)에 명하여 태종(太宗)의 사당을 세우게 한 일을 특별히 기록한 것[47]에 근거하여 사당을 세우는 것이 조금도 온당치 못함이 없음을 밝혔는데, 의논이 마침내 막혀 시행되지 않았으니 식자들이 탄식하였다.

을유년(1705) 2월 23일 세상을 떠났으니 향년 84세였다. 마침 몸이 조금 편찮을 때 도 정절(陶靖節)의 "조화를 타고서 돌아간다.〔乘化歸盡〕"라는 구절[48]을 쓰고는 밤에 시자(侍者)에게 "어찌 이리도 새벽이 더디냐."라고 물었는데 닭이 울자 곧바로 편안하게 돌아가셨다. 그 해 4월에 전의(全義) 사촌(沙村)에 장사지내어 부인과 합장하였다.

공은 가정에서의 행실이 지극하였다. 어려서 부친을 여읜 것을 늘 통한으로 여겨 모친의 뜻을 순히 따라 극진하지 않음이 없었으며 부친

46 명(明)나라의……해 : 명나라는 1644년에 멸망하였는데, 그 해가 갑신년이다.

47 주자(朱子)가……것 : 《자치통감강목(資治通鑑綱目)》 〈한기(漢紀)〉에 "겨울 12월에 고황제를 높여 태조로 삼고 효문황제를 태종으로 삼아 군국에 태종묘를 세우게 하였다.〔冬十二月, 尊高皇帝爲太祖, 孝文皇帝爲太宗, 令郡國立太宗廟.〕"라는 기록이 있다.

48 도 정절(陶靖節)의……구절 : 도잠(陶潛)의 〈귀거래사(歸去來辭)〉에 나오는 내용으로, "자연의 조화를 타고 돌아갈 것이니, 천명을 즐길 뿐 다시 무엇을 의심하랴.〔聊乘化以歸盡, 樂夫天命復奚疑?〕"라는 구절이다.

을 섬기듯이 큰 형님을 섬겼다. 처자를 대하고 노복을 다스림에도 윤리가 매우 바르고 사랑과 은혜가 모두 돈독하여 모두 후세의 모범이 될 만하였다. 어린 시절부터 동춘 선생을 스승으로 섬겨 선생의 모든 행동을 마음으로 이해하고 체행하지 않음이 없었고, 독실하게 믿으며 존경하여 받드는 정성이 늙어서도 한결같았다. 돌아가신 스승의 성대한 덕을 드러내는 것을 늘 자신의 소임으로 여겨 그 유사(遺事)를 모아 기록하여 문집 끝에 붙였으며, 또 동문(同門)의 여러 벗들과 〈연보(年譜)〉의 초고를 완성하였다. 검담(黔潭)은 선생의 별장이 있는 곳으로 제곡(霽谷)과 멀지 않았는데, 공이 많은 선비들을 이끌고 서원(書院)을 창건하여 선생 한 분만 향사(享祀)하였고,[49] 여든이 넘어서도 때때로 참배하여 추모하는 정성을 표하였다.

우암 선생에 대해서도 일체 높이고 섬김이 늙을 때까지 독실하였다. 을묘년(1675, 숙종1)에 올린 상소는 참으로 스승을 위해 목숨을 바치는 의를 얻었으니, 중간에 비록 오랫동안 의심하고 비방하는 일이 있었지만 끝내는 환하게 풀렸다. 늘 신재, 동춘, 우암 세 분 선생의 기일이 되면 소식(素食)하고 애모하면서 말년까지 이렇게 하였다.

공은 흉금이 깨끗하고 남과 경계를 두지 않았다. 한가로이 홀로 있을 때엔 생각이 있는 듯 근엄하다가도 남을 상대할 때에는 온통 화기애애하였다. 평생 스승으로 자처한 적은 없지만 학생들의 지극한 정성에

49 검담(黔潭)은……향사(享祀)하였고 : 《미호집(渼湖集)》 권16 〈검담서원묘정비(黔潭書院廟庭碑)〉에 따르면, 검담은 충청도 문의현(文義縣) 서쪽에 있는 지명으로, 송준길이 보만정(保晩亭)이라는 정자를 짓고서 도를 강구하던 곳이다. 처음에 송준길은 제현(諸賢)과 함께 노봉서원(魯峯書院)에 배향되었는데, 이후 후학들이 검담서원(黔潭書院)을 건립하여 이봉(移封)하고 송준길 한 사람만 전적으로 향사하였다.

따라 싫증내지 않고 정성껏 가르쳤다. 부근의 원유(院儒)들이 추대하여 서원의 원장으로 추대한 적이 많았는데, 학생을 교도하고 서원의 일을 처리함에 있어 두 사문(師門)의 성법(成法)을 일체 준수하였다. 향인(鄉人)을 대할 적에는 성신(誠信)으로 일관하였으며 특히 남의 장단점을 논하고 남의 사사로운 비밀을 들추는 것을 좋아하지 않았지만, 상대에게 취할 만한 한 가지 선행이라도 있으면 반드시 칭찬하고 드러내어 성취시키고야 말았다. 몸은 비록 초야에 있었지만 조정의 잘잘못의 기미나 어진 이와 간사한 자의 진퇴에 대해서는 일찍이 격앙하고 강개하지 않은 적이 없어 근심과 기쁨이 번번이 얼굴에 드러났다. 조석거리가 자주 비어도 산승처럼 태연하여 생계에 대해서는 한마디 언급도 없었으며 그저 두세 학생들과 강론하며 스스로 즐기느라 늙음이 이르는 것도 몰랐다.

공의 부인 연안 이씨(延安李氏)는 찰방 선(宣)의 딸로, 저헌(樗軒 이석형(李石亨))의 후손이다. 슬하에 2남3녀를 두었다. 장남 염(㦨)은 익위사 사어를 지냈다. 차남 첨(燂)은 통덕랑을 지냈는데 백부의 후사로 나갔다. 딸은 사인(士人) 최수석(崔壽石), 감역 송징원(宋徵遠), 사인 홍우천(洪禹天)에게 출가하였다. 숙(熟)과 훈(薰)은 측실 소생이다. 사어의 아들은 현령 이장(以章)과 통덕랑 이웅(以雄)이고, 사위는 선전관 이하중(李夏重), 사인 신광도(申光道), 정창좌(鄭昌佐)이다. 첨의 아들은 이대(以大)와 이태(以泰)이고, 사위는 사인 정하빈(鄭夏賓)과 지익정(池翼禎)이다. 사위 최수석의 아들은 시중(始重), 시광(始光), 시덕(始德)이고, 사위 송징원의 아들은 복명(復明), 시명(蓍明), 귀명(龜明)이고, 사위 홍우천의 양자는 계록(啓祿)이다. 내외의 증손과 현손은 다 기록하지 않는다. 이어 명(銘)을 붙인다. 명은 다음과 같다.

춘옹의 문하에	春老之門
어진 선비 있었네	曰有賢士
어려서부터 배워서	髫齡攝齊
위기지학을 알았네	自知爲己
우옹도 똑같이 섬겨	一事尤翁
시종 변함이 없었네	不替終始
평피왕복[50]에	平陂往復
우리 도가 막 비색해졌네	吾道方否
상소하여 대궐에 호소하니	尺疏叫閽
푸른 물결 드넓었네[51]	碧波瀰瀰
생삼[52]의 의리는	生三之義

50 평피왕복(平陂往復) : 음양의 성쇠와 인간의 길흉화복이 무상하여 순환하는 것을 말하는데, 《주역》〈태괘(泰卦) 구삼(九三)〉에 "평평하기만 하고 기울지 않는 것은 없으며, 가기만 하고 돌아오지 않는 것은 없다.〔无平不陂, 无往不復.〕"라고 한 데서 온 말이다.

51 푸른 물결 드넓었네 : 황세정(黃世楨)이 두 스승을 위해 변무하다가 진도(珍島)로 유배되었던 일을 말한다.

52 생삼(生三) : 생삼사일(生三事一)로, 아버지와 스승과 임금을 똑같이 섬겨야한다는 뜻이다. 《국어(國語)》〈진어(晉語)〉에 "사람은 세 분의 은혜로 살아가니, 똑같이 섬겨야 한다. 아버지는 낳아주시고 스승은 가르쳐 주시고 임금은 먹여 주셨으니, 아버지가 아니면 태어나지 못하고 임금이 먹여주지 않으면 자라지 못하고, 스승이 가르쳐주지 않으면 알지 못하니 낳아 주신 것과 똑같다.〔民生于三, 事之如一, 父生之, 師教之, 君食之. 非父不生, 非食不長, 非教不知, 生之族也.〕"라고 한 데서 온 말이다.

목숨 바칠 만큼 중요하다네	蓋重致死
중간에 격조했으나	中間睽阻
비를 만난 기쁨 누렸네[53]	遇雨之喜
지주[54]처럼 우뚝 서니	一柱亭亭
산이 무너진[55] 뒤라네	山頹之後
쉽게 경의 반열에 오르고	坐致列卿
초야에서 늙어갔네	邱園白首
공의 남은 전형은	典刑之餘
잘 가르친 데서 볼 수 있네	足見善誘
후생의 의표가 되니	儀表後生
하늘이 천수를 내렸네	天錫壽耇
초연히 돌아갔으니	翛然歸盡
죽음을 슬퍼할게 뭐 있으랴	怛化何有

53 비를……누렸네 : 송준길과 송시열의 문하가 서로 반목하다가 끝내 화합했다는 말이다. 원문의 '우우(遇雨)'는 《주역》 〈규괘(睽卦) 상구(上九)〉에 "먼저는 활시위를 당겼다가 나중에는 시위를 풀어놓는 것이니, 적이 아니라 배우자이다. 가서 비를 만나면 길할 것이다.〔先張之弧, 後說之弧, 非寇, 婚媾. 往遇雨則吉.〕"라고 한 데서 온 말이다.

54 지주(砥柱) : 중국 하남성(河南省) 삼문협시(三門峽市)에 있던 산으로, 황하의 중류(中流)에 위치하여 거센 물살 속에서도 무너지지 않고 기둥처럼 꿋꿋하게 서 있다 하여 붙여진 이름이다.

55 산이 무너진 : 스승의 죽음을 뜻한다. 공자(孔子)가 자신이 죽을 꿈을 꾸고서 아침 일찍 일어나 뒷짐을 지고 지팡이를 짚고 문 앞에서 한가로이 거닐며 노래하기를, "태산이 무너지겠구나, 들보가 부러지겠구나, 철인이 죽겠구나.〔泰山其頹乎, 梁木其壞乎, 哲人其萎乎!〕"라고 한 데서 온 말이다. 《禮記 檀弓上》

선학처럼 고고한 풍도	仙鶴風度
아직도 기억할 수 있네	尙能記取
누차 가르침 주실 때면	屢辱誨語
순주에 취한 듯하였네[56]	如醉醇酒
이에 비석에 명을 지어	載銘玄石
유구하게 보이노라	用示悠久
비록 내 글이 아니더라도	雖微我筆
영원히 전해지리라	亦可不朽

56 순주(醇酒)에 취한 듯하였네 : 상대방에게 감화되었다는 말이다. 삼국 시대 오(吳)나라 정보(程普)가 주유(周瑜)의 인품에 감복하여 "주공근과 사귀다보면 순주를 마신 것처럼 나도 모르게 절로 훈훈하게 취해 온다.〔與周公瑾交, 若飮醇醪, 不覺自醉.〕"라고 한 데서 온 말이다.

찰방 허공 묘갈[57]

察訪許公墓碣

근세의 창해옹(滄海翁)은 출중한 선비로 일컬어졌는데, 병자년(1636, 인조14)과 정축년(1637) 이후 개연한 심정으로 스스로 폐하여 시와 술로 늙어갔으니, 공은 창해옹의 형님 아들이다. 공 또한 기절(氣節)을 숭상하여 항상 말하기를,

"우리나라가 신종황제(神宗皇帝)의 재조지은(再造之恩)[58]을 입었으니, 옛날에도 모옥(茅屋)에서 제사지낸 자가 있다.[59]"

하며, 상소를 지어 올리고자 했으나 결국 올리지 못했다. 공이 세상을 떠나고 1년 뒤인 갑신년(1704, 숙종30) 대보단(大報壇)의 축조를 논의하였는데, 상국 신완(申琓) 공이 상께 아뢰기를,

"고(故) 찰방 신(臣) 허정(許炡)이 일찍이 이를 건의하였습니다."

하였다. 얼마 뒤에 대보단이 완성되고 사림(士林)에서 또 화양동(華陽洞)에 사당을 세웠으니, 아! 공에게 보게 하지 못한 것이 한스럽다.

57 찰방 허공 묘갈 : 이 글은 허정(許炡, 1627~1703)의 묘갈이다. 허정은 본관이 양천(陽川), 자가 하창(夏昌)이다.

58 재조지은(再造之恩) : 임진왜란 때 구원병을 파견하여 조선을 도와준 명나라 신종(神宗)의 은혜를 말한다.

59 모옥(茅屋)에서……있다 : 한유(韓愈)의 시 〈제초소왕묘(題楚昭王廟)〉에 "아직도 그 나라 백성 중에 옛 덕을 생각하고 있는 사람이 있어 한 칸 모옥에서 소왕을 제사지내네.〔猶有國人懷舊德, 一間茅屋祭昭王.〕"라는 구절이 있는데, 선성(宣城)에 초(楚)나라 소왕의 사당이 있어 당(唐)나라 때까지도 한 칸 초가에서 매년 10월 제사지냈다.

허씨는 양천(陽川)에서 나왔는데, 본조의 좌의정 침(琛)과 좌찬성 굉(硡)이 크게 현달하였다. 찬성의 4대손이 되는 주부 숙(橚)이 공의 부친이다. 창해옹은 이름이 격(格)이다. 주부는 원주 이씨(原州李氏)에게 장가들었으니, 이준(頤俊)의 딸이다. 천계(天啓) 정묘년(1627, 인조5) 공을 낳았다.

공은 자가 하창(夏昌)이다. 17세에 처음으로 글을 배웠는데 몇 해만에 성균관에 유학하여 번번이 동년배를 압도하였으며, 문사(文辭)가 호방하여 창해옹이 매우 탄복하고 칭찬하였다.

공은 태어나면서 모친을 여의었기에 종신토록 슬퍼하였다. 계모를 섬김이 효성스러워 계모가 병이 들자 곁에서 부지런히 돌보며 늘 벽에 기대어 밤을 새웠는데, 여름에는 땀에 젖어 옷이 문드러졌고 겨울에는 온몸에 눈을 맞았으니 이처럼 한 것이 10여 년이었다. 집이 가난했기에 직접 물고기를 잡고 사냥하여 맛난 음식을 올렸으며 마을에서 맛있는 음식을 얻으면 반드시 품에 넣고 돌아왔다. 부친이 병이 들자 손가락을 베어 피를 올렸으며 전후의 거상(居喪)에 모두 죽을 먹고 시묘살이 하였다.

공은 재기(才氣)를 자부하였으나 끝내 불우하여 때를 만나지 못하였다. 일가 중에 현달한 자가 있어 벼슬하도록 끌어주려 했으나 그 권세를 미워하여 거절하고 끊어버렸다. 만년에 경안도 찰방(慶安道察訪)에 제수되었는데 관소에 부임한지 몇 달 만에 벼슬을 버리고 돌아왔다. 노년에는 향산회(香山會)[60]를 본떠 오일회(五一會)라 이름하고서 스스

60 향산회(香山會) : 당나라 백거이(白居易)가 벼슬에서 물러난 나이 많은 여덟 사람과 향산(香山)에서 결성한 향산구로회(香山九老會)를 말한다.

로 즐겼다. 향년 77세에 세상을 떠났으니 돌아가신 날은 9월 4일이다.

공의 배위 진주 강씨(晉州姜氏)는 동지중추부사 열(說)의 딸이다. 공보다 14년 뒤에 세상을 떠나 광주(廣州) 소석동(小石洞)에 합장하였다. 외아들은 이름이 성(星)이고, 딸은 판관 이지순(李志洵)과 사인(士人) 이보춘(李保春), 이중석(李重晳), 정로징(鄭老徵), 이상성(李尙晟)에게 출가하였다. 외손으로 현달한 자는 문학 이위(李瑋)인데, 판관 이지순의 소생이다.

공은 성품이 강직하고 속되지 않았다. 늘 세상 걱정에 비분강개하여 일찍이 만언소(萬言疏)를 올렸으나 상께서 답하지 않았다. 현석(玄石) 박공(朴公)이 시를 지어 지음(知音)으로 인정하였는데[61], 그 시구에 "평생토록 임금과 백성을 위한 방책이 끝이 없었다.〔平生不盡君民策〕"라는 구절이 있으니 공의 포부를 알 수 있다. 그러나 이는 공에게 있어 큰일이 못된다. 지금 세상의 사대부들이 더 이상 존주(尊周)의 의리를 알지 못한지 오래되었는데, 공은 능히 이러한 의리에 간절하여 잊지 않았다. 공이 지은 소가 올라가지는 못했지만 그 말이 진실로 모두 시행되었으니, 아! 위대하도다.

성(星)이 이전에 내게 묘문을 부탁했는데 갑자기 세상을 떠났다. 유명(幽明) 사이에서 차마 효자의 마음을 상하게 할 수 없기에 가장(家狀)에서 중대한 일을 기록하여 돌려보낸다. 성의 후사가 된 자는

61 현석(玄石)……인정하였는데 : 박세채의 이 시는 한국문집총간 142집 《남계속집(南溪續集)》 권1에 〈벼슬에서 물러나 돌아온 뒤에 허하창이 찾아왔기에 써서 주다〔退歸後許夏昌來訪書以贈之〕〉라는 제목으로 실려 있는데, "허군이 금세에 바로 지기이다〔許君今世是知音〕"라는 구절이 있다.

이름이 용(鏞)이다. 명(銘)은 다음과 같다.

우뚝한 금원의 대보단	峨峨乎禁苑之壇
엄숙한 화양의 사당	肅肅乎華陽之祠
사방 이웃이 쟁기 잡고 나서니	四隣耒出
굳이 나까지 잡을 필요 있으랴[62]	何必吾爲
공의 뜻을 보려면	欲觀公志
여기에서 살피시라	請攷于玆

62 사방……있으랴 : 많은 사람이 벼슬하고 있으니 자신까지 굳이 벼슬할 것 없다는 뜻으로, 재야에서 지절(志節)을 지키며 살아가는 모습이다. 두보(杜甫)의 〈대우(大雨)〉에 "사방 이웃이 쟁기와 보삽 들고 나서니 굳이 우리집까지 잡을 필요 있으랴.〔四隣耒耜出, 何必吾家操〕"라고 한 데서 온 말이다.

판서 홍공 묘갈[63]

判書洪公墓碣

지난 숙종 즉위 초기에 명성 있고 지체 높은 공경(公卿)들이 성대하게 이어졌는데, 왕실의 지친으로서 사류(士類)를 보호하여 누차 변고를 겪으면서도 지조가 한결같았던 이는 오직 정간공(貞簡公) 홍공(洪公)뿐이다.

공은 풍산(豐山) 사람이다. 문의공(文懿公) 주원(柱元)이 선조(宣祖)의 따님 정명공주(貞明公主)에게 장가들어 영안위(永安尉)에 봉해졌는데, 공이 그 대를 이은 아들이다. 조부 예조 참판 영(霙)과 증조 대사헌 이상(履祥)은 경술과 덕행으로 세상에 이름났다.

공의 휘는 만용(萬容), 자는 백함(伯涵), 호는 금화(金華)이다. 효종 신묘년(1651, 효종2) 생원 진사 양시에 합격하고, 임인년(1662, 현종3) 정시(庭試)와 병오년(1666) 중시(重試)에 모두 장원급제하였다. 처음에 성균관 전적에 제수되었다가 예조와 병조의 좌랑으로 옮겼고, 여러 차례 사간원 정언과 사헌부 지평에 제수되었다. 경기 도사를 거쳐 옥당으로 들어가 수찬과 교리를 지냈으며, 이조 좌랑으로 있으면서 시강원 문학, 교서관 교리, 중학 교수, 지제교를 겸하였다. 헌납으로 옮겼다가 사복시 정으로 승진하였고 다시 부응교가 되었다. 정미년(1667) 도청(都廳)의 공로로 통정대부에 올랐다. 이듬해 승정원 동부

63 판서 홍공 묘갈 : 이 글은 홍만용(洪萬容, 1631~1692)의 묘갈이다. 홍만용은 본관이 풍산(豐山), 자가 백함(伯涵)이다.

승지에 제수되었다.

언관이 되어서는 학궁(學宮)에서 정인(正人)을 비방한 자[64]들의 죄를 가장 먼저 논했는데, 그 무리 남중유(南重維)가 상소하여 율곡(栗谷)과 우계(牛溪) 두 현인을 헐뜯고 이어 공까지 공격하자, 상께서 미워하여 그를 내쳤다. 서필원(徐必遠)이 할아버지 때의 일을 손자가 복수해서는 안 된다는 말을 끌어와 사론(士論)에 죄를 얻자,[65] 공이 피혐 계사를 통해 그 시비를 밝혔다. 이단하(李端夏) 공, 민시중(閔蓍重) 공, 김익경(金益炅) 공, 박장원(朴長遠) 공이 죄도 없이 견책을 받았을 때에는 공이 그때마다 일에 따라 간쟁하였다.

옥당에 있을 때에는 재이(災異)로 인해 차자(箚子)를 올려서, 성상의 뜻을 분발하고, 구습을 혁파하고, 백성의 고통을 살피고, 막힌 언로를 열고, 자주 경연을 열어 치체(治體)를 강론하기를 청하였다.

이조에 있을 때에는 장관이 재목이 안 되는 자를 승지에 의망하려 하자, 공이 불가하다고 고집하다가 그날 저녁에 하옥되고 이로 인해 파직되었다.[66] 이후 또 전주(銓注)를 다투다 성상의 뜻을 거슬러 고산

64 학궁(學宮)에서……자 : 이이(李珥)와 성혼(成渾)의 문묘(文廟) 종사(從祀)를 반대하기 위해 중학(中學)에 모였던 성균관 유생 유직(柳稷)과 진사 남중유(南重維) 등이다. 《顯宗實錄 4年 5月 19日》

65 서필원(徐必遠)이……얻자 : 당시 김만균(金萬均)이 자신의 조모가 오랑캐의 침입으로 강화도에서 죽었다는 이유로 청나라 사신 원접사(遠接使)를 사양하는 상소를 올렸다가 하옥되었는데, 이와 관련하여 송시열은 복수는 5세까지 해야 한다는 논리로 김만균을 옹호하였고, 서필원은 부자지간이 아닌 조손(祖孫) 관계에서는 경중과 선후 관계가 있어야 한다고 비난하였다.

66 장관이……파직되었다 : 이조 참판 이상진(李尙眞)이 김소(金素)를 승지의 의망에 올렸는데, 김소는 고을 수령과 변방 장수를 역임했으나 삼가지 못했다는 비난을

찰방(高山察訪)에 보임되었는데, 대신이 전형(銓衡)의 도리에 합당하였다고 아뢰어 성상이 즉시 그 말에 따라 명을 거두었다.[67] 당시 성상께서 오랫동안 병이 있어 조회를 보지 않았는데, 공이 승지로서 아뢰어 신료들을 인견하고 수신반성(修身反省)의 도를 극진히 하기를 청하자, 성상께서도 허락하였다. 우부승지로 옮겼다가 대사간, 호조 참의, 병조 참지에 제수되었다.

기유년(1669) 봄, 좌부승지로서 온천 행차를 수행하고 이조 참의로 옮겼다. 이때부터 연이어 승지, 예조와 공조의 참의, 대사간이 되었다. 당시 적신(賊臣) 오정창(吳挺昌)이 지평으로 있으면서 상소하여 터무니없이 속이고 어지럽혀 음험한 말이 많았는데, 공이 논하여 그 죄를 청하였다. 집의 이상(李翔) 공이 소를 올려 허적(許積)의 간악한 죄상을 논하자, 상께서 당론(黨論)이라고 의심하여 삭출하라는 명까지 내리시니, 공이 또 그 명을 환수하기를 청하였다. 공의 의론이 올바르고 아부하지 않음이 대체로 이러하였다.

얼마 뒤에 문의공(文懿公)이 세상을 떠났다. 상기(喪期)를 마치고 또 대사간에 제수되었다. 당시 군흉들이 국정을 어지럽혀 양사(兩司)

받은 인물이므로 홍만용이 의망에서 삭제하고자 하였다. 이 때문에 이상진이 노하여 홍만용을 추고하라고 계청하니, 현종이 홍만용의 처신에 편당하는 뜻이 있다고 하면서 문초하게 하였고 얼마 후 파면하였다. 《顯宗實錄 6年 1月 28日》

67 전주(銓注)를……거두었다 : 당시 이조에서 승지의 망단자(望單子)에 최일(崔逸)을 제외하였는데, 현종이 망단자를 다시 올리게 하여 최일을 승지에 제수하고 이를 반대한 홍만용을 고산 찰방에 보임하였다. 이때 대사간 강백년(姜栢年)과 장령 권두추(權斗樞) 등이 명을 거둘 것을 청하고 영중추부사 이경석(李景奭)도 홍만용에게 죄가 없음을 아뢰어 현종이 명을 거두었다. 《顯宗實錄 8年 3月 11日, 27日, 4月 8日》《顯宗改修實錄 8年 3月 27日》

에서 우암 선생(尤庵先生)을 멀리 유배하고 동춘 선생(同春先生)을 추탈하라는 계사를 올렸다. 이에 공이 어질고 바른 분을 해친 죄를 극력 논하자, 성상께서 나라를 저버리고 편당한다고 여겨 특별히 파직시켰다.

경신년(1680, 숙종6) 정국이 바뀌자 경기 감사(京畿監司)로 승진하고, 곧이어 한성부 우윤, 병조 참판, 도총부 부총관으로 옮겼다. 도승지가 되어 성상을 모시고 《심경(心經)》을 강할 적에 공이 말하기를,

"선왕께서 일찍이 송준길에게 이 책을 강하게 하였는데 도움이 매우 많았습니다. 지금 송시열이 조정에 있으니 자주 인접하여 때때로 질문하심이 마땅합니다. 어찌 조정에 남아 성상을 돕게 하지 않고 치사하는 청을 허락해서야 되겠습니까."

하니, 상께서 가상히 여겨 그 의견을 받아들였다.

이전에 오시수(吳始壽)가 청나라 사신이 조문 와서 치제(致祭)한 일로 인하여 그들의 말을 빌려 선왕을 무함하더니, 얼마 뒤에 일이 발각되어 국문을 받고 마침내 사사(賜死)의 명이 내려졌다가 곧바로 철회되었다. 공이 대사헌으로서 삼사(三司)의 관원을 거느리고 청대하여 그 불가함을 극력 말하니, 상께서 특별히 따라주셨다. 당시 조정의 신하들이 이 논의로 1년 동안 간쟁했으나 뜻대로 되지 않았는데, 이때에 이르러 모두들 공의 한 마디 말이 성상의 마음을 돌리는 힘을 있다고 감탄하였다.

이듬해에 도승지로서 가의대부에 올랐다. 공조와 형조와 예조의 참판, 동지돈녕부사, 동지의금부사, 동지춘추관사, 동지성균관사를 역임하였다. 일찍이 상께 아뢰기를,

"예전에 정승 정철(鄭澈)이 도승지로 있을 적에 선조(宣祖)께서 재

이(災異)를 만나 경계의 말을 구할 때 아뢴 계사가 있는데 그 말이 매우 절실하여 오늘에 행할 만합니다."

하고, 마침내 그 계본을 베껴서 올리니, 상께서 또한 가상하게 여겨 받아들였다.

이조 참판으로 옮겼다. 이해 계해년(1683, 숙종9) 3월은 인조반정 60주년 되는 해이고 공주가 아직까지 무탈하니, 영의정 김수항(金壽恒) 공이 특별히 경하할 것을 청하였다. 상께서 연회를 마련하여 음악을 베풀자, 공이 즉시 전문(箋文)을 올려 사은(謝恩)하니 당시에 영화로운 일로 여겼다. 이듬해 명성왕후 빈전도감(明聖王后殯殿都監)의 공로로 자헌대부에 오르고, 공조와 예조의 판서를 역임하였다.

을축년(1685) 모친상을 당하였다. 상기를 마치고 지중추부사와 의정부 우참찬에 제수되고 지경연을 겸하였고, 다시 대사헌에 제수되었다. 정언 정호(鄭澔)가 이전에 오도일(吳道一)의 비루하고 패악한 행실을 탄핵하였는데, 이때 이르러 지평 김홍복(金洪福)이 정호를 탄핵하려 하였다. 이에 공이 굽히지 않고 항의하다가 끝내 논체(論遞)되니, 사론(士論)이 더욱 공에게 기울었다.

겨울에 연경에 사신 갔다가 이듬해 기사년(1689) 조정으로 돌아왔다. 당시 경신년(1680, 숙종6)의 남은 간당[68]들이 다시 정권을 잡자, 즉시 병을 핑계로 상소하여 모든 직임에서 벗어난 뒤로는 문을 닫고 빈객을 만나지 않았다. 인현왕후가 폐위될 때 군흉들이 정청(庭請)하

68 경신년의 남은 간당 : 1680년에 영의정 허적(許積)의 서자 허견(許堅)이 종실 복창군(福昌君)의 3형제와 역모를 꾀하였다는 옥사가 일어났는데, 이에 연루된 자들을 말한다.

면서도 강하게 다투지 않았는데, 공은 정청의 반열에서 정색으로 반박하고 글을 지어 힘써 간하려 하니 흉도들이 더욱 미워하였다. 얼마 뒤 고양(高陽) 선영 아래로 돌아와서 날마다 술로 세월을 보내며 국사에 관여치 않았는데, 간혹 국사를 언급할 때면 눈물을 흘렸다. 얼마 지나지 않아 병들어 수레에 실려 도성 집으로 돌아왔다가 마침내 임신년(1692) 6월 6일 세상을 떠나니 향년 62세였다. 부고가 전해지자 성상께서 조회를 중지하고 규례대로 조문하고 치제하였다. 그해 8월 9일 풍덕(豐德) 조강(祖江)의 문의공 무덤 근처에 안장하였다. 지금 성상 병오년(1726, 영조2)에 정간(貞簡)이라는 시호가 내려졌다.

공은 기국과 도량이 심원하였고 말이 간엄하고 진중하였으며 공손하게 처신하고 겸손하게 남을 대하였다. 공의 출처와 거취는 늘 세상의 치란(治亂)과 함께하였고 공의 언론과 풍도는 오도(吾道)를 더욱 중하게 하였다. 공의 충성스럽고 간곡한 마음과 임금을 사랑하고 나라를 근심하는 마음은 벼슬에 나아갔을 때나 물러났을 때나 차이가 없었다. 그러나 권력 있는 자리나 중요한 직임은 뒤로 물러나 피하여 맡지 않았고 도리어 한산한 부서에서 한가로이 지내며 스스로 즐겼다. 이 때문에 비록 세상의 화난을 겪으면서도 끝내 걸려든 것이 없었다.

가정에서의 효성과 우애, 검약한 생활은 타고난 천성이었다. 백발이 되어서도 아침저녁으로 어버이 곁에서 즐겁게 해드리고 어린아이 때의 사랑을 잃지 않았다. 형제간에 재산을 나누고 분가할 때에는 서로 붙들고 울면서 차마 대번에 떠나지 못하였다. 거처하는 집이 더러 부서지고 비가 새도 고치지 않았으며, 자제들이 수리하기를 청하면 공이 금하며 말하기를,

"선친의 유적이 아직 여기에 보존되어 있는데, 어찌 차마 새롭게

바꾸겠느냐."

라고 하였으니, 그 어짊이 이러하였다. 아! 이런 점이 바로 공의 아름다운 명성과 큰 덕이 집과 나라에 빛나서 성대하게 근세의 명경(名卿)이 되어 남들이 이간할 수 없었던 이유이다. 아! 성대하도다.

공의 배위 정부인(貞夫人) 여산 송씨(礪山宋氏)는 도승지를 지내고 이조 판서에 추증된 시길(時吉)의 딸이다. 공보다 15년 먼저 세상을 떠나 공의 무덤에 합장하였으며 우암 선생이 지은 묘지가 있다.[69]

공은 5남 3녀를 두었다. 장남 중기(重箕)는 진사로 첨정을 지냈고, 차남 중범(重範)은 생원으로 첨정을 지냈고, 삼남 중연(重衍)은 진사로 부사를 지냈고, 사남 중복(重福)은 진사로 돈녕부 도정을 지냈고, 오남 중주(重疇)는 진사시에 장원으로 합격하고 참판을 지냈다. 딸은 참판 이대성(李大成), 주서 심귀서(沈龜瑞), 정랑 이사량(李師亮)에게 출가하였다. 손자는 참판 석보(錫輔)와 판서 현보(鉉輔)는 중기의 소생이고, 군수 정보(鼎輔)와 순보(錞輔)는 중범의 소생이다. 중연의 양자 감보(鑑輔)는 첨정을 지냈고, 중복의 아들 경보(鏡輔)는 정언을 지냈다. 중주의 아들은 군수 전보(銓輔), 감보(鑑輔), 진사 흠보(欽輔)이다. 내외의 증손은 많아서 다 기록할 수 없는데, 공의 제사를 받드는 자는 대사간 상한(象漢)이다. 현보(鉉輔)의 아들인 세마 봉한(鳳漢)의 따님이 우리 세자빈에 책봉되었으니, 공의 덕이 경사를 돈독히 하고 복을 길러냄이 장차 국가와 더불어 무궁할 것이다. 아! 아름답도다. 명(銘)은 다음과 같다.

69 우암……있다 : 한국문집총간 144집에 수록된 《송자대전(宋子大全)》 권187에 〈정부인송씨묘지명(貞夫人宋氏墓誌銘)〉이 실려 있다.

부유하지만 검소하고　富而能儉
귀하지만 교만하지 않았네　貴而不驕
왕실을 보좌하여　王國之毗
아름다운 명성 빛났네　令聞式昭
직분에 맡은 바를 생각하고[70]　職思其居
말을 하면 옳은 말이었네　有言則韙
간흉을 배척하고 곧음을 지켜　觝奸守貞
실각해도 후회하지 않았네　靡悔于圮
시와 술로 한가로이 지냈으니　詩酒棲遲
벼슬할 때가 아니기 때문이네　我行不時
충성하고 효도하였으니　旣忠以孝
사류가 의지하는 바였네　士類攸依
화락하게 천수를 누리고　寬樂令終
자손들 끝없이 이어졌네　子孫承承
조강의 언덕에　祖江之原
무덤이 쇠락하지 않도다　有封不陵
무덤길에 명을 새겨　銘于墓隧
무궁한 후세에 보이노라　以視無止

70 직분에……생각하고 : 《시경》 〈실솔(蟋蟀)〉에 "너무 편안하지 않은가. 직분에 맡은 바를 생각하라.〔無已大康, 職思其居.〕" 하였다.

좌랑 유공 묘갈[71]

佐郎柳公墓碣

공의 휘는 화(俰)이고 자는 숙혜(叔惠)이다. 유씨(柳氏)는 전주(全州)의 명망 높은 가문이다. 부친 휘 동민(東閔)은 참의에 추증되고, 조부 휘 영회(永會)는 군자감 정을 지냈고, 증조 휘 희사(希泗)는 승지에 추증되었다. 모친은 진주 소씨(晉州蘇氏)이다.

공은 타고난 총명으로 글을 가르치자마자 질문을 잘하여 어른들이 논란하지 못했다. 6세에 〈송도부(松濤賦)〉를 지어 신동이라 일컬어졌으며 장성해서는 여러 차례 향시(鄕試)에 1등으로 합격하였다. 병오년(1666, 현종7) 생원시에 합격하고, 임자년(1672) 정대(庭對)[72]에 급제하였다. 공이 성균관에서 공부할 적에, 윤휴(尹鑴)가 《중용》의 장구(章句)를 고친 것을 미워하여 글을 지어 주자(朱子)의 본뜻을 드러내었는데, 윤휴가 여기에 유감을 품어 이로 인해 벼슬길이 막혔다.

갑인년(1674, 숙종즉위년) 흉인 박헌(朴瀗)의 상소에 자성(慈聖)을 침범하는 말이 있었다.[73] 공이 성균관에 근무하면서 사관 조지겸(趙持謙) 공과 함께 의논하여 벌을 행하니 사론(士論)이 훌륭하게 여겼다.

71 좌랑 유공 묘갈 : 이 글은 유화(柳俰, 1631~1697)의 묘갈이다. 유화는 본관이 전주(全州), 자가 숙혜(叔惠)이다.

72 정대(庭對) : 대과의 최종 시험인 전시(殿試)에서 답하는 책문(策文)을 말한다.

73 흉인……있었다 : 박헌(朴瀗)이 송시열(宋時烈)을 극형에 처하도록 청하는 소를 지어 올렸는데, "안으로 자성의 마음을 경동시켰다.〔內以驚動慈聖之心〕"라는 내용이 있어 물의를 일으켰다.《肅宗實錄 1年 6月 14日 》

차례대로 승진하여 성균관 전적에 오르고 사헌부 감찰, 예조 정랑, 병조 좌랑을 역임하였다. 대제학 김석주(金錫胄) 공이 글 잘하는 선비를 뽑아 승문원 교검을 겸하게 하였는데, 공도 여기에 참여하였다. 외직으로는 보령(保寧)과 강령(康翎) 두 고을의 수령을 지냈다.

무진년(1688, 숙종14) 또 흥해 군수(興海郡守)에 제수되었다. 이듬해에 시사가 크게 변하자, 공은 관직에 있는 것을 좋아하지 않아 그만두고 돌아왔다. 이때부터 향리에서 자취를 감추고 더 이상 벼슬에 나아가지 않았다.

정축년(1697) 잠깐 도성에 왔다가 병에 걸려 6월 6일 세상을 떠나니, 향년 67세였다. 임실(任實) 무염산(無厭山) 곤향(坤向)의 언덕에 반장(返葬)하였다.

공은 남달리 총명한 사람으로, 글을 한번에 열 줄씩 읽어 내려갔으며 보는 대로 즉시 외웠다. 문장력이 뛰어나 수천 수백 자를 지어내었으며 사학(史學)에도 조예가 깊어 고금의 역사를 꿰뚫었다. 만년에는 《소학》과 《심경》 등의 책을 즐겨 읽었는데, 성현의 중요한 말씀을 취하여 좌우에 걸어두고 또 나무에 새겨 몸에 차고 다녔다. 몸가짐이 구차하지 않았고 재화와 여색 두 부분에 더욱 엄격하였다. 공의 부친과 조부가 율곡(栗谷)과 사계(沙溪) 두 선생의 문하에서 수학하였기 때문에 평소 집안의 가르침이 있었던 터라 공은 그다지 문예를 즐기지 않았다.

거상(居喪)을 잘하여 3년 동안 중문(中門)을 출입하지 않았으며 제사 때에는 정성을 다하여 아무리 추운 겨울에도 반드시 목욕하였다. 부친을 섬기듯 형님을 섬겼으며, 한결같이 조이도(晁以道)의 가법(家法)[74]대로 친족을 대했으니, 가정에서의 행실이 이러하였다.

관직 생활에서는 청렴하고 삼가고 부지런함을 지켰으나 또한 남이 알아주는 것을 바라지 않았다. 평소에는 화락하여 똑부러진 모난 행동을 하지 않았으나 악은 원수처럼 미워하였다. 시대를 근심하고 풍속에 분개하여 왕왕 음식을 폐하였고, 옛 충신과 열사를 언급할 때면 눈물을 흘리지 않은 적이 없었다. 늘 나라를 위해 죽으려는 뜻이 있었지만 끝내 세상에 드러낼 수 없었으니 애석하다.

처음에 공은 가난 때문에 벼슬한 것이라 거취에 개의치 않았는데 세상의 변고를 겪으면서 지절(志節)이 점점 확고해졌다. 성품이 강직하여 남들과 교류가 적었으며 현달한 사람 만나기를 더욱 부끄럽게 여겼다. 이 때문에 종신토록 불우하였지만 원망하거나 후회하지 않으며 두문불출하면서 서적을 즐겼다. 또 간간이 이름난 산수를 유람하며 울적한 마음을 풀었는데, 시문 약간 권이 집에 보관되어 있다.

공의 배위 홍양 이씨(洪陽李氏)는 호군 직(稷)의 딸로, 부녀자의 덕을 지녔다. 공보다 4년 늦게 태어나 공보다 4년 뒤에 세상을 떠났으며 공과 합장하였다. 두 아들 충옥(忠玉)과 광옥(光玉)은 모두 생원이다. 장남의 아들은 관(綰)이고, 차남의 아들은 생원 조(組)와 단(組)이다. 딸은 사인(士人) 김시증(金始增)에게 출가하였다. 휘천(輝天)과

74 조이도(晁以道)의 가법(家法) : 조이도는 조열지(晁說之, 1059~1129)로, 이도는 그의 자이다. 《소학》〈선행(善行)〉에 "근세의 오래된 가문 중에 오직 조씨(晁氏) 집안의 이도(以道)가 자제들을 잘 훈계한 덕분에 모두 법도가 있으니, 여러 집들이 모여 살면서 서로 호칭할 때에 다른 성(姓)의 어른께는 반드시 '무슨 성 몇째 아저씨 또는 몇째 형'이라고 하고, 여러 고모와 대고모의 남편에게는 반드시 '무슨 성 고모부, 또는 무슨 성 대고모부'라고 하고 감히 자(字)를 부르지 않았으며, 아버지의 벗을 말할 때에는 반드시 '무슨 성 몇째 어른'이라 하여 또한 감히 자를 부르지 않았으니, 당시의 오래된 가문과 오래된 종족들이 모두 이처럼 하지 못했다." 하였다.

휘태(輝台)는 관과 조의 소생이고, 단의 아들은 어리다. 사위의 아들 김윤광(金胤光)은 선전관을 지냈다. 조(組)가 내게 명(銘)을 청하였다. 명은 다음과 같다.

공은 남쪽 지방에서 태어나	公生南紀
문학과 행실에 짝할 이 없었네	文行寡伍
벼슬길 막 열렸건만	晉塗方闢
누가 공을 막았는가	而孰尼汝
대중은 권세에 열렬히 영합하는데[75]	衆則翕熱
공은 아첨하지 않았네	我不媚嫵
배 속이 책 상자이니[76]	維腹爲笥
그 속에 삼고의 글 담겼네	中涵三古
이것으로 스스로 즐기니	持以自娛
득실 따위 어찌 따지리오	得喪奚數
이런 특출한 기개 품고서	抱此奇氣
흙으로 돌아갔네	反歸于土
명을 새겨 숨은 공덕 드러내어	刻銘闡幽
후생들에게 보이노라	庸示來許

75 권세에 열렬히 영합하는데 : 한유(韓愈)의 〈당 고 조산대부 상서고부낭중 정군 묘지명(唐故朝散大夫尙書庫部郎中鄭君墓誌銘)〉에 "열성적으로 영합하는 일을 하지 않았다.〔不爲翕翕熱〕"라고 한 데서 온 말이다.

76 배……상자이니 : 《후한서(後漢書)》 권80 〈변소전(邊韶傳)〉에 "배가 탱탱한 것이 오경(五經)의 책 상자 같네.〔腹便便, 五經笥.〕"라고 한 데서 나온 말로, 많은 책을 읽어 기억하는 것을 말한다.

첨지 유공 묘갈[77]

僉知柳公墓碣

공의 휘는 만(曼)이고 자는 장경(長卿)으로, 완산(完山) 사람이다. 고려 말엽 보문각 직제학을 지낸 극서(克恕)가 그 시조이다. 본조에 이르러 대사간을 지낸 휘 헌(軒)은 청백리에 기록되었고, 그 3대 후손이 군기시 부정을 지낸 휘 영성(永成)이다. 부정은 철원 부사(鐵原府使)를 지낸 휘 질(秩)을 낳았는데, 정묘년(1627, 인조5) 호란(胡亂)에 위용을 세우고 죽었다. 부사는 성균관 생원인 휘 효창(孝昌)을 낳았다. 생원은 전주 이씨(全州李氏)에게 장가들었는데, 현감 경의(敬義)의 딸이다. 공은 그 소생이다.

현종 계묘년(1663, 현종4)에 생원시에 합격하였다.

숙종 갑자년(1684, 숙종10)에 문과에 급제하였는데 나이가 이미 52세였다. 갑과(甲科)로 급제하여 규례대로 사재감 직장에 제수되었다. 성균관 전적·직강·사예, 사헌부 감찰, 예조 좌랑·정랑, 종묘서 영, 예빈시 정을 역임하고, 외직으로는 전라 도사(全羅都事), 진잠 현감(鎭岑縣監), 문천 군수(文川郡守), 울산 부사(蔚山府使)를 지냈다.

무인년(1698) 승문원 판교를 거쳐 통정대부로 승진하였다. 첨지중추부사와 오위장을 지냈다.

무자년(1708) 6월 25일 세상을 떠나니 향년 76세였다. 양주(楊州)

77 첨지 유공 묘갈 : 이 글은 유만(柳曼, 1633~1708)의 묘갈이다. 유만은 본관이 완산(完山), 자가 장경(長卿)이다.

송산(松山) 경좌(庚坐)의 언덕에 안장하였다. 부인 이씨(李氏)의 무덤은 공의 무덤과 500보 정도 떨어져 있다. 부인은 효령대군(孝寧大君) 보(補)의 후손으로, 승문원 박사를 지낸 창형(昌馨)의 딸이다.

나는 일찍이 공이 대대로 명망 높은 집안 출신으로 현달해야 마땅한데도 막혀 벼슬살이 수십 년간 미관말직에 맴도는 것을 이상하게 여겼는데, 조정의 여러 차례 큰 환국에도 그 영욕이 전혀 공의 몸에 미치지 않았으니, 아마도 옛날의 이른바 덕을 감추고 자신을 숨긴 자일 것이다. 공의 외손인 징사(徵士) 공거(公擧) 이간(李柬)이 지은 가장(家狀)을 읽어보니, 공이 속류(俗流)의 사람이 아님을 알겠다.

공은 기개와 도량이 깊고 넓었으며 기쁨과 노여움을 얼굴에 드러내지 않았다. 문을 닫고 깊이 들어앉아 재산의 유무를 따지지 않고 오직 독서를 즐겨 늙어서도 변치 않았다. 때때로 흥이 이르면 자신도 모르게 손으로 춤추고 발로 굴렀으니,[78] 알지 못하는 자들은 "여기에 무슨 즐거움이 있는가?"라고 하였다. 찾아오는 자들은 성심으로 대했으나 떠난 뒤에는 더 이상 사례하지 않았다. 이른바 당습(黨習), 시호(時好), 일체의 영리(榮利) 따위를 한 번도 마음이나 입에 담은 적이 없었다. 세상 사람들은 열렬히 권세에 영합하는데 공은 담박하게 자신을 지킴

78 때때로……굴렀으니 : 매우 즐거워함을 비유하는 말이다. 《논어집주(論語集註)》 서설(序說)에 "《논어》를 읽고 난 뒤에 너무도 좋아서 곧장 자신도 모르게 손으로 춤추고 발로 구르며 뛰게 되는 자도 있다."라고 하였고, 《맹자》 〈이루 상(離婁上)〉에 "인의 실제는 어버이를 섬기는 것이고, 의의 실제는 형에게 순종하는 것이다.……음악의 실제는 이 두 가지를 즐거워하는 것이다. 즐거워하면 그런 마음이 생겨날 것이니, 생겨난다면 어찌 그만둘 수 있겠는가. 그만둘 수 없다면 자신도 모르게 발로 뛰고 손으로 춤추게 될 것이다." 하였다.

이 이러하였으니, 인간 세상에 맞지 않음이 당연하다. 또 예를 갖추어 제사를 모시고 의(義)로 자제를 가르쳐 가법(家法)의 엄격함이 볼 만하였다. 사람들 또한 공을 알 수 없었지만 남이 알아주고 알아주지 못하는 것이 공과 무슨 상관이 있겠는가. 아! 공은 마음을 고요하게 지키고 독실히 행하는 사람이라 이를 만하다.

슬하에 4남 3녀를 두었다. 아들은 춘원(春元), 춘번(春蕃), 춘근(春根), 춘식(春植)이다. 장녀는 군수 이태정(李泰貞)에게 출가하였는데, 징사 이간(李柬)이 그 아들이다. 차녀는 사인 윤동상(尹東相)에게 출가하고 삼녀는 사인 이희창(李喜昌)에게 출가하였다. 손자는 옥(䂿), 숙(塾), 학(壆), 지(至), 재(在), 각(慤), 의(懿)인데, 재는 진사이다.

춘식이 와서 명(銘)을 청하였는데, 내가 공을 미처 알지는 못하나 평소 징사의 어짊을 중하게 여긴지라 그 말을 충분히 믿을 수 있기에 마침내 사양하지 않고 쓴다. 명은 다음과 같다.

옛 우물을 먹지 않네	古井不食
그 물 맑고 차갑건만	其中湛寒
이에 내 마음 슬프도다[79]	我心爲惻
외손의 어짊으로	外孫之賢
그 덕을 믿을 수 있기에	可徵厥德
돌에 새기기를 청하노라	請刻于石

79 옛……슬프도다 : 《주역》 〈정괘(井卦) 구삼(九三)〉에 "우물을 깨끗이 치웠는 데도 먹지 않아 내 마음 슬프도다.〔井渫不食, 爲我心惻〕"라고 한 데서 온 말이다.

현령 한공 묘갈[80]

縣令韓公墓碣

우암(尤菴) 송 문정(宋文正) 선생이 계개(繼開)[81]의 책임을 맡으시니, 당시의 준재들이 그 문하에서 많이 배출되었다. 향오(嚮五) 한백기(韓伯箕) 공은 그 중에서도 가장 성대한 명성이 있었으니, 사람들이 문학(文學)과 정사(政事) 분야에 두는 것이 합당하다고 하였다. 공이 선생을 화양산(華陽山)에서 처음 뵐 적에 시를 올렸는데, 그 시는 다음과 같다.

출처는 자신에게 달렸으니 초심을 볼 수 있고	行藏在我初心見
벼슬과 은둔이 때에 합당하니 지극한 이치가 있네	顯晦隨時至理存
속객은 산수의 즐거움만 알 뿐이라	俗客但知山水樂
이러한 진미를 함께 말하기 어렵네	這般眞味與誰言

이후로도 성심으로 기뻐 복종하는 뜻을 자주 시에 드러내었다. 경례(經禮)의 설에 대해서도 선생과 편지를 주고받으며 평론한 것이 많았으며, 선생이 간혹 도성에 들어올 때면 반드시 공의 집에 묵었으니

80 현령 한공 묘갈 : 이 글은 한백기(韓伯箕, 1634~1676)의 묘갈이다. 한백기는 본관이 청주(淸州), 자가 향오(嚮五)이다.

81 계개(繼開) : 계왕성개래학(繼往聖開來學)의 준말로, 과거의 성현의 학문을 잇고 앞으로 올 후학의 길을 열어 준다는 뜻이다.

서로 깊이 부합했음을 알 수 있다.

공의 외숙 기천(沂川) 홍명하(洪命夏) 공은 묘당에 있으면서도 산림의 영수였는데, 사문(斯文)과 관련된 모든 일을 반드시 공과 상의한 뒤 결정하였다.

을묘년(1675, 숙종1) 사화(士禍)가 일어나 우암 선생이 북쪽 변방으로 유배되자, 공은 당시 증산 현감(甑山縣監)으로 있다가 즉시 벼슬을 버리고 돌아와 이듬해 병진년(1676) 43세의 나이로 세상을 떠났다. 선생이 배소(配所)에서 통곡하며 외재(畏齋) 이단하(李端夏) 공에게 편지를 보내어 "한형오(韓嚮五)의 부음은 실로 운수와 관련된 일이다." 라고 하였다.

청주 한씨(淸州韓氏)는 우리나라의 명망 있는 가문이다. 고려조의 유항(柳巷) 휘 수(脩)는 문학으로 이름이 났는데, 공이 그 후손이다. 증조 휘 효중(孝仲)은 동지중추부사를 지냈고 직언으로 혼조(昏朝 광해군)에서 절조가 드러났다. 조부 휘 필원(必遠)은 예조 참판을 지냈고, 부친 휘 여두(如斗)는 장례원 사평을 지냈다.

공은 숭정(崇禎) 갑술년(1634, 인조12)에 태어났는데 풍골이 웅건하였다. 겨우 네 살 되었을 때에 춘소(春沼) 신최(申最) 공이 기특하게 여겨 딸을 시집보내기를 허락했는데, 혼례 때 사람들이 공의 노성함을 보고는 모두 신공의 감식안에 탄복하였다.

평소에 놀러 다니는 것을 좋아하지 않고 항상 꼼짝 않고 단정히 앉아 있었기에 남들이 감히 농담을 걸지 못했으니, 엄격하고 의젓함이 이러하였다. 그러나 부모 곁에서는 온화한 기운이 넘쳐흘러 한 번도 언성 높여 말한 적이 없으며, 부모가 하고자 하는 것은 모두 뜻에 앞서 받들었다. 내외의 친척들에게도 모두 정성스러운 마음으로 대하였으며,

남과 간격을 두지 않아 어른 아이 할 것 없이 반드시 그들의 마음을 더없이 기쁘게 하였다. 신면(申冕)은 공과 인척이지만 그 사람됨을 미워하여 일찌감치 절교하였는데, 신면은 과연 패망하였다.

공의 백부 첨추공(僉樞公)과 부친 사평공(司評公)은 모두 세상을 피하려는 뜻이 있어 시속과 영합하지 않았고, 공 또한 옛 사람의 위기지학(爲己之學)에 마음을 두어 벼슬길에 뜻이 없었으나 조부 참판공의 명으로 억지로 과거공부에 힘썼다.

병오년(1666, 현종7) 생원시에 합격하고, 이듬해 금병도 찰방(金幷道察訪)에 제수되었다. 임기가 만료되어 한성부 참군으로 옮겼다.

신해년(1671) 특별히 진휼청 낭관을 선발할 적에 공이 겸하여 맡았고, 사옹원 주부로 승진하였다.

임자년(1672) 봄, 또 진휼청 낭관에 차임되었는데 병을 핑계로 그만두었고, 곧바로 서용되어 사헌부 감찰과 형조 낭관에 제수되었다.

계축년(1673)에 영릉(寧陵)을 천봉(遷奉)할 적에 도감 낭청에 차임되었다가 공조로 옮겼다. 역사를 마치고는 군자감 판관에 제수되었다. 외직으로 나가 증산 현감(甑山縣監)이 된 것은 갑인년(1674)이다.

수령으로 있을 때에는 상벌이 공평하고 백성을 보살핌이 정성스러웠으며, 묵은 폐단이 점차 혁파되어 간사하고 교활한 짓이 또한 그쳤으니, 사람들이 근세에 볼 수 없는 깨끗한 정치라고 칭송하였다. 벼슬을 그만두고 돌아올 때 권속이 아직도 관아에 있었는데, 봉고관(封庫官)이 50섬의 쌀을 덜어내어 노자에 보태주었다. 김 숙인(金淑人)이 받지 않고 물리치며 말하기를,

"남편이 청렴하게 벼슬하여 이처럼 곡식을 쌓아 둔 것은 백성을 위한 것이다. 내가 어찌 그 뜻을 본받지 않고서 명분 없는 물건을 받겠

는가."

하였으니, 여기에서 집안에 모범을 보인 일면을 알 수 있다.

젊은 포의 시절부터 성대하게 재상의 명망이 있었으며, 홍득우(洪得禹), 조상우(趙相愚)와 명성이 나란하여 삼사(三士)로 일컬어졌는데, 불행하게도 일찍 세상을 떠나 그 포부를 펴지 못하였다. 공이 세상을 떠나고 몇 년 뒤 경신년(1680)에 흉악한 무리들이 모두 쫓겨나고 우암 선생께서 돌아오셨지만 공은 볼 수 없었다.

공의 원배(元配) 평산 신씨(平山申氏)는 딸 하나를 두었는데, 도정 윤춘교(尹春敎)에게 출가하였다. 재취(再娶) 순천 김씨(順天金氏)는 환(鋎)의 딸로 1남 1녀를 두었다. 아들 중조(重朝)는 후학을 성취시킨 공로로 첨지중추부사로 품계가 오르고 효행으로 이조 참판에 추증되었고, 딸은 정랑 이의상(李宜相)에게 출가하였다. 손자 명현(命玄)은 아들 셋을 두었는데, 장남 정양(正養)은 생원으로 일찍 죽었고, 차남 성양(聖養)은 생원이고, 삼남은 경양(敬養)이다.

공은 처음에 여주(驪州) 신촌(新村)에 안장하였다가 뒤에 국내(局內)의 참판공 무덤 오른쪽 건좌(乾坐)의 언덕에 이장하였다. 명현이 경양을 보내어 명(銘)을 청하였다. 명은 다음과 같다.

공자 문하에선 오직 상이	孔門惟商
성인을 독실히 믿었다 일컬어졌네[82]	號爲篤信

82 공자……일컬어졌네 : 상(商)은 공자의 제자 자하(子夏)이다. 《맹자집주(孟子集註)》 〈공손추 상(公孫丑上)〉에 "북궁유는 남을 대적하기를 힘쓰고, 맹시사는 자신을 지키기를 오로지 하였으며, 자하는 성인을 독실히 믿었고, 증자는 자기 몸에 돌이켜

공은 한결같이 섬기는 의리[83]에	公於事一
일찍부터 자신을 다하였네	早能自盡
시대는 기울고 평탄할 때 있지만	時有平陂
뜻을 펴거나 접거나 의리는 똑같다네	義同舒卷
주인으로 삼은 데에서[84]	於所爲主
서로 부합함을 알 수 있네	相與可見
효성스럽고 유순한 덕이	孝順之德
바로 그 근원이었네	乃其根源
중도에 요절하였으니	中道夭閼
천리를 어찌 논하리오	天理寧論
노선생이 통곡하며	大老號咷
아들 잃은 듯 슬퍼하였네	哀若喪子
일명의 낮은 벼슬이건만	一命之卑
운수와 관계된다 하셨네	謂係運氣
운뢰[85]에 성대히 뜻을 두었으나	志菀雲雷

찾았다.〔黝務敵人, 舍專守己, 子夏篤信聖人, 曾子反求諸己.〕"라고 하였다.

83 한결같이 섬기는 의리 : 260쪽 주52 참조.

84 주인으로 삼은 데에서 : 송시열이 도성에 올 때면 한백기의 집에 묵었던 일을 말한다. 《맹자》〈만장 상(萬章上)〉에 "조정에 있는 신하를 살펴볼 때에는 그를 주인으로 삼고 있는 자를 살펴보고, 먼 지방에서 와서 벼슬하는 자를 살펴볼 때에는 그가 주인으로 삼고 있는 사람을 살펴보라.〔觀近臣, 以其所爲主; 觀遠臣, 以其所主.〕"라고 한 데서 온 말이다.

85 운뢰(雲雷) : 나라를 다스리는 경륜을 의미한다. 《주역》〈둔괘(屯卦) 상전(象傳)〉에 "구름과 우레가 서로 만나 이루어진 괘가 둔이다. 군자는 이 상을 보고서 경륜을 펼친다.〔雲雷屯, 君子以經綸.〕"라고 한 데서 온 말이다. 구름과 우레를 험난한 역경으

백에 하나도 시행하지 못했네	百不一施
맑아진 시대 보지 못하고	不及淸時
아, 땅 속에 묻혔구나	嗚呼窀穸
팔애시[86]는	八哀之詩
애통한 심정 고금이 똑같네	慟均今昔
내가 그 숨은 공덕 드러내어	我闡厥幽
비석에 새기노라	載勒玄石

로 보아 이를 해결하기 위해 경륜을 펼친다는 설이 있고, 구름은 은택을 비유하고 우레는 형벌을 비유하여 이 둘을 잘 활용하여 국가를 경영한다는 설이 있다.

86 팔애시(八哀詩) : 두보(杜甫)의 〈팔애시(八哀詩)〉를 말하는데, 당나라의 현신(賢臣) 왕사례(王思禮), 이광필(李光弼), 엄무(嚴武), 왕진(王璡), 이옹(李邕), 소원명(蘇元明), 정건(鄭虔), 장구령(張九齡) 등 8인의 죽음을 슬퍼하여 노래한 시이다.

현감 송공 묘갈[87]

縣監宋公墓碣

청주(淸州)에는 이른바 '삼현려(三賢閭)'라는 것이 있는데, 서부(西阜), 규암(圭菴) 형제와 그 누이동생의 남편 동주옹(東洲翁)이 살던 마을이다. 공은 서부공의 후손으로, 휘는 원석(元錫)이고 자는 선장(善長)이다. 영동(永同)에서 태어나 장성한 뒤에 부친 찰방공을 따라 청주로 옮겨와 살았다. 숙조(叔祖) 우암 선생(尤菴先生)이 공의 집 이름을 창암정사(蒼巖精舍)라 지어주었기에 그대로 창암을 호로 삼았다. 우암 선생께서 일찍이 매우 학문과 행실이 있다고 공을 칭찬하였다고 한다.

은진 송씨(恩津宋氏)는 본래 현인(賢人)이 많은데, 쌍청당(雙淸堂) 유(愉)로부터 서부까지 몇 세대가 된다. 서부의 휘는 귀수(龜壽)이다. 그 손자 방조(邦祚)는 세상에서 습정공(習靜公)이라 일컬어지는 분으로 깨끗한 명성과 곧은 절조를 지녔다. 이 분이 시영(時榮)을 낳았는데, 정축년(1637, 인조15) 호란(胡亂)에 강화도에서 위용을 세우고 죽었으며 시호는 충현(忠顯)이다. 찰방공은 그 사자(嗣子)로, 휘가 기륭(基隆)인데 행실로 이름났으며 뜻을 지키고 벼슬하지 않았다.

공은 선조의 공덕을 배태하여 아름다운 자질을 타고난 데다 찰방공이 또 엄하게 가르쳤다. 5, 6세부터 우암 선생에게 배웠고 또 동춘

87 현감 송공 묘갈 : 이 글은 송원석(宋元錫, 1635~1708)의 묘갈이다. 송원석은 본관이 은진(恩津), 자가 선장(善長)이다.

선생(同春先生)의 문하에서 공부하였는데 선생들이 귀중한 인재로 여겼다. 공은 인간의 도리와 우주의 이치를 탐구하는 공부가 있음을 일찌감치 알아 더욱 뜻을 분발하고 스스로 힘써 의심나는 것을 질정하고 더 배우기를 청하여 그침 없이 정진하다가 중년에는 병에 걸려 목숨을 잃을 뻔하였다. 얼마 뒤 동춘 선생이 세상을 떠나고 우암 선생도 군소배들에게 미움을 받자 마침내 몸으로 도(道)를 따랐으니,[88] 세상일이 수없이 번복되는 사이에 공도 늙어갔다. 공은 학문에 매진하지 못한 것을 한스럽게 생각하여 오로지 깊이 들어앉아 독서하여 안정된 경지에서 학문의 즐거움을 맛보았으니 세상에서도 공의 학문의 경지를 아는 자가 없었다.

그러나 그 볼만한 행실은 효제(孝悌)에 근본하였다. 어버이를 섬길 적에는 용모와 낯빛에 화기가 넘쳤으며 왕왕 부모 앞에서 어린아이처럼 놀았다. 두 아우와 함께 살면서 화락하여 틈이 없었으며, 아우가 죽은 뒤엔 조카를 자신의 소생처럼 보살폈다. 잡희(雜戲)를 멀리하고 실행에 힘쓰도록 자손을 가르쳤으며, 제사는 정갈하게 받들고 정성을 다하였으며 나아가고 물러남이 법도가 될 만하였다. 매일 새벽마다 사당에 배알하고 물러나 중당(中堂)에 앉았으며, 집안일을 정연하게 다스려 조리가 있었다. 향당과 이웃들이 공경하고 감복하여 종유하는 자가 많았으며, 당시 이름난 많은 공경(公卿) 중에 공을 천거하는 자가

88 몸으로 도(道)를 따랐으니 : 세상에 나가지 않고 은둔했다는 뜻으로, 《맹자》 〈진심 상(盡心上)〉에 "천하에 도가 있을 때에는 출세하여 도가 내 몸을 따르게 하고, 천하에 도가 없을 때에는 은둔하여 내 몸이 도를 따르게 한다.〔天下有道, 以道殉身, 天下無道, 以身殉道.〕"라고 한 데서 온 말이다.

많았다.

처음에 창릉 참봉(昌陵參奉)에 제수되었으나 부임하지 않았고, 나중에 특별히 6품으로 승진하여 조지서 별제가 되었으나 또 부임하지 않았다. 병자년(1696, 숙종22) 진잠 현감(鎭岑縣監)이 되었다. 공이 본래 벼슬살이를 좋아하지 않았으나 이때에 충현공(忠顯公)의 연시(延諡) 때문에 한번 부임하였는데, 마침 흉년을 만나 마음을 다하여 진휼하였다. 공을 좋아하지 않는 자가 어사로 와서 사소한 일을 꼬투리 삼아 치대(置對)하자 곧바로 명백하게 밝혔다. 공이 길에서 지은 시에 "동산에 돌아가 눕겠다.〔歸臥東山〕"라는 구절이 있었는데, 이후 익위사 위솔에 제수되어도 나아가지 않았다. 무자년(1708, 숙종34) 7월 2일 세상을 떠나니, 태어난 숭정(崇禎) 을해년(1635, 인조13)에서 74년 되는 해였다. 고을 남쪽 진곡(榛谷) 묘좌(卯坐)의 언덕에 안장하였는데 창암정사와 5리 되는 가까운 곳이다.

공의 외조는 함평(咸平) 이필원(李弼元)이다. 배위 한산 이씨(韓山李氏)는 목은(牧隱 이색)의 후손으로 상직(尙稷)의 딸인데, 검소하고 근면하여 공의 덕에 부합하였다. 공보다 4년 늦게 태어나 계해년(1683, 숙종9) 세상을 떠났으며 공이 죽은 뒤에 합장하였다.

슬하에 3남 4녀를 두었다. 장남 달원(達源)은 지극한 행실이 있었으나 공이 세상을 떠나고 몇 해만에 죽어 사우(士友)들이 애석하게 여겼다. 차남은 활원(活源)이고 삼남은 발원(發源)이다. 딸은 곽재적(郭載績), 경력 이수형(李秀衡), 윤상주(尹商柱), 이현성(李顯成)에게 출가하였다. 설원(卨源)과 철원(徹源) 및 유후(柳垕)에게 출가한 딸은 측실 소생이다. 달원의 아들은 희상(羲相)과 주상(周相)이고, 활원의 아들은 하상(夏相)이고, 발원의 아들은 한상(漢相)이다. 곽진유(郭鎭維)

·곽진보(郭鎭普)·곽진여(郭鎭輿)·곽진규(郭鎭奎), 이사겸(李思兼)·이사찬(李思贊)·이사욱(李思勖), 윤형(尹炯), 이단중(李端中)은 외손이다.

공은 기국과 도량이 장중하여 창졸간에도 급하게 말하는 법이 없었다. 용모 가득 온화한 기운이 넘쳐 가까이 친하게 지낼 수 있었으나 함부로 대할 수는 없었다. 흉금이 넓고 너그러워 남의 선을 말하기를 즐겼으며, 겁쟁이처럼 뒤로 물러났지만 마음속엔 지킴이 확고하였다. 어려서 옥천(沃川) 강가 산재(山齋)에서 우암 선생에게 수학할 적에 무덤이 가까이 있어 비가 내릴 때면 귀신 울음이 방에 진동했으나 공은 무서워하는 기색도 없이 혼자 묵었다. 한번은 한강(漢江)에 이르렀을 때 강풍으로 배가 뒤집힐 뻔하였는데, 배 안의 사람들이 황급히 하늘에 목숨을 빌다가 관을 똑바로 쓰고 단정히 앉은 공의 모습을 보고서 모두 기이하게 여겼다.

공이 만년에 자주 병을 앓자, 어떤 이가 집을 옮겨 재앙을 물리치기를 권하였다. 공이 웃으며 말하기를,

"귀신이 병의 빌미가 되었다면 도망갈 수 있겠는가."

하였으니, 집안사람들이 감히 무당을 데려다 기도하고 제사지내지 못했다. 가업(家業)이 쇠락해도 전혀 개의치 않고서 간간이 붕우들과 산수를 소요하며 술 마시고 시를 읊는 것으로 즐거움을 삼았다. 일을 할 적에는 반드시 원대하게 도모하기를 추구하였고, 선을 행할 적에는 반드시 작은 행실에 신중하였다. 남이 하기 어려운 일을 구차하게 행하여 대중들보다 고상하게 굴지 않았으며, 교묘하고 민첩하게 행동하여 시대에 맞추기를 좋아하지 않았으니, 그 타고난 본성이 이러하였다. 《대학》을 즐겨 읽고 또 밤에는 〈서명(西銘)〉과 《심경(心經)》을

외웠는데, 늙어서도 게을리하지 않았다. 수암(遂菴) 권공(權公)이 공의 부음을 듣고서 통곡하기를,

"덕 있는 어른이 돌아가셨으니 우리 도가 더욱 외로워졌다."

하였으니, 공이 존중을 받음이 이와 같았다.

희상이 가학(家學)을 잘 계승하였는데, 공의 사적을 엮어 사람을 보내어 명(銘)을 청했으니, 나와 누대에 걸친 집안의 우호가 있기 때문이다. 명은 다음과 같다.

《시경》에 이르기를, 공손한 사람은	詩云恭人
그 덕이 온화하다 하였네[89]	維德溫溫
누가 그 아름다운 덕을 주었나	孰賦厥美
공은 연원이 있네	公有淵源
대현의 종자요	大賢之宗
충신의 손자라네	忠臣之孫
몸소 행하여 미루어나가니	自躬而推
행실이 집안에서 믿음을 받았네	行孚于家
이웃에까지 두루 미치니	施及鄉隣
덕에 물들고 화기에 젖었네	薰德飮和
내가 그 모습 상상하건대	我想其容
깊은 사랑이 마음에 쌓였네	深愛積中
세도가 누차 변하는 사이에	世道累嬗

89 시경에……하였네 : 《시경》 〈대아(大雅) 억(抑)〉에 "온화하고 공손한 사람이여, 오직 덕을 닦는 기초로다.〔溫溫恭人, 維德之基.〕" 하였다.

공의 머리도 백발이 되었네	公髮亦華
좌우에 솔과 국화를 심고서	左松右菊
산림에서 한가로이 지냈네	林也婆娑
공에게는 시서가 있었으니	我有詩書
아 참으로 즐거웠네[90]	其樂只且
공경할 곳은 어디인가	疇其式者
세 현인의 마을이라네	三賢之閭
어찌 사는 사람이 없으랴	豈無居人
아, 공을 떠올릴 수 있네	噫公可思
내가 숨겨진 덕을 드러내어	我闡潛德
이 명시를 짓노라	作此銘詩

90 아 참으로 즐거웠네 : 원문의 '기락지차(其樂只且)'는 《시경》 〈군자양양(君子陽陽)〉의 "군자는 기분이 좋아서 왼손에는 생황을 들고 오른손으론 나를 방중악으로 부르니 아 참으로 즐겁도다.〔君子陽陽, 左執簧, 右招我由房, 其樂只且.〕"라는 구절에서 차용한 것이다.

좌랑 최공 묘갈[91]

佐郎崔公墓碣

숙종 신사년(1701, 숙종27) 6월, 최홍전(崔弘甸) 공이 향년 66세의 나이로 한양(漢陽)에서 세상을 떠나니, 정승 이여(李畬) 등 여러 사람이 널과 여러 상구(喪具)를 갖추어 홍양(興陽)의 중산(中山)에 반장(返葬)하였다. 수암(遂菴) 권상하(權尙夏) 공이 이미 그 행록(行錄)을 기록하였고,[92] 삼주(三州) 이재(李縡)가 그 묘갈을 쓴다.

공의 자는 수회(壽會)로, 태어날 때에 특이한 꿈이 있었다. 한미한 집안에서 일어나 힘써 공부하여 명경과에 급제하였다. 천문이나 역법, 풍수는 근세의 유학자들이 배우지 않는 분야인데 공은 여기에도 능하였다. 또 운기(雲氣)를 잘 살펴 말이 대체로 들어맞았으며 《주역》에 가장 심오하였다. 그러나 만년에는 《심경》과 《근사록》을 즐겨 읽었으니, 그 학문의 영역이 넓었지만 끝내는 바른 길로 돌아왔다.

성품이 지극히 효성스러워 부모가 돌아가신 뒤로 글을 읽다가 '부모'라는 글자가 나오면 눈물을 흘렸다. 우암 선생(尤菴先生)을 독실하게 믿어 일찍이 말하기를,

"공자(孔子)는 《춘추》를 지으시고 주자(朱子)는 《강목》을 기술하셨

91 좌랑 최공 묘갈 : 이 글은 최홍전(崔弘甸, 1636~1701)의 묘갈이다. 최홍전은 본관이 탐진(耽津), 자가 수회(壽會)이다.

92 수암(遂菴)……기록하였고 : 한국문집총간 151집에 수록된 《한수재집(寒水齋集)》 권34에 〈현감최군행록(縣監崔君行錄)〉이 실려 있다.

다. 우리나라에서는 오직 이 노선생이 이러한 의리를 짊어지셨건만, 음험한 말을 지어내어 상대방의 공격을 돕는 것은 어째서인가?" 하였다.

기사년(1689, 숙종15)의 화가 일어나자 곧바로 벼슬을 버리고 돌아와 산과 바다를 방랑하였다. 어떤 이가 벼슬하기를 권하자, 편지를 보내어 답하기를,

"군이 보기에 두우성(牛斗星) 남쪽의 소미성(少微星)[93]이 어떠한가?" 하였다. 전후로 두 번 찰방을 지내고 음죽 현감(陰竹縣監)에 제수되었으나 권력자를 거슬러 부임하지 못하였고, 벼슬이 공조 좌랑을 넘지 못했다.

공은 용모가 헌칠하지 않은데다 말도 어눌하고 세속 사이에 어울리지 않았기에 사람들이 공을 알지 못했다. 공은 연기술(鍊氣術)[94]을 터득하여 몇 달 동안 굶어도 배고프지 않았는데, 작은 질병에 걸려 사람들과 천문을 논하다가 반나절 만에 잠자는 듯이 조용히 세상을 떠났다. 일찍이 들으니 공이 《참동계(參同契)》의 주석을 냈다고 하니, 어찌 또한 공동도사(崆峒道士)[95]의 남은 뜻이 아니겠는가.

최씨는 탐진군(耽津君) 사전(思全)에서 나왔으며 대대로 보성(寶城)에 살았다. 조부는 몽득(夢得)이고 부친은 남진(南振)이며 모친은

93 소미성(少微星) : 처사(處士), 즉 벼슬에 나아가지 않고 은거하는 덕망이 높은 선비를 가리킨다. 《사기정의(史記正義)》 권27 〈천관서(天官書)〉의 주(註)에 "소미성이 빛나면 처사가 세상에 나오고 소미성이 빛을 잃으면 그 반대이다." 하였다.

94 연기술(鍊氣術) : 심기(心氣)를 단련하는 도가(道家)의 기공(氣工)이다.

95 공동도사(崆峒道士) : 주희(朱熹)를 말한다. 주희가 자신이 지은 《참동계고이(參同契考異)》 말미에 '공동도사추흔(崆峒道士鄒訢)'이라고 한 데서 온 말이다.

모군 김씨(某郡金氏)이다. 두 아들은 태악(台岳)과 화악(華岳)인데, 화악이 수암(遂菴)의 문하에서 수학했다고 한다.

호군 이공 묘갈[96]

護軍李公墓碣

우암 선생(尤菴先生)께서 봉산(蓬山)에 위리안치되고 아침저녁으로 화를 예측할 수 없었던 때에 마침 큰 가뭄으로 인해 이동형(李東亨) 공이 홀로 수백 자 상소를 지어 궐문에서 선생의 원통함을 호소하자, 흉도들이 공을 경원(慶源)에 유배하였다. 이는 무오년(1678, 숙종4) 6월의 일로, 경원은 도성과 2천여 리 떨어진 곳이다.

처음 상소를 올릴 적에 공이 살아계신 노모 때문에 한동안 머뭇거렸는데, 김 부인(金夫人)이 아들의 뜻을 알고서,

"생삼사일(生三事一)[97]이 의(義)이다. 나는 범방(范滂)의 어머니[98]에게 비웃음당할까 두렵다."

하니, 공이 마침내 떠나기로 결심을 하였다. 이별할 때 김 부인은 태연하게 처신하였다. 우암 선생께서 이 이야기를 듣고서 말씀하기를,

"아! 이 사람이 이런 아들을 둔 것이 마땅하구나."

하였다.

96 호군 이공 묘갈 : 이 글은 이동형(李東亨, 1637～1717)의 묘갈이다. 이동형은 본관이 여주(驪州), 자가 태경(泰卿)이다.

97 생삼사일(生三事一) : 260쪽 주52 참조.

98 범방(范滂)의 어머니 : 후한(後漢)의 범방(范滂)이 죽음의 길로 떠나면서 어머니에게 마지막 인사를 드리자, 그 어머니가 "네가 이제 이응(李膺), 두밀(杜密)과 이름을 나란히 할 수 있게 되었으니, 죽는다 한들 또 무슨 유감이 있겠느냐."라고 위로하였다. 《後漢書 卷67 黨錮列傳 范滂》

이전에 김 부인의 병이 위독했을 때에 공도 동시에 전염병에 걸렸지만 자력으로 손가락에 피를 내어 올려 부인이 건강을 되찾았는데, 이후 10년의 세월이 흐르고 공이 석방되어 돌아왔을 때 부인은 이미 1년 전 세상을 떠나고 없었으니, 듣는 자들이 슬퍼하였다.

공의 자는 태경(泰卿)이고, 여주(驪州) 사람이다. 족보에 보이는 자로 고려 때에 한림학사를 지낸 고(皐)와 본조에서 이조 참판을 지낸 심(審)이 가장 현달하였다. 휘 치(錙)는 판관을 지냈는데, 임진왜란 때에 체찰부(體察府)를 위해 백의종사(白衣從事)하여[99] 특별히 좌승지에 추증되었다. 이 분이 사의(司議) 휘 덕언(德言)을 낳았으니, 송강(松江)의 문인으로 사우들에게 중망을 받았으며 또한 승지에 추증되었다. 이 분이 휘 훤(烜)을 낳았으니, 진사로서 참판에 추증되었는데 바로 공의 부친이다. 모친은 본적이 순천(順天)으로, 현감 김일신(金日新)의 딸이다.

공은 숭정(崇禎) 정축년(1637, 인조15) 태어나 계축년(1673, 현종14) 사마시에 합격하였다. 젊은 시절부터 우암 선생을 스승으로 섬겼는데 선생께서 그 기개를 인정하였다. 유배지에 있을 때에는 북쪽 지방의 무지한 풍속을 안타깝게 여겨 재능이 출중한 자를 선발하여 《소학》을 가르치고 사례(四禮)를 강하여 성취시킨 자가 많았다. 김 부인의 부고를 듣고는 통곡하며 발 구르다가 갑자기 기절하고 열흘 동안 음료를 입에 대지 않으니, 경원 사람들이 효자라고 감탄하였다.

99 임진왜란……백의종사(白衣從事)하여 : 한국문집총간 197집에 수록된 《여호집(黎湖集)》 권27 〈간성군수이공묘지명(杆城郡守李公墓誌銘)〉에 따르면, 이치(李錙)는 평민의 신분으로 불려와 체부 종사관(軆府從事官)이 되었다.

임술년(1682, 숙종8)에 제릉 참봉(齊陵參奉)에 제수되었다. 서차에 따라 전옥서 봉사로 옮겼는데, 감옥 안의 더러운 것을 깨끗하게 치워 죄수들이 잇따라 죽는 일이 없게 되었다. 선공감 직장을 거쳐 종부시와 군자감으로 옮겼다가 전생서 주부로 승진하고 사헌부 감찰로 옮겼다. 길에서 높은 관원을 만나면 피하지 않고 공복(公服) 차림으로 두 손을 모으고 서 있었으므로 대신(大臣)도 내려서 읍하였으니, 이것이 바로 옛 규례이다. 호조와 형조의 낭관, 사직서 영, 한성부의 판관과 서윤을 역임하였다. 외직으로는 신령 현감(新寧縣監), 배천 군수(白川郡守), 간성 군수(杆城郡守)를 지냈다.

신령 현감으로 재직시에는 향약(鄕約)을 설치하고 백성들의 요역(徭役)을 줄여주었으며 효성이 뛰어난 자와 나이 많은 사람을 찾아내어 음식물을 두루 내렸다. 또 우암 선생에게 화가 일어나자 그날로 벼슬을 버리고 돌아왔다.

을해년(1695, 숙종21) 크게 기근이 들고 배천군이 몹시 심했는데, 공이 공무로 대궐에 나아갔을 때 상께서 불러 들여 면유(勉諭)하셨다. 공이 물러나와 울면서 마음을 다해 진휼하니 굶어죽은 백성이 없었다. 이웃 고을 백성이 억울하게 강상(綱常)의 큰 옥사에 걸리자 공이 한마디로 시비를 가려 판결하였다. 사람들은 신명하다고 칭했으나 어사가 협사율(挾私律)로 논하는 바람에 파직되고, 간성 군수로 있을 때에도 대신(臺臣)에게 탄핵되어 떠났는데, 두 고을 사람들이 그때마다 대궐 아래로 달려가 공의 억울함을 호소하였다.

수원(水原) 광교산(光敎山) 아래로 돌아가 초가를 지어 다양한 꽃과 나무를 심어놓고 그 사이에서 시를 읊으면서 집에 식량이 자주 떨어져도 개의치 않았다. 만년에는 좌수운 판관(左水運判官)에 제수되고 통정대부로 올랐다. 숙종께서 온천에 행행하실 때 다시 가선대부로 승진하였으니 노인을 우대하는 은전 덕분이었다. 오위장에 제수되었으나 부임하지 않고 81세의 나이로 세상을 떠났다.

공은 사람됨이 헌걸차고 활달하였으며 담론을 좋아하고 음주를 즐겼으니, 자제들이 일찍이 공이 눈썹을 찌푸리는 모습을 본 적이 없다. 그러나 불쌍한 사람을 보면 눈물을 줄줄 흘렸고, 고을을 다스릴 때엔 문을 활짝 열어놓아 궁핍한 친족이 찾아가 의지하였다. 혼수를 마련하여 사위를 맞을 때에는 자신의 딸을 제쳐두고 형님의 딸을 우선하였으며, 먼 조상을 위해 제전(祭田)을 두고, 종족을 규합하여 계법(契法)을 세웠다. 또 붕우들과 돈독하여 참마(驂馬)를 벗기고[100] 수의(襚衣)를 보내는 일에 난색을 표하지 않았으며, 부고가 이르면 반드시 곡위(哭位)를 만들어 곡하였다. 일가의 논의가 서로 어긋나도 그 사이에서 여유롭게 잘 처신하였다. 평소에 입으로 시비를 말하지 않았지만 혹 사문(師門)을 범하는 말에는 노하여 꾸짖어 대번에 수염이 빳빳하게 뻗쳤다.

배위 은진 송씨(恩津宋氏)는 찰방을 지내고 참판에 추증된 국헌(國憲)의 딸이다. 공보다 먼저 세상을 떠나 청주(淸州) 조차산(造次山) 해좌(亥坐)의 언덕에 안장하였다. 공은 처음에는 광주(廣州)에 안장했다가 4년 뒤 경자년(1720, 숙종46) 이곳으로 옮겨 합장하였다.

100 참마(驂馬)를 벗기고 : 부의(賻儀)를 보내는 것을 말한다. 공자(孔子)가 위(衛)나라를 지날 때 옛날 여관 주인의 상을 접하고는 들어가서 슬피 곡하고 나온 뒤 자공(子貢)으로 하여금 수레에 매인 참마를 벗겨 부의로 내게 했던 고사에서 온 말이다. 《禮記 檀弓上》

아들 둘을 두었는데, 응(膺)은 문과에 급제하고 장령을 지냈고, 하(廈)는 직장을 지냈다. 사위는 사인(士人) 서종만(徐宗萬), 판서에 추증된 조태하(趙泰夏), 교관 송유원(宋有源), 사인 유명권(柳命權)이다. 염(廉)과 후(厚)는 측실 소생이다. 수룡(壽龍), 수악(壽岳) 및 정언 박필균(朴弼均)에게 시집간 딸은 장남의 소생이다. 수송(壽松), 수백(壽栢) 및 진사 황붕하(黃鵬河), 사인 김전(金砼)에게 시집간 딸은 차남의 소생이다. 세 사위의 아들은 서명즙(徐命楫), 서명해(徐命楷), 서명량(徐命樑), 서명식(徐命栻), 병사 조호신(趙虎臣), 송득상(宋得相), 송옥상(宋沃相), 송명상(宋命相), 송봉상(宋鳳相)이다.

나는 공을 뵙지는 못했으나 공의 행장을 통하여 공의 실제 행동을 알 수 있었다. 벼슬할 때와 집에 있을 때의 행실에 기록할 만한 것이 한둘이 아니지만 이보다 더 큰 일이 있다. 영릉(寧陵 효종)의 성세(盛際)에 우암 선생이 조정에서 은밀한 계획을 세웠는데, 공은 당시 선생을 뵙기 이전이고 약관의 어린 나이였지만 손으로 검을 어루만지며 말하기를, "좋은 기회다, 좋은 기회다!"[101]라고 하였으며, 〈출사표(出師表)〉를 읽을 때마다 개연히 크게 탄식하였으니, 그 지기(志氣)가 크다고 이를 만하다. 근세의 사대부들이 더 이상 '복수하여 치욕을 씻는다.〔復雪〕'라는 두 글자를 알지 못한지 오래되었으니, 아! 공과 같은 사람을 어디에서 얻는단 말인가. 이것이 바로 선생의 제자가 되는데 손색이

101 좋은……기회다 : 청나라에 복수할 좋은 기회라는 말이다. 이는 괴통(蒯通)이 한신(韓信)을 찾아가 모반을 종용할 때 한 말로, "공은 이루기는 어려워도 망치기는 쉽고, 때는 얻기는 어려워도 잃기는 쉽다. 지금과 같은 좋은 때는 다시 오지 않을 것이다.〔夫功者難成而易敗, 時者難得而易失也. 時乎時乎不再來.〕" 하였다.

없는 점이다. 명(銘)은 다음과 같다.

아, 이 노인은	嗟哉是翁
문서 속에 파묻혔다가	陸沈兮朱墨
오두막에서 질장구치고 노래하였네[102]	缶歌兮蓬蓽
소싯적 장대한 마음 그 누가 알리요	少時壯心兮誰知
옛 검의 광채 서릿발 같았네	古劒顔色兮霜雪
아득히 험준한 길에서 두 다리 피가 났지만	雲天嶔兮兩脚血
생삼사일(生三事一)의 의리는 해처럼 빛났네	事如一兮義炳日
지금 사람들은 어찌 유독 이런 본성이 없는가	今之人何獨無此性兮
더러 상대의 공격을 도와 스스로 끊어버렸네	或助攻而自絶
내가 그 큰일을 모아 기록하여	我最其大兮
우매한 자를 꾸짖노라	昧者之呾

102 질장구치고 노래하였네 : 생사(生死)의 이치를 잘 알아 편안하고 즐겁게 노년을 마무리했다는 뜻이다. 《주역》 〈이괘(離卦) 구삼(九三)〉에 "기운 해가 걸려 있음이니, 질장구를 두드리며 노래하지 않으면 노년을 한탄하는 것이니 흉하다.〔日昃之離, 不鼓缶而歌, 則大耋之嗟, 凶.〕"라고 한 데서 온 말이다.

참봉 정공 묘갈[103]

參奉鄭公墓碣

정씨(鄭氏)는 연일(延日)에서 나왔다. 포은(圃隱) 선생은 고려 말엽 국운이 끝난 때에 나라와 함께 죽어 그 순결한 충정과 큰 절개가 곧장 일월과 빛을 다투었고, 또 성리학(性理學)을 창도하여 밝혀 우리나라 3백년간 문명의 정치를 열었으니, 문정공(文正公) 우암(尤菴) 송 선생(宋先生)께서 신도비를 세워 천양(闡揚)하였다.[104] 그 손자 감찰 휘 보(保)는 세조(世祖) 병자년(1456, 세조2) 옥사 때에 육신(六臣)을 위해 강개한 마음으로 죽고자 하여 친국(親鞫)을 받으면서도 굽히지 않았는데, 환형(轘刑)을 행하려다가 충신의 손자라는 이유로 특별히 목숨을 살려주었다. 몇 대를 지나 또 전첨(典籤) 휘 준(儁)은 병자호란 때에 최명길(崔鳴吉) 등이 비석에 전공(戰功)을 기리고 비각(碑閣)을 세워 오랑캐에게 아첨하자, 와서 별제(瓦署別提)로서 수치스러워 기와를 공급하고 싶지 않아 마침내 벼슬을 그만두었다. 나는 외람되게도 이 두 공을 위해 묘지명을 지었다.[105] 아! 정씨 가문에 어찌 이리도

103 참봉 정공 묘갈 : 이 글은 정성징(鄭星徵, 1639~1699)의 묘갈이다. 정성징은 본관이 연일(延日), 자가 문보(文甫)이다.

104 문정공……천양(闡揚)하였다 : 한국문집총간 113집에 수록된 《송자대전(宋子大全)》 권154에 〈포은 정 선생 신도비명(圃隱鄭先生神道碑銘)〉이 실려 있다.

105 나는……지었다 : 정보(鄭保)의 묘문인 〈감찰 설곡 정공 묘표〔監察雪谷鄭公墓表〕〉은 본서 제38권에 실려 있고, 정보(鄭儁)의 묘문인 〈전첨 정공 묘갈〔典籤鄭公墓碣〕〉은 본서 제31권에 실려 있다.

현자가 많은가.

공의 휘는 성징(星徵)이고 자는 문보(文甫)이다. 군수를 지내고 승지에 추증된 부친 운한(雲翰)은 전첨의 아들이고, 감찰은 전첨의 몇 대 조상이다. 공은 뛰어난 재주를 지니고 태어나 문사(文辭)를 일찍 성취하여 여러 차례 향시에 합격하였다. 그러나 일찍 부친을 여의고 형제도 없어 세상일에 뜻을 두지 않고 문을 닫고 깊이 들어앉아 농사에 뜻을 붙여 고인(古人)의 곡식 가꾸는 묘미를 깊이 얻었다.

포은 선생의 종손 찬광(纘光)이 일찍 죽어 그 고아들이 곤궁하고 의지할 곳이 없자, 공이 마음을 다하고 힘을 다하여 종갓집 일을 대신 행하였다. 여러 종인(宗人)들과 도모하여 사당을 옮겨지으려는 차에 마침 당시 재상으로 있던 오시수(吳始壽)가 성상께 아뢰어 지어주라는 명을 유사(有司)에게 내려졌다. 또 종손이 어리다는 이유로 특별히 공을 장릉 참봉(章陵參奉)에 제수하여 임시로 선생의 제사를 받들게 하니, 공이 마지못해 힘써 명에 응했으나 뜻은 즐겁지 않았다.

경신년(1680, 숙종6) 정국이 바뀌자 정승 노봉(老峰) 민정중(閔鼎重) 공이 별도로 영당(影堂)을 세워 후학들이 편리하게 참배하도록 청하고, 얼마 뒤에 우암 선생께서 또 호서(湖西)를 떠도는 찬광의 아들에게 늠료(廩料)를 지급하여 속히 돌아가 사당을 지키게 하기를 청하니, 공이 기뻐하며 말하기를, "나의 일이 끝났다."라고 하였다. 마침 임기가 만료되어 규례대로 전옥서 봉사로 승진하였으나 마침내 그날로 벼슬을 버리고 돌아왔으니, 우암 선생이 이를 듣고서 훌륭하게 여겼다.

공은 이때부터 완전히 시골로 돌아가 지족(知足)으로 당명(堂名)을 삼고서 그 속에서 유유자적 지내며 양식이 떨어져도 태연하였다. 《논어》와 주자(朱子)의 글을 즐겨 읽어 늙어서도 게을리하지 않았다. 승지공의 무덤이 좋지 않아 홍산(鴻山)으로 이장하였는데, 공이 노쇠하고 병들어 왕래할 수 없자, 장공예(張公藝)의 고사[106]를 본받아 새 무덤 가까운 곳에 집을 지어 여러 조카를 데리고 함께 살고자 하였으나, 심한 기근으로 뜻을 이루지 못했다. 병으로 청양(靑陽)의 우사(寓舍)에서 세상을 떠나니, 기묘년(1699, 숙종25) 윤7월, 향년 61세였다. 명정(銘旌)에 관명(官名)을 쓰지 말라고 유언하였으니 애초에 벼슬에 나아간 것을 부끄럽게 여겼기 때문이다. 홍산(鴻山)의 추곡(鄒谷)에 안장하니, 승지공의 무덤과 십여 리 떨어진 곳이다.

공은 남양(南陽) 홍집(洪鏶)의 따님에게 장가들어 6남 2녀를 낳았다. 아들은 찬일(纘一), 찬빈(纘彬), 찬형(纘馨), 찬연(纘淵), 찬명(纘明)이고, 막내는 장가들기 전에 죽었다. 사위는 사인(士人) 김주남(金柱南)과 유일성(柳一星)이다. 여러 손자는 추(錘), 수(銖), 순(錞), 함(鋡), 협(鋏), 탁(鐸), 전(鐫), 윤(錀), 옥(鈺)이다. 윤(錀)은 찬형(纘馨)의 아들로 찬명(纘明)의 후사가 된 자인데, 멀리 찾아와서 내게 명(銘)을 청하였다.

공의 온아한 자질과 돈독하고 화목한 행실이 이미 종당(宗黨)과 향리(鄕里)에서 존중을 받았으나, 본래 조용한 성격으로 교류를 좋아하지 않고 자신을 뽐내고 자랑하지 않았기에 공을 아는 자가 적었다. 게다가 불행하게도 험난하고 비색한 때를 만나 끝내 일명(一命)의 관

106 장공예(張公藝)의 고사 : 장공예는 당(唐)나라 수장(壽張) 사람으로, 9대의 친족이 한집에 모여 화목하게 살았다. 고종(高宗)이 직접 그의 집을 방문하여 그 비결을 묻자, 그는 글자를 써서 대답하겠다며 지필(紙筆)을 청해 단지 참을 인(忍) 자만 백여 개를 써서 올리니, 이는 상하 간에 불평과 불만을 서로 참아야 한다는 뜻이었다. 이것을 본 고종이 감격하여 눈물을 흘리며 비단을 하사하였다. 《舊唐書 卷188 孝友列傳》

직에 그치고 말았으니 어찌 곤궁한 명운이 아니겠는가. 내가 짐짓 공의 선대의 아름다운 덕과 사업 가운데 중대한 것을 차례로 서술하여 공의 어짊이 유래가 있음을 드러내었는데 공이 크게 수립하여 선조의 공업에 광채를 보태지 못한 것이 거듭 안타깝다. 명(銘)은 다음과 같다.

《주역》〈비괘〉에	在易之比
비인을 경계하였네[107]	戒存匪人
아, 공이 일명에 그친 것은	噫公一命
좋은 않은 때를 만나서라네	偶丁不辰
녹봉을 위해 억지로 벼슬살이했으나	黽勉祿仕
끝내 속세에 물들지 않았네	卒無緇磷
맑은 시대를 만났지만	雖見淸時
농민의 삶을 달게 여겼네	自甘農民
독서하고 분수 지키며	讀書安分
자신의 몸을 마쳤네	以終厥身
아, 포은 선생에 대하여	嗚呼圃翁
현친[108]의 의리를 겸하였네	義兼賢親
어떻게 선조를 욕되게 하지 않았나	曷云無忝
자중자애하였을 뿐이네	秖足自珍

107 주역……경계하였네 : 《주역》〈비괘(比卦) 육삼(六三) 상전(象傳)〉에 "좋지 않은 사람을 친애함이 해롭지 않겠는가.〔比之匪人, 不亦傷乎?〕" 하였다. 비인(匪人)은 행위가 바르지 못한 사람을 말한다.

108 현친(賢親) : 현현친친(賢賢親親)으로, 어진 이를 어질게 여기고 친척을 친하게 대하는 것을 말한다.

내가 그 뜻을 드러내어	我表其志
비석에 새기노라	以刻貞珉

주부 경암 이공 묘갈[109]

主簿敬菴李公墓碣

주자(朱子)가 일찍이 경(敬)에 들어가는 방법을 차례로 거론하였는데, 정자(程子)의 '주일무적(主一無適)'의 가르침을 첫 번째로 말씀하시고, 사씨(謝氏)와 윤씨(尹氏) 여러 선생의 설을 다음으로 말씀하였으니,[110] 힘을 쓰는 차례가 이보다 더 상세한 것이 없다. 후학들이 이 책을 읽지 않은 것은 아니지만 참으로 알고서 실천한 사람은 드문데, 근세에 이행태(李行泰) 공이 이것을 자신의 소임으로 삼아 종신토록 힘써 지켜 죽은 뒤에야 그쳤다. 이에 학자들이 경암 선생(敬菴先生)이라 일컬었으니, 이 이름에 거의 부끄러움이 없다고 사람들은 말한다.

공의 자는 태이(泰而)이고, 전의(全義) 사람이다. 두 살에 아버지를 여의었다. 어려서부터 지극한 행실이 있어 특별한 음식을 얻으면 "우리

109 주부……묘갈 : 이 글은 이행태(李行泰, 1580～1658)의 묘갈이다. 이행태는 본관이 전의(全義), 자가 태이(泰而)이다.

110 주자(朱子)가……말씀하였으니 : 주희(朱熹)의 《대학혹문(大學或問)》에 "경(敬)은 성학(聖學)의 처음과 끝이다.……그렇다면 이른바 경(敬)이라는 것은 또 어떻게 힘써야 하는가. 정자(程子)는 이에 대해서 '일(一)을 주장하여 다른 데로 나감이 없다.〔主一無適〕'라고 말씀하신 적이 있고, '외면을 정제하고 엄숙히 한다.〔整齊嚴肅〕'라고 말씀하신 적이 있다. 그 문인 사씨(謝氏 사양좌(謝良佐))의 설에는 또 이른바 '항상 또렷이 깨어 있게 하는 방법〔常惺惺法〕'이라는 것이 있고, 윤씨(尹氏 윤돈(尹焞))의 설에는 또 이른바 '이 마음을 수렴하여 어떠한 물건도 용납하지 않는다.〔其心收斂, 不容一物.〕'라는 것이 있다. 이 몇 가지 설을 살펴보면 그 힘쓰는 방법을 알 수 있다." 하였다.

어머니께서 드셨는가?"라고 말하고, 모부인이 먹지 않았으면 자신도 먹지 않았다. 독서를 좋아하여 밤낮 쉬지 않고 글을 읽었으며 장성해서는 과거공부에 힘써 여러 차례 향시에 합격하였다. 33세에 우연히 마음의 병을 앓고는 문득 "학문이 아니면 사람다운 사람이 될 수 없다."는 율곡(栗谷) 선생의 말씀에 감발(感發)하여 마침내 과거공부를 완전히 그만두고 학문에 종사하였다.

갑인년(1614, 광해군6) 처음으로 현석(玄石) 박선생(朴先生)에게 수학하여 날마다 《소학》, 《대학》, 《심경》, 《근사록》 등의 책을 읽었다. 혼정신성(昏定晨省)의 여가에는 높이 공수(拱手)하고서 종일토록 움직이지 않았으며, 집안에 자주 양식이 떨어져도 태연히 독서하여 정신이 더욱 맑고 왕성하였다. 사람들이 잠시 중단할 것을 권하면,

"나는 스스로 이것을 즐길 뿐이다."

하고, 또 웃으며 말하기를,

"비록 굶주릴지라도 독서 말고 무슨 일을 하겠는가."

하였다. 만학(晩學)으로서 반드시 '인일기백(人一己百)'[111]의 공부가 필요하다는 생각으로 더욱 엄격히 뜻을 다잡아 학문이 크게 진보하였다.

계해년(1623, 인조1) 모부인의 상을 당하였다. 이후에는 또 사문(師門) 가까이로 나아가 강교(江郊)로 옮겨가서 살았다. 현석이 늘 문인들을 만날 때마다 말하기를,

"근래에 이 아무개를 보았는가? 그와 함께 강학하면 필시 크게 도움이 있을 것이다."

111 인일기백(人一己百) : 238쪽 주26 참조.

하였다. 이 때문에 동문의 선비들이 번갈아 찾아와 질문하였고 후생들도 종유하는 자가 많았다.

갑술년(1634) 조정에서 논의하여 선비를 천거할 때 대사성 서종태(徐宗泰) 공이 명에 응하여 "품행이 순고하고 확고하다."라며 공을 천거하였다. 얼마 지나지 않아 현석의 상에 곡하고 1년간 심상(心喪)을 입었다.

무인년(1638) 비로소 창릉 참봉(昌陵參奉)에 제수되었으나 천목(薦目)을 감당할 수 없다며 사양하고 나아가지 않았다. 또 양근(楊根) 북산(北山)의 암계(巖溪)로 옮겨가 살았다.

계미년(1643) 다시 목릉 참봉(穆陵參奉)에 제수되었다. 공은 스스로 "대대로 벼슬한 집안의 분수와 의리상 자주 사양할 수 없다."라고 생각하여 사은숙배한 뒤에는 직무에 마음을 다하고 잠시도 직차(職次)에서 떠나지 않았다. 봉심(奉審)하고 분향(焚香)할 때에는 반드시 가마를 두고 걸어갔으며, 기신(忌辰)과 삭망(朔望)의 제사에 필요한 향탄(香炭)은 별도로 저장하여 다른 용도와 섞어 두지 않았으며, 또 창고 하나를 지어 모든 기물을 저장하였다. 일찍이 웃으며 사람들에게 말하기를,

"내가 이 직임을 맡아서 배운 바를 많이 펼칠 수 있었다."

하였다.

동몽교관으로 직임을 옮겼다. 공이 이미 잘 가르치는데다 덕스러운 모습이 또 사람들로 하여금 보고서 감발하게 하였다. 이에 어린 학생들이 처음에는 구속되는 것을 싫어했지만 나중에는 편안하게 가르침을 따라 길을 다닐 때면 반드시 공수(拱手)하고서 천천히 걸어 위의(威儀)가 볼 만하였으니 묻지 않아도 공의 제자임을 알 수 있었다.

임기가 만료되자 병을 이유로 응강(應講)하지 않아 스스로 면직되었다. 뒤에 세자익위사 세마에 제수되었고, 민진원(閔鎭遠) 공이 또 독실한 행실로 천거하고 정승 김창집(金昌集) 공이 6품의 품계로 올려주기를 아뢰어 종부시 주부에 제수되었으나, 모두 나아가지 않았다.

79세의 나이로 무술년(1658, 효종9) 12월 17일 세상을 떠났다. 병이 위독할 때 아들에게 이르기를,

"내가 묵묵히 생각건대, 평소 어버이를 섬기는 절도가 크게 마음 부끄러운 것은 없지만, 불행하게도 말에서 떨어져 완골(腕骨)이 손상되었다. 이 때문에 손을 열어 보이기 매우 부끄럽구나.[112]"

하였다. 한밤중에 또 말하기를,

"나는 늘 일찍 일어났는데 지금은 늦었구나. 네가 나를 부축하여 앉히거라."

하였다. 일어나 앉자마자 피곤하여 곧바로 쓰러져 누우며 탄식하기를, "이제 끝이로구나."라고 하고는 다른 일은 한마디도 언급하지 않았다. 모시는 자들이 청하기를,

"딸 아무개와 손자 아무개가 보고 싶으세요?"

하니, 손을 내저어 만류하고 태연히 생을 마쳤다. 충주(忠州) 앙암(仰巖) 병좌(丙坐)의 언덕에 안장하였다. 영인(令人) 신씨(申氏)를 합장하였다.

112 손을……부끄럽구나 : 부모가 주신 몸을 상하게 하여 매우 부끄럽다는 말이다. 손을 열어 보인다는 것은 증자(曾子)가 병이 위독하여 임종을 앞두었을 때, 제자를 불러 "이불을 걷어 내 발을 열어 보고 내 손을 열어 보아라. 《시경》에 '두려워하고 조심하여 깊은 못에 다다른 듯 얇은 얼음을 밟듯 하라.' 하였는데, 이제야 나는 부모님이 주신 몸을 상하지 않게 되었음을 알겠다."라고 한 데서 온 말이다. 《論語 泰伯》

공은 처음 배울 때부터 옛 성현과 같은 인물이 되기를 기약하여 젊은 시절부터 노년에 이르기까지 하루도 몸을 방탕하고 나태하게 두거나 실상이 없는 행동을 하지 않았다. 일찍이 배우는 자들에게 말하기를,

"경(敬)은 한 마음의 주재(主宰)이고 마음은 또 이 몸의 주인이다. 경을 지켜서 마음을 보존하고, 마음을 보존하여 이치를 밝히고, 이치를 밝혀 몸을 성실하게 하니, 경이야말로 성학(聖學)의 제일의(第一義)이다."

하였다. 또 말하기를,

"매사에 반드시 경하고 물(物)마다 반드시 경하며, 말할 때에도 경하고 침묵할 때에도 경하며, 깨어 있을 때에도 경하고 잠잘 때에도 경하여 내 한 몸이 경과 일체가 되면 자연히 잘못이 없어져 행동이 반드시 도에 부합될 것이다."

하였다. 또 말하기를,

"사씨(謝氏)와 윤씨(尹氏) 두 선생의 말씀이 참으로 절실하지만 더듬어 붙잡을 곳이 없으니, 구용(九容)[113]으로 붙잡아 안정시키는 것이 가장 좋은 방법이다."

하였다. 또 구용의 뜻을 논하여,

"발걸음이 다른 용모에 비해 더욱 어렵기 때문에 제일 앞에 있는 것이다. 진중하다는 것은 천천히 걷는 것만을 말함이 아니니, 급히

113 구용(九容) : 군자가 마땅히 지녀야 할 아홉 가지 몸가짐으로, "군자의 발걸음은 진중하고 손놀림은 공손하며, 눈길은 단정하고 입은 조용하며, 말소리는 조요하고 머리 모양은 곧으며, 기상은 엄숙하고 서있는 모양은 덕이 있으며 얼굴빛은 장엄해야 한다.〔足容重, 手容恭, 目容端, 口容止, 聲容靜, 頭容直, 氣容肅, 立容德, 色容莊.〕"라는 것이다.《禮記 玉藻》

걷고 빨리 달리는 중에도 진중한 용모를 두는 것이다. 걸음마다 마음이 보존되어 그 모습을 잃지 않는다면 발걸음이 빠를지라도 진중함은 본디 그대로이다."

하였으니, 여기에서 공의 공부의 실상을 알 수 있다.

평소 어깨와 등을 꼿꼿이 세운 모습이 마치 흙으로 빚은 조각과 같았으니, 집안사람이나 자제들조차도 공이 편히 앉거나 하품하고 기지개 켜는 것을 보지 못했다. 대개 애써 힘쓰지 않아도 저절로 법도를 이루었으니, 여여숙(呂與叔)이 6월에 구지(緱氏)에서 지낼 때의 기상[114]이 아마도 이러했을 것이다.

나이가 80세에 가까워도 위 무공(衛武公)의 〈억(抑)〉시의 경계[115]에 찬탄을 그치지 않고 매일 외우며 말하기를,

"아침에 도를 들으면 저녁에 죽어도 괜찮으니, 어찌 늙었다고 해서 해이하겠는가."

하였다. 날마다 반드시 의관을 정제하고 꼿꼿이 앉은 채로 하루를 마치었으니, 보는 사람들이 모두 놀라고 기이하게 여겨 "여든 노인이 이러하단 말인가."라고 하였다. 와서 배우는 자가 있으면 반드시 《소

114 여여숙(呂與叔)이……기상 : 여숙(與叔)은 정이(程頤)의 문인 여대림(呂大臨)의 자이다. 《근사록》 권4 〈존양(存養)〉에 "옛날에 여여숙이 6월에 구지로 찾아왔는데, 한가로이 지낼 때 내가 가만히 보니 반드시 엄연히 반듯하게 앉아 있는 것을 보았으니 뜻이 돈독하다고 할 것이다.〔昔呂與叔六月中來緱氏, 閒居中, 某嘗窺之, 必見其儼然危坐, 可謂敦篤矣.〕" 하였다.

115 위 무공(衛武公)의……경계 : 《시경》 〈억(抑)〉은 위 무공(衛武公)이 자신을 경계한 시로, "아침 일찍 일어나고 밤늦게 자서 뜰 안을 청소하여 백성의 의표가 되며, 너의 거마와 궁시, 병기들을 수선하여 병란을 경계하여 먼 오랑캐에게까지 미칠지어다.〔夙興夜寐, 灑掃廷內. 維民之章, 修爾車馬. 弓矢戎兵, 用戒戎作. 用逷蠻方.〕" 하였다.

학》을 먼저 가르치며 말하기를,

"《소학》으로 몸을 단속하고 《대학》으로 이치를 궁구하면 수기치인(修己治人)의 방도가 충분할 것이다."

하였다.

타고난 자질이 질박하고 성실하여 종신토록 거짓된 언행이 없었으며 몸가짐이 엄정하여 항상 집에서 도살한 고기를 먹지 않고 간색(間色)의 의복을 입지 않았다. 거처와 음식이 남들이 감당할 수 없을 정도로 형편없었으나 공은 태연하게 지냈다. 일찍이 자손들에게 이르기를,

"내가 학문에 뜻을 두지 않았다면 어떤 사람이 되었을지 알 수 없으니, 비록 늙고 궁핍하지만 끝내 후회되는 바가 없다. 너희들은 나를 경계로 삼지 말라."

하였다. 또 취사(取捨)에 신중하여 늘 말하기를,

"의(義)가 아니라면 4천 필의 말과 만종(萬鍾)의 봉록도 거름처럼 여겨 취하지 않고, 가을터럭처럼 작은 물건도 천금(千金)처럼 중히 여겨 주지 않는다."

하였다. 그러나 성품이 베풀기를 좋아하여 집안 살림의 유무를 따지지 않고 말하기를,

"만약 재물이 쌓이기를 기다린 뒤에 나누어준다면 나는 재물을 나누어 줄 날이 없을 것이다."

하였다.

모부인을 섬김에 사랑과 공경이 모두 지극하여 물심양면을 다 갖추었다. 거상할 때에는 4일 동안 음식을 끊고, 3개월 동안 죽을 먹고, 1년 동안 거친 밥을 먹고 물을 마시고, 3년 동안 여름에도 부채질하지 않고 겨울에도 옷을 덧입지 않았다. 배움을 청하는 자가 있으면 대략

응수하며 말하기를,

"선유(先儒) 중에도 상중에 제자를 가르친 사람이 있지만 끝내 온당하지 못한 듯하다."

하였다. 대부인이 평소에 사용했거나 손때가 남아 있는 물건을 보면 눈물을 줄줄 흘렸으며, 기일에는 제사음식을 먹지 않고서 말하기를,

"마음에 차마할 수 없는 점이 있는데 어찌 음식이 입에 달겠느냐."

하였다. 생전에 섬기지 못한 선조의 기일에는 반드시 그 남긴 언행에 대한 기록을 펼쳐보면서 사모하는 정을 다하였다.

평소에 아름다운 산수를 좋아하여 흥이 이르면 초연히 홀로 떠나 읊조리며 돌아오기를 잊고서 말하기를,

"금슬(琴瑟)의 음악이 없어도 절로 나의 즐거움이 있다."

하였다.

비록 초야에 자취를 감추었지만 뜻은 세상을 잊은 적이 없었으니 항상 절의(節義)를 숭상하고 사정(邪正)을 변별하는 것을 근본으로 삼았다. 갑술년(1694, 숙종20)에 정국이 바뀌어 현석이 조정에 나아갔을 때 정권을 잡은 자가 막 국적(國賊)을 비호하여[116] 온 조정이 휩쓸렸는데, 공이 그 불가함을 힘껏 말하여 현석의 의논이 마침내 정해졌다.

무인년(1698, 숙종24)에 청나라의 구휼미가 들어왔을 때[117] 그 마땅함의 여부를 묻는 자가 있었는데, 공이 탄식하며 말하기를,

116 정권을……비호하여 : 정권을 잡은 자는 영의정 남구만(南九萬)이고, 국적(國賊)은 장희빈(張禧嬪)의 오빠 장희재(張希載)이다. 24쪽 주15 참조.

117 청나라의……때 : 1698년(숙종24) 심한 기근이 들어 청나라에 구휼미를 요청하여 들여왔다.

"듣자니 구휼미를 요청하는 상주(上奏)에 '보천왕신(普天王臣)'[118]이라는 말까지 했다고 하니 너무도 수치스럽다. 당당한 주(周)나라의 곡식도 백이(伯夷)와 숙제(叔齊)는 먹지 않았는데, 하물며 이 오랑캐의 쌀이겠는가."

하였다. 일찍이 개연한 심정으로 말하기를,

"지금 세상을 비록 삼대(三代)처럼 만들 수는 없지만 어찌 소강(小康)[119]을 이루지 못하겠는가. 내가 만언소(萬言疏)를 짓고 또 《치평요결(治平要訣)》 한 편을 엮어 우리 임금에게 바치고 싶었지만 하지 못했다."

하였다. 경연에서 올린 주차(奏箚)를 보면 탄식하기를,

"말이 훌륭하지 않은 것은 아니나 저들은 자신이 행하지 못하는 일을 임금에게 권하니, 어찌 임금의 마음을 감동시켜 바로잡을 수 있겠는가. 만일 익(益)과 직(稷)과 같은 신하가 있다면 우리 임금이 요(堯)임금과 순(舜)임금처럼 훌륭한 임금이 못될까 걱정할 필요가 없다."

하였다. 일찍이 유자(儒者)의 진퇴(進退)의 도에 대해 논하기를,

"근세의 유자들 중에는 삼공(三公)의 자리에 있으면서도 임금의 얼굴을 알지 못하는 자가 있다. 이는 유자(儒者)도 아니고 은자(隱者)도 아니니, 예전에는 이러한 출처가 없었다."

하였다. 또 승려를 없애는 대책을 강구하였는데, 논설이 매우 상세하

118 보천왕신(普天王臣) : 온 천하가 모두 왕의 신하라는 뜻으로, 《시경》 〈북산(北山)〉에 "온 천하가 왕의 땅 아님이 없고, 온 해내가 왕의 신하 아님이 없다.〔普天之下, 莫非王土. 率土之濱, 莫非王臣.〕"라고 한 데서 온 말이다.

119 소강(小康) : 유가(儒家)에서 이상으로 삼는 대동사회(大同社會)의 전 단계에 해당하는 시대로서 소란스러운 세상이 어느 정도 안정된 시대를 뜻한다.

여 시행하게 할 만하였다. 저서로 《일용지결(日用至訣)》, 《사례류회(四禮類會)》, 《삼재촬요(三才撮要)》가 있으며 시고(詩稿) 약간 편이 집에 보관되어 있다.

이씨(李氏)는 고려 태사 도(棹)에서 나왔다. 본조의 효정공(孝靖公) 정간(貞幹)은 효성으로 이름이 났으며, 여러 세대를 내려와 절도사 휘 제신(濟臣)은 호가 청강(淸江)이다. 그 셋째 아들인 도사 휘 구준(耈俊)이 족부(族父)인 진사 숭경(崇慶)의 후사가 되었으니, 바로 공의 조부이다. 부친 휘 덕기(德基)는 판서에 추증되었다.

공의 배위 평산 신씨(平山申氏)는 77세의 나이로 공보다 3년 앞서 세상을 떠났다. 양자는 만격(萬格)이고, 네 딸은 현감 박수한(朴壽漢), 사인 조석규(趙錫奎), 홍우구(洪禹九), 진사 유흥기(兪興基)에게 출가하였다. 만격의 세 아들은 징대(徵大), 징수(徵壽), 징광(徵光)이고, 딸은 사인 심완(沈垸)에게 출가하였다.

예전에 명(明)나라 유학자 호 경재(胡敬齋)는 경(敬)으로 재명(齋名)을 삼았고 저서 《거한록(居閒錄)》에서 경을 논함이 가장 상세하였는데, 몸소 실행함이 있었기 때문에 말이 절실하고 맛이 있었던 것이다. 경(敬)에 있어서 공도 이러하였으니 일생토록 몸소 행하고 죽을 때까지 해이하지 않았으며, 남에게 시행함에 있어서도 따르기 쉬웠다. 《예기》에 "몸을 수양하고 말을 실천하는 것을 선행(善行)이라 한다."라고 하였고, 《맹자》에 "몸으로 도를 따른다.[120]"라고 하였으니, 공이 실로 이러한 점이 있었다.

내가 뒤늦게 태어나 공의 덕스러운 모습을 뵙지 못했으나 사우들

120 몸으로 도를 따른다 : 289쪽 주88 참조.

사이에서 듣건대 그 독실한 위기지학(爲己之學)은 공에게 비길 자가 적으니, 내가 말채찍을 잡고 모시고 싶지만 이룰 수 없는 소망이다. 양자 만격이 무덤에 비갈을 세우려고 내게 와서 묘문(墓文)을 청하니 감히 사양할 수 없다. 이어 명(銘)을 붙인다. 명은 다음과 같다.

옛날의 군자는	古之君子
위기지학에 종사하였으니	學惟爲己
종신토록 이에 힘써	終身力此
죽은 뒤에야 그쳤네	斃而後已
그 공부의 절도를 논하면	論其節度
경에 오묘한 이치 있으니	敬有妙理
정 선생의 말씀부터	自程先生
사씨와 윤씨의 말씀 있었네	暨謝尹氏
밝게 드러내 보여	標揭以示
그 처음과 끝이 있으니	厥有終始
편안히 이를 행하면	坦然由之
숫돌처럼 평평하리라	其道如砥
아, 말세의 사람들은	嗟世之季
날로 허위로 치닫고	日趨虛僞
독실한 이가 적으니	旣鮮篤實
어찌 방종을 면하랴	那免恣肆
호걸다운 선비 태어나니	迺挺豪士
전의 이씨라네	全義之李
율옹의 말씀에	栗翁有訓

분연히 홍기하였네	奮然興起
처음 배울 때부터	爰初爲學
이미 큰 뜻을 보아	已見大意
밤낮으로 힘씀이	蚤夜孳孳
경 한 글자에 있었네	於敬一字
진실하고 성실함이 쌓여	眞誠之積
아름다움이 밖으로 드러나니	外著章美
그 용모 환하게 빛나고[121]	其容睟然
앉은 모습 꼿꼿하였네	其坐如峙
여든의 나이에도	迺在大耋
잠시도 이에서 벗어나지 않았으니	不離造次
부 정공처럼	如富鄭公
자리 모퉁이에 써놓고 기억하였네[122]	座隅書識
북쪽에 산이 있고	維北有山
동쪽에 물이 있네	維東有水
염계[123]과 백원산[124]	濂溪百原

121 그……빛나고 : 덕이 있는 자의 자태를 말한다. 《맹자》 〈진심 상(盡心上)〉에 "군자의 본성은 인의예지가 마음속에 뿌리박고 있기 때문에 그것이 밖으로 드러날 때에는 환하게 얼굴에 드러나고 등에 넘쳐흐르며 온몸에 퍼져서 굳이 말하지 않아도 온몸이 저절로 그 뜻을 알고 움직인다.〔君子所性, 仁義禮智根於心, 其生色也, 睟然見於面, 盎於背, 施於四體, 四體不言而喩.〕" 하였다.

122 부 정공(富鄭公)처럼……기억하였네 : 부 정공은 송나라 때 재상을 지낸 부필(富弼)이다. 부필이 나이 80세에 "입을 지키기를 병처럼 하고 뜻을 막기를 성처럼 하라.〔守口如甁, 防意如城.〕"라는 글을 병풍에 써서 좌우명으로 삼았다. 《宋名臣言行錄 後集 卷2 富弼》

공의 즐거움 여기에 있었네 我樂在是
출처가 의에 맞았으니 出處適義
세상을 잊음이 공의 뜻 아니었네 忘世匪志
하조장인(荷篠丈人)은 윤리를 어지럽혔고[125] 荷篠亂倫
소를 그린 것[126]은 장난스러운 일이네 畫牛若戲
고뇌하며 세상을 걱정하고 顰呻憂世
격분하여 일은 논하였으니 感激論事
누가 공을 임금 곁에 두어서 孰置君側
백성이 그 은택 입게 하리오 俾民受賜

123 염계(濂溪) : 중국 호남성(湖南省) 도현(道縣)에 있는 물 이름으로, 송(宋)나라 주돈이(周敦頤)가 만년에 살았던 곳이다.

124 백원산(百原山) : 하남성(河南省) 휘현(輝縣) 서북에 있는 산으로, 송(宋)나라 소옹(邵雍)이 젊었을 때 은거하여 성정(性情)을 수양하고 학문을 닦았던 곳이다.

125 하조장인(荷篠丈人)은 윤리를 어지럽혔고 : 《논어》 〈미자(微子)〉에 다음과 같은 이야기가 있다. 자로가 따라가다가 뒤에 처져 있었는데 지팡이에 삼태기를 멘 장인을 만나게 되어 "노인은 우리 선생님을 보셨습니까?"라고 묻자, 장인은 "사지를 부지런히 놀리지 않고 오곡도 분별하지 못하는데, 누구를 선생님이라고 하는가?" 하고는 지팡이를 꽂아놓고 김을 매었다.……자로가 말하기를 "벼슬하지 않는 것은 의가 없으니, 장유의 예절을 폐할 수 없거늘 군신의 의를 어떻게 폐할 수 있겠는가? 자기 몸을 깨끗하게 하고자 하여 대륜을 어지럽히는 짓이다. 군자가 벼슬하는 것은 그 의를 행하는 것이니, 도가 행하여지지 못할 것은 이미 알고 계시다." 하였다.

126 소를 그린 것 : 산림에 은거하여 유유자적하는 것을 말한다. 남북조(南北朝) 때 은사 도홍경(陶弘景)이 양 무제(梁武帝)의 부름에 응하지 않고, 소 두 마리를 그려 올려 자신의 뜻을 나타냈는데, 한 마리는 초원에서 한가로이 풀을 뜯는 그림이고, 한 마리는 머리에 금으로 만든 굴레를 썼으나, 사람이 고삐를 잡고 채찍으로 모는 그림이었다. 이를 본 양 무제는 그를 초치(招致)할 수 없음을 알고 그대로 버려두었던 고사에서 나온 말이다. 《南史 卷76 隱逸列傳下 陶弘景》

은거함을 한스럽게 여기지 않았으나	林泉不恨
구학[127]을 자못 탄식하였으니	溝壑堪喟
내가 이 명시를 외워	我誦斯詩
지위에 있는 자를 경계하노라	以風有位

127 구학(溝壑) : 굶어죽은 시체가 구렁에 굴러다니는 처참한 상황을 말하는데, 《맹자》 〈등문공 상(滕文公上)〉에 "백성의 부모가 되어서 백성들로 하여금 한스럽게 보아 일 년 내내 부지런히 일해도 부모를 봉양할 수 없게 하고, 또 빚을 내어 보태어 세금을 내게 하여 늙은이와 어린아이의 시신이 구렁에 굴러다니게 한다면, 백성의 부모라는 것이 어디에 있겠는가."라고 한 데서 온 말이다.

도암집

제33권

묘갈 墓碣

낭원군 묘갈[1]

朗原君墓碣

선조의 별자(別子) 인흥군(仁興君) 휘(諱) 영(瑛)은 시호가 정효(靖孝)이며 두 아들을 두었는데 공이 그 둘째이다. 휘는 간(偘), 자는 화숙(和叔), 자호는 최락당(最樂堂)이다. 숭정 경진년(1640, 인조18) 태어나 갑오년(1654, 효종5) 낭원정(朗原正)에 제수되고, 십 년도 되지 않아 도정(都正)을 거쳐 군(君)이 되었다. 숙종 기미년(1679, 숙종5) 왕실의 계보를 수집하여 올리니 성상께서 가상하게 여기고 특별히 중의대부(中義大夫)로 가자하였다. 공은 이어서 열성(列聖)의 휘호(徽號) 중에 잘못된 것을 바로잡도록 청하였다. 얼마 후 세 품계를 뛰어넘어 정사(正使)에 충원되어 연경에 갔고, 훗날 또 다시 갔다.

무진년(1688), 장렬대비(莊烈大妃) 수릉관(守陵官)이 되었다. 누차 승진하여 품계가 현록대부(顯祿大夫)에 이르고, 별직(別職)으로 도총부의 부총관과 도총관, 사옹원과 종부시의 제조를 지냈다. 성상께서 태조의 어진(御眞)을 모사하여 영희전(永禧殿)에 봉안하고, 또 건원릉(健元陵)의 비각을 중건하며 또 창빈묘(昌嬪墓)에 비석을 세우라고 명하였는데, 모두 공이 건의한 것이었다. 무인년(1698), 장릉(莊陵)의 복위 이야기가 나온 것도 공이 시작한 것이었다. 공이 예전에 대군(大

1 낭원군 묘갈 : 이 글은 이간(李偘)의 묘갈명이다. 이간은 본관이 전주(前奏), 자가 화숙(和叔), 호는 최락당(最樂堂)이다. 1640년(인조18) 태어나 1699년(숙종25) 9월 4일 세상을 떠났다.

君)으로 추봉(追封)하도록 청한 적이 있었는데, 논의가 분명하고 공정하여 식자들이 훌륭하게 여겼다.

과거 공이 열두 살에 부친을 잃었을 때 거상을 잘 한다고 알려졌는데, 송 부인(宋夫人)의 상을 당하자 슬픔이 지나쳐 병이 되었다. 성상께서 불쌍히 여겨 의관에게 보게 하시고 또 생강과 계피를 먹으라고 강권하였다. 공은 눈물을 흘리며 받았으나 그래도 차마 명을 받들지 못하고 삼년상을 마쳤다. 성상께서는 공이 종친의 원로라 하여 비할 데 없이 총애하였다. 한번은 대궐에서 잔치를 벌였는데 공이 몹시 취하자 어린 환관에게 부축하여 나가게 했다. 또 공의 초상을 가져다 보고 이르시기를, "몹시 비슷하다." 하였으니 남다른 은혜였다.

기묘년(1699), 공이 병에 걸리자 무당에게 기도하는 것을 금지하고 상소를 올려 아홉 조목을 아뢰었는데 가장 먼저 검소함을 숭상하라고 권면하였다. 또 아들들에게 시호를 청하지 말라고 경계하였다. 9월 4일에 세상을 떠났는데, 임종하면서 다시 용안을 우러러보지 못하는 것을 한스럽게 여겼다. 성상께서 애도하며 상례를 돕고 부의를 내렸는데 일반적인 전례를 뛰어넘었다.

송 부인은 여성위(礪城尉) 송인(宋寅)의 현손으로 부친은 첨정 송희업(宋熙業)이다. 공의 배위는 전의 이씨(全義李氏)로 우의정 이행원(李行遠)의 딸이다. 나이 34세 되던 정사년(1677)에 돌아가셨다. 현명하고 유순하여 부인의 도를 깊이 터득하였다. 7남을 두었으니 장남 전평군(全坪君) 곽(漷)은 출계하여 백부 낭선공(朗善公 이우(李俁))의 후사가 되었고, 나머지 아들은 전성군(全城君) 혼(混), 전계군(全溪君) 보(溥), 전산군(全山君) 심(深), 전천군(全川君) 척(滌), 전안군(全安君) 황(潢)이며 5남은 요절하였다. 청림수(淸林守) 담(潭)과 청양정(淸陽正) 용(溶)은 측실 소생이다.

전성군의 아들은 익녕군(益寧君) 제(梯), 익양군(益陽君) 단(檀)이며 딸들은 좌랑 오수엽(吳遂燁)과 봉사 김낙증(金樂曾)에게 시집갔다. 전계군의 아들은 낙산도정(洛山都正) 경(檠), 낙풍군(洛豐君) 무(楙)이며, 딸은 사인(士人) 김엽(金燁)에게 시집갔다. 전산군의 아들은 밀양군(密陽君) 완(梡), 달성도정(達城都正) 강(橺), 장계군(長溪君) 병(棅)이며, 진사 김우개(金宇槩), 사인 권응형(權應衡), 진사 한사직(韓師直), 사인 윤득명(尹得命), 윤재형(尹在衡)은 사위이다. 전천군은 익양군을 후사로 삼았다. 전안군은 동양군(東陽君) 당(棠)을 계자(繼子)로 삼았고, 딸은 진사 박봉한(朴鳳漢)의 아내가 되었다. 전평군도 후사가 없어 밀양군을 후사로 삼았으며, 두 사위는 부사 신의집(申義集)과 감역 홍구항(洪九行)이다. 해창수(海昌守) 기(樻)와 영천수(靈川守) 야(壄)는 청림수와 청양정의 계자이다.

공은 집안에서의 행실이 몹시 돈독하였다. 대부인을 병간호할 적에는 옷의 띠를 풀지 않았으며, 손가락을 잘라 피를 내어 바쳤다. 상을 치를 적에는 한결같이 《주자가례(朱子家禮)》를 따랐으며, 또 손수 〈제의(祭儀)〉를 써서 자손에게 남겼다. 저택이 지나치게 사치하다는 이유로 고쳐서 줄였으며, 하루종일 단정히 앉아 사람들이 게으른 모습을 보지 못했다. 소박한 옷을 입고, 손님을 만나지 않았으며 당시의 정사를 이야기하지 않았다. 주위에 그림과 책을 두고 담박하게 지조를 지키니, 만난 사람들은 그가 귀공자인 줄도 몰랐다. 만년에 복록이 융성하였으나 그럴수록 더욱 겸손하고 신중하였다. 자제가 잘못을 저지르면 지위가 높아도 회초리를 치니, 집안이 조정처럼 엄숙하였다. 전서(篆書)에 가장 뛰어나 한 시대 공사(公私)의 편액(扁額)을 모두 맡아 썼다. 성품이 산수를 좋아하여 누차 풍악산에 들어가 돌아오는 것도 잊고 소요하였다. 양주(楊州) 천보산(天寶山) 아래 빼어난 계곡이 있는데, 그곳에 작은 집을 짓고 대나무 가마를 타고 홀로 가니 운치가 시원하였다. 세상을 떠나자 그대로 집 뒤에 장사지내고 부인을 부장하였다.

예전에 우암 송 선생이 정효공을 두고 '성품이 지극하고 행실이 순수하여 보통 사람을 뛰어넘는다.'라고 하였다. 또 〈정우당기(淨友堂記)〉[2]에서 공의 형제가 화락하다고 찬미하였으니, 이는 〈인지(麟趾)〉의 교화[3]에 근본을 둔 것이었다. 이를 보면 공의 효도하고 우애하는 덕이 멀리서 유래하였다는 것을 더욱 믿을 수 있다. 익녕군의 아들 명환(明煥)이 와서 명(銘)을 청하기에 다음과 같이 명을 짓는다.

보통 사람의 기습은	凡人習氣
거처와 봉양에 따라 바뀌기 쉽네[4]	居養易遷
아름다운 여색, 좋은 수레와 말이	聲色輿馬
어찌 본성으로 좋아하는 것이겠는가	夫豈性然
공은 이와 달랐으니	公則異是
귀공자이면서 한미한 선비 같았네	貴介寒士

2 정우당기(淨友堂記) : 《송자대전(宋子大全)》 권144에 실려 있는 〈정우정기(淨友亭記)〉를 말한다. 정우정은 낭원군 이영의 정자로, 송시열은 그가 아우 낭선군 이우와 함께 정자 근처에서 우애하며 산다고 하였다. 1684년(숙종10) 지은 글이다.

3 인지(麟趾)의 교화 : 〈인지〉는 《시경》 주남(周南)의 편명으로, 문왕 부부의 교화가 자손에게 미친 것을 찬미한 시다. 여기서는 선대 국왕들의 교화를 말한다.

4 거처와……쉽네 : 《맹자》 〈진심 상(盡心上)〉의 "거처가 기운을 옮기고 봉양이 몸을 바꾼다.〔居移氣, 養移體.〕"라고 한 말을 인용한 것이다.

집에서는 그림과 글	入則圖書
밖에서는 산수를 즐겼네	出則山水
그러나 더 훌륭한 점 있으니	然且有大
효성과 우애였다네	惟孝與友
눈물 흘리며 손가락의 피를 내니	涕泣血指
하늘이 도와 모친이 장수했네	天右壽母
대로(大老 송시열)가 글을 지었으니	大老作文
그 꽃이 활짝 피었네[5]	鄂韡其華
지위는 높아도 마음은 겸손하니	位崇心卑
참으로 아름다운 복이 내렸네	降福孔嘉
《시경》에 번성함을 노래했으니[6]	詩歌振振
반드시 문왕에 근본을 두었네	必本文王
아, 목릉(穆陵 선조)이여	於戲穆陵
남기신 은택이 원대하도다	遺澤弘長
천보산 언덕에	天寶之崗
손자가 비석을 세웠으니	孝孫樹碑
먼 훗날까지	有來千秋
영원히 공경하라	其永式之

5 그……피었네 : 형제의 우애를 노래한 《시경》 〈상체(常棣)〉의 "아가위나무의 꽃이여, 꽃이 활짝 피었네.〔常棣之華, 鄂不韡韡.〕"라는 구절을 인용한 것이다.

6 시경에 번성함을 노래했으니 : 주나라 왕실 자손의 번성함을 노래한 《시경》 〈종사(螽斯)〉의 "너의 자손이 번성함이 마땅하도다.〔宜爾子孫, 振振兮〕"라는 구절을 인용한 것이다.

참봉 김공 묘갈[7]

參奉金公墓碣

김씨의 선조는 김해(金海)에서 나왔으며 대대로 장수의 집안이었다. 학성군(鶴城君) 완(完)은 역적 이괄(李适)을 주살하여 명성을 떨쳤다. 그의 아우가 부사 우(宇)이고, 부사의 아들 여옥(汝沃)은 홀로 유학으로 현달하였다. 부사공이 집에서 늙으며 공을 기쁘게 여기며,

"아들을 낳았으면 글을 배워야 하지 않겠는가."

하였다.

공의 자는 계내(啓乃)이며 사람됨이 단정하고 중후하였다. 《소학》을 읽다가 개연히 위기지학(爲己之學)을 하기로 결심하고 손수 〈사물잠(四勿箴)〉과 〈경재잠(敬齋箴)〉 등을 써서 경계하는 뜻을 담았는데 모든 행동이 법도에 맞았다. 9세에 모친이 오랫동안 병을 앓자 번번이 새벽까지 앉아 있었다. 부친이 나가면 매번 거리까지 나가서 전송하였으며, 돌아올 때도 그렇게 맞이하였다. 밤이 깊어도 감히 부친보다 먼저 밥을 먹지 않았다.

18세에 부친이 세상을 떠나자 슬픔으로 몸을 상해 거의 견디지 못할 것 같았지만 예법에 따라 장사지냈다. 의심나는 것이 있으면 전한(典翰) 이수인(李壽仁)에게 질문하였는데, 이수인이 몹시 감탄하고 칭찬

7 참봉 김공 묘갈 : 이 글은 김여옥(金汝沃)의 묘갈명이다. 김여옥은 본관이 김해(金海), 자가 계내(啓乃)이다. 1641년(인조19) 태어나 1685년(숙종11) 2월 24일 세상을 떠났다.

하였다. 모친을 섬길 때는 깊은 사랑이 있었고, 상을 당했을 때는 시묘살이를 하였는데 날마다 묘소에 올라가 곡하니 눈물이 떨어진 곳에 풀이 전부 말랐다. 봄가을로 시제(時祭)를 빠뜨리지 않고 마치 살아계신 분을 섬기는 것처럼 새벽마다 인사를 드렸다.

종가(宗家)를 찾아갈 적에는 마을 바깥에서부터 말에서 내렸으며, 집에 편안히 있을 때도 농담을 하지 않았다. 자제들은 출입하면서 마루 아래에서 절하였다. 종족들과 힘을 합쳐 제전(祭田)을 마련하여 조묘(祧墓)에 제사지냈으며, 의학(義學)과 의전(義田), 종회법(宗會法)을 마련하여 자손에게 준행하게 하였다. 고을 사람들이 감복하여 선하지 않은 자가 있으면 "공이 알게 하지 마라."라고 하였다.

공은 남의 잘못을 말하는 것을 부끄럽게 여겼으나 자제의 경우는 용서하지 않았다. 당론을 입에 담지 않고 누군가 물으면 웃으며,

"사람은 하늘의 명을 받았으니 저절로 공명정대한 도리가 있을 것이다."

하였다. 교유를 좋아하지 않고 관청을 드나들지 않았다. 꽃과 대 사이에 집을 짓고 경서에 둘러싸여 하루종일 꼿꼿이 앉아 있었는데 사람들이 게으른 모습을 보지 못했다. 깊이 생각하고 실천하니 그 진보가 그치지 않았다. 관찰사가 조정에 천거하여 경기전 참봉(慶基殿參奉)에 임명되었으나 나아가지 않았다. 이듬해 을축년(1685) 2월 24일 병으로 세상을 떠나니 나이 45세였다. 《중용표어(中庸標語)》, 《계몽보해(啓蒙補解)》가 집에 보관되어 있다.

공은 평소 석담옹(石潭翁 이이)을 독실히 믿었다. 한번은 그의 이기설 등을 읽고 말하기를, "명백하게 드러내어 체(體)와 용(用)이 구비되었다."라고 하였다. 또 《격몽요결(擊蒙要訣)》 한 권을 죽을 때까지 따

랐으니, 확고하기가 이와 같았다. 공은 먼 지방에서 분발하여 힘써 공부하고 독실히 행동하여 그 가문을 빛냈으니 효성스럽다고 하겠다. 지금 문인 집안의 자제로서 아침 저녁으로 가르침을 받으면서도 한 가지 선행도 실천하지 못하는 자와 공을 비교하면 어떻겠는가.

모친은 충주 지씨(忠州池氏)로 그 부친은 달문(達汶)이다. 배위는 양성(陽城) 이홍길(李弘佶)의 딸이다. 공보다 1년 앞서 세상을 떠나 용진(龍津) 선영에 함께 장사지냈다. 4남을 두었으니 세순(世純), 세침(世忱), 세공(世恭), 세관(世寬)이다. 세공이 와서 명을 청하니, 명은 다음과 같다.

아름다운 사람 있었으니	有美一人
남쪽 지방에서 태어났네	生此南垂
무인의 집안이었으나	兎罝之門
예와 시를 익혔네	有禮有詩
그 덕이 완비되었으니	其德孔備
효도를 바탕으로 삼았네	孝以爲基
내 옷은 향기롭고	我服芬芳
내 패옥 선명하네[8]	我佩陸離
또렷이 말하고 늘 노래하기를	寤言永歌
석담은 나의 스승이라 하였네	石潭我師

8 내……선명하네 : 고결한 지조를 비유한 말이다. 굴원(屈原)의 〈이소(離騷)〉에 "높은 내 관을 더욱 높이 쓰고, 늘어진 내 패옥을 더욱 늘어뜨리네.〔高余冠之岌岌兮, 長余佩之陸離.〕" 하였다.

푸른 대나무 같았고[9]	青青綠竹
빛나는 영지 같았네[10]	煌煌靈芝
월출산 높이 솟고	月出扶輿
그 물결 잔잔하네	其水漣漪
유풍을 느끼고자 한다면	有挹遺風
묘갈명을 살피기 바라노라	請攷刻辭

9 푸른 대나무 같았고 : 《시경》 〈기오(淇奧)〉의 "저 기수의 물굽이를 보니 푸른 대나무가 무성하네〔瞻彼淇奧, 綠竹青青.〕"라는 구절을 인용한 것이다.

10 빛나는 영지 같았네 : 주자가 운당포(篔簹浦)의 벽에서 본 "빛나는 영지는 일 년에 세 번 맺히는데, 나는 홀로 무엇하기에 뜻만 있고 이루지 못하는가.〔煌煌靈芝, 一年三秀. 予獨何爲, 有志不就.〕"라는 구절을 인용한 것이다. 《朱子大全 卷84 題袁機仲所校參同契後》

현감 송공 묘갈[11]

縣監宋公墓碣

은진 송씨는 두 선생[12]이 나온 뒤로 우뚝히 하남(河南)과 같은 가문[13]이 되었으며, 그 자제들은 모두 행실로 가문을 계승하였다. 휘가 이석(彝錫), 자가 군서(君叙)인 사람이 있었는데 우암의 종손(從孫)이다. 약관의 나이에 부모를 잃었으나 그 집안을 보전하고 제사를 지켰다. 아우와 누이 예닐곱 명은 모두 어렸는데, 지성으로 길러서 때를 놓치지 않고 혼인시켰다. 서쪽 교외에 연체당(聯棣堂)을 지었는데 우암이 기문을 지어 그 행실을 찬미하고, 또 유중도(柳仲塗)의 말을 인용하여 권면하였다.[14]

공은 전전긍긍하며 감히 가르침을 실추하지 않고, 항상 지성으로 봉양을 마치지 못한 점을 지극히 애통해 하여 아우들을 마주보며 눈물을 흘렸다. 매일 새벽이면 가묘에 인사드리고 출입할 때는 반드시 고하

11 현감 송공 묘갈 : 이 글은 송이석(宋彝錫)의 묘갈명이다. 송이석은 본관이 은진(恩津), 자가 군서(君叙)이다. 1641년(인조19) 태어나 1694년(숙종20) 12월 25일 세상을 떠났다.

12 두 선생 : 송시열(宋時烈)과 송준길(宋浚吉)을 말한다.

13 하남(河南)과 같은 가문 : 하남의 유학자로 명성이 높았던 정호(程顥), 정이(程頤) 형제를 말한다.

14 서쪽……권면하였다 : 송시열의 기문은 《송자대전(宋子大全)》 권143에 〈연체당기(聯棣堂記)〉라는 제목으로 실려 있다. 유중도는 송나라 사람 유개(柳開)이다. 형제간의 다툼이 부녀자에게서 비롯된다고 한 그의 말이 《소학》 〈가언(嘉言)〉에 실려 있다.

였으며, 기일을 만나면 마치 처음 상을 당했을 때처럼 애통해 하였다. 재계할 때는 반드시 문을 닫고 손님을 사절하였으며, 한겨울에도 목욕을 그만두지 않았다. 따로 제기를 갖추고 재계하는 옷은 다른 데 쓰지 않았다.

평소 늘 옛 교훈을 인용하여 술잔을 앞에 두면 "어지러운 지경에 이르지는 않았는가."[15] 하고, 밥상을 마주하면 반드시 "조금씩 먹고 빨리 삼켜야 한다."[16] 하였으니, 한 마디 말과 한 가지 일조차 소홀히 넘어가지 않았다. 남을 대할 적에는 너그럽고 온화하여 간격을 두지 않았으나 옳지 않은 일을 보면 용서하지 않았기에 친족들이 사랑하면서도 두려워하였다.

공의 조부 진사 휘 시영(時瑩)은 예전에 많은 선비들의 앞장을 서서 상소하여 율곡과 우계 선생이 받은 무고를 변론하였다. 정축년(1697), 대군 사부에 임명되어 심양(瀋陽)으로 가게 되었는데, 형님 충현공(忠顯公) 시영(時榮)이 강화도에서 순절하였기에 《예기》에 실려 있는 형제의 원수를 대하는 의리[17]를 인용하여 마침내 가지 않았다. 부친 휘 기선(基善)은 가문과 국가의 깊은 원수를 통탄하며 은둔하여 생애를

15 어지러운……않았는가 : 《논어》 〈향당(鄕黨)〉의 "술은 일정한 양이 없었으나 어지러운 지경에 이르지는 않았다.〔唯酒無量, 不及亂.〕"라는 말을 인용한 것이다.

16 조금씩……한다 : 《예기》 〈소의(少儀)〉의 "많이 떠 먹지 말고 들이마시지 말며 조금씩 먹고 빨리 삼켜야 한다.〔毋放飯, 毋流歠, 小飯而亟之.〕"라는 말을 인용한 것이다.

17 예기에……의리 : 《예기》 〈곡례 상(曲禮上)〉에, "아버지의 원수는 같은 하늘을 이지 않고, 형제의 원수는 무기를 찾으러 집으로 돌아가지 않으며, 벗의 원수와는 같은 나라에서 살지 않는다.〔父之讎, 弗與共戴天, 兄弟之讎, 不反兵, 交遊之讎, 不同國.〕" 하였다.

마쳤다.

공 역시 평소 벼슬할 뜻이 없었으나, 만년에 선공감 감역관에 임명되자 억지로 한번 나아가 법을 지키고 공무를 수행하였다. 환관이 대궐 뜰의 나무를 함부로 베는 것을 보고 통렬히 금지하였는데, 곧 그의 흉계에 빠져 대궐 담을 수리하지 않은 일에 연좌되어 파직되었다. 제거(提擧)가 변호하여 공을 복관시키고 환관에게 벌을 주었다. 차례로 승진하여 전생서 주부가 되고, 비안 현감(比安縣監)이 되어 백성을 사랑하고 학교를 일으켰으나 겨우 1년 만에 병으로 돌아왔다.

오래지 않아 우암이 화를 당하자 공은 스스로 청주(淸州)의 만산(晩山)에 은둔하였다. 선생의 손자 교리 주석(疇錫)과 의논하여 화수(花樹)의 고사[18]를 본떠 계(禊)를 맺어 우호를 다지기로 하고 동당계(同堂禊)라 이름하였으나 이루지 못하였다. 공은 갑술년(1694) 12월 25일 세상을 떠났으니 나이는 54세였다. 처음에는 문의(文義)에 장사지냈으나 나중에 만산 선영 유좌(酉坐)의 언덕으로 이장하였다.

모친은 전의 이씨(全義李氏)로 부친은 목사 성기(聖基)이다. 배위는 완산 최씨(完山崔氏)로 감찰 세영(世榮)의 딸이다. 공보다 1년 먼저 태어나 77세에 세상을 떠나 공의 묘소에 부장하였다. 한번은 자기 아들을 여종에게 맡겨 젖을 먹이게 하고 자기는 남편의 아우에게 젖을 먹였는데 아우는 살았지만 아들은 죽었으니, 친족들이 어려운 일이라 여겼다. 3남 4녀를 낳았으니 장남 백원(百源)은 일찍 죽었고, 다음 성원(性

18 화수(花樹)의 고사 : 당(唐)나라 장안(長安)의 위씨(韋氏) 집안에서 친족들이 모여 꽃나무 아래에서 잔치를 벌였는데, 잠삼(岑參)이 〈위원외가화수가(韋員外家花樹歌)〉를 지어 칭송하였다. 이로 인해 친족의 모임을 화수회라고 한다. 《岑參集 卷4》

源)은 군수를 지냈고, 다음은 만원(萬源)이다. 딸들은 진사 이홍조(李興朝), 사인 이사도(李思道), 진사 김시서(金時叙), 사인 조명제(趙明濟)에게 시집갔다.

백원의 계자 갑상(甲相)은 진사를 지냈고 김종대(金宗大)와 한상태(韓相台)는 그의 사위이다. 성원의 계자는 복상(復相)이고 딸들은 참봉 임안세(任安世), 사인 이윤제(李胤濟), 이광(李垙)의 아내가 되었다. 김시서의 아들과 사위는 현행(顯行), 면행(勉行), 근행(謹行), 선행(善行), 이동필(李東馝), 안표(安杓)이다. 성원이 명을 청하기에 다음과 같이 명을 짓는다.

지금 사람들이	凡今之人
누군들 형제가 없으랴만	孰無兄弟
서로 원망하고 도모하여	相怨相猶
변치 않는 이가 드무네	鮮或不替
연체당이라는 편액을 달고	聯棣之扁
동당계를 맺었네	同堂之禊
나는 그 사람 생각하니	我懷伊人
그 마음 몹시 은혜롭네	其心孔惠
우애하고 순종하니	曰友曰順
효도를 바탕 삼았네	惟孝爲基
대현이 없었다면	不有大賢
이 사람이 어디서 본받았으랴	斯焉取斯
내가 그 미덕을 모아	我最厥美
후세에 전하노라	以訊來玆

군수 박공 묘갈[19]

郡守朴公墓碣

박상일(朴尙一) 공은 비록 환로에서 부침하였으나 재주와 식견이 뛰어나고 지조가 남보다 뛰어났다. 예전 우암 선생의 문하에서 공부할 적에 선생이 대단히 칭찬하였으며, 남에게 보낸 편지에 "동한(東漢)의 인물처럼 될 것이다."[20]라고 하였으니, 그 포부를 알 만하다. 그러나 백에 하나도 시험하지 못하고 끝내 영락하여 죽었기에 선비들이 애석해 한다.

박씨는 함양(咸陽)에서 나왔다. 우리나라에서 병조 판서를 지낸 습(習) 이후로 몇 대를 지나 찬성 대립(大立) 형제에 이르러 매우 현달하였다. 증조 휘 지기(知幾)는 봉사를 지냈고, 조부 휘 유관(由寬)은 군수를 지냈고, 부친 휘 내창(乃昌)은 현감을 지냈다. 외조는 사부 은진(恩津) 송시영(宋時瑩)이다.

공은 숭정 신사년(1641, 인조19) 11월 7일에 태어났다. 나면서부터 의젓하여 보는 사람들이 모두 원대하게 될 것이라고 기대하였다. 장성

19 군수 박공 묘갈 : 이 글은 박상일(朴尙一)의 묘갈명이다. 박상일은 본관이 함양(咸陽), 자가 자함(子咸), 호가 토와(土窩)이다. 1641년(인조19) 11월 7일 태어나 1707년(숙종32) 10월 8일 세상을 떠났다.

20 동한(東漢)의……것이다 : 동한의 인물은 환관과 대립하다가 당고(黨錮)의 화를 당한 이응(李膺), 진번(陳蕃) 등의 사대부를 말한다. 송시열이 박상일에게 보낸 편지에 "그대가 지금부터 두문불출하고 독서하여 근본을 배양하면 동한의 인물에 머무르는 데 그치지 않을 것이다."라는 내용이 보인다. 《宋子大全 卷116 答朴子咸》

하자 과거 공부를 하여 명성이 있었다. 한번은 상제(庠製)에 응시하여 〈벽한서부(辟寒犀賦)〉를 지었는데, 청성(淸城) 김석주(金錫冑) 공이 수석으로 선발하며,

"이 글은 우리가 감히 비평할 수 있는 것이 아니다."

하였다.

현종 정미년(1667, 현종8), 장천(漳泉) 사람 임인관(林寅觀) 등이 영력(永曆)[21] 연호가 적힌 달력을 가지고 탐라에 표류해 오니, 묘당에서 잡아다 오랑캐에게 보내려고 논의하였다. 공이 사학 유생과 상소를 올려 조정이 원수를 등한시하고 의리를 배반한 잘못을 극론하였다. 그 대략에,

"영의정 정태화(鄭太和)의 머리를 잘라 명나라에 사죄하소서."

하니, 온 세상 사람들이 장하게 여겼다. 정 정승이 자제들에게 유감을 품지 말라고 경계하며,

"이 사람은 의리를 중시하여 외척도 봐주지 않았다. 선비의 논의는 이와 같아야 한다."

하였다. 공은 전후로 상을 치르면서 몹시 몸이 상해 병이 들어 거의 견디지 못할 정도였다. 선생이 유배지에 있으면서 편지를 보내 위로하고 권면하였다.

공은 젊어서 사천(沙川) 김극형(金克亨)의 집안에 장가 갔는데, 당시 역적 윤휴(尹鑴)가 선비로 자부하며 김공과 친하게 지냈다. 공은 한 번 보고서 불길한 사람이라는 것을 알고 일찌감치 절교하라고 권하였다. 이 때문에 윤휴가 제문을 가지고 김공에게 조문하러 왔을 때,

21 영력(永曆) : 남명(南明)의 연호이다.

고아들이 유언을 거론하며 쫓아내었다. 윤휴는 그 일이 공의 말에서 말미암았다는 것을 알고 유감을 풀고자 하였으나 결국 하지 못했다.

공은 예전에 토정에 집을 짓고 호를 토와(土窩)라 하였다. 마을 사람들은 부모에게 제사지낼 줄 몰랐는데 공을 만나자 다투어 본받으며,

"부모에게 제사지내며 효성을 다하는 것은 귀천에 관계없이 한결같다."

하니, 삼강(三江) 지역에 널리 퍼져 행여 뒤쳐질까 부끄러워하였다.

경신년(1680, 숙종6) 정국이 바뀌어 조정에서 학문과 행실을 갖춘 선비를 천거하니, 우리 조부 의정부군(議政府君 이숙(李翻))이 명에 따라 공을 천거하였다. 정묘년(1687) 처음으로 벼슬하여 경릉 참봉(敬陵參奉)이 되고 승진하여 종묘서 봉사, 상의원 직장이 되었다. 품계가 차자 조지서 별제, 의금부 도사로 옮기고, 외직으로 나가 고산 현감(高山縣監)이 되어 백성을 기르고 학교를 일으키는 일에 힘썼다. 마침 어사가 원망하는 자의 말에 빠져 서계(書啓)를 올려 파직되었다. 그러나 공은 성내는 기색 없이 편안하게,

"탐욕스럽다〔貪〕는 한 글자를 면했으니 나를 낳아주신 어버이에게 누를 끼치지 않아 다행이다."

하였다. 한참 있다가 서용되어 귀후서 별제가 되고 종묘서 영으로 승진하였으며, 또 외직으로 나가 송화 현감(松禾縣監)이 되었다. 사람들이 풍토가 나쁘다며 부임하지 말라고 권하자, 공이 웃으며 말하기를,

"작은 이해를 따지는 것은 내 뜻이 아니다."

하였다. 송화현은 현감공(박내창)이 다스린 적이 있는 곳이었는데 공은 3년 동안 정사하면서 선조의 법도를 잘 따랐다. 파직되어 돌아오자 문을 닫고 굶주림을 참으며 청탁을 일삼는 것을 수치스럽게 여겼다.

나중에 평시서 영으로 있다가 외직으로 나가 고성 군수(高城郡守)가 되자 기뻐하며,

"중국 사람은 금강산을 한번 보고자 하니, 내 평소 마음을 만족시킬 수 있을 것이다."

하였다.

을유년(1705), 큰 흉년이 들자 공이 말하기를,

"나는 신선의 소굴인 이곳을 편안히 여기지만 백성이 씨도 남지 않게 되었으니, 어찌 그들이 죽는 모습을 가만히 지켜볼 수 있겠는가."

하고, 밤낮으로 조처하여 곡식을 옮겨 백성을 구제하는 방법을 논하여 수십 조목으로 열거하고 감사에게 보고하였다. 감사가 그 책을 묘당에 아뢰어 채용된 것이 많았다. 이듬해 또 어사를 따로 보내 진휼을 감독하였는데, 마침내 영남의 저치미(儲置米) 수천 섬을 배로 운반해 와서 구석구석 구휼하였다. 고을 밖의 백성도 공의 은혜를 칭송하며,

"고성 군수의 책자가 아니었다면 어찌 이런 일이 있겠는가."

하였다. 어사가 고을에 들어와 관비곡(官備穀)의 수량을 자세히 따지자, 공은 그가 자기를 포상하는 서계의 첫머리에 둘 것임을 알고 줄여 보고하며 힘써 피하니, 사람들이 모두 훌륭하게 여겼다. 서계를 작성할 때 어사의 겸종(傔從)이 먹을 것을 요청하자 공이 칼을 씌우고 하룻밤 동안 가두었다. 어사가 부끄러워하며 사과하기를 그치지 않았다. 보리를 추수하자 남녀노소가 부축하고 오열하며 다투어 보리 이삭을 바치며,

"이것이 누구 덕이겠습니까. 저는 차마 먼저 입에 넣지 못하겠습니다."

하였다. 가을이 되자 또 소를 잡고 술을 올리니 공이 엄하게 물리치고

받지 않았다. 정해년(1707) 10월 8일 병에 걸려 관아에서 세상을 떠나니 향년 67세였다. 무자년(1708) 4월, 양주(楊州) 우이산(牛耳山) 아래 묘향(卯向)의 언덕에 반장(返葬)하였다. 공은 두 번 혼인하였는데 윤 숙인(尹淑人)을 부장하였다.

공은 도량이 넓고 깊으며 성품도 관대하고 온화하였다. 말을 하면 간략하고 적절하였으며 일 처리는 편안하고 자세하였다. 비록 학문으로 자부하지는 않았으나 몸가짐이 법도를 벗어나지 않았다. 친한 사람은 아끼고 중시하였으며 나쁜 짓이라도 하면 행여 공이 알까 두려워하였다. 평소 겸손하여 속으로 감추고 드러내지 않았으나 명성과 품행에 더욱 주의를 기울였다. 기사년(1689) 무렵 관직을 그만두지 못한 것을 평생 부끄럽고 한스럽게 여겼다.[22] 그러나 한결같이 법대로 봉직하였으며 권세 있고 귀한 사람이라고 해서 조금도 용서하지 않았다. 상의원에서 감예(監刈)[23]할 적에 공용의 것 이외의 시탄(柴炭)은 모두 데리고 간 민 여양(閔驪陽 민진원)의 옛 겸인(傔人)이라는 아전에게 주었으니, 서궁(西宮 인현왕후)에 바치게 하려는 것이었다.

가업을 경영하는 데 서툴러 전혀 영위하는 일이 없었으며, 아무리 가난해도 상을 당하거나 병에 걸린 친족이 있으면 반드시 힘을 다해 도왔다. 몸가짐이 청렴하고 신중하여 명예를 요구하는 데 가까운 짓은 일체 하지 않아 백성이 실질적인 혜택을 입어 가는 곳마다 떠난 뒤면 그리워하였다. 상여가 돌아가는 날, 눈물을 흘리며 전송하는 자가 십 리에 끊이지 않았다. 고개에 눈이 내려 길이 막히자 상여가 통천군(通

22 기사년……여겼다 : 인현왕후가 폐위된 일을 말한다.

23 감예(監刈) : 꼴이나 섶, 억새 등을 베는 것을 감독하는 일을 말한다.

川郡)에 멈추었는데, 포구 백성이 생선과 미역을 제수에 보태기를 청하였다. 하나만 받고 돌려주자 모두 물에 던지고 통곡하며 빈 배로 돌아갔다. 그 어진 은택이 사람에게 깊이 스며든 것이 이와 같았다.

공은 세 아들을 두었으니 장남은 수익(受益), 차남은 도익(道益), 삼남은 현감을 지낸 두익(斗益)이다. 수익은 후사가 없어 두익의 아들 주간(周幹)을 후사로 삼았다. 도익의 아들 주신(周新)은 참봉을 지냈고, 주한(周翰) 역시 두익의 소생이다. 두익이 묘소에 세울 글을 청하기에 사양하지 못하고 다음과 같이 명을 짓는다.

동한의 시대에는	東漢之世
기개와 절개를 숭상했네	氣節相尙
공은 젊은 시절	蓋公少時
많이 양보하려 하지 않았네	意不多讓
강개한 상소 한통에	一疏忼慨
사류가 격앙되었네	士流激仰
이는 대의를 위해서이니	是爲大義
우옹이 칭찬하였네	尤老所奬
벼슬길에 부침한 것은	浮沈祿仕
어찌 기대한 바이리오	豈所期向
세속에 섞여도 휩쓸리지 않았으니	混俗不流
여전히 꼿꼿함을 볼 수 있네	猶見骯髒
나는 그 대략을 명으로 쓰니	我銘其大
지하를 밝게 비추리라	載昭泉壤

관찰사 윤공 묘갈[24]

觀察使尹公墓碣

공은 휘가 가적(嘉績), 자가 여휴(汝休)이다. 칠원 윤씨(漆原尹氏)는 신라 태사 시영(始榮)으로부터 시작되었으며, 고려시대에는 8대에 걸쳐 군(君)에 봉해졌다. 우리나라에서 직제학을 지낸 석보(碩輔)는 바른 말을 하다가 유배 가서 죽었으며 또 청렴하기로 이름났는데 공에게는 몇 대 조가 된다. 정랑 자신(自莘), 군수 유길(有吉), 장령 우정(遇丁)이 증조, 조부, 부친이다. 외조는 유수 이후산(李後山)이다.

공은 미목이 수려하고 총명이 남보다 뛰어났다. 세 살의 어린 나이에도 조모의 상을 당하자 고기를 먹지 않았다. 문예를 일찍 성취하여 22세에 진사가 되고, 이듬해 급제하여 주서를 맡으니, 사람들이 삼묘(三妙)라고 하였는데, 나이와 글, 글씨 때문이었다. 승문원 박사를 거쳐 세자시강원 설서로 옮기고 사서로 승진하고 다시 문학이 되었다. 사간원 정언, 사헌부 지평에 임명되었다. 이담명(李聃命)과 박천영(朴千榮)이 과장에서 간사한 짓을 벌인다고 논하면서 "광해조 이후로 없던 일"이라고까지 하였다. 다시 정언이 되어 상소하여 전형이 공평을 잃었다고 논하며 각기 사사로울 사(私) 한 글자를 타파하기를 원한다고 하였다. 헌납 윤경교(尹敬敎)가 정승 허적(許積)을 논죄하다가 엄한

24 관찰사 윤공 묘갈 : 이 글은 윤가적(尹嘉績)의 묘갈명이다. 윤가적은 본관이 칠원(漆原), 자가 여휴(汝休)이다. 1642년(인조20) 태어나 1685년(숙종11) 6월 27일 세상을 떠났다.

비지를 받고 특별히 체직되었는데, 공이 스스로 인혐하며,

"신처럼 용렬한 자가 전하께서 대각을 경시하는 마음을 열었기에 이처럼 지나친 일이 생긴 것입니다."

하고, 마침내 체직되었다. 어버이의 봉양을 위해 외직으로 나가 김화현감(金化縣監)이 되었다.

숙종 즉위 초에 홍문관 부수찬으로 부름을 받았다. 당시 청성(淸城) 김석주(金錫胄)가 갑자기 수어사로 발탁되자 공이 상소하여 아뢰기를,

"한 문제(漢文帝)는 두광국(竇廣國)을 현명하다 여겼으나 정승으로 삼지 않았습니다.[25] 그런데 전하께서 이조 참판을 차출할 때 특명을 내려 추가로 의망하게 하여 반드시 전관(銓官)으로 하여금 성상의 뜻에 영합하여 김석주를 의망하게 하고야 말았습니다. 사람들은 모두 이전에 남구만(南九萬)이 상소 한 통 때문에 즉시 체직된 일을 두고 전하께서 김석주를 위해 자리를 비운 것이라 하였습니다. 그 뒤 여러 직임을 겸임하였는데, 번번이 말망(末望)으로 낙점을 받았습니다. 이래서야 어찌 사람들의 마음을 감복시킬 수 있겠습니까. 양암(諒陰)의 제도[26]를 비록 다시 시행하기는 어려우나 중비(中批)로 관직에 제수하는 길이 이미 열렸습니다. 처음을 신중히 해야 할 때 이처럼 제멋대로 하시니, 훗날의 근심을 이루 말할 수 있겠습니까.

전하께서 비록 백관을 신칙하고 공도를 넓히고자 하시지만, 그

25 한 문제(漢文帝)는……않았습니다 : 두 광국은 황후 두씨의 동생이다. 문제는 그가 현명하다고 인정하면서도 사사롭다는 혐의를 꺼려 정승으로 임명하지 않았다. 《漢書 卷97上 外戚傳 孝文竇皇后》

26 양암(諒陰)의 제도 : 양암은 상중에 지내는 방이다. 은(殷)나라 고종(高宗)이 양암에 있으면서 삼년 동안 말을 하지 않았다는 고사에서 유래하였다. 《禮記 喪服四制》

근원을 맑게 하지 않고서 지류가 깨끗해지는 일은 없습니다. 대궐에 숙직하는 대신은 오로지 받들어 따르기만 일삼고 바로잡을 생각을 하지 않으며, 대간은 한결같이 침묵하고 있습니다. 어찌 새로운 교화를 펴는 초기에 말을 꺼리는 풍조가 생긴 것입니까."

하였다. 대신은 다름아닌 허적이었다. 엄한 비답을 받고 체직되었다가 두 차례 병조 정랑이 되었다.

을묘년(1675, 숙종1) 조정의 상황이 일변하여 적신 윤휴(尹鑴)가 명을 받들고 좌의정 김수항(金壽恒) 공에게 전유하였는데, 공공연히 꾸짖고 모욕하자 허적이 억지로 추고를 청하였다. 헌납 이우정(李宇鼎)이 초야에 버려진 선비는 격례로 책망할 필요가 없다며 환수를 청하기까지 하였다. 공은 수찬으로 상소하여 대신을 공경하는 의리를 아뢰었다. 흉당이 이조 판서를 공격하여 제거하려 하자, 허목(許穆)이 대신할 만하다는 이야기를 연석에서 아뢴 자가 있었다. 공은 그를 무엄하다고 비판하고, 또 이수경(李壽慶)이 밀계(密啓)를 올린 죄를 청하였다. 또 남천한(南天漢)은 글재주가 없고 무식하니 함부로 승정원에 임명해서는 안 된다고 논하였다. 그러자 흉인들이 번갈아 일어나 논척하여 마침내 체직되어 외직으로 나가 장연 부사(長淵府使), 성주 목사(星州牧使)가 되었다.

성주는 영남의 큰 고을이나 무단(武斷)이 풍속을 이루어 수령을 좌지우지하였다. 권신(權臣) 이원정(李元禎)의 아우 원지(元祉)의 집이 관아 곁에 있었는데, 방자하게 군 지 오래였다. 공은 향임(鄕任)을 엄히 신칙하여 그 집을 철거하게 하였다. 공이 관청에 오자, 원지는 이미 다른 고을로 피하였다. 호강하고 교활한 자가 자취를 감추고 백성이 안도하였다. 그러나 이원정의 당파인 관찰사가 마침내 하고(下考)

에 두었다. 공이 처음에는 진천(鎭川)에 살다가 곧 충주(忠州)의 가호(嘉湖)로 이사하였다. 성상께서 경연에 나와 한쪽 편 사람들이 모두 청요직에 금고당한 이유를 묻자, 흉당이 모두 죄가 있기 때문이라고 대답하였다. 성상께서 이르기를,

"윤 아무개 같은 자는 무슨 죄가 있는가?"

하니, 흉당이 아연실색하였다. 공이 예전에 서연에 자주 입시하여 성상께서 그가 현명하다는 사실을 잘 알고 계셨기 때문이다.

경신년(1680) 정국이 바뀌자 발탁되어 의주 부윤(義州府尹)에 임명되었다. 공은 누차 고을을 맡았으나 파직되어 돌아가는 날이면 집안 사람이 돈을 빌려다 주었다. 이때에 와서는 더욱 청렴한 지조를 스스로 가다듬어 상인 역관을 멀리 쫓아내고 청탁을 통렬히 끊었다. 1년이 지나자 고을 창고가 가득찼으나 돌아가는 행낭에는 중국본 책 약간 권 뿐이었다. 조정으로 돌아오자 누차 승정원 승지, 예조 참의에 임명되고, 외직으로 나가 공홍도 관찰사(公洪道觀察使)가 되었다. 임기가 차서 돌아가자 호서 사람들이 은혜를 칭송하는 말이 오랜 시간이 지나도 수그러들지 않았다. 병조 참의를 지내고 또 외직으로 나가 충원현감(忠原縣監)이 되었다가 얼마 지나지 않아 관청에서 세상을 떠나니 을축년(1685) 6월 27일로 향년 44세였다. 집에 예법대로 상을 치를 도구가 없어 대부분 경내에 있는 서울 상인에게 사다 썼다. 수암(遂菴) 권공(權公 권상하)가 이웃 고을에 있었는데, 와서 상을 치르다가 보고서 탄식하기를,

"이 사람의 청렴은 남이 미칠 수 없다."

하였다. 그해 모월 모일에 면천(沔川) 주절동(駐節洞) 장령공의 묘소 오른편 언덕에 장사지냈다.

공은 풍모가 온화하고 성품이 침착하였으며 효성과 우애는 천성에서 나왔다. 대부인을 섬길 적에는 정성과 예의가 모두 지극하여 관직에서 받는 녹봉과 고을에서 받는 선물은 모두 대부인의 처분을 따랐다. 공은 관직에서 물러나서는 형제들과 슬하에 모여 술 마시고 담소하며 대부인의 마음을 기쁘게 해 드리려고 힘썼다. 충원 현감이 된 것도 대부인의 뜻을 따른 것이었다. 숙형이 일찍 죽자 어린 자녀를 데려다 집에서 길렀으며, 과부가 된 형수의 아침저녁거리도 반드시 달을 계산하여 지급하였다. 이를 미루어 일가친척의 곤궁하고 급한 이들을 구휼하는 데 모두 힘을 다하였다. 평소 교유하며 몰려다니기를 좋아하지 않아 집안이 항상 조용하였으니, 간엄하고 조용하기가 이와 같았다.

부인은 배천 조씨(白川趙氏)이다. 의금부 도사 석명(錫命)은 낙정공(樂靜公)과 동당의 친지 사이였는데, 그가 바로 부인의 부친이다. 어질고 조심스러워 부인의 도리를 깊이 터득하였다. 온 집안 사람들이 공의 깨끗한 지조와 화목한 의리는 부인의 도움이 컸다고 말한다. 노년에 거친 밥조차 끼니를 잇지 못하였으나 탄식하고 원망하는 기색이 없었다. 공보다 22년 뒤 병술년(1706) 나이 63세로 세상을 떠났다. 훗날 갑인년(1734) 공의 묘소에 부장하였다.

2남 1녀를 두었다. 장남 지호(志浩)는 진사를 지냈고 재주가 뛰어났으나 일찍 죽었다. 차남은 지명(志溟)이고 딸은 관찰사 이만견(李晩堅)에게 시집갔으니, 이분이 나의 계부(季父)이다. 지호는 지명의 아들 경조(敬祖)를 후사로 삼았는데, 경조가 또 후사 없이 요절하였다. 딸은 진사 임형(任逈)에게 시집갔다. 지명의 아들은 경조(敬祖), 경륜(敬倫), 경신(敬臣), 경빈(敬賓)인데, 셋째와 넷째는 모두 요절하였다. 딸들은 유한위(柳漢緯), 이경상(李庚祥)에게 시집갔다. 관찰사 이

만견의 아들은 현령을 지낸 수(綬)와 유(維)이다. 사위가 넷인데 참의 윤급(尹汲), 진사 원경후(元景厚), 홍재(洪梓), 유각(柳慤)이다. 지명이 살아 있을 때 묘갈문을 부탁한 적이 있기에 그의 말을 차마 저버릴 수 없어 마침내 다음과 같이 명을 짓는다.

곧기는 화살 같고	其直如矢
맑기는 물과 같네	其清如水
이중에 하나라도 있으면	有一於此
명사라 하기 충분하네	足稱名士
지위와 덕이 걸맞지 않았으니	位德不稱
이치는 알 수 없네	難諶者理
면천에 묘소 있으니	有墓于沔
묘갈명으로 미덕을 드러내네	銘以昭美

좌랑 오공 묘갈[27]

佐郞吳公墓碣

나는 젊어서 양곡(陽谷) 충정공(忠貞公 오두인(吳斗寅))의 집으로 장가들어 충정공의 종제인 공조의 오두룡(吳斗龍)과 때때로 만났는데, 용모가 깨끗하여 얼음이나 옥 같았다. 양곡의 아들 해창공(海昌公 오관주(吳觀周))이 "우리 숙부의 마음은 용모와 같다."라고 한 적이 있다. 공이 세상을 떠난 지 40년이 지나 손자 욱(頊)이 비문을 부탁했다. 나는 그 가장(家狀)을 읽고서 자세히 알게 되어 기뻤다.

공은 자가 천용(天用)이며 해주(海州) 사람이다. 계보는 고려 검교군기감 휘 인유(仁裕)에게서 나와 대대로 벼슬하였다. 우리나라에 들어와 휘 정방(定邦)은 경상우도 병마절도사를 지내고 광해군 때 헌의(獻議)하여 절개를 세웠다. 그의 아들 전부 휘 사겸(士謙)은 천파(天坡) 휘 숙(䎘)을 낳았는데 문학과 정사로 현달하였다. 천파의 아우 지평 휘 핵(翮)은 문과 장원으로 호는 백천당(百千堂)인데 일찍 죽었다. 공은 그의 둘째 아들이다. 외조는 대군 사부 원진해(元振海)이니 고려 처사 운곡(耘谷) 천석(天錫)의 후손이다.

공은 숭정 임오년(1642, 인조20)에 태어났다. 총명이 남달랐는데 일찍 부친을 잃었다. 자라서는 분발하여 학문을 하니 문예가 날로 진보

27 좌랑 오공 묘갈 : 이 글은 오두룡(吳斗龍)의 묘갈명이다. 오두룡은 본관이 해주(海州), 자가 천용(天用)이다. 1642년(인조20) 태어나 1703년(숙종29) 8월 27일 세상을 떠났다.

하여 시험장에 나가면 번번이 동년배를 굴복시켰다. 그러나 한동안 과거에 누차 낙방하였다. 누군가 위로하면 공은 태연히 말하기를,

"학업이 정밀하지 못한 것이 걱정이니, 득실은 내가 걱정할 바가 아니다."

하였다. 모친상을 당하자 형제들과 함께 시묘살이하며 슬퍼하니 사람들이 대련(大連)과 소련(小連)[28]에 비유하였다. 기사년(1689) 비로소 진사시에 합격하였다. 당시 소인들이 정권을 잡았는데 공이 이름난 선비라는 이유로 의망에 넣어 광릉 참봉(光陵參奉)에 제수하였다. 충정공이 마침 직간하였다가 화를 당했기에 공은 평소 벼슬하지 않으려 하였으나 벼슬하라고 권하는 친구들이 많아 공은 억지로 명을 받들었다. 호곡(壺谷) 남용익(南龍翼) 공이 파직되어 교외에 있었는데, 공은 자주 그의 집에 찾아가 시를 주고받았으며, 종종 한가한 날에는 승경을 골라 다녔는데 반드시 함께 하였다.

규례대로 예빈시 봉사에 조용되고 군자감 직장으로 옮겼다. 예빈시 주부로 승진하고 상의원 별제로 옮겼다. 사헌부 감찰을 거쳐 공조 좌랑으로 옮겼다. 외직으로 나가 신계 현령(新溪縣令)이 되었는데 청정한 다스림에 온 고을 사람들이 모두 칭송하였다. 속된 관리처럼 명예를 구하는 일은 절대 하지 않았고, 녹봉으로 들어오는 것 외에는 터럭만큼도 사사로이 차지한 것이 없었다. 1년이 지나 작은 허물로 파직되었다. 집에서 지내는 동안 처자는 추위와 굶주림을 면하지 못했으나 공은 태연히 지냈다. 몇해 뒤 또 양천 현령(陽川縣令)에 임명되었는데 신계

28 대련(大連)과 소련(小連) : 동이(東夷) 사람으로 공자가 이들을 두고 거상(居喪)을 잘 했다고 칭찬하였다.《禮記 雜記下》

를 다스릴 때와 똑같이 다스렸다.

공은 계미년(1703, 숙종29) 8월 27일 시골 집에서 세상을 떠났으니 향년 62세였다. 이해 10월 용인(龍仁) 기곡(器谷) 선영 정향(丁向)의 언덕에 장사지냈다. 부인 거창 신씨(居昌愼氏)는 생원 지헌(之憲)의 딸이다. 부덕(婦德)으로 집안을 바르게 하였다. 공보다 14년 뒤에 세상을 떠났고, 공의 무덤에 부장하였다. 공은 1남 1녀를 두었으니 아들은 창주(昌周)이고, 딸은 조명은(趙鳴殷)에게 시집갔다. 창주는 4남을 두었으니 질(瓆), 욱(頊), 무과에 급제하여 지금 당상 선전관인 혁(㻡, 족부의 후사로 출계한 수(璲)이다. 관례를 한 증손은 재일(載一), 재덕(載德), 재형(載衡)이며 외손은 진사 조영언(趙英彦)이다.

공은 천성이 효성스럽고 우애가 있었다. 형이 병으로 폐인이 되었는데 공은 중년에 떨어져 살면서 항상 한으로 여겼다. 한번은 형이 사는 곳으로 가서 산자락에 초가를 짓고 노년을 보낼 계획을 세웠다. 그런데 관직을 그만두고 돌아가게 되자 공은 이미 병들었다. 형에게 말하기를,

"우리 형제에게 무슨 죄가 있어 이 지경이 되었는가."

하니, 들은 사람들이 슬퍼하였다. 서모 정씨는 아들이 없어 공에게 뒷일을 맡겼는데, 그 사람은 토지와 노비가 제법 있었다. 훗날 공은 그의 조카가 원한다는 이유로 모두 돌려주었다. 재물을 앞에 두고 구차하지 않음이 이와 같았다. 나는 예전에 공이 지은 종형 참봉공[29]의 행장을 보았는데, 이른바 열매는 맺었으나 꽃을 피우지 못한 사람[30]이

29 종형 참봉공 : 장릉 참봉(長陵參奉)을 역임한 오두규(吳斗奎)를 가리키는 듯하나 미상이다.

30 열매는……사람 : 《논어》 〈자한(子罕)〉의 "싹은 났으나 꽃을 피우지 못하는 경우

었다. 지금 공에 대한 글을 지으면서 차마 공의 뜻을 상하게 할 수 없다. 명은 다음과 같다.

청렴함과 고아함은	淸修恬雅
오씨의 가풍이라네	吳氏家風
티 없는 얼음과 옥	冰玉無滓
나는 공에게서 보았네	我及見公
마치 처녀처럼	有若處子
마음 졸였네	秉心鬱忡
벼슬은 마음에 없으니	祿仕非心
재앙을 당했는데 어찌하랴	奈遭鞠凶
선산이 있는 덕리에	德里桑梓
작은 집이 있었네	一畝有宮
만년에 형제와 즐기며	晩年棣歡
두 노인 어울리려 했네	婆娑兩翁
이 계획 영원히 어긋났으니	此計謬悠
어찌 운명이 이리 궁한가	何命之窮
나는 그 행실을 드러내니	我表其行
석 자 무덤이라네	三尺之封

도 있고, 꽃은 피었으나 열매를 맺지 못하는 경우도 있다.〔苗而不秀者有矣夫, 秀而不實者有矣夫.〕"라는 말을 인용한 것이다. 성취를 이루지 못하고 일찍 세상을 떠난 사람을 뜻한다.

좌랑 한공 묘갈[31]

佐郞韓公墓碣

공은 휘가 성기(聖箕), 자가 인보(仁甫)이며 청주(淸州) 사람이다. 한씨는 삼중대광 란(蘭) 이후 대대로 벼슬하였는데, 우리나라의 의정 상경(尙敬), 찬성 계희(繼禧), 참판 윤창(胤昌)이 가장 현달하였다. 증조 휘 효삼(孝參)은 통덕랑, 조부 휘 필적(必迪)은 첨추, 부친 휘 여익(如益)은 현감을 지냈다.

공은 문예를 일찍 성취하여 시험장에 나가면 번번이 동년배를 굴복시켰다. 숙종 정사년(1677, 숙종3) 생원이 되고, 임오년(1702) 처음 벼슬하였다. 공릉 참봉(恭陵參奉), 사재감 봉사, 내자시 직장, 빙고 별제, 형조 좌랑, 종친부 전부, 용인 현령(龍仁縣令), 서흥 현감(瑞興縣監)이 그의 이력이다.

신중하고 부지런히 공무를 수행하여 조금도 게을리 한 적이 없었다. 다스릴 적에는 실질적인 혜택을 베푸는 데 힘쓰고 혁혁한 명성을 추구하지 않아 백성이 편안히 여겼다. 그러나 공이 예전에 성균관을 드나들며 엄정한 논의를 견지하였기에 많은 소인들에게 미움을 받았다. 이 때문에 누차 낭패를 당하였으나 개의치 않았다.

병신년(1716) 4월 11일 세상을 떠나니 향년 70세였다. 처음에 수원

31 좌랑 한공 묘갈 : 이 글은 한성기(韓聖箕)의 묘갈명이다. 한성기는 본관이 청주(淸州), 자가 인보(仁甫)이다. 1647년(인조25) 태어나 1716년(숙종42) 4월 11일 세상을 떠났다.

(水原) 삼봉(三峰)에 장사지냈다가 정미년(1727, 영조3) 연기(燕岐) 고정(高亭) 자좌(子坐)의 언덕에 이장하였다.

숙인 심씨(沈氏)는 청송(靑松)의 대성(大姓)으로 통덕랑 지보(之溥)의 딸이다. 공보다 먼저 세상을 떠났는데 이때 와서 부장하였다. 네 아들을 두었으니 명진(鳴震), 대진(大震), 정진(挺震), 익진(翊震)이고 딸은 사인 홍계익(洪啓益)에게 시집갔다. 후유(後維), 후억(後億), 후범(後範), 후교(後敎)는 장남 소생이고, 후수(後洙), 후렴(後濂), 후락(後洛), 후속(後涑), 후문(後汶)은 차남 소생이다. 삼남의 아들은 후철(後喆), 후길(後吉), 후열(後烈)이며 사남의 두 아들은 모두 어리다.

공은 사람됨이 돈후하고 순박하며 집안에서의 행실이 몹시 뛰어났다. 상을 치를 적에는 죽을 마시며 상을 마쳤고, 형제와 우애 있었으며 친척을 어질게 대하였다. 아래로 천한 노비에 이르기까지 한번도 화를 낸 적이 없었다. 남과 있을 적에는 경계를 두지 않았다. 책을 읽다가 옛 충신과 열사의 일에 이르면 반드시 세 번 반복하고 탄식하였으니, 그의 평소 성품이 그러했기 때문이다.

공은 젊어서부터 우암 선생을 사모하였다. 선생이 흉인에게 무고를 당하자 유생들과 함께 변론하고, 또 수암(遂菴) 권 선생(權先生 권상하)과 서로 친하게 지냈다. 공이 세상을 떠나자 수암이 묘갈명을 짓고자 하면서 스스로 기록하기를,

> "유현을 사모하고 절의를 숭상하며 음직을 부끄럽게 여기고 효성과 우애를 자랑하지 않았다. 이 네 가지 일은 빠뜨릴 수 없다."

하였으나, 글을 미처 완성하지 못하고 수암이 세상을 떠나자 공의 막내 아들이 내게 글을 맡기고 수암의 필적을 보여주었다. 나는 공의

한 동네 후배이다. 견식이 몽매하여 공을 다 알지는 못하지만 지금 위대한 군자의 무거운 한 마디 말을 얻었으니 불후히 전할 것이다. 명은 다음과 같다.

나는 옛사람을 그리워하니	我懷古人
정성스럽고 꾸밈이 없도다	悃愊無華
덕은 후하나 복이 박하니	德厚祿薄
운명을 어찌하리오	其如命那
공손하면 반드시 장수하니	維恭必壽
이 이치는 거짓이 아니라네	斯理不譌
나는 수옹(권상하)을 증거삼아	我徵遂翁
이 명을 짓는다	作此銘歌

첨정 이공 묘갈[32]

僉正李公墓碣

공은 휘가 성조(成朝), 자는 자정(子正)이다. 연안 이씨(延安李氏)는 우리나라의 문헌가(文獻家)로 불린다. 근세에 월사(月沙) 문충공(文忠公) 휘 정귀(廷龜), 백주(白洲) 문정공(文靖公) 휘 명한(明漢), 청호(靑湖) 문숙공(文肅公) 휘 일상(一相)이 3대를 연이어 문형을 맡았는데, 공은 문숙공의 아들이다. 문숙공은 인조 무자년(1648, 인조26) 외직으로 나가 금성 현감(錦城縣監)에 보임되었는데, 공은 이해 태어났다.

어려서부터 의젓하고 도량이 있어 보는 사람들이 원대하게 될 것이라고 기대하였다. 숙부 정관공(靜觀公 이단상(李端相))이 관직에서 물러나 도학을 강론하자 공이 가서 배웠다. 여러 성리서를 읽고 마음으로 기뻐하며 과거 공부를 그만두려 하였다. 문숙공 역시 기뻐하며, "네가 좋아하는대로 해라." 하였다. 얼마 후 문숙공이 세상을 떠나고 겨우 상을 마치자 정관공이 또 세상을 떠났다. 공은 학문을 마치지 못했고, 또 집안이 융성하다는 이유로 몹시 겸손하게 행동하여 관직에 나아가기를 좋아하지 않았고 대부인도 강요하지 않았다.

공은 당시 나이가 아직 젊었으나 집안을 잘 유지하였다. 소박함을

32 첨정 이공 묘갈 : 이 글은 이성조(李成朝)의 묘갈명이다. 이성조는 본관이 연안(延安), 자가 자정(子正)이다. 1648년(인조26) 7월 1일 태어나 1696년(숙종22) 7월 4일 세상을 떠났다.

숭상하고 재물을 가볍게 여겨 우뚝히 대가의 풍모가 있었다. 집안에서의 행실이 몹시 완벽하여 대부인을 섬길 적에는 아침 저녁으로 순종하며 마음을 기쁘게 해 드리고자 힘썼다. 둘째 아우가 특이한 병에 걸린 적이 있었는데, 따로 집 한 채를 지어 거기에 살게 하고는 매번 음식과 의복을 직접 살펴 적절히 해 주었다. 또 먼 곳에서 의원을 불러와 정성과 힘을 다하였는데 3년 동안 하루 같았으니 사람들이 어려운 일이라 여겼다. 친척 사이에 더욱 잘 대처하여 작은 일로 도리에 어긋난 자가 있으면 마음을 가다듬고 기세를 바꾸어 한 마디 말로 해명했다. 잘못을 저지른 사람을 보면 반드시 몹시 꾸짖고 용서하지 않았다. 이 때문에 모두가 공경하면서도 사랑했다.

공은 임오년(1672) 사마시에 급제하였다. 경신년(1680) 조정에서 현명한 인재를 등용하자 공이 천거받아 처음 벼슬하였다. 내직으로는 전설사 별검, 의금부 도사, 예빈시와 장악원의 주부, 장원서 별제, 공조와 호조의 좌랑을 지냈고, 외직으로는 부여 현감(扶餘縣監), 금산 군수(錦山郡守)를 지냈다. 호조는 일이 바쁘고 간사한 짓이 많았는데, 공은 꼼꼼하고 능숙하였으며 또 적발에 뛰어나 직분을 잘 수행한다고 일컬어졌다. 이로 인해 장관이 천거하여 거듭 들어와 정랑이 되었다. 고을을 다스릴 적에는 신중히 법을 지켜 호강한 자를 통렬히 억제하니 백성이 그 은혜를 간직하고 아전은 그 위엄을 두려워했다. 자신을 대접하는 데는 청렴하고 간략하여 돌아갈 무렵에는 관아의 창고가 처음 왔을 때보다 넘쳤다. 어떤 이가 말하기를,

"나중에 오는 자가 반드시 청렴하지는 않을 것인데 쌓아둔들 무슨 소용이겠는가?"

하니, 공이 웃으며 말하기를,

"나는 내 마음을 다할 뿐이다."
하였다.

신미년(1691), 공은 파직되어 집에 있었는데 당시 흉당이 권력을 훔친 지 오래되어 더욱 시기하고 의심하였다. 하루아침에 십수 명을 유배보내도록 아뢰니 공도 거기에 들어가 정주(定州)에 유배되었다. 공은 평소 식견이 있었고 또 예전에 간사한 자에게 미움을 받은 적이 있었는데, 마침 병문안 때문에 자주 출입하다가 엿보는 자가 밀고했다고 한다.[33] 유배지에 와서는 고을의 뛰어난 자제들이 와서 배우기를 청하는 경우가 많았다. 계모의 상에 상복을 입지 않는 자가 있었는데, 예법의 뜻으로 타일러 제도를 따르게 했다.

갑술년(1694) 사면받고 돌아와 사직서 영, 공조 정랑에 임명되고, 외직으로 나가 예천 군수(醴泉郡守)가 되었다. 공은 평소 의술에 통달했는데, 마침 성상의 체후가 편치 않아 약원에서 서울의 관직으로 돌려보내 자문에 대비하도록 청하여 선혜청 낭관으로 삼고 사복시 첨정으로 옮겼다. 병자년(1696) 7월 4일 세상을 떠났다. 처음에는 용인(龍仁) 선산에 장사지냈다가 기유년(1729) 신창(新昌) 동추곡(東楸谷) 해향(亥向)의 언덕으로 이장하였다.

공은 식견과 도량이 침착하고 원대하였다. 한번은 사람의 바르고 사악함과 일의 잘잘못을 먼저 논했는데, 착착 들어맞는 것이 많았다. 언론이 바르고 준엄하여 전혀 머뭇거리는 태도가 없었다. 주자의 봉사

33 마침……한다 : 이성조는 병든 자형(姊兄)을 문안하느라 출입이 잦았는데, 이로 인해 경재(卿宰)를 정탐하고 출척된 사람들과 모여 모의한다는 의심을 받았다. 《芝村集 卷23 從氏僉正公墓誌銘》

(封事) 읽기를 좋아하였는데 종종 책을 덮고 탄식하였다. 한번은,

"우암은 후세의 주자이니, 공격하는 자는 소인이 될 것이다."

하였다. 이 때문에 선생이 서울을 떠나자 공은 성균관에 있으면서 상소를 올려 만류하고, 또 많은 선비들에게 일어나라고 권하여 그 무고를 바로잡았다. 공에게 힘입어 올바른 길을 잃지 않은 친구도 많았다. 공이 당시에 쓰였다면 필시 사론(士論)을 널리 펼쳐 가문과 국가를 빛냈을 것인데, 끝내 크게 쓰이지 못하여 낮은 지위에서 끝났으니 식자들은 몹시 애석해했다고 한다.

모친 문화 유씨(文化柳氏)는 군수 인성(仁聲)의 딸이다. 공의 배위 숙인 풍양 조씨(豐壤趙氏)는 진사 상정(相鼎)의 딸이며, 조부는 판서 형(珩)이다. 유순하고 남편의 뜻을 어기지 않아 친족이 그 덕을 칭찬하였다. 나이 72세 되던 신축년(1721)에 세상을 떠나 공의 묘소에 부장하였다.

4남 3녀를 두었다. 장남 우신(雨臣)은 첨정, 차남 주신(舟臣)은 군수를 지내고 공의 둘째 아우의 후사가 되었다. 삼남 여신(礪臣)은 진사, 사남 매신(梅臣)은 봉사를 지냈다. 현령 권익경(權益敬), 통제사 신익하(申翊夏), 현감 박필간(朴弼幹)이 사위이다. 항보(恒輔), 정보(鼎輔), 익보(益輔), 주서 남유상(南有常)과 사인 신욱(申昱)의 아내는 장남 소생이다. 차남의 자녀는 교관 천보(天輔), 생원 심사주(沈師周)의 아내이다. 삼남의 아들은 혜보(惠輔)이다. 공의 막내 아우 감사공(監司公 이해조(李海朝))은 나와 동년 급제했다. 세상 사람들이 가업을 계승할 것이라고 기대하였으나 불행히 일찍 세상을 떠났다. 지금 공의 손자 정보가 과거에 급제하여 예문관에 들어갔으며, 나머지 후손도 제법 문장과 행실로 알려졌다. 하늘이 공에게 보답한 것이 혹 여기에

있을지도 모르겠다. 명은 다음과 같다.

이씨는 삼대에 걸쳐	李氏三世
문장으로 널리 알려졌는데	大鳴以文
공은 고아가 되었네	爾公爾孤
천지는 차고 비며	天地盈虛
시대와 성쇠를 함께 하니	與時消息
하물며 사람은 어떻겠는가	況於人乎
높은 뜻 품고서 몸을 낮추고	蘊高而卑
꾸밈을 거두고 속을 채우니	斂華而實
이 또한 집안을 계승하였네	是亦克家
사물에 비유하자면	其譬於物
예장의 나무[34]처럼	豫章之木
가지가 우뚝하네	枝幹巍峨
대들보도 기둥도 되지 못하고	不樑不棟
땅에 묻혔으니	而委于土
아, 운명이로다	噫其命耶

34 예장의 나무 : 대들보로 쓰는 큰 나무를 말한다.

도정 오공 묘갈[35]

都正吳公墓碣

양곡(陽谷) 충정공(忠貞公 오두인(吳斗寅))은 세 번 혼인하여 아들 열 명을 두었다. 공은 아들 중에 두 번째로 휘는 정주(鼎周), 자는 중경(重卿)이며 숭정 무자년(1648, 인조26)에 태어났다. 모친은 원주 김씨(原州金氏) 숭문(崇文)의 딸로 잠곡(潛谷) 정승 김육(金堉)의 외손이다.

공은 신중하고 후덕하여 자제 노릇에 잘못이 없었다. 누차 충정공이 관찰사로 부임하는 고을에 따라 갔지만 그의 얼굴을 아는 사람이 드물었다. 일찍 모친을 잃고 계비(繼妣) 황부인을 섬겼는데, 자애와 효성이 모두 지극하였다. 어릴 적 길에서 백금 수백을 얻었는데, 주인을 기다렸다가 맞는지 살펴보고 돌려주었다. 외가가 가난하여 상속받은 재산을 종손에게 돌려주었다. 평소 담박하여 바라는 것이 없었다. 아우 해창공(海昌公 오태주(吳泰周))이 달마다 곡식을 보내주고 날마다 고기를 대어주었는데, 공은 재산의 유무를 따지지 않았다. 방 안에 깊숙이 들어앉아 먼지가 자리에 가득하였고 손님이 와도 인사 외에는 한 마디도 하지 않았다. 세상의 기쁘고 성나고 놀라운 일이 마음에 들어오지 않는 것 같았다.

35 도정 오공 묘갈 : 이 글은 오정주(吳鼎周)의 묘갈명이다. 오정주는 본관이 해주(海州), 자가 중경(重卿)이다. 1648년(인조26) 태어나 1720년(숙종46) 3월 2일 세상을 떠났다.

집에 들어가 황부인 곁에 있을 적에는 머리가 세었어도 낯빛이 부드러웠고, 아우 및 누이들과 함께 있을 때는 하루종일 기뻐하여 지극한 사랑이 드러났다. 종가의 일을 대신할 적에는 날마다 새벽에 가묘에 알현하고 한결같이 예법에 따라 제사를 지냈다. 집안에서의 행실은 이처럼 독실하였으나 그 외면을 보면 어리석은 듯하여 아는 사람이 없었다.

나는 충정공의 작은 사위이다. 공의 아우들을 보니 담소하고 즐거워하여 벗이 몹시 많았는데, 공은 혼자 조용히 지조를 지키며 30년을 하루처럼 보냈기에 처음에는 이상하게 여겼으나 마침내 공경하였다. 아! 옛날의 공숙문자(公叔文子)[36]와 같은 부류가 아니겠는가.

충정공 휘 두인(斗寅)은 판서를 지내고 영의정에 추증되었으니, 국모를 위해 간언하다 돌아가신 분이다. 조정에서 그 고아를 녹용(錄用)하니 공이 비로소 벼슬하였다. 그의 이력은 사산 감역, 광릉 참봉(光陵參奉)을 지내고 봉사, 직장, 인의, 별제, 감찰, 영으로 옮겼다. 주부와 첨정을 두 번 지내고 부정을 한 번 지냈으며, 첨지중추부사와 돈녕부도정을 지냈다. 공은 관직에 있으면서 부지런하고 신중한 태도를 지켰다. 통정대부로 승진하였는데 숙종이 기로소에 들어가면서 4품 이상 관원으로 나이 70세를 넘은 자에게 추은(推恩)했기 때문이다. 경자년(1660, 숙종46) 3월 2일 세상을 떠나 양성(陽城) 천덕산(天德山) 유좌(酉坐)의 언덕에 장사지냈으니, 바로 오씨의 선영이다. 선계(先系)와 세덕(世德)은 모두 비문에 실려 있다.

36 공숙문자(公叔文子) : 춘추시대 위(衛)나라 대부로, 말할 때가 되어야 말하고, 즐거운 뒤에야 웃고, 의로운 뒤에야 취하였다. 《論語 憲問》

공의 부인 전주 이씨(全州李氏)는 수사 필형(必馨)의 딸이다. 공의 묘소에 부장하였다. 계배(繼配)는 상주 황씨(尙州黃氏)이며 부친은 선전관 희서(羲瑞)이다. 아들 선(璿)은 진사시에 합격하여 현감을 지냈다. 선은 부사 이성곤(李成坤)의 딸과 혼인하여 4남을 두었으니 재홍(載弘), 재중(載中), 재행(載行), 재장(載長)이다. 공의 숙제(叔弟) 진주(晉周)가 공의 행적을 초고로 작성하고 나의 자를 부르며 말하기를,

"이 사람이 필시 우리 형의 숨겨진 덕을 드러낼 것이다."

하였다. 선이 그 말에 따라 묘갈명을 청하였다. 공의 형제는 지금 살아 있는 사람이 없으니 더욱 슬프다. 명은 다음과 같다.

천하에 말이 많아 속임수와 거짓이 생겼네	天下多言詐僞作
본성을 보전하고 질박함 지키려면 침묵 뿐이네	全眞守樸惟一默
큰 종을 두드리지 않아 길이 적막하네	洪鐘無扣容長寂
내가 그 끝을 헤아리니 온화와 후덕이 쌓였네	我測其涯和厚積
이에 숨겨진 빛을 드러내어 비석에 게시하노라	發玆幽光揭玄石

첨지 원공 묘갈[37]

僉知元公墓碣

첨지중추부사 원공은 은거하여 어버이를 봉양하며 60년 동안 여강(驪江)에 살았다. 강가에는 이름난 사대부가 많았는데, 자질이 강직하고 행실이 돈독한 군자를 논할 때면 모두 '원공'이라 하였다. 공은 휘가 몽정(夢鼎), 자가 성임(聖任)이다. 우윤 휘 만춘(萬春)의 아들이며 좌의정 원평부원군(原平府院君) 휘 두표(斗杓)의 손자이다.

원씨는 공신의 집안으로 불렸는데 가법이 몹시 엄격하였다. 우윤공은 또 엄격하고 강직하며 신중하고 진실하였는데, 공은 한결같이 준칙으로 삼아 공경하고 조심하며 잠시도 잊지 않았다. 젊어서부터 누차 우윤공이 맡은 고을로 따라갔는데 여색을 가까이 하지 않았다.

숙종 병인년(1686, 숙종12) 반시(泮試)에서 밟혀 죽은 사람이 많아 응시자의 집에서는 모두 놀라고 두려워하였다. 그러나 우윤공은 듣고서 말하기를,

"우리 아이는 필시 위험한 곳에 가지 않았을 것이다."

하였는데, 편지가 오자 과연 그러하였다. 이때부터 과거를 그만두었다. 우윤공이 예전에 말하기를,

"우리 부자는 천 리 밖에 있어도 마음을 알 수 있다."

37 첨지 원공 묘갈 : 이 글은 원몽정(元夢鼎)의 묘갈명이다. 원몽정은 본관이 원주(元州), 자가 성임(聖任)이다. 1651년(효종2) 태어나 1732년(영조8) 7월 3일 세상을 떠났다.

하였다. 한번은 서울에 집을 지으려고 재목을 다 준비하였으나 갑자기 돌아와서 "공사를 할 수 없습니다."라고 하였으니, 그의 뜻은 명도(明道)가 숲의 나무를 보고 경계한 것과 같았다.[38] 우윤공이 기뻐하며 "네 뜻대로 해라." 하였다. 우윤공은 의로운 일을 하는데 용감하였다. 공은 힘을 다해 뜻을 따르며 집안의 재산을 헤아리지 않았고, 또 우윤공이 자기의 노고를 알게 하지도 않았다.

공의 나이 예순이 되도록 대부인께서 무탈하여 어린아이처럼 돌보았다. 아침 저녁으로 부지런히 모시기를 한결같이 젊은 시절처럼 하였다. 상을 당해서는 슬픔을 다하고 제사 지낼 때는 정성을 다하였다. 아우 하나가 대종(大宗)의 후사가 되었으나 일찍 죽었는데, 그의 아들을 가르치면서 고식적으로 사랑하지 않고 의로운 방법으로 통렬히 다스렸다. 또 마음을 두 곳에 쓸 수 없다는 이유로 자기 아들은 잊은 듯이 여겼다. 종가의 일을 대신할 적에는 원대한 계획을 세우는 데 힘썼고, 겨를이 없어 정비하지 못했던 선대의 묘소를 정비한 것이 모두 7대였는데, 모두 비용을 절약하여 충당하였고, 터럭만큼도 남에게 요구하지 않았다. 또 외선조에게까지 미루며 "이는 우리 어머니의 뜻이다." 하였다. 중년에 배우자를 잃었으나 다시 혼인하지 않았고, 또 첩을 두지도 않으면서,

"섭생을 잘못하여 우리 어머니에게 걱정을 끼칠까 두렵다."

38 명도(明道)가……같았다 : 명도는 송(宋)나라 학자 정호(程顥)이다. 그가 전주(澶州)에 있을 때 다리를 놓으려 하였는데, 긴 나무 하나가 부족하여 민간에서 널리 찾았다. 훗날 숲의 나무 중에 아름다운 것을 보면 반드시 길이를 재려는 마음이 생겼다. 이로 인해 배우는 자들에게 "마음에 한 가지 일도 두어서는 안 된다."라고 경계하였다. 《近思錄 卷4 存養》

하였다.

공은 태도가 엄중하여 평소 몸을 기댄 적이 없었으며 농담이나 억지 웃음이 없었다. 비록 기운을 믿고 남에게 오만한 사람이라도 공에게는 자신을 굽혀 공경을 다하였다. 병이 났을 때 날씨가 몹시 더웠는데, 자제들이 들창을 조금 열자고 청하였으나 허락하지 않으며,

"구차하게 몸을 편안히 하려고 하면 사람 마음에 어찌 끝이 있겠느냐."

하고, 두 손자를 돌아보며 말하기를,

"나는 조만간 죽을 사람이니 잘못을 면하고 죽을 줄 알겠다. 그런데도 고생스럽게 이렇게 하는 이유는 너희들에게 우리 집안 선조들의 법을 알려주기 위해서이다."

하였다. 공은 마음가짐이 구차하지 않아 크고 작은 일을 막론하고 오직 의리를 지켰다. 확고하게 지키고 과감하게 실천하였으니, 요컨대 효제를 근본으로 삼고 묵묵히 안으로 수양하며 오직 남이 알까 두려워하였다. 공은 《소학》 읽기를 좋아하여 종신토록 힘을 얻은 것이 실로 여기에 근본을 두었다. 공은 항상 스스로 외기를,

"꾸미고 속이기보다는 차라리 질박하고 투박한 것이 낫고, 분에 넘치게 사치하기보다는 졸렬하여 인색한 것이 낫고, 통달하여 흐르기보다는 고루하여 막힌 것이 낫다."

하였으니, 여기서 공이 평소 숭상한 것을 알 수 있다. 또 자손에게 경계하기를,

"나는 너희들이 졸렬함을 지키는 선비가 되기를 바라지 무식한 재상이 되기를 바라지 않는다."

하였으니, 명언이라 하겠다.

공은 처음에 음직으로 영릉 참봉(英陵參奉)에 보임되었으나 어버이가 늙었다는 이유로 사직하였다. 훗날 행실과 재주로 재상들이 번갈아 천거하여 예빈시 주부에 조용되고 연이어 익위사 익위와 사어에 임명되었으나 모두 나아가지 않았다. 경술년(1730, 영조6) 지금 성상께서 영릉(寧陵)에 행차하여 원로들에게 은혜를 베풀어 통정대부 첨지중추부사에 임명되었다. 임자년(1732) 7월 3일 세상을 떠났으니 향년은 82세였다.

공의 외조는 교리 함양(咸陽) 박종부(朴宗阜) 공이며, 부인은 해주 최씨(海州崔氏)로 현령 시설(時卨)의 딸이다. 군자의 짝이 되어 뜻을 어기지 않았다. 장남 명익(命益)은 부사를 지냈고 차남 명직(命稷)은 현감을 지냈는데 공보다 먼저 요절했다. 딸은 부사 이사일(李思一)에게 시집갔다. 명익은 딸 하나를 두었는데 어리고, 명직은 2남 4녀를 두었으니 경순(景淳), 경후(景厚)와 권선(權揎), 김제상(金濟相)의 아내이다. 나머지는 아직 어리다. 이사일은 아들과 딸을 둘씩 두었는데, 아들은 명곤(命坤), 사위는 황숙(黃橚)이며 나머지는 어리다.

공은 원주(原州) 장산(長山) 선영 임좌(壬坐)의 언덕에 장사지냈고 부인을 부장하였다. 장남이 묘갈을 세우려 하면서 내게 글을 청하였다. 나는 항상 세상 사람들이 교만하고 부박하여 날마다 참된 본성과 멀어지면서도 돌아올 줄 모르는 것을 걱정하였다. 이 때문에 공이 귀하다는 것을 더욱 잘 알겠다. 아, 지금 어찌 그런 사람이 또 있겠는가. 마침내 명을 짓는다. 명은 다음과 같다.

확고하게 지키는 바 있고	確乎有執
두려워하듯 굽신거렸네	躬然如畏

타고난 본성을 보전하여	我全我天
겉과 속에 거짓이 없었네	表裏無僞
옛 마음으로 지금을 사니	心古身今
누가 귀한 줄 알리오	孰識其貴
작은 집 아래	衡門之下
강물이 맑고 곧네	江水淸直
나는 그 사람 생각하니	我懷伊人
효성을 법도로 삼았네	孝思維則
너희 손자에게 남기노니	貽爾孫子
혹시라도 감히 실추하지 말라	罔敢或失
명을 지어 드러내니	銘以著之
내 붓이 부끄럽지 않네	不愧我筆

동돈녕 안공 묘갈[39]

同敦寧安公墓碣

나는 말세에 태어나 요행히 옛사람과 같은 사람을 만났으니, 동지동녕부사 안공이 바로 그 사람이다. 공은 휘가 구(絿), 자가 자유(子柔)이며 죽산(竹山) 사람이다. 먼 선조는 고려 소부감 준(濬)이며 그로부터 대대로 공훈을 세웠다. 우리나라에 들어와 연창위(延昌尉) 맹담(孟聃)이 세종의 딸 정의공주(貞懿公主)를 맞이하였다. 그의 아들 상계(桑雞)는 영조께서 이름을 지어주셨는데 돈녕부 도정을 지냈으니 공에게 7대조가 된다. 증조 휘 응하(應河)는 훈련원 부정을 지냈고, 조부 휘 대재(大梓)는 좌승지에 추증되었고, 부친 휘 정찬(廷燦)은 이조참판에 추증되었다. 모친은 전주 이씨(全州李氏)이다.

공은 숭정 신묘년(1651, 효종2)에 태어나 숙종 임술년(1682) 진사시에 합격했다. 계사년(1713) 명릉 참봉(明陵參奉)에 임명되고, 종묘서 봉사, 선공감 직장에 조용되었으며, 상의원 별제, 사헌부 감찰, 형조 좌랑으로 옮겼다. 지금 성상 을사년(1725), 조지서 별제에 임명되고 의빈부 도사로 옮겼다. 병오년(1726), 전 참의 유척기(兪拓基) 등이 상소하여,

"신들의 시골 서당 스승 안 아무개는 어린 학생을 가르쳐 성취시킨 사람이 많아 급제한 사람이 5인, 생원과 진사가 8인입니다. 규례대

39 동돈녕 안공 묘갈 : 이 글은 안구(安絿)의 묘갈명이다. 안구는 본관이 죽산(竹山), 자가 자유(子柔)이다. 1651년(효종2) 태어나 1734년(영조10) 6월 18일 세상을 떠났다.

로 포상하소서."

하니, 마침내 통정대부로 승진하고 당일로 오위장, 첨지중추부사에 임명되었다. 여름, 둘째 아들 상휘(相徽)가 지평이 되었는데, 시종신의 어버이로 나이 일흔이 넘었기에 가선대부로 승진하고, 곧 동지중추부사에 임명되었다. 얼마 후 동지돈녕부사로 옮겼으나 돈녕(敦寧)이 다하였다는 이유[40]로 상소하여 체직되었다. 경술년(1730), 여든이 되었다는 이유로 가의대부로 승진하였다. 갑인년(1734) 6월 18일 세상을 떠났으니, 이것이 그 이력의 시종이다.

공은 나이 여섯 살에 모친의 명으로 고을의 어른에게 배웠는데, 하루는 어른에게 일이 있어 공에게 공부를 쉬게 하였다. 공이 말하기를,

"어머니가 꾸짖으면 어떻게 합니까?"

하니, 어른이 말하기를,

"내가 나갔다고 말하면 꾸지람을 면할 것이다."

하였다. 공이 말하기를,

"어머니를 속여도 됩니까?"

하니, 어른이 몹시 놀라 감복하였다. 한번은 국화를 읊으라고 하니, 공이 즉시 대답하기를,

만물이 모두 쓸쓸한데	萬物皆蕭索
국화만 홀로 피어 향기를 뿜네	菊花獨開香

40 돈녕(敦寧)이 다하였다는 이유 : 돈녕은 왕실의 친인척을 말하는데, 왕의 동성친(同姓親)은 9촌, 이성친(異姓親)은 6촌, 왕비의 동성친은 8촌, 이성친은 5촌, 세자빈의 동성친은 6촌, 이성친은 3촌 이상에 해당한다. 이 범위를 벗어나면 돈녕이 다하였다고 한다.

하니, 사람들이 모두 안기동(安奇童)이라 지목하였다. 교관 조봉원(趙逢源)에게 수학하게 되었는데, 함께 배우는 사람 중에 영재가 많았으나 조봉원이 공을 가장 기특하게 여기고 아꼈다. 손님이 질문하면 공에게 먼저 나서서 대답하게 하였다.

일찍 부친을 잃고 묘 아래에 여막을 짓고 살았다. 상을 마치자 모친이 시골 집이 외지고 누추하다는 이유로 공을 데리고 서울 집으로 돌아갔다. 공은 모친의 가르침을 받들어 독실한 뜻으로 공부하였다. 밤낮으로 부지런히 하여 경전과 사서를 통달하니 문명이 몹시 자자하였다. 집이 장의동(藏義洞)에 있었는데, 동네에 이름난 재상과 큰 선비가 많았으나 모두 자신을 굽히고 교유하였다.

한번은 두세 동지와 태백산, 소백산을 유람하였는데, 태백산이 전쟁을 피할 만하다고 여겨 곡식을 모아 쌓아놓고 불의의 사태에 대비하였다. 산 가까운 몇 고을 사람들과 결사(結社)를 맺고 낙산계(洛山契)라 이름하였다. 평소에는 산에 사는 사람이 서울에 오면 서울 사람이 도와주고, 난리가 나면 서울 사람이 산에 사는 사람에게 귀의하기로 하였다. 그의 조처가 대부분 이와 같이 원대하였다.

기사년(1689), 중전께서 자리에서 물러나시자 공은 서울과 지방의 선비들과 함께 대궐에 호소하기로 약속하였다. 당시 오 양곡(吳陽谷 오두인)을 비롯한 여러 공이 상소하여 극력 간언하다가 대궐에서 심문을 받았기에 사람들이 모두 두려워하여 감히 소두(疏頭)가 되려는 자가 없었다. 진사 성규헌(成揆憲)이 강개하여 스스로 맡았으나 어떤 이가 헐뜯었는데, 공은 그가 중지시키려는 것을 미워하여 의리에 근거하여 준엄히 책망하였다. 얼마 후 어떤 조정 관원이 와서 무익하고 화를 보탤 뿐이라고 말하니, 공이 분개하여 큰 소리로 꾸짖으며,

"우리들은 본디 우레 같은 주상의 위엄을 피하지 않소. 이것이 얼마나 중대한 의리인데 조그마한 일개 조정 관원이 감히 저지할 수 있겠소. 더 이상 말하지 말고 속히 나가시오."

하니, 좌중에 있는 사람들이 모두 낯빛이 바뀌었다.

병자년(1696), 모친상을 당했는데, 예제를 넘을 정도로 슬퍼하여 몸을 상하는 바람에 머리카락이 모두 희어졌다. 집이 몹시 가난하여 남들은 그 괴로움을 견디지 못할 정도였으나 공은 홀로 태연하여 터럭 하나도 구차하게 남에게 취하지 않고 오직 책을 보며 스스로 즐겼다. 고을의 어린이들이 배우러 오는 경우가 많았는데, 공은 영재를 교육하는 것도 한 가지 즐거움이라 여겨 사람에 따라 가르침을 베풀면서 한결같이 성심을 다하였다. 비록 몹시 어리석고 노둔한 사람도 반드시 반복하여 깨우치느라 날이 저물도록 자기가 배고프고 목마른 줄도 몰랐으니, 오래지 않아 성취시킨 인재가 많았다.

경인년(1710), 바다에서 오랑캐가 쳐들어온다는 소식이 전해지자 성상께서 구언(求言)하였다. 광주의 선비들이 공을 소두로 추천하여 공이 대궐에 나아가 먼저 나라를 지킬 방책을 논하고 겸하여 평소 걱정하던 일을 덧붙였는데, 상소가 모두 수천 자였다. 성상께서 가상하다는 비답을 내리셨다.

처음 명릉 참봉에 임명되었을 때 늙었다는 이유로 게을리 하지 않고 크고 작은 일을 막론하고 반드시 직분을 다하고야 말았다. 내가 예조 참의로 명릉에 가서 봉현(蓬峴) 길이 열렸는지 막혔는지 간심(看審)하였는데, 공은 짚신을 신고 걸어서 따라다니며 편리 여부를 몹시 자세하게 말하였다. 형조 좌랑을 지낼 때는 젊은이보다 부지런히 직무를 수행하여 판결이 적체되지 않아 형조에서 강직하고 현명하다고 추켜세웠다. 우리 중부 귀락공(歸樂公 이만성(李晩成))이 장관으로 있으면서 의심스러운 송사가 있으면 번번이 공에게 맡겼는데, 권세가와 관계된 일이라도 구애받지 않고 한결같이 법으로 결단하였다. 연창위(延昌尉 안맹담(安孟聃))의 사손(嗣孫)이 자주 끊겨 마침내 서인이 되자 공은 종중의 한 사람을 골라 종가의 제사를 주관하도록 건의하였다. 먼 선조 문정공(文貞公 안축(安軸))의 묘소가 평산(平山)에 있었는데 거의 무너지자 공이 종인들의 앞장을 서서 다시 수축하였다. 공은 또 일찍이 부정공(안응하)이 절행을 세우고도 정려를 받지 못한 점을 통탄스럽게 여기고, 또 인몰되어 일컬어지지 않을까 두려워하여 아들에게 고하기를,

"이 묘표를 세우기 전에는 부모의 묘표도 세울 수 없다. 나는 여생이 얼마 남지 않았으니 네가 도모해라."

하여 마침내 소원대로 하였다. 선조를 위해 마음을 다하는 것이 대체로 이와 같았다. 상휘가 영천(榮川)의 수령이 되자 공을 모시고 임소로 왔다. 공은 소백산을 유람하며 종종 수레를 버리고 도보로 다녔는데, 경쾌하게 다니면서 사흘 동안 피로하게 여기지 않았다. 당시 나이 여든이었기에 사람들이 모두 기이하다고 감탄하였다.

신해년(1731), 공이 서울로 돌아가게 되자 영천의 여든, 아흔 먹은 노인들이 각기 자제를 데리고 와서 수레를 막고 지켰다. 또 거의 열흘 동안 번갈아 관청 문을 지켰다. 공이 근심하여 새벽을 틈타 말을 타고 혼자 갔다. 공의 부고가 알려지자 영천의 관례(官隷)들 역시 서로를 이끌고 망곡(望哭)하였으니, 어진 마음을 미루면 자연히 사람들에게 깊이 스며든다는 점을 여기에서도 볼 수 있다.

공은 일찍부터 세상을 다스리는 업적을 자임하며 항상 강개하여 천하를 모두 구제할 뜻을 두었다. 그러나 영락하고 불우한 신세가 되자

매번 시의(時宜)를 헤아려 권력자에게 말하여 만에 하나라도 보탬이 되기를 바랐다. 의론이 평이하고 실질적이었기에 요컨대 지금도 쓸만하다.

마음에 맞는 사람을 만나면 흉금을 터놓고 천하 일의 성패와 역대의 흥망, 손익과 득실을 말하였는데 마치 손바닥을 가리키는 것 같았고, 끝없이 이어져도 듣는 이들이 피로한 줄도 잊었다. 임금을 사랑하고 나라를 걱정하는 마음은 지성에서 나와 국가의 명령에 하나라도 불편한 점이 있다는 소식을 들으면 그 때문에 밤새도록 불쾌해 하였다.

아, 만약 공이 일찍 등용되었다면 그 충성스러운 계책과 넓은 식견, 기개와 문장으로 필시 한 시대의 명신이 되었을 것이며, 아래로 백리 고을을 맡았다면 정사와 교화를 시행하여 필시 볼 만한 점이 있었을 것이다. 그런데 도리어 60년 동안 곤궁하게 지내다가 비로소 미관말직을 얻어 끝내 포부를 조금도 시험하지 못했으니, 어찌 운명이 아니겠는가.

부인 진주 유씨(晉州柳氏)는 공보다 1년 먼저 태어나 74세에 세상을 떠났다. 공의 관직에 따라 정부인에 추증되었다. 가난을 편안히 여기고 덕을 좋아하여 군자에게 걸맞았다. 2남 1녀를 두었는데 장남 상징(相徵)은 일찍 죽었고 딸은 김대수(金岱壽)에게 시집갔다. 상휘(相徽)는 문과에 급제하여 사간을 지냈다. 나는 평소 공의 아름다운 덕에 감복하였기에 지금 묘갈문을 감히 사양하지 못한다. 명은 다음과 같다.

곤궁할수록 더욱 굳세야 하고	窮當益堅
늙을수록 더욱 씩씩해야 한다[41]	老當益壯
예전에 이 말을 들었는데	昔聞斯語

지금 안씨 어른에게서 보았네 今見安丈
반드시 옛도를 행하여 必行古道
지금 풍속에 구애되지 않았네 不拘今俗
실천은 자기에게 달렸으니 爲之在我
그저 힘을 다할 뿐이었네 但當盡力
이 의리를 미루었으니 推此義理
어디를 간들 그렇지 않았으리 何適不然
덕을 컸으나 지위가 낮았으니 德鉅位細
내가 어쩔 수 없는 것은 천명이라네 不我者天
명을 지어 밝히니 銘以昭之
먼 훗날까지 전하리라 有來億年

41 곤궁할수록……한다 : 후한(後漢)의 마원(馬援)이 빈객들에게 "장부의 뜻은 곤궁할수록 더욱 굳세야 하고 늙을수록 더욱 씩씩해야 한다."라고 한 말을 인용한 것이다. 《後漢書 卷24 馬援列傳》

정랑 이공 묘갈[42]

正郎李公墓碣

내가 젊은 시절 사관(史館)에서 숙직할 때, 이지석(李志奭) 공은 형조 낭관이었는데 자주 찾아와서 한참 동안 이야기를 나누곤 하였다. 세상 사람들은 공을 삼절(三絶)이라고 하였는데, 기상과 풍모가 시원하여 속세의 사람과는 달랐다. 지금은 30년이 지나 공의 묘소에 심은 나무가 이미 한 줌이 되었고 나도 백발이 무성하다. 고아들이 묘도문을 부탁하였는데 내가 병들어 글을 짓지 못하지만 어찌 차마 사양할 수 있겠는가. 마침내 눈물을 거두고 서술한다.

공은 자가 주경(周卿)이며 성주(星州) 사람이다. 시조는 고려의 벽진장군 총언(悤言)이며 우리나라의 평정공(平靖公) 휘 약동(約東)이 유학과 청렴결백으로 이름났다. 휘 상일(尙逸)이라는 분이 있어 문과에 급제하고 관찰사를 지냈다. 동춘 선생(同春先生)이 조정에 나아가 김자점(金自點)을 탄핵할 적에 그분은 대각에 있으면서 그 일을 함께 하였으니 공에게는 조부가 된다. 부친 휘 파(坡)는 군수를 지냈다. 청렴하고 신중하게 관직 생활을 하여 집안의 명성을 실추하지 않았다. 모친 완산 이씨(完山李氏)는 장령을 지내고 찬성에 추증된 형(逈)의 딸이다.

42 정랑 이공 묘갈 : 이 글은 이지석(李志奭)의 묘갈명이다. 이지석은 본관이 성주(星州), 자가 주경(周卿)이다. 1652년(효종3) 태어나 1707년(숙종33) 8월 13일 세상을 떠났다.

공은 효종 임진년(1652, 효종3)에 태어났다. 어려서부터 남달리 총명하여 관찰공이 기특하게 여기고 아꼈다. 문예를 일찍 성취하였으나 과거 공부를 좋아하지 않아 나이 31세에 비로소 어버이의 명으로 과거에 응시하여 생원이 되었다. 기사년(1689, 숙종15) 중궁이 자리에서 물러나고 우암 선생(尤菴先生)이 이어서 사사(賜死)되었다. 공은 뜻을 같이하는 유생들과 상소하였으나 상소가 성상께 들어가지 않자 서로 이끌고 궐문 밖에서 통곡하였다. 이때부터 과거 공부를 그만두고 오로지 문학으로 스스로 즐겼다.

갑술년(1694), 정국이 바뀌자 즉시 금부 도사에 임명되고 빙고 별검으로 바뀌었으며, 얼마 후 사재감 주부로 옮기고 외직으로 나가 영산 현감(靈山縣監)이 되었다. 영남 좌도는 풍속에 구애가 많아 크고 작은 상(喪)을 당했을 때 집안에 전염병을 앓는 사람이 있으면 성복(成服)하지도 않고 장사지내지도 않아 달을 넘기거나 해를 넘기기까지 하였다. 제사를 지낼 때는 사찰을 찾아가 부처에게 공양하는 경우도 많았다. 공이 탄식하기를,

"영남은 평소 문헌의 지방이라 불리는데 잘못된 풍습이 이와 같으니 몹시 개탄스럽다."

하고, 고을의 어른들을 불러 간곡히 타이르니 한결같이 예법을 따랐다. 또 관찰사 이세재(李世載) 공에게 보고하니, 가상히 여겨 마침내 온 도에 두루 금령을 내렸다. 이후 또 용궁 현감(龍宮縣監)에 임명되어 법으로 통렬히 단속하니 토호들이 숨을 죽였다. 공은 예전에 창강(滄江) 조속(趙涑)이 관직에 있을 때 "나무 한 그루를 심더라도 나라에 보답하는 것이다."라고 한 말을 음미하였으므로 가는 곳마다 수리하는 경우가 많았다.

얼마 후 대신(臺臣) 때문에 쫓겨나 보임되었다가 체직되어 전설사 별제가 되고 형조 좌랑으로 옮겼다. 얼마 후 정랑으로 승진하여 다시 의령 현감(宜寧縣監)이 되었다. 당시 군수공은 여전히 무탈하여 성주(星州)에 있었다. 공은 세 번 고을 수령이 되었는데 모두 편의를 보아 고향 가까운 곳으로 갔으며, 힘을 다해 봉양하니 사람들이 영예롭게 여겼다. 정해년(1707) 여름, 우연히 병에 걸려 8월 13일 임소에서 세상을 떠나고 10월 8일 본주(本州) 가평촌(加平村) 임좌(壬坐)의 언덕에 장사지냈다.

공은 시에 뛰어나 삼연(三淵) 김창흡(金昌翕) 공이 그 풍격이 침착하여 호음(湖陰 정사룡)과 소재(蘇齋 노수신)를 이을 만하다고 칭찬하였다. 또 묵죽(墨竹)에 뛰어났는데, 정재(定齋) 박태보(朴泰輔)가 공을 칭찬하여 "서법이 묵죽보다 못하지 않다."라고 한 적이 있다. 공은 이 때문에 명성을 얻었다.

집이 평소 가난하였으나 생계를 마음에 두지 않았고, 의복과 음식이 좋지 않아도 태연히 지냈다. 관직에 있더라도 집에 있을 때와 같았다. 자제들이 간혹 이야기하면 "이와 같으면 충분하다." 하였다. 아랫사람을 관대하게 다스려 회초리치는 것을 좋아하지 않았고, 죄를 지은 자가 있어도 즉시 다스리지 않고,

"한창 화가 날 때 장(杖)을 쓰면 지나치기 쉬우니, 화가 풀리기를 기다려도 늦지 않다."

하였다. 관직에 있을 때는 청렴하고 신중하여 항상 선조에게 누를 끼칠까 두려워하였으며, 파직되어 돌아와 가족이 입에 풀칠할 방도가 없어 여종을 팔기까지 하였다. 지금 벼슬하는 사람들은 서로 만나면 벼슬한 날과 벼슬하는 맛을 따지기를 좋아하는데, 공은 한 마디도 이

를 언급하지 않고 조용히 앉아 시를 말할 뿐이었다.

부인 이씨는 중종의 별자(別子) 금원군(錦原君)의 후손으로 두한(斗漢)의 딸이다. 절약하고 검소한 덕이 공과 알맞았다. 공보다 뒤에 무오년(1738) 향년 88세로 세상을 떠났다. 2남 3녀를 두었으니 장남은 세성(世聖), 차남은 세영(世瑩)이고 딸들은 최맹손(崔孟孫), 윤덕귀(尹德龜), 참봉 유항명(柳恒明)에게 시집갔다. 세영의 계자(繼子)는 정인(挺寅)이다. 명을 덧붙이니, 명은 다음과 같다.

삼절이라는 호칭	三絶之稱
예로부터 드물었네	蓋尠古來
이것은 귀할 것 없으니	斯未足貴
덕이 재주보다 뛰어났네	德勝于才
그 덕은 무엇인가	厥德維何
사람들은 효도라 하네	人曰孝哉
부친은 〈귀거래사〉 읊으며	大人賦歸
고향에서 늙었네	邱原白首
아들은 가정에서 배우며	小子趨庭
세 번 수령의 인끈 찼네	三鞸墨綬
집안에서 전수한 청렴결백	廉白傳家
이밖에는 아무 것도 없네	此外無有
드높은 대궐의 숙직하는 곳에서	岧嶢禁廬
누차 맑은 풍모 보았지	屢接淸芬
무덤가 나무 서글프고	宰木生悲
구름 덮인 고개 아득하네	遙遙嶺雲

공은 실로 불후하리니　　公實不朽
어찌 내 글이 필요하랴　　何待余文

참봉 정공 묘갈[43]
參奉鄭公墓碣

공은 휘가 찬헌(纘憲), 자가 백도(伯度)이니 포은 선생(圃隱先生 정몽주)의 11대손이다. 증조 준(儁)은 전첨을 지냈고, 조부 운한(雲翰)은 군수를 지냈으며, 부친 귀징(龜徵)은 종사랑이다. 모친 영산 신씨(靈山辛氏)는 충의위 응종(應宗)의 딸이다.

신부인은 어버이가 늙고 형제가 없어 시집간 뒤에도 집으로 돌아가 봉양하였다. 공은 스무 살에 부친을 잃고 집안이 영락하여 모친과 외조부모를 모셨는데, 누이 하나와 아우 넷은 모두 어렸다. 공은 몸소 농사지어 끼니를 마련하고, 또 양육하고 성취시켰으며 때를 놓치지 않고 혼인시켰다. 외조부모의 상을 당하자 상을 치르는 데 필요한 도구를 마련하여 조금도 후회가 없도록 하였다. 막내 누이는 마음의 병을 앓았는데 십수 년 동안 약물로 간호하다가 머리와 수염이 하얗게 세었다.

공은 외가에서 나고 자라 항상 고향을 그리워하는 마음이 있었는데, 만년에 황려(黃驪 여주)에서 용인(龍仁)으로 돌아와 형제와 함께 살며 아침 저녁으로 즐거워하였다. 당시 신부인은 여전히 무탈하였는데, 공은 색동옷을 입고 온화한 얼굴로 마음을 기쁘게 해 드렸다. 상을 당하자 자기 힘으로 예를 다하였다. 충의공이 유언으로 공에게 제사를

43 참봉 정공 묘갈 : 이 글은 정찬헌(鄭纘憲)의 묘갈명이다. 정찬헌은 본관이 영일(迎日), 자가 백도(伯度)이다. 1652년(효종3) 태어나 1719년(숙종45) 2월 10일 세상을 떠났다.

지내게 하였는데, 공은 친족이 아닌데 제사지내는 것은 이치에 맞지 않다고 여겨 조정에 상언하여 종인(宗人)을 골라 후사로 삼았다. 전답과 노비는 모두 그에게 주고 자기는 아무 것도 갖지 않았다.

경진년(1700, 숙종26) 순릉 참봉(順陵參奉)에 임명되었으나 곧 작은 일에 연좌되어 유배되었다가 오래지 않아 풀려나 돌아왔다. 동시에 벌을 받은 자들은 차례로 서용되었으나 공은 죽을 때까지 홀로 곤궁히 살며 분수를 지켰다. 나이 68세 되던 기해년(1719) 2월 10일 세상을 떠났다. 그의 묘소는 포은의 묘소에서 수백 보 떨어진 곳에 있다. 배위는 수원 최씨(水原崔氏)로 홍질(弘耋)의 딸이다.

1남 1녀를 두었으니 아들은 진(鎭)이고 딸은 사인 윤광태(尹光台)에게 시집갔다. 계배는 원주(原州) 이면(李葂)의 딸로 공의 묘소에 부장하였다. 5녀를 낳았는데 참판 조영복(趙榮福), 진사 이태기(李泰基), 사인 이영석(李永錫), 관찰사 윤경룡(尹敬龍), 사인 유언태(兪彦泰)가 사위이다. 진의 아들은 관제(觀濟), 홍제(興濟), 겸제(謙濟), 건제(健濟), 순제(順濟)이다. 사위 윤광태의 아들은 목(睦), 숙(塾), 채(埰)이며 딸들은 사인 홍옥(洪沃)과 도사 이여신(李礪臣)의 아내가 되었다. 사위 조영복의 아들은 정언을 지낸 중회(重晦)와 중뢰(重賚)이며 딸은 진사 이최중(李最中)에게 시집갔다. 관찰사 윤경룡의 아들은 태국(泰國)과 사국(師國)이며 나머지는 모두 어리다.

공은 자질이 순후하고 질박하여 속은 너그러웠으나 겉은 엄격하여 한번 보면 덕 있는 어른이라는 것을 알 수 있었다. 평소 술을 좋아하였으나 온화하고 공경한 태도를 잃지 않았으며, 선을 즐기고 의를 좋아하는 마음은 천성에서 나왔다. 곤궁한 친구가 있으면 옷을 벗어주고 먹던 음식을 건네주면서도 어려워하는 기색이 없었다. 중제(仲弟) 찬조(纘

祖)는 경학과 행실이 있어 형제간에 서로 지기가 되었다. 한번은 종인과 두루 의논하여 포은의 묘소 아래 재실을 짓고 친족들과 계를 결성하여 1년에 한 번 조묘(祧墓)에 제사지냈다. 또 때때로 화수회(花樹會)를 열었다고 한다.

나는 주자(朱子)의 글을 읽다가 왕상서(汪尙書)에게 외가의 일을 처리하는 데 대해 논한 내용[44]을 보고 의리가 정당하다고 여겼는데, 후세에 그 뜻을 터득한 사람이 드물다. 공은 의심없이 과감히 결행하였으니, 이 한 가지 일만으로도 한 시대를 격려할 만하다. 공의 집안에서의 행실은 쓸 만한 것이 많지만 나머지는 모두 생략한다. 진이 명을 청하기에 다음과 같이 명을 짓는다.

문수산과	文秀之山
모현촌이여	慕賢之村
살아서 거주하고 죽어서 장사지내니	生居死葬
오직 정씨의 집안이라네	維鄭氏門
훌륭한 그대의 선조	皇皇爾祖
오랜 세월 지나도 더욱 높네	百代彌尊
그대는 그대의 몸을 삼가	爾愼爾身
구천에서 따르리라	以從九原

44 왕상서(汪尙書)에게……내용 : 《회암집(晦菴集)》 권30 〈답왕상서(答汪尙書)〉에 직접 외조의 제사를 지낼 것이 아니라 후사를 세우고 도우라는 내용이 있다.

참봉 송공 묘갈[45]

參奉宋公墓碣

송홍(宋泓) 공의 자는 호이(浩而)이다. 20세에 성균관에 들어가 글공부를 하고 행실을 가다듬어 사우들 사이에 명성이 있었다. 병인년(1686, 숙종12) 공릉 참봉(恭陵參奉)에 임명되고 기사년(1689) 탄핵을 받아 떠났다. 누차 응시하였으나 급제하지 못하고 임신년(1692) 3월 9일에 세상을 떠났으니 향년 40세였다. 공의 집은 고양(高陽) 용두촌(龍頭村)에 있었는데 세상을 떠나자 그대로 장사지냈으니, 내 집 화전(花田)과 몇 리 떨어진 곳이다.

그의 아들 하서(夏瑞)는 내게 배운 적이 있는데, 하루는 이렇게 청했다.

"선친은 아홉 살에 어머니를 잃고 또 열한 살에 아버지를 잃었습니다. 성인처럼 예법을 지킬 줄 알았고 장성해서도 사모하는 마음이 쇠하지 않았습니다. 기일이면 재계하여 정성을 다하고, 마치 돌아가신 부모님이 눈에 보이는 것처럼 여기며 죽을 때까지 갓과 옷에 채색 단을 두르지 않았습니다.[46] 평소에도 장중한 태도를 지켰으며, 남과 어울릴 적에는 온화하고 모나지 않아 모두의 환심을 얻었습니다.

45 참봉 송공 묘갈 : 이 글은 송홍(宋泓)의 묘갈명이다. 송홍은 본관이 진천(鎭川), 자가 호이(浩而)이다. 1653년(효종4) 태어나 1692년(숙종19) 3월 9일에 세상을 떠났다.

46 갓과……않았습니다 : 《예기》 〈곡례 상(曲禮上)〉의 "고아가 집안을 이으면 갓과 옷에 순수한 채색 단을 두르지 않는다.〔孤子當室, 冠衣不純采.〕"라는 말을 인용한 것이다.

선친이 돌아가실 때 저 역시 아홉 살이었는데, 어리고 아는 것이 없어 들은 것이 겨우 한두 가지에 불과합니다. 그렇지만 군자의 한 말씀을 얻는다면 불후히 전하기에 충분할 것입니다."

내가 대답했다.

"나는 어려서부터 고을의 어른들을 통해 공이 근엄한 사람이라는 것을 알았다. 또 현석(玄石 박세채)을 비롯한 여러 선배들이 몹시 추켜세웠다고 하니, 착한 선비라 하지 않을 수 있겠는가. 그리고 기사년(1689)에 화가 일어나 현인군자들이 죽거나 유배되고 작게는 파직과 삭직을 면하지 못했는데, 공은 미관말직이었는데도 거기에 들어갔다. 이 또한 착한 사람의 무리가 아니겠는가. 명(銘)은 이와 같으면 충분하다."

송씨는 신라 대아찬 순공(舜恭)에게서 나왔으며, 고려 평장사 인(仁)이 진천백(鎭川伯)에 봉해지면서 대대로 진천 사람이 되었다. 근세에 집의를 지낸 거(鐻)라는 분이 있고, 집의의 손자 구(耉)는 좌랑을 지냈다. 이분이 휘 취규(聚奎)를 낳았고, 배위 화순 최씨(和順崔氏)는 선교랑 진해(鎭海)의 딸이니 이분들이 공의 부모님이다.

공은 완산 이씨(完山李氏)와 혼인하였으니 양녕대군(讓寧大君)의 후손이며 통덕랑 운망(雲望)의 딸이다. 현숙하고 온화하여 이웃과 친족이 현명하다고 일컬었다. 2남 3녀를 두었으니 하서(夏瑞)는 장남이고 다음은 은서(殷瑞)이며 진사 이현좌(李鉉佐), 사인 이적(李迪), 이사맹(李師孟)은 사위이다. 명은 다음과 같다.

이 사람은 우리 고을의 착한 선비이니	是惟吾鄕之善士
이곳에서 죽고 이곳에 묻혔노라	死於是葬於是

장인 첨정 홍공 묘갈[47]

外舅僉正洪公墓碣

공은 휘가 우현(禹賢), 자가 사희(士希)이다. 홍씨는 고려 태사 은열(殷悅)에게서 나와 대대로 알려진 사람이 있어 역사에 끊임없이 기록되었다. 우리 조선에서는 동성균 휘 경손(敬孫)과 관찰사 휘 춘경(春卿)이 연달아 문장으로 세상에 이름났다. 증조 휘 명원(命元), 호 해봉(海峰)은 재상이 될 것이라는 기대를 받았으나 관직이 경기 관찰사에 그쳤다. 조부 휘 처심(處深)은 사재감 첨정을 지내고 좌승지에 추증되었다. 부친 휘 수제(受濟)는 공조 정랑을 지냈다. 모친 은진 송씨(恩津宋氏)는 현감 지렴(之濂)의 딸이다. 다섯 아들을 두었는데 공이 장남이다.

공은 어려서 장난을 좋아하지 않고 말과 웃음이 적어 어른처럼 의젓하여 어른들이 원대하게 될 것이라고 기대하였다. 외조부가 일 때문에 해남(海南)으로 유배되었을 때 공은 열 다섯도 되지 않았으나 따라가서 곁에서 모시며 일마다 수고를 대신하였다. 어버이를 섬길 적에는 지극히 부드럽게 하는 데 힘썼고, 책을 읽거나 글을 지을 때도 반드시 부모 옆에 있으면서 따로 편의를 도모하려 하지 않았다.

숙종 임술년(1682) 진사가 되었다. 서하(西河) 이민서(李敏叙) 공

47 장인……묘갈 : 이 글은 저자의 장인 홍우현(洪禹賢)의 묘갈명이다. 홍우현은 본관이 남양(南陽), 자가 사희(士希)이다. 1654년(효종5) 태어나 1729년(영조5) 11월 30일 세상을 떠났다.

이 이조에 들어갔는데 공의 외가 친척이었기에 재주를 아까워하여 관직을 주려고 하였다. 공이 사양하며,

"나이가 젊고 한창 과거 공부를 하고 있으니 벼슬하기를 원하지 않습니다."

하였다. 이공이 면전에서 탄식하기를,

"말세에 보지 못한 일이다."

하였다. 송 숙인은 고질병을 앓았는데 공과 아우들이 옷의 띠를 풀지 않고 5년을 하루처럼 간호하였다. 거만한 늙은 어의가 있었는데 병자의 집에서 불러도 가려 하지 않는 경우가 많았으나 유독 공의 효성에 감동하여 재촉하지 않아도 왔다. 상을 당하자 맛있는 음식을 입에 대지 않았고, 아무리 날이 더워도 최질(衰絰)을 벗지 않았다. 부친상을 당했을 때도 그렇게 하였다.

계미년(1703), 명릉 참봉(明陵參奉)에 임명되었으나 친혐(親嫌)으로 사면하였다. 갑신년(1704) 현릉 참봉(顯陵參奉)으로 복직하고 규례대로 사옹원 봉사, 영릉 직장(寧陵直長)으로 옮기고 사복시 주부로 승진하였다. 정승 김우항(金宇杭)이 제조였는데, 공은 인척의 혐의로 체직을 청하였다. 어떤 이가 사복시는 상피하는 아문이 아니고 예전에도 그대로 맡은 사람이 있었다고 하였으나 공은 끝내 구차히 있으려고 하지 않았다.

오랜 뒤 다시 종부시 주부가 되고 얼마 후 형조 좌랑으로 옮겨 과옥(科獄)을 조사하는 데 참여하였다. 외직으로 나가 함열 현감(咸悅縣監)이 되었는데, 다스릴 적에는 명예를 추구하는 것을 부끄럽게 여기고 실질적인 혜택을 베푸는 데 힘썼다. 함열현에 고기 잡는 호구가 있는데, 가렴주구를 견디지 못해 거의 다 흩어졌다. 공은 재물을 모아

관청을 설치하고 관청에서 구입하니 포구의 백성이 안도하였다. 마침 흉년이 들자 진휼하는 밑천을 마련하여 마음을 다해 구제하였는데, 역시 자신을 자랑하려는 꾀를 부리지 않았다. 얼마 후 문서 때문에 상관의 뜻을 거슬러 파직되어 돌아왔다. 뒤에 서용되어 다시 사재감 주부, 공조 정랑을 지냈다.

정유년(1717), 은진 현감(恩津縣監)에 임명되었다. 고을의 토호 한두 사람이 횡포를 부려 폐단이 극심하였는데 공이 엄격히 다스렸다. 환곡의 수량이 포흠난 것이 많았는데, 창고를 조사하여 모조리 징수하였다. 고마청(雇馬廳)의 재물은 빈 장부 뿐이었는데, 말을 다시 마련해 내었다. 또 양호(養戶)[48]의 버릇을 엄금하여 온 고을 사람들이 모두 칭송하였으나 비방하는 말이 무성하여 온갖 방법으로 중상모략하니, 여름 고과 때 과연 하고(下考)를 맞았다. 남쪽 사람들이 탄식하기를,

"앞으로 어찌 원망을 떠맡고 일을 할 사람이 있겠는가."

하였다.

신축년(1721), 지금 성상이 왕세제로 책봉되자 공은 익위사 사어에 임명되었다. 얼마 지나지 않아 흉당이 요사한 여종 및 역적 환관과 안팎으로 결탁하여 헤아릴 수 없는 변란이 일어나려 하였다. 공은 숙직한 신하들과 인대(引對)하여 더욱 공경하고 더욱 효도하며 궁궐을 깨끗이 하라는 이야기로 경계를 드렸는데 말뜻이 간절하여 소리와 눈물이 함께 나왔다. 물러나 탄식하기를,

"내 힘으로는 간사한 싹을 꺾고 동궁을 보호하기 부족하다. 한갓

48 양호(養戶) : 부유한 자가 천인의 조세를 대신 납부하고 노비처럼 부리는 대상을 말한다.

간신들 사이에 끼어 있을 뿐이니 끝내 무엇을 하겠는가."
하고 마침내 체직을 청하였다. 그러나 늘 나라를 걱정하여 눈물을 흘렸다.

을사년(1725), 종묘서 영에 임명되고 상의원 첨정으로 옮겼다가 곧 혜국 낭청으로 차임되었다. 낭청은 실직(實職)이 아니었기에 으레 겸임하는 경우가 많았으나 공은 홀로 말하기를,

"어찌 농단하는 혐의를 돌아보지 않을 수 있겠는가."
하고, 상의원의 직임을 그만두었다.

정미년(1727), 시국이 일변하자 공은 또 병을 핑계로 사직을 청하였다. 기유년(1729) 11월 30일 세상을 떠났으니 향년은 76세였다. 이듬해 2월 충주(忠州) 덕령산(德靈山) 정랑공 묘소 뒤쪽 해좌(亥坐)의 언덕에 장사지냈다.

공은 도량이 침착하고 행동거지가 단정하였다. 모든 언행이 겉치레를 일삼지 않아 한번 안색을 보면 덕 있는 공손한 군자라는 것을 알 수 있었다. 효성과 우애는 천성에서 나와 연로한 뒤에도 부모 이야기가 나오면 오열하느라 말을 잇지 못하니, 사람들은 종신토록 사모한다고 하였다. 아우들과 즐겁게 지내며 헛되이 보내는 날이 없어 벼슬할 때도 조정의 권귀는 한번도 찾아가지 않고, 관청에서 퇴근하면 오직 형제들을 만나 즐겁게 지냈다. 정유년(1717) 이후 형제들이 차례로 세상을 떠나자 공은 상심하며,

"늙은 나만 혼자 살아서 무엇하겠는가."
하고 하루종일 웃지도 말하지도 않았다. 슬픔을 막으려는 생각에 간혹 술을 마셨으나 취하면 또 슬피 울기를 그치지 않았다. 관직에 있으면서 직무를 수행할 때는 단지 본분에 따라 당장 해야 할 일을 하였으며,

이익과 손해, 칭찬과 비방에 흔들리지 않았다. 관직을 그만두고 돌아오면 곧 먹을 것이 없어 걱정하였다. 어떤 사람이 우활하다고 하자 공이 말하기를,

"나는 집안에서 전해받은 재산이 없는데 온 집안 식구가 춥고 굶주리지 않는 것은 모두 나라의 은혜이다. 어찌 자손을 위한 계책을 세워 집안에 전해오는 청렴결백을 잃겠는가."

하였다. 남을 대할 적에는 온후함을 위주로 하였으나 옳지 않은 일을 보면 절대 구차하게 용서하지 않았다. 언론은 관대하고 화평하기를 힘썼으나 의리가 달린 일에는 반드시 일도양단(一刀兩斷) 하였다. 윤증(尹拯)을 불러들이라고 청할 때 소수(疏首)가 된 적이 있는데, 윤증이 신유년(1681)에 보내려던 편지[49]를 보고서야 스스로 한스러워하며,

"이런 일이 있는 줄 일찌감치 알지 못하여 젊었을 때 호오(好惡)가 분명하지 않았으니 후회한들 어찌하겠는가."

하였다. 중씨 참판공이 항상 말하기를,

"우리 형님의 언론이 구차하지 않기가 이와 같다."

하였다.

공은 두 번 혼인하였다. 청송 심씨(青松沈氏)는 지유(之游)의 딸로 죽서(竹西) 종직(宗直)의 증손이다. 부인의 덕과 능력을 모두 갖추어 친족들이 칭찬했다. 안동 권씨(安東權氏)는 석주(石洲) 필(韠)의 손녀로 증 참판 직(諟)이 그 부친이다. 집안을 다스림에 법도가 있어 전처

49 윤증이……편지 : 윤증이 1681년(숙종7) 송시열에게 보내려던 편지를 말한다. 윤증은 이 글에서 송시열이 왕도와 패도를 아울러 쓰고 의리와 이익을 겸하여 행한다고 비난하였다. 《明齋遺稿 別卷3 擬與懷川書》

의 자녀를 은혜로 대우하였다. 두 숙인은 모두 공의 묘소에 부장하였는데, 한 무덤의 좌우에 있다. 아들 계조(啓祚)와 김준희(金俊熙) 및 판서 이재(李縡)에게 시집간 딸은 심씨 소생이다. 아들 진사 계상(啓祥)과 윤면(尹勉)에게 시집간 딸은 권씨 소생이다. 손자는 도해(道海), 생원 겸해(謙海), 일해(日海), 운해(雲海)이다. 외손은 현감 김원조(金遠祚), 부사 이제원(李濟遠), 윤재임(尹在任), 윤재신(尹在莘), 윤재갑(尹在甲)이다. 명은 다음과 같다.

보통 사람이 벼슬하는 이유는	凡人祿仕
대부분 가난 때문이라네	多爲貧制
명분과 행실에 대해서는	其於名行
스스로 가다듬는 이 드무네	鮮克自礪
꼿꼿하여 속되지 않은 모습	骯髒不俗
공의 만년에 보았네	見公暮歲
낭관과 수령의 직임	郎官百里
덕은 컸으나 지위는 낮았네	德鉅位細
도에 어긋남을 부끄러워하여	恥存違道
백성이 실질적인 혜택을 입었네	民被實惠
나는 내 강직함 지키니	吾秉吾直
걸핏하면 시대와 어긋났네	動與時戾
청렴결백한 선조에 누가 되지 않고	無忝清白
후세에 전하였네	以遺後世
출처는 의리에 따랐으니	行止以義
상황 따라 변하지 않았네	不失潦霽

칼로 자른 듯한 것은　一刀截斷
바른 것과 사악한 것이었네　邪正之際
허물이 있으면 통렬히 고치고　有過痛改
머뭇거린 적이 없었네　曾不吝滯
참된 사대부이니　眞士大夫
누가 미칠 수 있으랴　其孰能逮
평소의 행실을 따져보면　原其素行
효제에 근본을 두었네　蓋本孝悌
사위는 덕에 훈도를 받아　甥館薰德
교분이 두터웠네　情好相契
명에 미덕을 수록하여　銘以載美
영원히 변치 않고 전하리라　永世不替

목사 조공 묘갈[50]

牧使趙公墓碣

공은 휘가 태흥(泰興), 자가 사호(士豪)이며 순창(淳昌) 사람이다. 부사를 지내고 참판에 추증된 휘 원필(元弼)의 증손이며, 부호군 휘 성구(聖耉)의 손자이다. 부친 이정(爾鼎)은 문장이 뛰어났으나 일찍 죽었다. 모친 이씨(李氏)는 관찰사 천기(天基)의 딸이다.

공은 어려서 외조부 문정공(文貞公) 민유중(閔維重) 형제의 문하에서 배우고 진사시에 합격하여 장릉 참봉(莊陵參奉)이 되었다. 당시 단종(端宗)이 복위된 지 얼마 되지 않아 능침을 다시 만드는데, 대신(大臣)이 공을 천거하여 감독하는 일을 겸하게 하였다. 일을 마치자 공로가 있다는 이유로 곧장 활인서 별제에 임명되고, 형조와 호조의 좌랑을 거쳐 은율 현감(殷栗縣監)으로 부임하였다. 토지의 경계를 다시 바로잡아 백성이 실질적인 은혜를 입었다. 감사와 어사가 표창하도록 아뢰어 특별히 황주 판관(黃州判官)에 임명되었는데, 치적이 온 도의 제일이었다.

얼마 후 대신의 말 때문에 통정대부에 발탁되고, 얼마 후 조사위장, 첨지중추부사에 임명되고 외직으로 나가 영천 군수(永川郡守)가 되었다. 고을에는 남당(南黨)과 북당(北黨)이 있었는데 공이 화해시키려

50 목사 조공 묘갈 : 이 글은 조태흥(趙泰興)의 묘갈명이다. 조태흥은 본관이 순창(淳昌), 자가 사호(士豪)이다. 1655년(효종6) 태어나 1720년(숙종46) 4월 24일 세상을 떠났다.

하다가 그 무리에게 미움을 받아 파직되어 돌아왔다. 다시 장성 부사(長城府使), 김제 군수(金堤郡守)가 되었으나 모두 부임하지 않았다. 얼마 지나지 않아 안악 군수(安岳郡守)를 거쳐 담양 부사(潭陽府使)로 옮겼으나 역시 일에 연루되어 파직되었다. 얼마 후 능주 목사(綾州牧使)에 임명되고 이듬해 무술년(1718) 스스로 그만두고 돌아왔으나 즉시 성주 목사(星州牧使)에 임명되었다. 이듬해 조정에서 균전(均田)을 명하였는데, 공은 이미 병들어 파직되었으나 돌아오지 못하고 경내에서 세상을 떠나니 향년 66세로 경자년(1720) 4월 24일이었다. 고양(高陽)으로 돌아와 장사지내고 이듬해 양주(楊州) 회암(檜巖)의 언덕으로 이장하였다. 훗날 아들 때문에 은혜를 입어 이조 참판에 추증되었다.

공은 사람됨이 뛰어나 속좁은 세상 사람들을 미워하였다. 다스릴 적에는 대체(大體)를 견지하는 데 힘쓰고 백성을 간절히 사랑하였다. 가난하고 굶주린 사람을 진휼할 때는 여러 가지로 방법을 다하였다. 이 때문에 흉년이 들어도 백성은 굶주린 기색이 없었다. 이웃 고을 백성이 다투어 와서 먹을 것을 달라고 하였는데, 어떤 이가 아뢰어 쫓아내려 하였으나 공이 말하기를,

"모두 임금의 백성이니 나는 차마 할 수 없다."

하고, 마침내 양식을 준비하여 구호하여 보내니 백성이 모두 기뻐 감복하였다. 그러나 아전을 다스릴 때는 엄격하였고, 향리에서 무력을 쓰는 자들은 법으로 엄격히 단속하였으니, 비방과 원망을 받더라도 꺼리지 않았다. 송사를 판결하는 데 밝았고, 청탁이 시행되지 않았다. 오래 감옥에 갇혀 죽게 된 사람이 있으면 그때마다 원통한 사정을 살펴 진상을 밝혔다. 이 때문에 전후로 누차 고을을 맡았고 간혹 다스리기

어려운 고을이 많았으나 가는 곳마다 모두 치적을 세워 백성들이 공이 떠난 뒤에 그리워하여 비석을 새겨 칭송하였다.

효성과 우애가 돈독하여 가정에서의 자잘한 행실은 남보다 뛰어난 점이 많았다. 자신을 돌보는 데는 야박하여 검약을 지켜 의복과 음식을 가난한 선비처럼 하다가 세상을 떠났다. 세상 사람들은 공을 훌륭한 관리라고 말하지만 집안에서의 행실이 이처럼 완벽하였다는 사실은 간혹 다 알지 못할 수도 있다. 그러나 겉으로 드러나는 것이 저와 같으니 속에 근본을 두었다는 것을 알 수 있다.

공은 풍산 홍씨(豐山洪氏)와 혼인하였으니 고(故) 현감 증 이조판서 주천(柱天)의 딸이다. 2남을 두었으니 언신(彦臣)은 참판을 지냈고 익신(翊臣)은 문학으로 자처하고 감역에 임명되었으나 나아가지 않았다. 홍부인은 77세까지 살다가 임자년(1732) 세상을 떠나 공의 묘소에 부장하였다. 명은 다음과 같다.

공의 재주는 일을 맡기에 충분했고 公之材足以幹乎事
그 다스림은 백성을 이롭게 하기 충분했네 其治足以利乎民
행실은 집안에서 선하기에 충분했고 行足以善于家
검소는 제 몸을 지키기에 충분했네 儉足以守其身
여기서 문정공이 남긴 가르침이 사라지지 않음을 보네
斯可見文貞餘教之不湮
내가 명을 지어 밝히니 후세 사람에게 알리기 충분하네
我銘昭之足以詔其後人

자의 박공 묘갈[51]

諮議朴公墓碣

우암(尤菴) 문정(文正) 선생이 돌아가시고 그의 문인들은 대부분 호서와 호남에 흩어져 살며 날마다 도덕과 의리를 강마하였는데, 남방에서는 손재(遜齋) 박광일(朴光一) 공의 명망이 높았다. 공은 평양(平陽) 사람으로 대제학 문숙공(文肅公) 석명(錫命)이 처음으로 우리나라에서 현달하였다. 그 뒤 대대로 훈작을 계승하여 창신교위 이공(而恭)이라는 분이 남방에 자취를 감추어 자손이 마침내 광주(光州) 사람이 되었다. 교위로부터 5대가 지나 우헌(寓軒) 휘 상현(尙玄)에 이르렀으니, 공은 우헌의 아들이다. 모친 고씨는 공을 잉태하고서 국화가 뜰에 가득한 꿈을 꾸었다. 우헌은 평소 《주역》에 조예가 깊어 문정공이 만년의 지기로 인정하였다.

공은 어려서 《소학》을 배우며 효도하고 공경하는 도리를 기쁘게 들었다. 관례를 치르기 전에 사서와 《근사록》, 《역학계몽(易學啓蒙)》, 〈태극도설(太極圖說)〉 등의 글을 다 읽었다. 문정공이 봉산(蓬山)의 유배지에 있을 때 공의 나이 스물 셋이었는데, 부친의 명으로 폐백을 들고 찾아뵈었다. 선생은 그 영민함을 기뻐하며 장구하고 원대하게 되라고 권면하였다. 공은 이때부터 거경궁리(居敬窮理)가 성인 문하의 비결이

51 자의 박공 묘갈 : 이 글은 박광일(朴光一)의 묘갈명이다. 박광일은 본관이 순천(順天), 자가 사원(士元), 호가 손재(遜齋)이다. 1655년(효종6) 태어나 1723년(경종3) 12월 27일 세상을 떠났다.

라는 점을 알고서 부지런히 힘썼다. 의심스럽거나 모르는 것이 있으면 모두 질정하였는데, 견식이 정밀한 경우가 많았다. 요씨(饒氏)가 말한 사리본말의 잘못[52]을 논하자, 선생이 몹시 칭찬하며 "물을 담아도 새지 않을 것이다." 하였다. 선생이 조정의 명을 받고 《주자대전(朱子大全)》을 교정하였는데, 공에게 대조하여 교정하는 일을 부탁하였다.

기사년(1689, 숙종15) 선생이 탐라로 유배되어 사찰에서 바람이 불기를 기다리고 있었다. 공은 사우들과 함께 송별하고, 이 기회에 호연장(浩然章)의 문답과 괘변설(卦變說)을 질의하였는데 곧바로 인정을 받았다. 선생이 초산(楚山)에서 화를 당하게 되자 공이 수암(遂菴) 권공(權公 권상하)과 함께 들어가 영결하였는데, 선생이 권공을 돌아보며,

"괘변의 뜻은 사원(士元)의 설명이 가장 분명하다."

하였으니, 사원은 공의 자이다. 공은 이로부터 과거에 응시하지 않고 두문불출하며 강학하였다. 우헌공이 한번은 나무로 혼천의(渾天儀)를 만들었는데, 공이 대나무를 사용하여 그 제도를 확대하니 우헌공이 만족하고 기뻐하였다. 공은 부친을 잃자 스스로 분발하여,

"나는 불행히 아버지와 스승을 잃었으니 백 배 노력하지 않으면 어찌 사람이 되겠는가."

하고, 깊이 생각하고 실천하느라 먹고 자는 것도 잊으니, 호남의 학자들이 모두 그를 따랐다. 당시 수암은 황강(黃江)에 있었는데, 공은 편지를 보내 경전의 뜻을 논변하였다. 수암은 매번 적절하다고 하였

52 요씨(饒氏)가……잘못 : 요씨는 남송(南宋)의 성리학자 요로(饒魯)이다. 그는 요로가 이(理)의 소이연(所以然)을 근본으로 보고 쇄소응대(灑掃應待)를 말단으로 본 것은 잘못이라고 하였다. 《遜齋集 卷3 上尤齋先生》

고, 간혹 자기 견해를 굽혀 따르기도 했다.

신사년(1701), 내시 교관에 임명되었으나 병으로 사직하였다. 연이어 익위사 시직, 왕자 사부에 임명되었으나 나아가지 않았다. 지리산 문수동(文殊洞)에 집을 정하고 그곳의 산수를 좋아하여 그 사이에서 왕래하고 읊조렸다.

정유년(1705), 시강원 자의에 임명되자 누차 상소하여 사직하였다. 문정공은 사악한 당파의 무함과 모욕을 받았는데, 공이 상소의 말미에서 통렬히 변론하고, 이어서 토벌하고 복수하는 의리를 천명하였다. 상소를 미처 올리기 전에 체직되어 종부시 주부에 임명되었으나 역시 사직하여 체직되었다.

신축년(1721)과 임인년(1722)의 화가 일어나자 문정공이 도봉서원(道峰書院)에서 출향(黜享)되었다. 공은 애통해하며 "백성이 죽겠구나." 하였다. 장암(丈巖) 정호(鄭澔) 공이 남쪽으로 유배되어 마을을 지나자 공이 찾아 뵙고 새벽까지 학문을 논하였다. 간암(艮菴) 이희조(李喜朝) 공이 낭주(朗州 영암)에서 서쪽으로 유배가게 되었는데, 간암은 세상의 화를 걱정하였으나 공은 탄식하거나 위로하는 말 없이 다만 "평평하면 기울고 가면 돌아오는 것이 하늘의 도이다.[53]" 하였다.

공은 숭정 을미년(1655)에 태어나 계묘년(1723) 12월 임신일에 세상을 떠났다. 세상을 떠나기 하루 전 친구에게 손수 답한 편지에는 정신이 또렷하였다. 병이 위독해지자 집안 사람이 부축하며 눈물을 흘리자 공은 밤낮이 바뀌는 이치에 비유하고 얼마 후 세상을 떠났다. 본주 정광산(淨光山)에 장사지냈다. 부인 청천 정씨(靑川鄭氏)는 현감

53 평평하면……도이다 : 260쪽 주50 참조.

택주(宅周)의 딸이다. 공보다 4년 먼저 세상을 떠났다. 장남 중휘(重輝)는 일찍 죽었고 차남은 중거(重擧), 사위는 진덕유(陳德維)이다.

공은 수려하고 온화하며 기상이 편안하고 진중하였다. 남과 어울릴 적에는 온화하고 너그러워 보면 군자인 줄 알 수 있었다. 평소 사는 곳은 비바람도 막지 못했으나 만족스레 살았다. 우헌공은 친구들과 강론하기를 좋아하여 손님이 항상 자리에 가득하였는데, 공은 힘을 다해 대접하여 우헌공이 그 어려움을 모르게 하였다. 아버지와 어머니가 병에 걸렸을 때는 모두 손가락을 잘라 피를 바쳤으며, 상을 치를 적에는 예의를 다하였다. 해마다 먼 조상의 묘를 수리하고 종인(宗人)들과 우호를 다졌다. 그의 학문은 가정에 근본을 두었고 마침내 위대한 현인에게 귀의하였으므로 문로가 바르고 실천이 독실하였으니, 어진 부형과 좋은 사우 없이 덕을 이루는 자는 드물다.

공은 예전에 〈나소변무(羅疏辨誣)〉, 〈진호문답(晉湖問答)〉을 지어 사문을 위해 시비를 변론하였다. 또 "숭정일월(崇禎日月)"이라는 글을 크게 써서 벽에 걸고, 때때로 〈출사표(出師表)〉와 담암(澹菴 호전(胡銓))의 상소를 외며 비분을 달랬다. 문정공은 주자를 독실히 믿었고, 공은 문정공을 독실히 믿었으므로 이처럼 이단을 물리치고 대의를 밝혔던 것이다. 또 그가 지은 경설(經說)은 종종 스스로 터득한 뜻이 있었으니, 요컨대 주자의 가르침에 어긋나지 않았다. 스스로 문호를 세우는 저 세상 사람들은 도대체 무슨 마음인가. 공은 '이 늙은이를 저버리지 않았다.'[54]라고 하겠다. 집에 〈명성도도설(命性道圖說)〉, 〈삼

54 이……않았다 : '이 늙은이'는 맹자를 말한다. 맹자의 가르침을 저버리지 않았다는 뜻이다. 《晦庵集 卷25 答林擇之》

재태극도설(三才太極圖說)〉, 〈하도생성수(河圖生成數)〉, 〈고괘선후갑설(蠱卦先後甲說)〉, 〈제서차기(諸書箚記)〉, 〈면재오행설변(勉齋五行說辨)〉 몇 권이 있다. 중거가 와서 명을 청하기에 다음과 같이 명을 짓는다.

나의 스승은　於我師
후세의 주자라네　後紫陽
오직 《춘추》의 의리는　惟春秋
해와 별처럼 빛나네　義日星
아, 사악한 말은　噫邪說
홍수보다 심하네　甚懷襄
나는 전수받은 것이 있으니　我有受
하늘이 잊지 않으리[55]　天不忘
부지런히 힘쓰면　俛焉孳
비색한 것이 형통하리　否乃亨
주작의 그림자에　朱雀影
기둥 하나 우뚝하네[56]　一柱亭

55 하늘이 잊지 않으리 : 《순자(荀子)》 〈부(賦)〉의 "천도(天道)가 회복되지 않아 근심이 끝이 없네. 오랜 뒤에 반드시 돌아올 것이니 이것이 당연한 도이다. 제자들아 학문에 힘쓰거라. 하늘이 잊지 않으리라.〔皓天不復, 憂無疆也. 千秋必反, 道之常也. 弟子勉學, 天不忘也.〕"라는 구절을 인용한 것이다.

56 주작의……우뚝하네 : 권상하가 박광일에게 보낸 시에 "주작의 그림자 속에 기둥 하나 있으니, 늙은이는 이제부터 머리를 긁지 않네.〔朱雀影中亭一柱, 老夫從此不搔頭.〕" 하였다. 주작의 그림자는 남쪽 지방을 말한다. 호남에 박광일이 있으므로 세도의

수옹(권상하)의 말을	遂翁語
명으로 삼을 만하네	是可銘

쇠퇴를 걱정하지 않는다는 말이다. 《遯齋集 卷1 歎世吟寄呈遂菴》

관찰사 권공 묘갈[57]

觀察使權公墓碣

관찰사 권수(權燧) 공이 숙종 무술년(1718, 숙종44) 6월 9일 연산(連山)의 반곡(盤谷)에서 세상을 떠났으니 향년 63세였다. 고을의 선비들은 고하와 귀천을 막론하고 모두 "어진 대부가 돌아가셨다." 하였다. 공은 자가 자성(子誠)이니 사헌부 집의 휘 양(讓)의 아들이다. 안동 권씨(安東權氏)는 찬성 휘 근(近)으로부터 습재(習齋) 휘 벽(擘), 석주(石洲) 휘 필(韠)에 이르기까지 대대로 문장으로 이름났다. 석주는 현감 휘 항(伉)을 낳고, 현감은 휘 직(諿)을 낳았으나 후사가 없었다. 조정에서는 석주공이 시화(詩禍)로 죽었다는 이유[58]로 특별히 공을 후사로 명하였다.

공은 나면서부터 총명하여 예닐곱 살에 이미 학문을 좋아할 줄 알았다. 장성하자 글솜씨가 날로 진보하였고, 교유한 이들은 대부분 한 시대의 명사였다. 기미년(1679) 사마시에 합격하고 임신년(1692) 춘당대 정시에 급제하여 처음으로 승문원에 보임되고 규례대로 옮겨 박사에 이르렀다. 승진하여 성균관 전적, 사헌부의 감찰, 지평, 장령, 집의, 사간원 사간, 시강원 보덕, 병조의 좌랑과 정랑, 지제교가 되었

57 관찰사 권공 묘갈 : 이 글은 권수(權燧)의 묘갈명이다. 권수는 본관이 안동(安東), 자가 자성(子誠)이다. 1656년(효종7) 태어나 1718년(숙종44) 6월 9일 세상을 떠났다.

58 석주공이……이유 : 권필은 광해조의 권신 유희분(柳希奮)을 풍자하는 시를 지었다는 이유로 장(杖)을 맞고 유배가는 도중에 죽었다.

다. 외직으로는 경상도와 충청도의 도사, 무안 현감(務安縣監), 상주 목사(尙州牧使)가 되었다. 갑오년(1714), 승정원 승지에 발탁되고 차례로 승진하여 좌부승지가 되었다. 얼마 후 외직으로 나가 동래 부사(東萊府使)가 되었다가 조정으로 돌아와 예조 참의가 되었다. 또 무주 부사(茂朱府使)가 되었다가 1년 뒤 강원도 관찰사로 옮겨 임명되었다. 공은 당시 이미 관직을 버렸는데, 전라 감영에서 파직하는 장계가 마침 왔기에 부임하지 못하였다.

공은 대각에 있으면서 강직하게 직분을 다하였다. 한번은 윗사람과 아랫사람이 사치하는 폐단을 극론하며,

"후궁의 의복을 멀리 연경 시장에서 사오고, 왕자의 원찰(願刹)을 다시 지은 것은 모두 성상의 덕에 누가 됩니다."

하였다. 기묘년(1699) 과옥(科獄)이 3년 동안 판결이 나지 않자, 한(漢)나라 명제(明帝)가 낙양(洛陽)의 감옥에 행차한 일[59]을 인용하여 속히 처결하기를 희망하였다. 성상께서 처음에는 경솔하다고 배척하였으나 곧 그의 말을 따랐다.

임진년(1712) 정시(庭試) 때 고관으로 낙점을 받은 자가 도로 집으로 갔고, 궐문을 닫지 않아 응시자가 난입하였으며, 또 어두운 틈을 타서 시권(試券)을 던진 자가 있었다. 공이 가장 먼저 논죄하니, 이건명(李健命) 공과 이의현(李宜顯) 공을 비롯한 여러 사람이 이어서 논열하였다. 고관 이돈(李墪)은 결국 벌을 받고, 오수원(吳遂元) 등 4인도

59 한(漢)나라……일 : 한 명제는 시어사(侍御史) 한랑(寒朗)의 간언에 따라 낙양(洛陽)의 감옥에 친림하여 죄수들을 심리하고 억울한 죄수를 석방하였다. 《資治通鑑 卷45 漢紀37 顯宗孝明皇帝下》

삭과(削科)당하였다.

또 통신사 조태억(趙泰億) 등이 나라를 욕되게 한 죄를 논하였다. 조태억 등이 일본에 갔다가 관백(關白)이 준 보배를 사양하지 않고 배에 싣고 건너 왔는데, 그가 돌아올 때 짐이 몇 리에 걸쳐 이어졌다고 한다. 국사를 맡은 대신이 북한산성을 쌓고 또 중성(中城)을 쌓으려 하자, 공은 나라를 위한 계책에 무익하다며 속히 중지하도록 청하였다.

진언한 내용은 모두 공론에 맞았으나 저촉되는 것이 많았다. 성품도 강직하여 남과 몰려다니며 어울리는 것을 좋아하지 않았다. 이 때문에 두 번 홍문관에 선발되었으나 번번이 도당(都堂)에서 저지당하여 대부분 작은 고을을 맴도느라 조정에 벼슬한 지 30년 동안 관직이 크게 현달하지 못했다. 서울 관사의 아전은 대부분 관장(官長)에게 오만하게 구는데, 공이 가는 곳에서는 엄격하여 감히 올려다보지 못했다. 고을에 있을 때는 더욱 엄격히 단속하였으나 백성에게는 자애롭고 관대하여 속마음을 털어놓게 하였기에 무안에 있을 때는 어사가 표창하도록 아뢰었다.

상주는 영남의 큰 고을인데 공은 복잡한 일을 처리하는 재주가 뛰어나 여유롭게 대처하였다. 그가 시행한 일은 물을 담아도 새지 않을 정도였는데, 대부분 학교를 진흥하는 것을 우선하였다. 동래 사람들이 공의 청렴결백을 칭찬하여 근세에 없던 일이라고 하였다. 공의 어린 딸이 작은 거울 하나를 청했는데 이 또한 허락하지 않았으니 다른 일은 알 만하다.

공은 형 둘과 아우 하나가 있었다. 변(忭)은 대사헌을 지냈고 높은 절개가 있었으며, 성(惺)은 판서를 지냈고 업(愫) 역시 판서를 지냈는데 모두 재주로 드러났다. 공의 집안은 집의공 이후로 모두 어렵게 나아가고 쉽게 물러나는 지조가 있었다. 논자들은 공의 청고(淸苦)함이 대사헌공과 앞을 다툴 만하다고 하였다.

공은 세 번 혼인하였다. 전주 이씨(全州李氏)는 장헌대왕(莊憲大王)의 별자 밀성군(密城君) 침(琛)의 후손으로 부친은 생원 상응(尙膺)이다. 능성 구씨(綾城具氏)는 통덕랑 석보(碩寶)의 딸이다. 광산 김씨(光山金氏)는 사인 이현(以鉉)의 딸이다. 이부인은 정숙하고 온화하여 친족들이 어질다고 칭찬하였다. 구부인은 순종하고 신중하여 공의 청렴한 덕을 도와 이룩하였다. 아들 적(樀)은 문과에 급제하고 딸은 현감 김지경(金趾慶)에게 시집갔으니 모두 이씨 소생이다. 적은 족자(族子) 진(振)을 후사로 삼았고, 딸의 아들은 한태(漢泰)이다. 적은 현재 강화부 유수가 되어 공을 이조 참판으로 추증하였다. 공은 처음에 진산(珍山)에 장사지냈다가 기해년(1719) 4월 본현의 사정리(沙亭里) 해좌(亥坐)의 언덕에 장사지내고 이부인을 부장하였다.

공은 사람됨이 준결하고 방정하며 온화함으로 균형을 이루었으며, 평소 게으른 모습을 하지 않았다. 성품이 책을 좋아하여 거의 손에서 놓지 못할 지경이었는데, 《심경》과 《근사록》에 더욱 깊이 힘을 쏟았다. 또 기질이 편벽된 점을 엄격히 바로잡아 만년에는 덕성이 더욱 완벽해졌다. 어버이를 섬길 적에는 깊은 사랑이 있어 용모를 부드럽게 하였으며 한번도 그 뜻을 어기지 않았다. 병이 들면 근심을 다하고 상을 당해서는 슬픔을 다하고 제사 지낼 때는 공경을 다하였다. 가법이 몹시 엄격하여 자제들이 앞에서 웃지 못하였으며, 친척에게 돈독하고 이웃에게 어질었다. 벗에게는 절대 의례적인 사랑을 베풀지 않았다. 스스로를 대우할 적에는 담박하여 비용을 절약하고 근본에 힘써 일을 벌일 때는 터럭만큼도 남에게 누를 끼치지 않았다.

옳고 그름과 바르고 사악한 것을 구분할 때는 마치 일도양단하는 것 같았다. 재야에 있더라도 조정의 잘못을 들으면 근심하고 비탄하며 종종 먹는 것도 그만두었다. 남의 선하지 않은 행동을 보면 반드시 분명한 말로 통렬히 지적하였으나 그가 고치면 그만두었다. 고을 사람들은 공의 한 마디 말을 들으면 칭찬의 경우 영예로 여기고 꾸짖음인 경우는 부끄러워하였다. 얼굴을 알지 못하는 자도 오직 공에게 죄를 얻을까 두려워하고, 그의 집앞을 지나면서 모두 숙연히 공경하였다. 공의 공정한 마음과 강직한 도리가 비록 조정에서 시행되지는 못하였으나 고을에서 시행된 것이 이와 같았다. 시문 약간 권이 집에 보관되어 있다.

나는 공의 친구의 아들로 외람되게 돌봄과 사랑을 받았는데, 40년 동안 시종일관 생사와 성쇠 때문에 마음을 달리하지 않았다. 아, 감히 잊을 수 있겠는가. 《시경》에 이르기를, "온화한 군자여 칭송이 그치지 않는다." 하였는데, 공을 두고 한 말이리라. 명은 다음과 같다.

화살은 곧고	矢則直兮
얼음은 맑네	冰則淸
이것으로 공을 형상하니	以此狀公兮
오랜 세월 지나도 살아 있는 것 같네	雖百世其如生
반곡의 집과	盤谷之閭兮
사정리의 무덤이여	沙亭之阡
지나는 자는 반드시 공경하리니	過者必式兮
누가 어진 대부라 하지 않으리	疇不曰大夫之賢

주부 서공 묘갈[60]

主簿徐公墓碣

나는 어릴 적 도성 서쪽에 살면서 서씨와 이웃하여 공의 형제 세 사람을 보았다. 모두 헌걸찬 어른이었는데 공이 가장 막내였다. 모여 앉을 때면 자제들이 그 곁에 줄지어 모시고 아침저녁으로 즐기느라 온화한 기운이 가득하였으나 그 집을 살펴보면 몹시 가난하였다. 공이 늙자 더욱 곤궁해지고 관직은 낮고 녹봉은 적었으나 만족스레 살았다. 부인은 몸소 두레박을 들고 물을 길었으나 역시 불평하지 않아 이웃 사람들이 어질다고 여기며 모두 "이분이 일곱 아들을 두었다. 하늘의 보답은 아마도 이것이리라."라고 하였는데, 나중에 과연 그렇게 되었다.

공은 휘가 문택(文澤), 자가 윤장(潤章)이다. 의금부 도사 휘 진리(晉履)의 아들이며 달성위(達城尉) 휘 경주(景霌)의 손자이며 판서 약봉(藥峰) 휘 성(渻)의 증손이다. 모친은 경주 김씨(慶州金氏)이니 그 부친은 부제학 경여(慶餘)이다. 외조는 연평(延平) 충정공(忠定公) 이귀(李貴)이다.

공은 숭정 정유년(1657, 효종8) 태어나 숙종 정묘년(1687, 숙종13) 진사가 되었다. 기사년(1689) 안전(安瑱)이라는 자가 율곡, 우계, 우암 세 선생을 모욕하자 공이 소수(疏首)가 되어 변무하였다. 마침 우암

60 주부 서공 묘갈 : 이 글은 서문택(徐文澤)의 묘갈명이다. 서문택은 본관이 달성(達城), 자가 윤장(潤章)이다. 1657년(효종8) 6월 1일 태어나 1706년(숙종32) 11월 21일 세상을 떠났다.

이 사사하는 명을 기다리고 있었기에 문하의 사람들이 화를 재촉할까 두려워 저지하였기에 상소는 완성하였으나 올리지 못하였다. 갑술년(1694) 성균관 집강이 되어 상소를 올려 나라의 역적을 옹호한 영의정 남구만(南九萬)의 죄를 성토하니, 공론이 통쾌하게 여겼다. 사림에 큰 시비가 있으면 공의 집안이 번번이 그 사이에 참여하였다. 신사년(1701) 희릉 참봉(禧陵參奉)에 임명되었다가 얼마 후 경기전 참봉(慶基殿參奉)으로 바뀌고 광흥창 봉사, 평시서 직장으로 옮겼다. 6품으로 조용되어 다시 광흥창 주부가 되었다. 병술년(1706) 11월 21일 세상을 떠났다.

공은 용모가 후덕하고 기운이 온화하였으며, 마음가짐과 일처리가 한결같이 진실하여 시기하거나 성내는 사심이 전혀 없어 느닷없는 역경을 당하더라도 웃으며 받아들였다. 평소 문을 닫고 조용히 지내며 구차하게 구하거나 함부로 영위하는 일이 없었다. 곤궁하고 굶주린 사람을 보면 다친 사람 보듯 슬퍼하여 먹던 음식을 주기도 하였다. 어려서 양친을 잃고 형님을 아버지처럼 섬겼으며, 한 가지 맛있는 음식을 얻으면 반드시 제 입을 잊고 바쳤다. 청주(淸州)에 살 적에 누이의 집과의 거리가 거의 1식(息 30리)이었는데, 달마다 서너 번 찾아갔으니 그 우애가 이와 같았다. 부인은 본관이 남양(南陽)으로 목사 홍석기(洪錫箕) 공의 손녀이며 진사 일우(一宇)의 딸이다. 집에서는 효녀였고 공에게는 어진 내조자였다. 공보다 5년 먼저 세상을 떠나 공과 함께 양근(楊根) 대곡(大谷) 갑좌의 언덕에 장사지냈다.

아들 종집(宗集)은 목사, 종흡(宗翕)은 현령, 종섭(宗燮)은 이조 참의, 종업(宗業)은 도사, 종엽(宗曄)은 현감, 종급(宗伋)은 호조 판서, 종협(宗浹)은 목사를 지냈다. 종집의 아들은 명관(命寬)이고 딸들은 오질(吳瓆), 이규신(李奎臣)의 아내이다. 종흡의 아들은 명최(命最)와 명재(命宰)이고 딸은 윤사연(尹師淵)에게 시집갔다. 종섭의 아들은 명원(命元), 명천(命天)이다. 종업의 아들은 명응(命應), 명능(命能)이고 딸은 이사원(李思元)에게 시집갔다. 종엽의 아들은 명인(命仁), 명전(命佺)이다. 종급의 외아들은 명현(命顯)이고 임매(任邁)와 김숙행(金肅行)은 사위이다. 종협의 아들은 명직(命直), 명권(命權)이다. 공은 처음 종협의 원종 공훈으로 이조 참의에 추증되었고, 종급이 추은(推恩)하여 추가로 판서에 추증되었다.

공은 임종을 앞두고 아들들에게 효도하고 근신하라 경계하고, 또 "나는 살아서 몹시 곤궁하였으니 오직 너희들이 명예와 행실을 닦아 사람들로 하여금 내게 좋은 자손이 있는 줄 알게 하면 충분하다." 하였다. 참의 형제가 와서 명을 청하기에 다음과 같이 명을 짓는다.

《시경》에 〈상체〉를 노래하였고[61]	詩歌常棣
역사에 양춘(楊椿)과 양진(楊津)[62]을 기록했네	史書春津
예전에 그 이야기 들었는데	昔聞其語
지금 내 이웃에서 보았네	今見我鄰
기운은 순후하고 안색은 온화하니	氣醇色和
참으로 가까이할 만하였네	展也可親
관대하면서 요약으로 처신하니	寬以處約

61 시경에 상체를 노래하였고 : 《시경》 〈상체〉는 형제의 우애를 노래한 시다.

62 양춘(楊椿)과 양진(楊津) : 남북조 후위(後魏)의 형제로 우애가 돈독하였다. 《北史 卷41 楊播列傳》

벼슬한 것은 가난 때문이었네	仕則爲貧
집안이 쓸쓸해도	環堵蕭然
푸른 수건[63]으로 그런대로 즐거웠네	聊樂綦巾
선행에 대한 하늘의 보답은	維天報善
그 자신에게 내리지 않았네	不于其身
그 보답은 무엇인가	其報維何
자손이 많은 것이라네	子孫振振
관모와 패옥 휘황하고	冠佩有煒
어떤 이는 귀한 수레 탔네	或朱其輪
그 말씀 참으로 선하니	有言孔善
힘쓸지어다 후세 사람이여	勖哉後人
내가 곧은 돌에 명을 새겨	我銘貞石
먼 후세에 보이노라	庸視無垠

63 푸른 수건 : 《시경》〈출기동문(出其東門)〉의 "흰 옷에 푸른 수건을 쓴 여인이여. 그런대로 나를 즐겁게 하네.〔縞衣綦巾, 聊樂我員.〕"라는 구절을 인용한 것이다. 흰옷과 푸른 수건은 가난한 여인의 옷으로, 여기서는 아내를 말한다.

도암집

제34권

묘갈
墓碣

군수 이공 묘갈[1]

郡守李公墓碣

공의 휘는 덕소(德卲)이고 자는 여고(汝高)니 공정대왕(恭靖大王 정종(定宗))의 별자 덕천군(德泉君) 후생(厚生)의 후손이다. 증조의 휘는 척연(惕然)으로 효성과 우애, 청렴과 근면으로 이름이 났고 관직은 승지에 이르렀는데 우암 선생(尤菴先生)이 실로 그의 묘에 명(銘)을 지었다. 조부의 휘는 진(晉)으로 첨정을 지냈으며, 부친의 휘는 봉령(鳳齡)으로 통덕랑을 지냈다. 모친은 창원 황씨(昌原黃氏)로 판관 진구(震耈)의 따님이다.

공은 숭정(崇禎) 정유년(1657, 효종8)에 태어났는데 학문에 힘쓰고 문장을 공부하여 임술년(1682, 숙종8) 생원시에 합격하였다. 여러 번 태학 재임(太學齋任)이 되었는데 한번은 여러 선비들을 이끌고 상소를 올려 우암 선생의 원통함을 하소연하였으니 사림으로부터 존중을 받은 것이 이와 같았다.

기묘년(1699) 광릉 참봉(光陵參奉)에 제수되었다가 3년이 지나 작은 사건 때문에 파직되었다. 기축년(1709) 다시 영희전 참봉(永禧殿參奉) 제수되고, 정릉 봉사(靖陵奉事), 한성부 참군(漢城府參軍)에 올랐으며, 장악원 주부, 형조 좌랑으로 옮겼다가 얼마 지나지 않아 공조 정랑에 올랐다. 외직으로 나가 덕산 현감(德山縣監)이 되었는데 마침 그해에 큰 흉년이 들어 마음을 다해 진휼하니 백성이 공의 노력에 힘입

1 군수 이공 묘갈 : 저자가 이덕소(李德卲, 1657~1726)를 위해 쓴 묘갈문이다.

어 죽지 않았고, 또 임금의 온천 행차가 있었을 때 적절한 방도로 책응(策應)하여 실질적인 혜택이 백성에게까지 미쳤다. 마침 어사가 사감(私感)으로 인해 공을 논핵하여 파직시키니 백성이 모두 공이 떠나는 것을 안타까워하였다. 익위사 익찬, 형조 정랑에 제수되었다. 또 양천 현령(陽川縣令)으로 나가 상세하고 주밀하게 다스려 백성의 곤궁함을 보살피니 한 집도 고을을 떠나지 않았다. 이에 관찰사와 어사가 연이어 포상하였다.

을사년(1725, 영조1) 정선 군수(旌善郡守)로 옮겼다. 이듬해 봄에 병에 걸렸으나 다스리는 일을 게을리 하지 않고 백성을 염려하고 잊지 않았는데, 5월 25일에 세상을 떠나니 향년 70세였다.

공의 천성은 질박하고 정직하며 마음가짐이 구차하지 않았다. 집안에서의 행실은 매우 잘 갖추어져 봉양하고 장사하는 일에 그 본분을 다하였으며 조상에 보답하고 추원(追遠)하는 일을 늙어서도 더욱 독실하게 하였다. 여러 번 과거에 낙방하여 뜻을 접고 마지못해 가난 때문에 벼슬했는데, 성품이 강직하고 속되지 않아 한 번도 권세가의 집에 드나들지 않았으며 명예를 가까이하고 구하는 일은 마음속으로 매우 싫어하였다.

친우와 교제할 적에는 화락하고 아량이 넓었지만, 언의가 강개하여 남에게 옳지 않은 점이 있으면 엄한 말로 매섭게 책망하니 남들이 모두 공을 경탄(敬憚)하였다. 또 무고(巫蠱)나 방술(方術) 따위에 미혹되지 않아 집안에 구기(拘忌)나 재이(災異)의 말이 있더라도 동요하지 않고 처리하였다. 관직에 있을 때는 주밀하고 간엄하며 사사로움 없이 법도를 지켰으니 세상 사람들이 한성부와 형조의 낭리 중 근세에 공에게 미칠 사람이 없다고 칭찬하였다. 세 차례 고을을 다스리던 동안에도 집안에 좋은 물건이 하나도 없으니, 공이 항상 말하기를 "청백은 우리 집안의 전통이니 감히 실추시킬 수 없다."라고 하였다. 양천 현령에서 체직되어 돌아올 적에 아전과 백성이 길을 막고 눈물을 흘리며 전송하였으며 송덕비를 세워 공을 사모하였다고 한다.

부인 죽산 안씨(竹山安氏)는 여한(汝漢)의 따님으로 나이 44세가 되던 임오년(1702, 숙종28) 세상을 떠났다. 처음에는 과천(果川)에 안장했다가 파주(坡州) 금곡(金谷)의 정향(丁向)의 언덕으로 이장하였는데, 이때에 이르러 무덤을 열고 합장하였다.

1남 1녀를 두었으니 아들은 명훈(鳴勛)이고 딸은 사인 박필계(朴弼啓)에게 시집갔다. 명겸(鳴謙)과 명손(鳴遜)은 측실의 소생이다. 명훈의 아들은 광실(光實)이고, 사위 박필계의 딸은 구성신(具省身)의 처가 되었다.

나는 4대 동안 계속 이웃에 사는 교의가 있어 일찍부터 공의 행실에 감복하였기에 지금 공의 묘문(墓文)을 의리상 감히 사양할 수가 없었다. 명(銘)은 다음과 같다.

아, 순리나 양리[2]는 噫循良吏
세상에 많지만 世或多有
질박하고 정직하며 의리를 지킨 경우는 質直守義
누가 공과 짝하겠는가 誰與公偶
더군다나 청백은 矧伊淸白
대대로 지켜온 전통이네 世世攸守

2 순리나 양리 : 33쪽 주21 참조.

나의 명이 여기에 있으니 我銘在玆
영원토록 사라지지 않으리라 永久不朽

승지 정공 묘갈[3]

承旨鄭公墓碣

공의 휘는 동후(東後)이고 자는 후경(厚卿)이다. 정씨(鄭氏)는 동래(東萊)에서 나왔으니 문경공(文景公) 흠지(欽之)와 정절공(貞節公) 갑손(甲孫)은 국초에 명성이 있었고 그 후손들은 계속해서 고관을 지냈다. 증조 돈(燉)이 처음 남쪽으로 내려온 이후로 자손들이 함평(咸平)에서 계속 살았다. 조부는 재흥(再興)이고 부친은 여탁(汝倬)인데 3대 동안 현달하지 못했다. 모친은 기씨(奇氏)로 물재(勿齋) 진(進)의 후손이고 그 부친은 수백(秀栢)이다.

공은 태어나면서부터 총명하여 날마다 수백 글자를 암송하고 말을 하면 남들을 놀라게 하여 기동(奇童)이라 일컬어졌다. 계해년(1683, 숙종9) 생원시에 합격하고, 계미년(1703) 태학의 천거로 사릉 참봉(思陵參奉)에 제수되었는데 차례로 승진하여 군자감 봉사가 되었다. 을유년(1705) 문과에 장원급제하여 성균관 전적, 형조 좌랑을 지냈다. 야대(夜對)할 적에 겸사관(兼史官)으로서 책을 강(講)한 것이 임금의 뜻에 맞아 칭찬하고 면려하는 임금의 말이 있었다. 병조로 옮겼다가 외직으로 나아가 함경 도사(咸鏡都事)가 되었으며 돌아와 직강이 되었다. 곧 경성 판관(鏡城判官)에 보임되어 청렴하고 밝게 다스렸는데 학교를 일으키고 인재를 기르는 것을 급선무로 여겼다. 임기가 찰 때쯤 사헌부 장령으로 불러들여졌다가 다시 외직으로 나가 강원(江原)과

3 승지 정공 묘갈 : 저자가 정동후(鄭東後, 1659~1735)를 위해 쓴 묘갈문이다.

경상(慶尙)의 도사, 울산 부사(蔚山府使)가 되었다. 시험을 주관할 적에 마음가짐이 지극히 공정하여 영남 사람들이 지금까지도 공을 칭찬한다. 그 사이사이에 사예와 사성, 사간원 정언, 군자감·봉상시·사복시 등의 정을 역임하였다. 여러 차례 장령이 되어 법규를 엄격하게 시행하니 사사로운 청탁이 통하지 않았다. 경종께서 대리청정하실 때 맨 먼저 덕을 삼가고 학문을 진작시키는 요체를 아뢰었다.

기해년(1719) 제주 목사(濟州牧使)에 배수되어 통정대부에 올랐는데, 제주도에 대기근이 들자 마음을 다해 진휼하니 백성이 죽지 않았다. 금상께서 즉위했을 적에 공은 파직되어 고향에 있었는데, 상소를 올려 편당을 지어 악행을 저지른 권흉(權凶)들의 죄를 논열하여 삭출되었다. 을사년(1725, 영조1)에 서용되어 형조 참의, 승정원 동부승지가 되었는데, 외직을 청하여 양양 부사(襄陽府使)로 나갔다가 돌아와 공조 참의가 되었다.

공이 살던 집에 두 그루의 소나무가 암석 사이에서 자생하고 있었으므로 스스로 송애(松崖)라고 호를 지었다. 일찍이 한라산의 마른 오동나무를 얻어 거문고를 만들었는데, 흥이 날 때마다 거문고를 연주하며 마음을 달랬다. 비록 몸은 조정과 저자거리에 있었지만 묵묵히 산림에 머물려는 생각이 있어 거의 10년 동안 집밖을 나가지 않았다. 을묘년(1735) 3월 24일에 세상을 떠나니 향년 77세였다. 안산(安山)의 월입파촌(月入坡村)에 안장하였다.

부인 제주 양씨(濟州梁氏)는 지항(之沆)의 따님이다. 2남을 두었는데 양원(陽元)은 진사이고 양숙(陽淑)은 요절하였다. 4녀를 두었는데 사인 김택현(金宅賢), 이언성(李彦星), 홍제화(洪濟和), 서명최(徐命最)에게 시집갔다. 양원의 양자는 형국(馨國)이다.

공은 죽음을 앞두었을 때 세상에 처신하고 자신을 단속하는 방도를 자손들에게 경계로 남겼다. 시문 몇 권과 《영주록(瀛洲錄)》이 있으니 집에 보관되어 있다. 공은 어려서부터 학문에 뜻을 두어 손재(遜齋) 박광일(朴光一), 처사 안여해(安汝諧) 등과 종유하면서 성리학의 여러 서적을 탐구하고 각고의 노력을 기울여 견식이 정밀하고 통달하였는데, 비록 벼슬에 종사했지만 그의 뜻은 아니었다. 젊었을 때 윤증(尹拯)을 방문하여 일견에 그의 마음을 의심하였는데, 얼마 뒤에 윤증이 스승을 배반하고 마침내 큰 시빗거리를 만들어 내었다. 남쪽 지방의 선비들이 처음에는 어디를 따를지 갈팡질팡하다가 매우 분명하게 변석한 공 덕분에 올바른 길로 나아간 자가 많았다.

일찍이 승지로 입대하여 흉역들을 용서한 잘못을 극진하게 아뢰는데 그 내용은 경사(經史)를 넘나들고 말은 확고하고 올발랐다. 조정에서 또 탕평(蕩平)이라는 이름을 내세워 세상을 농락하자 공은 근심하고 울분에 쌓여 〈풍유(諷喩)〉라는 글을 지어 뜻을 드러내었으니,[4] 선악의 구분에 명확한 것이 이와 같았다.

공이 지은 글은 깊이가 있으면서도 기력이 있어 사원(詞苑)의 훌륭한 문장가로부터 여러 번 칭찬을 들었으니, 삼연(三淵) 김창흡(金昌

4 조정에서……드러내었으니 : 이의현(李宜顯)의 〈승정원 동부승지 정공 묘지명(承政院同副承旨鄭公墓誌銘)〉에 "얼마 안 있다가 흉악한 무리들이 다시 권력을 잡자, 탕평(蕩平)이라는 이름을 빌어서 자기와 뜻을 달리하는 자들을 농락하였다. 이때 공은 물러나 있었는데, 글을 지어 그들의 잘못을 배척하고 '풍유(諷諭)'라 이름하고는, 그대로 문을 닫고 스스로 자신의 지조를 편안히 지키면서 사람들과 왕래하지 않았다.〔亡何, 兇黨復用事, 假名蕩平, 以籠絡異己. 公方屛退, 爲文斥其非, 名曰諷喩, 仍閉戶自靖, 不與人還往.〕"라는 말이 보인다.

翁)이 한번은 공과 함께 동쪽의 산을 유람하면서 수창한 시를 지었는데 공을 두고 강력한 적수라고 하였다고 한다.[5]

공은 어린 나이에 부친을 여읜 몸으로 남쪽 지방에서 떨쳐 일어나 스스로 청현직에 올랐다. 강개하면서도 남들과 어그러지지 않았으며 온화하면서도 속세와 어울리지 않았으니 고요하고 담박한 생활을 종신토록 지켰다. 혼탁한 세상에 살면서도 끝내 더럽혀지지 않았으니 현명하다고 이를 만하다. 그러나 공은 항상 스스로 학문을 성취하지 못한 점을 한으로 여겨 늙어서도 변함이 없었는데, 세상 사람들은 공을 문사(文士)로만 여기지, 그가 품은 뜻이 이와 같다는 것은 알지 못한다. 공이 살아있을 적에 나를 망년지우로 허여하였는데, 한번은 내게 말하기를 "내가 죽거든 그대는 꼭 나를 위해 명(銘)을 지어주게나."라고 하였다. 아! 어찌 감히 그 말을 잊겠는가. 명은 다음과 같다.

아, 정 노인이여	吁嗟鄭老
오늘을 살면서 옛날에 뜻을 두었구나	志古身今
조정과 저자거리에서	于朝于市
육침[6]할 수 있었네	可以陸沈

5 삼연(三淵)……한다 : 이의현(李宜顯)의 〈승정원 동부승지 정공 묘지명〉에 "삼연(三淵)과 함께 풍악(楓嶽)과 설악(雪嶽) 두 산을 유람하면서 주고받은 시가 많은데, 삼연은 자신의 강력한 적수라고 추앙하고 또 공이 지은 가사(歌詞)를 보고는 옛 악부(樂府)에 비견하였다.〔三淵與同遊楓雪二嶽, 多所酬和, 推爲勍敵, 又見其歌詞, 擬之古樂府.〕"라는 말이 보인다.

6 육침 : 육침(陸沈)은 속세에서 숨어 지내는 것을 뜻한다. 한 무제(漢武帝) 때 낭관(郎官)을 지낸 동방삭(東方朔)은 술이 거나할 때면 노래하기를 "속세에 숨어도 지내고,

이를 대은[7]이라 하니　斯爲大隱
굳이 산림에 은거할 필요 있으랴　豈必雲林
바위 가의 소나무와　石上之松
악보 없는 거문고만 있구나　無譜之琴
천 년 뒤에　有來千載
누가 그의 마음을 알아주리　誰識其心

금마문에서 세상을 피하기도 하네. 궁전 안에서도 세상 피하고 몸 온전히 할 수 있거늘, 깊은 산속의 띳집을 찾을 필요 뭐가 있겠는가.〔陸沈於俗, 避世金馬門. 宮殿中可以避世全身, 何必深山之中蒿廬之下?〕" 하였다.

7 대은 : 대은(大隱)은 몸은 속세에 있어도 마음은 산림에 있는 진정한 은자를 뜻한다. 진(晉)나라 왕강거(王康琚)의 〈반초은시(反招隱詩)〉에 "소은은 산림에 은거하고, 대은은 조시에 은거하네. 백이는 수양산에 숨었고, 노자는 주하사에 숨었다네.〔小隱隱陵藪, 大隱隱朝市. 伯夷竄首陽, 老聃伏柱史.〕"라고 한 데서 나온 말이다.

좌랑 안공 묘갈[8]

佐郎安公墓碣

나는 어려서 어떤 영남(嶺南) 사람이 사계(沙溪) 김 문원공(金文元公 김장생) 선생을 문묘에 종향(從享)하는 청이 있을 때 통문을 지어 선생을 비난하며 향당 가운데 좋은 부로(父老)요 고관 집안의 훌륭한 자제라고 지목한다는 소식을 들었다. 당시 진사 안연석(安鍊石)이 한창 영남의 논의를 주도하고 있었던 터라 세상 사람들은 그 통문이 그의 손에서 나온 것이라 의심하였기 때문에 유벌(儒罰)을 받은 지 십수 년이 되었는데, 을유년(1705, 숙종31)에야 비로소 유벌에서 풀려 과거에 응시하였다. 나는 사관(史館)에 있었던 터라 재차 벌을 내리고 싶었지만 하지 못했는데, 마침내 그해 문과에 급제하였다.

그 뒤 왕왕 사람들을 통해 그가 관직에 있으면서 일을 처리한 것을 들어보면, 칭찬은 적고 비방은 많았다. 내가 본래 그를 좋아하지 않는 마음으로 대번에 그 얘기를 믿고서는 더불어 말할 수 없는 사람이라고 여겼다. 지금은 그의 자제들과 종유하고 있고 또 그들의 부탁 때문에 공의 묘비문을 짓게 되었다. 아! 천하의 일은 참으로 알 수 없는 점이 있다.

그의 행장을 살펴보건대, 공의 자는 보천(補天)이고 순흥(順興) 사람으로 문성공(文成公) 유(裕)의 후손이다. 정민공(貞愍公) 당(瑭)은 기묘사화 때 이름난 재상이었는데, 그의 형 총(璁)은 출계하여 남의

8 좌랑 안공 묘갈 : 저자가 안연석(安鍊石, 1662~1730)을 위해 쓴 묘갈문이다.

후사가 되었다. 신사년(1521, 중종16) 사화(士禍) 이후 영남에서 객지살이를 하였는데 그 자손들이 그대로 안동(安東)에 세거하였다. 그 뒤로 두 세대가 모두 문과에 급제하고 도사를 지냈다. 증조 경엄(景淹)과 조부 헌(櫶)은 모두 벼슬하지 않았고, 부친 중현(重鉉)은 정릉 참봉(貞陵參奉)을 지냈다.

공은 부모를 섬기는 데 효성스럽고 선조를 받드는 데 독실하였으며, 친척과는 화목하게 지내는 데 힘쓰고 붕우와는 의기를 중시하였다. 또 문장을 잘 지어 붓을 대기만 하면 수천 자를 써내었다. 젊어서 생원 진사에 응시하여 갑과 제2등으로 급제하여 규례대로 직장에 보임되었다. 성균관 전적과 직강, 형조 좌랑, 연일 현감(延日縣監), 결성 현감(結城縣監), 양산 군수(梁山郡守) 등이 공이 역임한 내외직이다.

을사년(1725, 영조1), 공이 겸춘추(兼春秋)로서 강연에 참석하였는데 글 뜻을 강론하다가 백성의 고통을 아뢰기를 청하니, 성상이 허락하였다. 공이 말하기를,

"예전 신라 때는 십만의 병사를 도성 안에서 불시로 징발하였는데, 오늘날 국가는 백성의 수가 많지 않은 것이 아닌데도 그저 허위로 기재한 장부만 끌어안고 있고 한정(閑丁)은 도처에 숨어 지내고 있으며 심지어 죽은 사람이나 이웃과 친족에게 추징하는 폐단이 있습니다. 이것은 제대로 된 수령이 없는 데서 연유한 것입니다."

하였다. 이어서 폐단을 없애고 백성을 구제하는 계책을 수백 마디로 아뢰니 성상이 가납하고 공의 집이 어디인지를 특별히 하문하였다. 며칠이 지나 다시 소대(召對)하였는데, 연신(筵臣)이 조덕린(趙德隣)이 상소를 올린 일[9]에 대해 언급하자, 공이 말하기를,

"영남에 조덕린이 있는 점은 참으로 불행한 일이지만 어찌 일개 조덕

린 때문에 영남 사람 모두가 간흉들과 편당을 지어 대의에 불순하다 고 말할 수 있겠습니까."

하였다. 승지가 언관의 지위가 아닌데 이런 말을 했다고 추고하기를 청하였지만 성상이 허락하지 않고 말하기를,

"영남 사람으로서 변명하고자 한 것이니 본마음을 알 수 있다."

하였으니, 특별한 예우였다.

공은 일찍이 십수 년 동안에 집에 있으면서 출사하기를 구하지 않았다. 당(堂)의 이름을 보만당(保晩堂)이라 하고, 이어서 다음과 같이 스스로 암송하였다.

"만년을 귀하게 여기는 것은 천하의 의리를 강론한 게 정통하고 천하의 사변을 경험한 게 많기 때문이다. 처음에는 깨닫지 못하다가 만년에 결국 깨달아 성정의 올바름을 얻는 것이 만년에 절의를 보존하는 방법이다."

아! 공이 평소 지녔던 뜻의 대체가 이것이다. 이 때문에 임인년(1722, 경종2) 김일경(金一鏡)과 박상검(朴尙儉)의 무리가 동궁을 위협하였을 때 개연한 마음이 일어 동궁을 보호하는 논의를 하려다가 얼마 뒤 박상검이 주살되고 동궁이 안정된 터라 상소를 결국엔 올리지

9 조덕린(趙德隣)이……일 : 조덕린은 1725년(영조1) 노론과 소론의 당론이 거세지자 당쟁의 폐해를 논하는 10여 조의 상소를 올렸다. 그중 붕당의 병폐를 지적하면서 노론을 비판하였고, 임금에 대해 "창졸간에 선왕이 승하하던 날 눈물을 닦고 등극하였다."라고 하였으며, 목호룡(睦虎龍)과 박상검(朴尙儉)의 옥사에 대해 지나쳤다고 하였다. 이에 성상이 비망기를 내려 사판(仕版)에서 이름을 삭제하도록 하였지만 이후 삼사(三司)에서 연일 논핵하는 계사를 올려 종성(鍾城)으로 귀양보냈다.《承政院日記 英祖 1年 10月 20日》《英祖實錄 1年 10月 21日》

못했으나 소인들이 그를 매우 싫어하였다. 그 뒤 양산(梁山)에서의 일로 어사 박문수(朴文秀)에게 모함을 당하여 진주(晉州)에 편배(編配)[10]되었다가 곧 예안(禮安)으로 양이(量移)되었는데, 경술년(1730, 영조6) 11월 29일 귀양살이하던 집에서 병으로 세상을 떠나니 향년 69세였다.

공의 문장과 재략이 비록 세상에 쓰이질 못했으나 세상 사람들이 모두 알고 있다. 그러나 이것은 공에게 있어서는 여사일 뿐, 만년에 수립한 절의가 매우 위대하여 대체로 평범한 사람들이 미칠 수 있는 바가 아니었다. 가령 공이 실제 선정(先正)을 무함한 일을 저질렀어도 주자(朱子)의 이른바 먼저 병들었다가 나중에 고친 경우가 되기에 문제가 없는데 더군다나 실제 이런 일이 없었음에랴. 공의 모친 장씨(張氏)가 일찍이 공에게 경계하기를

"나의 조부 여헌 선생(旅軒先生 장현광(張顯光))은 일찍이 김 사계(金沙溪 김장생)와 도의(道義)로 교제하셨으니, 너는 절대 부박한 무리들과 더불어 선현을 욕되게 하여 우리 조부에게 죄를 짓지 않도록 해라."

하였다. 이로써 보건대 예전의 이른바 통문은 공의 손에서 나온 것이 아님을 알 수 있고, 나머지 근거 없는 비방은 모두 믿을 게 못된다.

삼가 생각건대, 공이 수립한 바는 곧 마음에 근본한 천리와 인륜의 문제이고 세도와 관계됨이 큰지라 근원을 거슬러 올라가 남김없이 말하지 않을 수 없다. 아! 우리나라는 본래 예의(禮義)의 나라로 소중화(小中華)라고 일컬어졌다. 팔도 중에서도 영남은 전적과 현인이 으뜸

10 편배(編配) : 귀양 갈 사람의 이름을 도류안(徒流案)에 기입하는 것을 말한다.

이라 문묘에 종사한 현인이 네 명이니 참으로 성대하였다. 그런데 불행히 부서져 흩어지고 선비들의 추향(趨向)이 어긋났으니, 선배가 이르기를 "영남 사람이 율곡(栗谷)·우계(牛溪) 두 선정(先正)을 모함한 이후로 남쪽 지방에 전혀 인재가 나질 않는다."라고 했으니, 이는 식견 있는 말이다. 이러한 논의가 영남 사람에게는 세업(世業)과 마찬가지라 아비가 전하고 아들이 전수받은 지 거의 백여 년이 되었으니, 물들고 고정되어 딱딱하게 굳어져 더 이상 깨뜨릴 수가 없게 되었다. 그러나 상소와 편지로 서로 논변한 것은 이제 남김없이 다하였다. 만약 호걸이 나와서 이것들을 가져다 살펴서 그 시비를 궁구한다면, 시대도 여러 번 바뀌고 은혜와 원망도 모두 식어서 한줄기 공정한 마음이 자연스레 유출되어 환하게 마음에서 이해하고 분명하게 그 잘못됨을 깨닫는 자가 있을 것이다.

더군다나 경신년(1680, 숙종6) 허견(許堅)과 이남(李柟)의 역모,[11] 기사년(1689, 숙종15) 연간 이항(李杭)과 장희재(張希載)가 모의하여 국모를 폐위시킨 일,[12] 갑술년(1694, 숙종20) 이후 이홍발(李弘渤)이

11 경신년……역모 : 경신환국, 혹은 경신대출척이라고 불리는 사건을 가리킨다. 1674년(현종15) 갑인예송에서 남인들이 승리하여 정권을 잡았는데, 전횡이 심하여 점차 숙종의 신임을 잃자 서인의 김석주(金錫胄)와 김익훈(金益勳) 등이 당시의 영의정 허적(許積)의 서자인 허견(許堅)이 인평대군(麟平大君)의 세 아들인 복창군(福昌君) 정(楨), 복선군(福善君) 남(柟), 복평군(福平君) 연(㮒) 등과 함께 역모를 꾀한다고 고변하여, 허적 일가족과 윤휴(尹鑴)가 처형되는 등 남인 일파가 대거 축출되고 서인 정권이 들어섰다.

12 기사년……일 : 장희빈(張禧嬪)의 오빠인 장희재(張希載)와 장희빈과 친밀한 관계였던 동평군(東平君) 이항(李杭)이 모의하여 인현왕후(仁顯王后)를 폐위시킨 일을 가리킨다.

몰래 동궁을 저주한 일[13]은 모두 매우 극악한 행위인데, 이런 일들은 모두 그들의 선조들이 미처 알 수 없었던 것들이다. 살아서 이런 일들을 보았다면 그들과 같은 취급을 받는 것을 부끄러워하여 자숙하기를 도모하지 않았을 것이라 어찌 장담하겠는가. 그렇다면 이처럼 의리의 핵심이 되는 곳에 있어선 그간의 사문(斯文)의 시비를 대대로 지켜왔다는 구실로 스스로 역적의 무리라는 죄과에 빠져서는 안 되는 것이 분명하다.

임인년(1722, 경종2) 사화, 무신년(1728, 영조4)의 역변[14]과 같은 경우는 실로 경신년, 기사년, 갑술년의 일에서 근원한 것이다. 한쪽에서는 이남, 허견, 장희재, 이홍발의 무리를 반드시 엄하게 토죄하여 용서해서는 안 된다고 하였고, 다른 한 쪽에서는 반드시 끝까지 죄를 다스릴 필요는 없다고 하여 짐짓 느슨하게 처리하고자 했다. 이것이 조정의 논의가 나뉘어 충(忠)과 역(逆)으로 구분된 이유이다.

율곡(栗谷), 우계(牛溪), 사계(沙溪), 우암(尤庵)은 본래 사류(士類)들이 애초부터 함께 존숭했던 분들인데, 노론(老論)과 소론(少論)이 생겨난 이후부터 둘로 나뉘어졌다. 저 영남 사람이 일찍이 선정들을 모함한 것은 형세상 어쩔 수 없이 소론과 영합한 것이고, 또한 이남,

13 갑술년……일 : 인현왕후가 다시 복위되고 정권 또한 남인에서 서인으로 넘어온 갑술환국 이후에, 남인 이의징(李義徵)의 아들 이홍발(李弘渤)이 서인을 무고하기 위해 경종을 저주한 일을 가리킨다. 그는 장희재(張希載) 아버지의 무덤에 흉물을 묻어놓고 서인의 소행이라고 하였다.

14 임인년……역변 : 임인년 사화는 영조의 세제 책봉과 대리청정을 둘러싸고 일어난 옥사로, 이로 인해 노론이 실각하였다. 무신년 역변은 이인좌(李麟佐) 등 소론의 일부 세력과 남인의 과격 세력이 공모하여 일으킨 반란을 가리킨다.

허견, 장희재, 이홍발의 토죄를 느슨하게 처리하자는 논의는 반대파에게 덕을 보이고 은혜를 바라는 의도였으니, 형세상 어쩔 수 없이 남인과 영합한 것이다. 이것이 남인과 소론이 함께 임인년의 사화를 벌이고 무신년의 역변을 함께 저지른 이유이다. 기사년, 갑술년 이후로 비밀리에 일을 꾸며 사화를 도모하였으나 계획대로 되질 않자 건저(建儲) 하나의 사건이 마침내 중요한 계기가 되었다. 건저하는 날에 내린 자성(慈聖)의 하교가 빛나고 애달파서 팔방에서 전송하였으니, 우리나라의 신하된 자가 어찌 감히 그 사이에 다른 논의가 있었겠는가. 그런데 이전 조정을 원망하고 선류(善類)를 원수로 여기는 무리들이 종사(宗社)를 돌아보지 않고 사적인 분함을 풀려는 생각이 춘궁(春宮)을 무함하고 위협한 목호룡(睦虎龍)의 급서(急書)[15]에 이르러 극에 달하였다.

아! 영남은 산천이 웅혼하고 풍토가 심후하니, 사람들의 타고난 성품도 이와 같아 고수하는 바가 있으면 확고하여 바꾸질 않는다. 이러한 습속으로 한결같이 선(善)에 귀의했다면 비옥(比屋)의 아름다움[16]을 거의 이룰 수 있었을 것인데, 안타깝게도 화살과 갑옷[17] 가운데서 기술

15 목호룡(睦虎龍)의 급서(急書) : 남인 계열인 목호룡이 1722년(경종2) 3월에 급서(急書)을 올려 노론 자제들이 주축이 되어 경종을 시해하려는 모의가 있었다고 고변(告變)하였다.

16 비옥(比屋)의 아름다움 : 비옥은 비옥가봉(比屋可封)의 준말로, 집집마다 다 봉해도 될 만큼 덕행이 뛰어난 인물이 많다는 말이다. 《한서(漢書)》 권99 〈왕망전(王莽傳)〉에 "요순 시대는 집집마다 다 봉해도 되었다.〔堯舜之世, 比屋可封.〕"라고 한 데서 나온 말이다.

17 화살과 갑옷 : 맹자가 이르기를, "화살 만드는 사람이 어찌 갑옷 만드는 사람보다 어질지 못하랴마는, 화살 만드는 사람은 오직 사람을 상하지 못할까 걱정하고, 갑옷 만드는 사람은 오직 사람을 상할까 걱정하나니, 그러므로 기술도 삼가지 않아서는 안

을 잘못 선택하였다. 아! 백여 년 전 영남 사람 가운데 조정에서 벼슬한 자는 대부분 고관이 되었는데, 지금은 과거에 급제한 이후에는 대부분 낮은 관직에 부침하다가 한번 파직되어 산관(散官)이 되면 종신토록 복직하지 못하니, 조정의 언의와 사실을 무슨 수로 알겠는가. 길에서 전해 듣는 것에 불과할 뿐이다. 뜻을 이루지 못한 저 흉도들은 대부분 남쪽 지방을 왕래하며 근거 없는 말을 선동하여 인심을 현혹시켜 그 기세를 키우고자 하였으니, 갑자기 듣고서 어찌 미혹되지 않을 수 있겠는가.

내가 일찍이 학사(學士) 박춘보(朴春普)의 말을 들은 적이 있다. 임인년 옥사 때 그가 공의 집을 방문하니 승지 나학천(羅學川)이 자리에 있었다. 공이 종이에다 조지(朝紙)에 나온 옥사를 베껴서 보여주며 말하기를,

> "이것은 무옥(誣獄)이 분명하다. 그 의도는 단지 노론을 도륙하는 데서 그치지 않을 것이니, 남인과 소론은 이제부터 모두 역도가 될 것이다."

하였다. 아! 7, 8년 전에 정확하게 본 것이 비단 등불로 비추고 거북으로 점을 친 정도일 뿐만이 아니니, 기미를 환히 아는 자가 아니라면 어떻게 이러한 경지에 이를 수 있겠는가. 또한 공은 본래 뛰어난 지혜로 세상에 알려졌으니, 일찌감치 고정된 당론에서 벗어나지 않았다면 이웅보(李熊輔)와 정희량(鄭希亮)의 무리[18]가 공의 집을 드나들지 않

된다.〔矢人豈不仁於函人哉！ 矢人唯恐不傷人，函人唯恐傷人，故術不可不愼也.〕"라고 한 데서 온 말이다.《孟子 公孫丑上》

18 이웅보(李熊輔)와 정희량(鄭希亮)의 무리 : 이웅보는 이인좌의 아우이고, 정희량

았을지 어찌 장담하겠는가. 당시에 영남의 인심은 무너지고 쇠락하였으니 공이 대의를 부지하지 않았다면 순리(順理)와 역리(逆理)의 분별에 거의 어두웠을 것이다. 그렇다면 안동(安東) 지역의 사람들은 참으로 공의 은혜를 입은 것이라 이를 만하다. 저들은 그것이 다행이라는 것도 모르고 반대로 비방하는 것은 어째서인가? 공은 평소에 매번 분연한 마음으로 말하기를,

"기사년의 일은 그 죄가 명분과 의리에 관계되고 이홍발의 역모는 그 죄악이 천지에 가득하니, 사대부가 어찌 당색을 들어 비호할 수 있겠는가."

하였다. 한번은 기사환국에 관련된 사람 가운데 남쪽으로 쫓겨난 자와 이 일을 논하며 말하기를,

"만약 내가 대간의 벼슬이 되어서 한나절 정청(庭請)[19]한 때를 만났다면 비록 공처럼 친한 사이라도 어찌 소매 속의 탄핵하는 상소를 면할 수 있었겠는가."

하니, 그 사람은 멍한 채 떠났다. 평소 벗들 가운데 이홍발과 친하게 지낸 자들과는 모두 관계를 끊어버렸으니, 포의시절부터 이미 이러하였다. 의리의 근원에 대해 이미 체득한 것이 분명하였으니 끝내 저처럼 수립한 것이 마땅하구나!

내가 수년 동안 칩거하며 조정을 멀리하였기에 공을 한 번도 만날

은 안의(安義)에서 이인좌의 반란에 동조하여 봉기하였다.

19 한나절 정청(庭請) : 기사년(1689, 숙종15) 4월 23일에 숙종이 인현왕후 민씨의 폐출을 명하자, 이달 25일에 백관이 명을 도로 거두어들이기를 청하는 정청을 하고는 다음날 바로 중지하고 말았다.

수 없었다. 듣자니 공은 기운이 얼굴에 성대하게 일어나 눈을 치켜뜨고 손뼉을 치며 격렬하게 언론을 펼쳤다고 하는데, 스스로 반성하여 올곧아[20] 온 세상 사람들이 비난해도 조금도 꺾이지 않았다고 하니 그 역량이 본디 이미 남들보다 뛰어난 것이요, 세상에 협소하고 비천한 자들을 보면 곧장 면상에 침을 뱉고자 했다고 하니 구차하게 세상과 영합하기를 싫어했음을 알 수 있다.

공이 양산(梁山)을 다스릴 때의 일은 내가 그 실상을 알고 싶어 조용히 당시 관찰사였던 유척기(兪拓基) 상공에게 물어보았는데, 상공이 다음과 같이 말했다.

"공이 즉시 길을 떠나 양산으로 부임하는 길에 감영에 들러 말하기를 '이 고을의 폐단이 이미 심하여 속히 바로잡지 않으면 어찌할 수가 없습니다. 바라건대 공은 법규에 얽매이지 말아 몸을 펼 수 있도록 해주십시오.'라고 하였네. 양산의 풍속이 사나워서 향임(鄕任 향청의 임원)을 다투는 자가 야밤에 관아에서 공조(功曹 군의 아전)를 죽이고, 또 2년 동안 다섯 번이나 수령이 바뀌었으니 이 사람이 아니면 완악하고 사나운 자들을 제거할 수 없기에 마침내 형편에 맞게 알아서 처리하도록 허락하였네.

부임한 지 한 달 남짓 되었을 때 공문서가 비는 날이 적었고 전병(田兵)과 관련된 정사의 폐단들은 모두 도려내고 척결하였네. 소신대로 처단하여 조금도 꺼리지 않고서 크게는 유배를 보내고 작게는

20 스스로 반성하여 올곧아 : 《맹자》 〈공손추 상(公孫丑上)〉에 "스스로 반성하여 곧으면 비록 수천 수만 명이라도 나는 가서 대적할 것이다.〔自反而縮, 雖千萬人, 吾往矣.〕"라고 한 데서 나온 말이다.

엄히 신문한 사람이 거의 수십 여 명이었네. 그러나 비방 또한 따라서 귀에 넘쳐나 탐학(貪虐)하다고 떠들어댔네. 가만히 살펴보면, 규정된 것 이외에 불법으로 거두어들인 것을 보지 못했고 다만 입김을 불어주는 정도의 작은 은혜를 베풀지 않아 원망도 감수한 채 공무를 수행하여 강포하고 교활한 자들을 단속함에 조금도 용서하지 않았으니 이것이 공이 심하게 비방을 받은 이유라네. 나는 공이 재능을 굽혀 작은 고을을 맡은 게 안타까워 승진시켜 일이 많고 바쁜 자리에서 재능을 시험하고자 했으나 미처 하지 못하였네."

유공(兪公)은 구차하게 남을 칭찬하는 사람이 아니니 그 말은 믿을 만하다. 저 소인들이 비방을 따라 부회하여 반드시 공에게 분풀이를 하고자 한 것임이 이제 더욱 분명해졌다. 나는 이미 공을 위해 큰 절의를 드러내었고 또 공의 원통함을 밝혔으니, 세세한 것은 생략해도 괜찮을 것이다. 다음과 같이 명(銘)을 덧붙인다.

뜻은 더러운 무리와 영합하지 않았고	志不合汙
명철함은 기미를 환하게 알았네	明能燭微
공처럼 스스로 벗어난 이는	如公自拔
예전에도 드물었네	在古亦稀
오직 의만 바라보았으니	惟義是視
후회와 원망이 없음이 마땅하네	宜無悔怨
낙척하여 곤액을 겪었으니	落拓困厄
선한 자에게 무엇으로 권하랴	爲善何勸
부지하여 수립한 것은	蓋其扶樹
군신 간의 큰 인륜이라네	君臣大倫

함부로 공을 비난하여	勿妄詆公
역적의 무리가 되지 말지어다	爲賊邊人

목사 윤공 묘갈[21]

牧使尹公墓碣

해평 윤씨(海平尹氏)는 오음(梧陰) 문정공(文靖公) 이래로 성대하게 명문가가 되었다. 오음의 휘는 두수(斗壽)이고 그의 증손은 호조 판서 휘 계(堦)이다. 판서의 두 아들 세기(世紀)와 세수(世綏)는 연이어 현달하여 대체로 각자의 기량으로 한 시대의 중망을 받았다. 공은 판서의 4남으로 단아하고 겸손하고 신중하였으며, 또 훌륭한 자제라고 일컬어졌는데 현달해야 마땅한 데도 막혔으니 식자들이 안타까워하였다.

공의 휘는 세위(世緯)이고 자는 문보(文甫)이다. 12세에 바닷가로 판서공을 따라가서는[22] 곁에서 공문서를 보고 번번이 물러나 판결문을 지었는데 왕왕 판서공의 뜻과 합치되어 노련한 아전들이 경탄하고 감복하였다. 숙종 정묘년(1687, 숙종13) 사마시에 합격하였다. 기사년(1689) 사화(士禍) 때 판서공은 강진(康津) 유배지에서 세상을 떠났는데, 판서공이 병이 위독했을 때 공은 손가락의 피를 내어 부친에게 올리고, 또 목욕재계하여 하늘에 기도하며 자신이 대신 죽기를 빌었다. 그때 형제들이 주위에 없어 직접 장례를 치렀는데 급박한 상황에서도 모두 예법에 맞게 행하니 사람들이 어려운 일이라고 여겼다.

21 목사 윤공 묘갈 : 저자가 윤세위(尹世緯 1663~1716)를 위해 쓴 묘갈문이다.

22 바닷가로 판서공을 따라가서는 : 윤계(尹堦)는 1675년(숙종1) 황해도 관찰사를 지냈다.

정축년(1697) 성균관 유생들이 상소를 올려 정승 남구만(南九萬)이 역적을 옹호한 죄[23]를 성토하였는데 임금이 매우 노여워하여 그 소수(疏首)를 처벌하자 권당(捲堂)하고, 공은 재임(齋任)으로서 함께 죄를 받기를 청하였다. 임금이 여러 번 근신과 예조 판서를 보내 권유하였지만, 들어가려 하지 않고 더욱 절실하고 올곧게 열 번 상소를 올리니 임금이 어쩔 수 없이 벌을 풀어주었다. 태학사 이여(李畬) 공이 감탄하여 말하기를 "태학에 강항령(强項令)[24]이 있구나."라고 하였다.

이듬해 벼슬살이를 시작하여 전설사 별검, 전생서 주부, 장례원 사평과 사의, 호조와 공조의 정랑, 익위사 익위, 사복시 첨정 등을 역임하였고, 그 사이에 선혜랑을 지냈다. 외직으로는 서흥 현감(瑞興縣監), 목천 군수(林川郡守), 연안 부사(延安府使), 파주 목사(坡州牧使) 등을 역임하였다. 숙형이 과거에 급제한 이후로 공은 더 이상 과거에 응시하지 않고 말하기를 "차고 넘치는 것은 두려워할 만하다."라고 하였다. 관직에 있을 때는 인자하고 너그러워 곤장을 맞아 피가 나는 죄인을 보면 측연하게 여기며 말하기를,

"옛 사람의 포편(蒲鞭)[25]은 본받을 만하다."

23 남구만(南九萬)이……죄 : 24쪽 주15 참조.

24 강항령(强項令) : 강직하여 굴하지 않는 현령이란 뜻으로, 후한(後漢) 때의 동선(董宣)을 가리킨 말이다. 광무제(光武帝) 때에 호양공주(湖陽公主)의 노복이 사람을 죽였으므로, 당시 낙양 현령(洛陽縣令)으로 있던 동선이 그를 잡아서 죽였다. 그러자 공주가 이 일을 임금께 하소연한 결과, 마침내 임금이 동선을 잡아다 놓고 공주에게 사과를 하라고 하였으나 듣지 않자 억지로 머리를 조아리게 하니, 동선이 두 팔로 땅을 힘껏 버티어 끝내 머리를 숙이지 않았다. 임금이 마침내 강항령(强項令)을 내보내라고 명했다. 《後漢書 卷77 酷吏傳 董宣》

하였다. 혹자가 말하기를,

"완악한 아전은 위력으로 제압하지 않을 수 없습니다."

하자, 공이 웃으며 말하기를,

"아전과 백성은 모두 나의 백성이니 어찌 누구는 사랑하고 누구는 미워하겠는가. 지은 죄에 따라 죄를 주면 그만이다."

하였다. 부임하는 곳마다 폐단을 없애고 곤궁함을 구휼하는 것에 힘을 쓰니, 임지를 떠나면 백성이 송덕비를 세워 공을 사모하였다. 연안(延安)을 다스릴 적에 수십 년 동안 해결하지 못한 옥사가 있었는데 공이 그 원통함을 안타까워하여 즉시 판결을 내리니 오랜 가뭄에 단비가 내렸다. 병신년(1716)에 모친상을 당하였는데, 장사 지내기 전에 상을 견뎌내지 못하여 세상을 떠나니 그때는 3월 3일로 향년 54세였다. 장단(長湍)의 어룡포(魚龍浦) 신좌(辛坐)의 언덕에 안장하였다.

공의 모친 무안 박씨(務安朴氏)는 통덕랑 휘길(暉吉)의 따님이다. 공의 부인 전주 이씨(全州李氏)는 부친이 양주 목사(楊州牧使) 원귀(元龜)이다. 1남 1녀를 두었으니 아들 집(潗)은 진사로 군수를 지냈고, 사위는 진사 이재(李在)이다.

공은 모친을 잘 섬겨 미리 뜻을 헤아리고 안색을 살폈다. 모친이 언짢은 기색이 있으면 용납될 곳이 없는 것처럼 불안해하며 시중을 들다가 안색이 좋아지면 물러났다. 공적인 일이 아니면 한 번도 곁을

25 포편(蒲鞭) : 때려도 아프지 않도록 부들 가지로 만든 회초리로 아주 관대히 처벌하는 것을 의미한다. 《후한서(後漢書)》 권25 〈유관열전(劉寬列傳)〉에 이르기를 "관리나 백성이 과실이 있을 때는 단지 포편으로 매를 때려서 모욕만 줄 뿐이고 끝내 고통을 가하지 않았다." 하였다.

떠난 적이 없었는데, 이따금 밖에 있다가 마음이 동요되면 말하기를 "우리 모친께서 편치 않은 데가 있으신가 보다." 하고, 물어보면 과연 그러하였다.

형님이 종기를 앓아 목숨이 위태했는데 밤낮으로 간호하느라 두발이 세었다. 이러한 효성과 우애를 친척들에게도 베풀어 귀천과 노소의 구분 없이 은혜롭게 두루 보살피고 질병과 상례가 있는 집은 반드시 힘을 다해 도왔다. 기제(忌祭)에는 열흘 전에 치재(致齋)하고 제삿날에는 빈객을 들이지 않았다. 항상 집안사람들에게 경계하기를,

"근래 민가에서 선조에게 제사를 지내는 것이 너무 사치스럽지 않으면 너무 검소하니 둘 다 잘못되었다."

하였다. 《주자가례(朱子家禮)》와 《격몽요결(擊蒙要訣)》에서 취해 참작하여 일가의 제식(祭式)을 만들었으니, 공이 만년에 힘을 기울인 곳은 대부분 예가(禮家)에 있었다. 서적 가운데 《심경(心經)》을 가장 좋아하여 한 번도 손에서 놓지 않았고, 또 전고(典故)에 뛰어나 끝없이 이어지는 말이 들을 만하였다. 두문불출하며 권귀의 집에는 드나들지 않았다. 소박한 옷을 입고 화려한 것은 절대 좋아하지 않았으니, 그 상례 때에 자제들이 감히 무늬가 놓인 화려한 옷을 입히지 못하였다. 공이 일찍이 말하기를,

"사대부는 법가(法家)의 규범을 실추시키지 않는 것이 효이다."

하였으니, 공은 그 말을 저버리지 않았다고 이를 만하다. 아! 훌륭하도다. 명(銘)은 다음과 같다.

온순하고 온순한 공인을	溫溫恭人
나는 《시경》에서 들었네[26]	我聞周詩

공에게 그 덕이 있으니	公有厥德
효우의 기초라네	孝友之基
안에서는 조심하고	入則洞屬
밖에서는 화락하였네	出則怡怡
이렇게 백성을 다스리니	以是臨民
백성은 두모의 자애로움[27]이라고 하네	民曰杜慈
이 예서야말로	維此禮書
공이 실로 좋아하였네	公實好之
대대로 녹을 받는 집안치고	凡厥世祿
예를 지키는 경우는 드물다네	鮮克由茲
생강과 계피의 뜻[28]을	薑桂之義
공이 어찌 몰랐으랴	豈公罔知
효를 위해 목숨을 잃었으니	乃死於孝
나는 공을 위해 슬퍼하네	我爲公悲
아, 후손들이여	嗟爾後昆
이 명문에서 징험할지어다	徵此銘辭

26 온순하고……들었네 : 292쪽 주89 참조.

27 두모의 자애로움 : 두모(杜母)는 후한(後漢) 때 어미처럼 백성에게 선정을 베푼 두시(杜詩)를 가리킨다. 전한의 원제(元帝), 성제(成帝) 때 남양 태수(南陽太守)였던 소신신(召信臣)이 백성들에게 선정을 베풀었고, 후한 광무제(光武帝) 때 남양 태수였던 두시(杜詩) 또한 선정을 베풀었는데, 뒤에 백성들이 이들을 아버지 같은 소신신과 어머니 같은 두시라는 뜻에서 소부(召父), 두모(杜母)라고 칭송하였다. 《漢書 卷89 循吏傳 召信臣》《後漢書 卷31 杜詩列傳》

28 생강과 계피의 뜻 : 거상(居喪) 중에 상한 몸을 보양하고 입맛을 돋우기 위해 생강과 계피 등의 양념을 넣어서 만든 음식을 먹는 것을 뜻한다. 《禮記 檀弓》

목사 유공 묘갈[29]

牧使兪公墓碣

송(宋)나라 선비는 음보(蔭補)를 영화롭게 여기고 과거를 통해 벼슬을 하는 것은 하찮게 여겼으며, 한(漢)나라 때 공경들은 순리(循吏)와 양리(良吏)와 같은 수령에서 나온 경우가 많았는데, 우리나라의 풍속은 이와는 반대다. 그러나 종종 상규를 벗어난 경우도 오히려 꼽을 수 있다. 유명건(兪命健) 공은 음사(蔭仕) 가운데 성대하게 정승감이라는 명망이 있었으나 만난 시대가 불우하여 그 뜻을 펼치지 못했기에 식자들은 안타까워하였다.

공의 자는 중강(仲强)이니 기계(杞溪) 사람이다. 신라 때 아찬(阿飡)을 지낸 삼재(三宰)라는 분이 처음으로 족보에 보인다. 본조에 들어와서는 경안공(景安公) 휘 여림(汝霖)과 숙민공(肅敏公) 휘 강(絳) 부자가 연이어 판서를 지냈다. 숙민공의 증손 휘 성증(省曾)은 강원도 관찰사를 지냈으며, 이 분이 사헌부 대사헌을 지낸 휘 철(撤)을 낳았다. 우암 선생(尤菴先生)이 그의 묘지명을 지었으니 공은 이 분의 둘째이다. 모친 청주(淸州) 한씨(韓氏)는 봉사를 지낸 전(甸)의 따님이다. 공은 태어나면서부터 영특하여 어려서는 장난을 좋아하지 않았다. 대사헌 공은 항상 공을 애지중지하며 말하기를 "우리 집안에서 재상을 지낼 아이다."라고 하였다. 사방(四方)을 겨우 알았을 때[30] 이미 밖에서

29 목사 유공 묘갈 : 저자가 유명건(兪命健 1664~1724)를 위해 쓴 묘갈문이다.

30 사방(四方)을……때 : 6세의 나이를 뜻한다. 《예기》 〈내칙(內則)〉에 "6세에 수와

대사헌 공을 모시고 잠들었으며[31] 출입하실 적에 부축해드렸다. 드시고 싶은 음식을 여쭙고 공경스럽게 올려드렸다. 8세에 대사헌 공이 세상을 떠나고 상복을 벗자마자 한 부인(韓夫人)도 연이어 세상을 떠났는데, 무릎 꿇고 절하며 곡읍하는 애통함이 주위 사람을 감동시켰다.

기사년(1689, 숙종15), 간사한 무리가 율곡(栗谷)과 우계(牛溪) 두 선생을 문묘에서 출향시키기를 청하자 공은 동지들과 함께 상소를 올려 변무하였다. 성후(聖后 인현왕후)가 폐위되고 우암이 사약을 받자 공은 의리상 과거에 응시하지 않았다. 갑술환국 때 다시 과거에 나아가 임오년(1702) 생원시에 합격하고 이해 겨울에 전설사 별검에 제수되었으며 임기가 만료되어 사재감 주부에 올랐다.

병술년(1706) 사헌부 감찰로서 외직으로 나가 양성 현감(陽城縣監)이 되었다. 양성은 경기 안의 작은 고을인데다 재정이 탕진되었는데 공은 싫어하거나 피하려는 마음을 품지 않고 한결같이 맡은 관직에 직분을 다한다는 마음으로 온갖 폐단을 모두 없애니 얼마 되지 않아 버젓한 고을이 되었다. 임기가 차서 고을을 떠나자 그곳 백성이 송덕비를 세워 공을 사모하였으며 또 서로 말하기를,

> "만일 전쟁이 일어나 유 후(兪侯)께서 어려움을 겪게 된다면 우리들은 응당 목숨을 걸고 유 후를 구하러 달려갈 것이다."

하였다. 마침 조정에서 관찰사에게 명하여 관하에 있는 인물을 추천

방향의 이름을 가르친다.〔六年, 教之數與方名.〕"라고 한 데서 나온 말이다.

31 밖에서……잠들었으며 : 원래는 《예기》 〈내칙(內則)〉에 "10세에 밖의 스승에게 나아가 밖에서 기거한다.〔十年, 出就外傅, 居宿於外.〕"라고 한 데서 나온 말인데, 여기서는 10세가 안 된 나이임에도 부친을 따라다니며 밖에서 기거한 것을 뜻한다.

하라고 했는데 한포(寒圃) 이건명(李健命) 등이 일제히 공을 추천하였다.

경인년(1710), 청나라로부터 온 자문(咨文)이 경보를 알리자 공은 또 특별히 추천을 받았다. 신묘년(1711), 종부시 주부에서 외직으로 나가 해주 통판(海州通判)이 되었다. 상정법(詳定法)[32]을 시행한 이후로 폐해가 더욱 심해졌는데 공은 통렬하게 정비하여 알맞게 조절하니 백성이 이 덕분에 소생하였다. 풍속이 또 소송하기를 좋아하였는데 물 흐르듯이 판결하여 책상에는 정체된 문서가 없었으니 백성이 공을 가리켜 "백년 이래 이렇게 훌륭한 태수는 없었다."라고 하였다.

계사년(1713), 한산 군수(韓山郡守)로 옮겼다가 얼마 되지 않아 작은 혐의로 인해 사직하여 체직되었다. 부여(扶餘)의 은산(隱山)에 정착하여 물가에 정자를 짓고는 각금정(覺今亭)이라고 편액을 달고 그곳에서 벼슬을 그만두고 노년을 마치려는 계획을 세웠는데 얼마 뒤에 어떤 일로 서울로 돌아왔다. 강화부 경력(江華府經歷)에 제수되었는데 사직하고 부임하지 않았다. 사복시 판관을 지냈다.

을미년(1715), 안악 군수(安岳郡守)가 되어 공은 한결같이 해주(海州)를 다스린 방책으로 고을을 다스리니 백성이 모두 열복하였다. 군수는 영장(營將)을 겸하였는데 군정(軍政)이 잘 이루어지고 병장기는 일신되었다. 또 18방(坊)에 방마다 사창(社倉)을 설치하여 백성을 편안하게 하고 영구토록 이롭게 하였으니, 어사가 공의 치적이 도 전역에

32 상정법(詳定法) : 황해도에 실시한 세법(稅法)의 하나이다. 대동법의 내용을 그 지방의 특수성에 따라 알맞게 조정한 세규로서 전 1결에 쌀 12두를 징수하던 것을 별수미(別收米)라는 명목으로 3두를 추가하여 15두를 징수하였다.

서 제일이라고 보고하였다.

무술년(1718), 담양 부사(潭陽府使)에 올랐다. 부임할 적에 공은 가솔들을 데리고 가지 않았다. 청렴하고 명민하며 위엄이 있어 교활한 아전들은 숨을 죽이고 지내니 사람들은 공을 지목하여 청렴한 호랑이〔廉虎〕라고 하였다.

경자년(1720), 전지(田地)를 측량하는 일에서 그 경계를 정도에 맞게 하니 원망하는 백성이 없었다. 곧 나주 목사(羅州牧使)에 올랐다. 나주는 공무가 번다하기로 유명하였는데 아무 일도 없는 것처럼 거침없이 공무를 처리하였고 너그러움과 엄격함을 안배하여 다스림의 교화가 크게 행해졌다.

임인년(1722, 경종2) 사화(士禍)가 일어나자 공은 벼슬을 그만두었다. 서울로 돌아오지 않고 남포(藍浦)의 남전촌(藍田村)에 우거하여 두문불출하며 서사(書史)로 즐거움으로 삼았다. 갑진년(1724) 9월 뜻밖에 병에 걸려 그달 20일에 세상을 떠났으니 겨우 환갑을 넘긴 나이였다. 양주(楊州) 구소곡(龜沼谷)에 있는 전배(前配) 김숙인(金淑人)의 묘 오른쪽에 반장(返葬)하였다가 이후에 양지현(陽智縣) 고동(古東)의 삼은리(三隱里) 계좌(癸坐)의 언덕에 이장하고 두 숙인을 합장하였다.

김 숙인(金淑人)은 참판 곡운(谷雲) 휘 수증(壽增)의 따님으로 딸 하나를 낳았는데, 딸은 참봉 이진성(李晉聖)의 처가 되었다. 안 숙인(安淑人)은 사인 후선(後宣)의 따님으로 아들 둘을 낳았다. 최기(最基)는 문과에 급제하여 대사간을 지냈고 직기(直基)는 진사에 합격하여 현령을 지냈다. 최기의 외아들은 어리고 세 딸은 각각 김한태(金漢泰), 이춘빈(李春彬), 진사 홍재한(洪在漢)에게 시집갔다. 직기의 네 아들은 언집(彦鏶), 언선(彦鐥), 언횡(彦鈜), 언호(彦鎬)이다. 사위 이진성의 아들 규문(揆文)은 현감을 지냈고 딸은 황처후(黃處厚)에게 시집갔다.

공은 풍모가 준걸하고 품성이 방정하였다. 평소 지나치게 엄숙하지도 않았지만 나태한 모습도 없었으며 재물과 이익에는 담담하고 사양하고 받는 데에는 신중하였다. 집안에서의 행실은 더욱 독실하였다. 형님 부부가 일찍 세상을 떠나자 공은 대신 제사를 주관하여 정성과 예를 다하였고 부모를 여읜 조카가 성인이 될 때까지 보살펴주었으며 그가 장가들자 일체 종가의 일을 돌려주었다. 상을 당하거나 힘든 일이 있을 때면 집안일을 잘 처리하였으니 대부분 남들이 하기 어려운 일이었다. 형제와 숙질이 한 집에 같이 산 지가 20여 년이었는데도 집안에는 이간하는 말이 없었다.

대사헌 공의 상례 때 부친이 남긴 옷 한 벌을 가져와 여막에 두고 함께 거처하며 삼년상을 마쳤고 죽을 때까지 부친을 그리워하는 마음이 사라지지 않았다. 선조를 받드는 일에는 그 정성을 다하지 않은 적이 없었다. 멀고 가까운 묘소에 두루 돌아다니며 성묘하였는데 가는 곳마다 봉분을 쌓았고 묘표가 없으면 주관하여 비석을 세웠으며, 또 누락된 선대의 사적을 한데 모아서 《기계세보(杞溪世譜)》를 만들었다. 종계(宗禊)를 다시 만들어 사시(四時)로 신의를 다지는 모임을 가져 친척 간에 화목하게 지내는 의리를 베풀었다.

이러한 마음을 미루어 벗을 사귀거나 벼슬할 때에도 각기 그 이치에 마땅하게 행동하였다. 남에게는 하대하여 부르지 않고 한 번도 이불을 가지고 가서 밤새도록 논 적이 없으며 감괴(甘壞)하는 일[33]이 없이 교의는 두터웠다. 남의 악행을 비난하기보다 남의 선행을 칭찬하는 경우가 많았고, 횡역을 당해도 남을 탓하지 않고 스스로 반성하기를 좋아하였다. 남들과 담소를 나누는 자리에 있더라도 말씨는 간약하고 진중하였으며 혹여 급박한 상황을 만나더라도 행동은 엄중하고 침착하였다.

백성을 다스릴 적에는 분란하게 만들지 않는 것을 근본으로 삼았다. 너그럽고 온화하면서도 강직하고 분명함을 겸하였으며, 자세하고 주밀하면서도 각박하게 하지는 않았다. 원대한 계획에 힘쓰고 작은 시혜는 일삼지 않았다. 옥사를 판결할 때는 반드시 마음을 다하였고 검시(檢屍)를 해야 하면 직접 손으로 검안(檢案)하며 말하기를 "사람의 목숨과 관계되는 일이니 신중하지 않을 수 없다."라고 하였다. 공의 행적을 살펴보면 옛날의 이른바 낭묘(廊廟)의 재목[34]이거늘 규정에 구애되어 이로움과 은택이 미친 곳이 주군(州郡)에 그치고 말았으니, 아! 이 어찌 운명이 아니겠는가.

공은 벼슬살이에 부침하면서도 늘 초탈하여 속세를 벗어난 의취가 있었으니 만년의 절의를 보면 알 수 있다. 풍류는 돈후하고 지상(志尙)은 유아하고 질박하여 명문 집안에 전해오는 가법을 실추시키지 않아 무궁토록 후손에게 남겨줄 수 있으니 공경할 만하구나. 명(銘)은 다음

33 감괴(甘壞)하는 일 : 솔깃한 말과 행동으로 담담한 교우 관계를 해치는 일을 가리킨다. 《예기》 표기(表記)에 "군자의 교제는 물과 같고 소인의 사귐은 단술과 같으니, 군자는 담담한 가운데 교우 관계가 이루어지고 소인은 단맛 때문에 그 관계가 깨진다.〔君子之接如水, 小人之接如醴, 君子淡以成, 小人甘以壞.〕"라고 한 데서 나온 말이다.

34 낭묘(廊廟)의 재목 : 묘당(廟堂)에 앉아서 천하를 다스릴 만한 인재를 뜻한다. 두보(杜甫)의 〈자경부봉선현영회(自京赴奉先縣詠懷)〉 시에 "살아서 요순 같은 임금을 만났기에 차마 영원히 하직할 수 없었네. 지금 낭묘의 재목으로 말하자면 큰 집 짓는 데 어찌 재목이 없다 하겠는가.〔生逢堯舜君, 不忍便永訣. 當今廊廟具, 構廈豈云缺.〕" 한 데서 온 말이다.

과 같다.

사람을 관찰하는 방법이 있으니	觀人有術
덕이 가장 중요하네	維德爲大
몸은 세속을 벗어나지 않아도	身不離俗
마음은 실로 개결하였네	中實耿介
너그러우면서도 위엄 있고 온화하면서도 조리 있어	寬栗溫理
곧장 밖으로 드러내었네	卽見于外
발양하여 정사를 펼치니	發爲政事
어진 은택이 두루 내렸네	仁澤旁沛
통달한 재주와 뛰어난 기량으로	通才偉器
한 시대의 명망을 받았건만	時望攸載
저 산언덕에 묻혀있으니	埋彼山邱
현인들의 탄식이 일어나네	賢嗟之會
세상의 기운 시들해져	世氣衰薄
풍치를 더 이상 볼 수 없구나	風韻莫逮
내 공의 행적을 새겨	我銘其行
어린 자손들에게 당부하노라	庸敕稚昧

여원군 묘갈[35]

礪原君墓碣

목릉(穆陵 선조)의 후손은 지파(支派)가 많고 멀어 종종 어진 공자가 많은데, 근세에 간정(簡靜)하다고 일컬어지는 자로 여원군(礪原君)이 있다. 여원군은 숙종 무오년(1678, 숙종4) 15세의 나이에 처음으로 여원수(礪原守)에 제수되었고 8년이 지나 명선대부(明善大夫)에 올라 특별히 도정(都正)에 제수되었다. 병자년(1696, 숙종22), 또 여원군에 진봉되었다. 이전에 영창군(瀛昌君 이침(李沈))이 상소하여 말하기를,

> "신 침(沈)의 아우인 영래군(瀛萊君) 속(涑)이 아들이 없이 세상을 떠났으니, 신의 몇째 아들 주(柱)를 영래군의 후사로 삼기를 청합니다."

하니 임금이 허락하였는데, 주가 바로 공의 이름이다. 얼마 뒤 영래군이 효도를 위해 목숨을 바쳤다고 해서 특별히 정려문을 내렸다. 영창군과 영래군은 해안군(海安君) 휘 억(億)의 아들이고, 해안군의 부친 휘 보(珤) 순화군(順和君)은 친부가 인성군(仁城君) 효민공(孝愍公) 공(珙 선조의 일곱째 아들)이니, 두 왕자는 모두 목릉의 후손이다. 영창군의 부인 여산 송씨(礪山宋氏)는 사직 유경(孺敬)의 따님이다. 세상을 떠났을 때 공은 겨우 6세였는데 성인처럼 애통해 하였다. 영창군의 상을 당했을 때는 또 3년 동안 무덤을 지켰다.

35 여원군 묘갈 : 저자가 여원군(礪原君) 이주(李柱, ?~1731)를 위해 쓴 묘갈문이다.

조정에서 일찍이 사신을 선발할 적에 공은 황실의 뛰어난 인물로써 선발되어 마침내 승헌대부(承憲大夫)의 품계로 뛰어올라 정사(正使)가 되었는데, 사행을 떠날 때 수차례 하사품이 내렸다. 숙종이 승하했을 때 명을 받들어 재궁(梓宮)에 '상(上)'자를 쓴[36] 노고로 숭헌대부(崇憲大夫)에 제수되고, 얼마 뒤 가덕대부(嘉德大夫), 수덕대부(綏德大夫)에 가자되었다. 다시 중국으로 사행을 떠났는데 태의(太醫)에게 명하여 동행하도록 하였다.

지금 성상 을사년(1725, 영조1)에 어필을 간행하는 일을 주관한 공로로 현록대부(顯祿大夫)에 가자되었다. 임금이 한번은 설날에 여러 종실들을 금원(禁苑)에 불러 공에게 값진 가죽을 하사하였다. 별직으로는 사옹원의 부제조, 오위도총부의 부총관·도총관을 지냈다.

기유년(1729, 영조5), 또 정사(正使)에 차임되었는데 공은 나아가지 않고 말하기를 "나는 늙고 병들었으니 쉬는 게 좋겠다."라고 하였다. 얼마 되지 않아 풍비(風痺)를 앓아 조정의 부름을 사양하였는데, 신해년(1731, 영조7) 12월 22일에 세상을 떠나니 향년 68세였다. 임금이 놀라고 슬퍼하며 특별히 널감을 하사하였고, 이듬해 2월에 양주(楊州) 선영의 계좌(癸坐) 언덕에 안장하였다.

공의 자는 하경(廈卿)이다. 천성이 정숙(整肅)하였는데 온순(溫醇)함도 갖추었다. 빈한한 선비처럼 생활하여 두 종류의 고기를 먹지 않고 화려한 옷은 입지 않았으며 집에는 대청마루가 없었다. 남들이 너무

36 재궁(梓宮)에 상(上)자를 쓴 : 왕, 왕대비, 왕비, 왕세자 등의 시신을 넣던 관에 '상(上)' 글자를 쓰는 것을 가리키는데, 이를 맡은 사람을 재궁상자 서사관(梓宮上字書寫官)이라고 하였다.

좁은 곳에 산다고 걱정하면 공은 "이 정도면 이미 충분하다."라고 하였다. 성품이 아름다운 꽃이나 진귀한 돌 따위를 좋아하지 않았는데, 병들었을 때 막내 여성공(礪城公 이집(李楫))이 공을 위해 뜰에 꽃과 돌을 진열해 놓았지만 또한 마음에 두지 않았다. 입으로는 조정의 득실을 말하지 않았고, 이따금 남들의 수명과 궁달을 말했는데 실제로 징험된 경우가 많았다. 세상과 인연을 끊어 집에는 묵어가는 손님이 없었고, 노복들을 엄히 단속하여 그들이 감히 제멋대로 구는 일이 없었다. 종친부 유사를 맡은 10년 동안 맡은 관직에 부지런히 힘썼다. 초서와 예서에 솜씨가 뛰어났는데, 평소 〈이소(離騷)〉와 〈출사표(出師表)〉를 좋아하여 병풍에 두루 써놓고 항상 눈으로 바라보았으니 공의 고상함을 알 수 있다.

부인 여산 송씨(礪山宋氏)는 현감 광준(光浚)의 따님으로 정숙하고 고요하며 부녀자의 도를 잘 지켰다. 나이 38세가 되던 기묘년(1699, 숙종25)에 세상을 떠났다. 1남 2녀를 두었으니, 아들 익병(益炳)은 요절하였고, 사위는 사인 조영선(趙榮先), 참봉 남득관(南得寬)이다. 계배 여흥 민씨(驪興閔氏)는 그 부친이 좌랑 주한(周翰)인데 공보다 1년 뒤에 세상을 떠났다. 자애롭고 효성스러웠으며 공손하고 너그러워 육친(六親)이 칭찬하였다. 아들은 익휴(益烋)이다. 익병에게 아들이 없어 익휴의 아들인 여규(如圭)를 데려와 후사로 삼았다. 익휴가 내게 묘비문을 부탁하면서 눈물을 흘리며 말하기를 "이는 우리 부친의 유언입니다."라고 하였다. 나는 그 뜻에 감동하여 감히 사양할 수 없었다. 명(銘)은 다음과 같다.

존귀함이 공을 교만하게 할 수 없었고	位不能使驕

부유함이 사치하게 할 수 없었네	富不能使侈
아, 공자여!	吁嗟乎公子

봉사 신공 묘갈[37]

奉事申公墓碣

아! 문정공(文正公) 우암 선생(尤庵先生)이 일찍이 순변사 신립(申砬) 공의 묘지명을 지으면서, 그의 형인 감역 급(礏)이 상소를 올려 율곡(栗谷)이 받은 무함을 변석한 일을 맨 먼저 거론하였고, 신립이 적과 싸우다가 절벽에서 투신자살한 사적에 대해서 칭찬하기를,

> "장절공(壯節公 신숭겸) 이후로 대대로 명망 있는 후손이 있었는데 공의 형제에 이르러 더욱 성대하였으니, 한 집안의 충효가 우뚝하다고 이를 만하다."

하였다. 공은 감역공의 현손이다. 조부 휘 육(堉)과 부친 휘 여규(汝逵)는 벼슬하지 않았는데 모두 효성과 우애로 가법을 계승하였다.

공의 휘는 구(球)이고 자는 군미(君美)이니 뜻이 크고 기개가 있었다. 어려서부터 《소학》을 읽어 이 책을 몸가짐의 법도로 삼았다. 기사년(1689, 숙종15) 흉당이 율곡(栗谷)과 우계(牛溪) 두 선생을 문묘에서 출향시키자 공은 이병(李炳) 등과 함께 상소를 올려 힘써 간쟁하였고, 인현왕후(仁顯王后)가 폐위되자 과거공부를 그만두고 자숙하였다. 갑술환국 때 두 선생이 복향(復享)되자 공은 다시 과거에 응시하였다. 농암(農巖) 김창협(金昌協) 공이 만년에 미호(渼湖)에 살고자 했는데, 공이 석실서원(石室書院)의 제생들과 함께 전답을 사서 그곳에 살기를 청하여 배우자 자들이 강학하는 장소로 삼았다. 농암은 자제들

37 봉사 신공 묘갈 : 저자가 신구(申球, 1666~1734)를 위해 쓴 묘갈문이다.

에게 말하기를,

"신(申) 아무개는 준엄하고 강직한 사람이니 너희들은 삼가고 소홀히 대하지 마라."

하였다. 공은 남의 그릇된 점을 보면 꼭 면전에서 지적하며 조금도 용서하지 않았기 때문에 남들은 모두 공을 두려워하였다.

병신년(1716, 숙종42) 봄, 윤선거(尹宣擧)의 문집이 처음으로 세상에 간행되었는데, 감히 강왕(康王)이 피난하고 두궤(杜蕢)가 술잔을 든 이야기[38]를 가지고 효종을 무함하여 남들로 하여금 강도(江都)에서 자신이 지조를 잃은 일을 감히 의론하지 못하게 하고자 하였다.[39] 그의

38 강왕(康王)이……이야기 : 강왕(康王)이 오랑캐가 쳐들어왔을 때 피난하고 두거(杜擧)가 술잔을 든 이야기는 노론이 윤선거(尹宣擧)의 문집에서 찾아내어 비난의 표적으로 삼은 것이다. 강왕은 남송(南宋) 초대 황제인 고종(高宗)의 잠저 시 봉호(封號)이다. 북쪽 오랑캐가 도강(渡江)하였을 때 강왕이 피난해 있었던 일을 가리킨다.《宋史 卷24 高宗本紀》두거는 춘추 시대 진(晉)나라의 두궤(杜蕢)가 술잔을 들어 올린 일을 말한다. 평공(平公)이 대부 지도자(知悼子)가 죽어 아직 장사 지내지 않았는데 술을 마시고 음악을 들으므로 두궤가 시신들에게 벌주를 마시게 하고 자신도 마시니 평공이 자책하여 벌주를 마시려 하였다. 이에 두궤가 잔을 씻어 들어 올렸다.《禮記 檀弓下》윤선거는 자신을 두궤에게, 효종을 강왕에게 비유한 것이다.

39 효종(孝宗)을……하였다 : 이 내용은 숙종 42년(1716) 7월 25일 경기·충청·전라 세 도의 유생(儒生) 60인이 신구(申球)를 소두(疏頭)로 하여 올린 상소에 보인다. 윤선거(尹宣擧)는 병자호란 당시 가족과 함께 강화도로 피난하였는데, 강화도가 함락될 때 부인은 자결하였으나 자신은 어버이의 봉양을 위해 탈출하여 목숨을 부지하였다. 뒤에 효종이 윤선거를 불렀으나 윤선거는 강화도에서의 자신의 잘못을 들어 벼슬길에 나아갈 수 없다고 사양하였다. 윤선거가 죽고 그의 문집인《노서유고(魯西遺稿)》가 발간되었는데, 여기에 병자호란 당시 대군(大君)으로서 강화도에 피난해 있었던 효종에게 윤선거가 강화도의 일을 들어 자책하는 것이 혐의가 되지 않겠는가 하는 문제를 가지고 지인들과 주고받은 글들이 실려 있었다. 신구는 이런 기록들을 낱낱이 들어,

속내가 탄로나 온 세상 사람들이 놀라고 분통해 했지만 어느 누구도 감히 말하는 자가 없었다. 이에 공이 떨치고 일어나 상소를 올려 그 일을 논핵하니 의리가 명백하여 숙종이 그의 말을 가납하고 윤선거의 관직을 추삭(追削)하였는데, 그의 무리가 일제히 헐뜯으며 사화(士禍)라고 지목하였다. 정승 몽와(夢窩) 김창집(金昌集)이 아뢰어 윤선거의 문집을 없애니 이로부터 시비가 조금 정해졌지만 공을 원수로 여기는 자들은 세상에 넘쳐나게 되었다.

임인년(1722, 경종2), 흉당이 득세하여 윤선거 부자의 관작을 회복시키고 또 이미 없애버린 목판을 복구하였으니, 이때에 공은 거제도(巨濟島)로 유배되었다. 공은 지기(志氣)가 굳건하고 지조가 더욱 엄정하여 함께 유배된 자들도 공경심을 일으키며 말하기를 "명성 있는 사람치고 헛된 선비가 없구나."라고 하였다.

지금 성상 을사년(1725, 영조1), 비로소 유배지에서 풀려나 곧 영릉 참봉(英陵參奉)에 제수되고 희릉 봉사(禧陵奉事)에 올랐다. 얼마 지나지 않아 다시 흉당의 논핵을 당해 관직을 버리고 고향으로 내려왔다. 집안이 본래 가난하여 거친 밥조차 잇지 못하였으나 편안하게 지내며 털끝만큼도 남에게 구하지 않았다. 공은 병오년(1666, 숙종7) 8월 2일에 태어나 갑인년(1734, 영조10) 3월 15일에 세상을 떠났고, 그해 9월에 양주(楊州) 백양동(白羊洞) 손향(巽向)의 언덕에 안장하였다.

공은 오씨(吳氏), 최씨(崔氏), 권씨(權氏)에게 세 번 장가들었는데 모두 아들이 없어 조카 징하(徵夏)를 후사로 삼았다. 딸은 사인 민진하

윤선거가 병자호란 당시 효종의 처신 또한 자신과 다름이 없다는 생각을 가지고 강화도의 일을 거론한 것이므로, 이는 결국 효종을 크게 무함한 행위라며 탄핵하였다.

(閔鎭夏)와 진사 이중욱(李重郁)에게 시집갔는데, 오씨의 소생이다. 징하의 아들은 식(畉)이다.

공은 마음가짐과 일처리가 명백하고 올곧으며 사특함이 없어 남들과는 사사로이 얘기를 나누지 않았고, 남의 다급한 상황에 달려가기를 수재나 화재를 구제하는 것처럼 하였다. 종중(宗中)의 대소사를 반드시 몸소 담당하였는데, 선조 문희공(文僖公 신개(申槩))의 후사가 끊어지자 직접 평산(平山)에 가서 종인 가운데 후사로 세울 만한 사람을 데려와 후사로 삼았다. 문희공이 살던 양졸당(養拙堂)이 300년 이후에도 무너지지 않고 우뚝 서 있는 것은 참으로 공 덕분이다. 부모님을 봉양할 적에는 나태한 모습을 보이지 않고 50년을 하루같이 모셨다. 제사에는 더욱 정성스러워 조부모의 사당이 교외에 있었는데도 제사가 있을 때마다 참석하였고, 노년에 병이 깊어 제사에 참석할 수 없으면 향탁 앞에 무릎을 꿇고 엎드려 눈물을 흘렸다.

선(善)을 선양하고 악(惡)을 막는 점은 천성에서 나왔는데 고을 사람 가운데 충효의 행적이 있으면 반드시 표창할 바를 생각하였다. 유배 가서 살던 집 주인의 아이가 어미에게 욕을 할 때마다 그 죄를 꾸짖어 매섭게 회초리로 때렸는데, 아이의 아비가 용서해 주기를 간곡히 청해도 공은 봐주지 않았다. 일찍이 고향에 있을 적에는 율곡이 수정한 향약(鄕約)의 법도에 따라 시행하고 착한 행실과 나쁜 행실을 적는 장부에는 더욱 엄정하게 하였다. 집안에서는 정무를 다스리듯 엄격하여 무격(巫覡)의 부류는 문에 얼씬대지 못하였다. 공의 훌륭한 행실은 본디 대부분의 사람들이 미치기 어려운 것이지만 수립한 바가 우뚝하였기에 그 세세한 것은 생략해도 될 것이다.

공은 여러 선유(先儒)들 가운데 우옹(尤翁)을 가장 존숭하였는데,

그는 말하기를 "도(道)가 동쪽으로 건너온 이래로 주자(朱子)의 학문이 퇴계(退溪)와 율곡(栗谷)에서 처음 드러났고 우암(尤菴)에 이르러 크게 천명되었다."라고 하였다. 그가 유배지에 있을 적에 제문을 지어 서원에 제사 지냈으니, 이 어찌 지기(志氣)가 감응하여 그렇게 한 것이 아니겠는가. 명(銘)은 다음과 같다.

신씨의 가문에	申氏之門
어찌 이리도 훌륭한 이 많은가	一何多賢
충성과 효성, 기개와 절조가	忠孝氣節
대대로 전수되었네	乃其世傳
의리를 떨쳐 간사함을 물리쳤으니	奮義闢邪
공은 실로 훌륭한 가법을 이었네	公實趾美
선친은 율옹을 부지하고	前扶栗翁
공은 윤씨를 물리쳤네	後斥尹氏
강대한 세력에 미세한 힘으로 맞서니	勢張力微
옛날 선친의 일에 비하면 어려운 일이었네	視古爲難
성군을 무함하여 자신을 비호하니	誣聖護己
그 속내를 감출 수 없었네	莫掩肺肝
영릉(효종)의 은택을 받은 이들	寧陵遺澤
어찌 벼슬에 있지 않았으랴	疇非在位
매가 참새를 모는 것[40]을	鷹鸇之逐

40 매가……것 : 임금에게 무례하게 구는 자를 매섭게 물리치는 것을 뜻한다. 《춘추좌씨전》 문공(文公) 18년 조에 "자기 임금에게 예를 지키는 자를 보거든, 효자가 부모를

한 선비에게서 보았네	乃見一士
여러 공들 안색이 부끄럽고	群公色慙
사림의 기운은 치솟았네	士林氣倍
남쪽 변방으로 쫓겨났지만	投之南荒
아홉 번 죽어도 후회하지 않았네	九死靡悔
속인들이 어찌 알리오	俗曹何知
우로(송시열)에게 질정하였네	請質尤老
내 공의 훌륭한 덕을 새기노니	我銘厥美
큰 행적을 살필지어다	大者可考

봉양할 때처럼 그를 섬기고, 자기 임금에게 무례하게 구는 자를 보거든, 매가 참새를 쫓는 것처럼 사정없이 처벌해야 한다.〔見有禮於其君者, 事之如孝子之養父母也, 見無禮於其君者, 誅之如鷹鸇之逐鳥雀也.〕"라고 한 데서 나온 말이다.

목사 유공 묘갈[41]

牧使兪公墓碣

유군사(兪君四) 공은 벼슬한 지 10년이 채 안 되는 동안 세 곳으로 옮겨 다니며 큰 고을의 수령이 되었는데 부임하는 곳마다 치적이 크게 드러났지만 게을리 하지 않고 더욱 부지런하였다. 내가 일찍이 사람들에게 듣기로는, "군사(君四)는 훌륭한 수령이다."라고 하였는데, 어떤 이는 말하기를,

"그대는 한창 때의 군사를 보지 못했습니까. 군사는 시사(詩社)의 여러 사람들과 실력을 겨루면서 한위(漢魏)의 시를 지었고, 또 비로봉(毗盧峯) 정상을 걸어 올라가 푸른 바다를 바라보며 초연히 속세를 벗어나려는 뜻이 있는 듯하여 선배 여러 공들이 그 시에 서문을 쓰면서 매우 성대하게 인정하였으니, 당시에 어찌 공문서 사이에서 허둥댈 줄 스스로 생각이나 했겠습니까."

하였다. 이에 나는 다음과 같이 대답하였다.

"이것은 군사를 제대로 아는 것이 아닙니다. 가령 군사가 시를 즐기며 늙어갔다면, 이는 주자(朱子)의 말처럼 죽은 후에 얼마 되지 않는 편장을 남기는 데 불과할 뿐입니다. 비록 고인과 문장과 꼭 같아진다고 한들 시대에 무슨 보탬이 되겠습니까. 선비가 만물을 사랑하는 데 뜻을 두면 말단 관리도 백성을 이롭게 하는 바가 있는데,[42] 더군다

41 목사 유공 묘갈 : 저자가 유명악(兪命岳, 1667~1718)를 위해 쓴 묘갈문이다.

42 선비가……있는데 : 정호(程顥)가 말하기를 "말단 관리도 만물을 사랑하는 데 마

나 큰 고을의 수령은 어떻겠습니까. 한(漢)나라 때 공경은 순리(循吏)와 양리(良吏)와 같은 수령에서 나온 경우가 많았는데, 고을의 수령에서 조정으로 진출한 경우도 있습니다."

얼마 지나지 않아 군사는 청주(淸州)의 관아에서 병으로 세상을 떠나니 향년 52세로 이때는 숙종 무술년(1718, 숙종44) 4월 1일이었다. 공을 아는 자나 모르는 자나 모두 슬퍼하고 안타까워하였다.

군사의 휘는 명악(命岳)이니 대사헌 휘 철(樹)의 막내요 관찰사 휘 성증(省曾)의 손자이다. 이 두 세대 이상을 거슬러 올라가면 숙민공(肅敏公) 강(絳)과 경안공(景安公) 여림(汝霖)이 모두 판서를 지냈으니, 기계(杞溪) 유씨(兪氏)는 이분들부터 크게 현달하였다. 모친 청주 한씨(淸州韓氏)는 봉사 전(甸)의 따님이다.

공은 어려서 부모님을 여의였지만 분발하여 자립하였고 삼연(三淵) 김창흡(金昌翕)의 문하에서 수학하였다. 기사사화 때 우암 선생(尤菴先生)을 위해 제생과 함께 궐에 엎드려 원통함을 호소한 다음 과거공부를 그만두었다.

을유년(1705), 비로소 사마시에 합격하였다. 정해년(1707), 의금부 도사에 제수되고 장흥고 주부에 올랐으며 태복시로 옮겼다가 호조의 좌랑과 정랑이 되었다. 공은 재주와 식견이 통달하고 민첩하여 관청의 수장이 의문점이 있을 때마다 공에게 자문하였다. 호조는 재물과 곡식을 관장하는 곳이라 재물을 불리기 쉬웠는데 별고(別庫)가 특히 심하였다. 공은 깨끗한 마음으로 공무를 받들어 하나라도 사사로이 챙기지

음을 쓴다면 백성에게 반드시 이로움을 줄 것이다.〔一命之士, 苟存心於愛物, 於人必有所濟.〕"라고 한 데서 나온 말이다. 《小學 嘉言》

않았다.

신묘년(1711), 외직으로 나가 개령 현감(開寧縣監)이 되어 노인연(老人宴)을 베풀었으며 체납된 환곡을 탕감해주고 궁핍한 백성을 진휼하였다. 대구부 판관(大邱府判官)으로 옮겼는데 대구부는 원래 번다한 공무가 많았지만 아무 일 없는 듯 거침없이 처리하니 호족들은 숨을 죽이고 아전들은 감히 버릇없이 굴지 못하였다. 아침부터 저녁까지 관아의 문을 활짝 열어놓아 백성이 제집 드나들 듯 하소연하러 달려왔으며, 세금을 적게 거두어들이고 두곡(斗斛)의 도량형을 공평하게 하니 쌓아둔 재물과 곡식이 가득했어도 백성을 원망하는 일이 없었다. 특히 엄격하게 법을 집행하여 송사가 이르면 즉시 판결을 내렸다. 변통을 잘하여 당장의 이익에 구차하지 않았다.

한번은 돌을 캐내어 얼음 창고를 만들어 백성이 부담하는 많은 비용을 줄였는데 그 비용은 모두 관아에서 지출하여 백성이 알지 못하게 하였다. 이에 관찰사는 치적이 제일이라고 보고하였다. 순흥 부사(順興府使)에 올라서는 고을의 자제들에게 학문을 권장하였으며, 공은 여가에 소백산(小白山)을 비롯한 여러 산들을 유람하며 매화를 감상하고 시를 읊조렸다.

이에 앞서 성상이 고을의 수령을 맡길 인재를 뽑으라고 명하였는데 조정의 여러 공들이 대부분 공을 추천하자 공을 청주 목사(淸州牧使)에 제수하였다. 공은 즉시 길을 떠나 부임하였는데 몇 개월 안에 위엄과 은혜가 크게 행해졌다. 공이 세상을 떠나자 사람들이 곡하며 애도하였는데 경계를 넘어서까지 상여를 전송한 자가 거의 백여 명이었다. 대구의 백성은 천 리 밖에서 부의를 보냈고 대구의 33개 모든 방(坊)에서 각기 송덕비를 세워 공을 사모하였다. 처음에는 양주(楊州) 선영에 안장하였다가 경술년(1730, 영조6)에 철원(鐵原) 지혜동(芝蕙洞) 유좌(酉坐)의 언덕에 이장하였다.

부인 용인 이씨(龍仁李氏)는 정언 두악(斗岳)의 따님으로, 상국 이충정공(李忠貞公) 상진(尙眞)의 외손녀이다. 아들은 척기(拓基)이고 딸은 사인 윤득겸(尹得謙)에게 시집갔다. 척기는 4남 4녀를 두었으니 아들은 언흠(彦欽), 언현(彦鉉)이고 딸은 사인 홍익빈(洪益彬)과 홍흠보(洪欽輔)의 처가 되었으며 나머지는 어리다. 사위 윤득겸의 외동딸은 홍유한(洪維漢)에게 시집갔다.

공은 집안의 행실이 독실하여 종신토록 부모님을 그리워하는 마음이 줄어들지 않았다. 백모를 모친처럼 모셨으며 곤궁한 누이를 구제해 주고 부모를 여읜 조카를 보살폈다. 뿐만 아니라 먼 친척에 이르기까지 모두 사랑으로 보살폈다. 먼 지역 출신으로 성균관에서 유학하다가 죽은 선비가 있었는데 면식이 없었는데도 수의를 보내어 애도하였다. 남들에게는 책망을 적게 하고 지나치게 관대하여 남의 잘못을 들추어 내지 않았으나 옹색하고 약삭빠른 자를 만나면 몸이 더럽혀진 듯 자리를 떠나버렸다. 평소 완호하는 게 없었고 생산을 일삼지 않았다. 관리가 되어서는 청렴하게 생활했으나 또한 청렴하다는 명성은 좋아하지 않았다. 벗들과 대화할 적에는 피상적인 얘기를 나누지 않고 참된 뜻이 넘쳐흘렀다. 왕왕 술에 한껏 취하여 울적한 마음을 드러내었는데 더러는 소싯적 지은 시를 꺼내어 읽으며 연신 흐느꼈다.

공은 기량이 크고 외모가 헌걸찼으며 식견과 사려가 주밀하고 원대하였고, 또 확고하게 지키는 바가 있었다. 이 때문에 낮은 벼슬에 부침했어도 크게 재상감이란 명망이 있었는데 끝내 크게 펼쳐보지 못했으니 운명이로다! 공이 생전에 아들 척기가 예문관을 거쳐 홍문관 관원으로 승진하였고, 병오년(1726, 영조2)에 경상도 관찰사가 되었기에 공이 이조 참판에 추증되었고 후에 판서로 추증되었는데, 척기는 지금 황해도 관찰사를 지내고 있다. 명(銘)은 다음과 같다.

젊은 시절 공을 아는 자는 조식과 유정[43]을 추종하는 듯하다 말하고 見公少壯者謂若躡蹤乎曹劉
만년의 공을 아는 자는 공수와 황패[44]를 능가할 만하다 말하네 見公晩暮者謂將方駕乎龔黃
지금의 내가 옛날의 내가 아니라 말하지 말라 勿謂今我非故我
우뚝하고 성대한 의기는 사라지지 않았으니 惟意氣崢嶸鬱硉兮不亡
아, 예장의 나무처럼 중도에 꺾여도 嘻譬豫章之木中途摧殘
가지가 뻗어나가면 명당에 올라져 동량이 되기에 충분하니 而其挺出枝柯猶足以薦明堂而爲棟樑
공이여 공이여, 내 어찌 슬퍼하리오 公乎公乎吾何傷

43 조식과 유정 : 후한 시대 건안(建安) 연간의 저명한 시인 조식(曹植)과 유정(劉楨)을 가리킨다.

44 공수와 황패 : 한(漢)나라 때 선정을 폈던 공수(龔遂)와 황패(黃霸)를 가리킨다.

감역 곽공 묘갈[45]

監役郭公墓碣

경종 계묘년(1723, 경종3), 흉악한 무리가 득세한지라 화가 사문(斯文)에 미쳐서, 우암(尤菴) 노선생이 도봉서원(道峯書院)에서 출향되니 사나운 불길이 이르는 곳마다 사람들은 두려워하였다. 선비 몇 명이 성상께 원통함을 호소하는 방도를 생각하였지만 소수(疏首)의 적임자를 고르기 어려워하다가 모두 진사 곽진위(郭鎭緯)에게 청하였다. 곽진위는 부친이 살아 계시다는 이유로 사양하였다. 그의 부친 희적(熙績)은 원래 성품이 강개하고 사론(士論)을 좋아하였는데 아들에게 말하기를,

"지금의 상소에서 조종(祖宗)이 배양한 선비의 기세를 볼 수 있으니, 네가 가지 않는다면 이 노부가 스스로 감당하겠다."

하였다. 진위는 마침내 제생들을 이끌고 궐문에서 호소하였는데, 상소가 들어가자 곧 금갑도(金甲島)로 유배되었다. 이별을 앞두고 어떠한 기미도 겉으로 드러내지 않자 사림(士林)이 장하게 여겼다.

공은 초명이 필적(弼績)으로 뒤에 지금의 이름으로 고쳤고, 자는 계화(季和)이고 청주(淸州) 사람이다. 신라 때 시중 상(祥)부터 처음 족보에 보인다. 고려 시대를 거치면서 대대로 고관대작을 지냈고, 국조에 들어와서는 명망 있는 분들이 많았다. 증조 휘 희태(希泰)는 문과에 급제하고 동지중추부사를 지냈고, 조부 휘 지흠(之欽)은 사헌부 집의

45 감역 곽공 묘갈 : 저자가 곽희적(郭熙績, 1669~1725)을 위해 쓴 묘갈문이다.

를 지냈으며, 부친 휘 창징(昌徵)은 돈령부 도정을 지냈다. 모친 함평 이씨(咸平李氏)는 도정 초로(楚老)의 따님이고 구원(九畹) 춘원(春元)의 손녀인데 현종(顯宗) 기유년(1669, 현종10) 정월 10일 공을 낳았다. 지금 성상 원년 을사년(1725, 영조1) 선공감 가감역에 제수되었는데 이해 8월 22일에 세상을 떠났다.

공은 형제 가운데 가장 어려서 부모가 공을 매우 아꼈지만 교만하거나 나태한 태도가 전혀 없었다. 부친이 병이 들자 칼로 손가락을 베어 피를 올리니 남들이 그의 효성을 칭찬하였고, 모친을 봉양할 적에는 아침저녁으로 온화하고 기쁜 안색으로 모셨으며 한 번도 곁을 떠나지 않았다. 상을 당했을 때 공은 연로했는데도 예법을 더욱 공고하게 지켰다. 공은 지론(持論)이 엄정하였는데 그의 둘째형 만적(萬績)은 일찍이 공에게 말하기를,

"내가 어떤 일을 시행하려다가 너의 강직한 말이 두려워 그만둔 게 여러 번이다."

하였다.

만적이 대각에 들어갔을 때 상소를 올려 윤선거(尹宣擧)의 문집을 없애고 관직을 추삭한 일이 억울하다고 아뢰었는데, 이때 공은 마침 부친의 묘에 가있어서 돌아와서야 이 소식을 듣고 탄식을 금하지 못했다. 둘째형과 대화하면서, 윤선거의 심사가 발각되었으니 선정(先正)이라는 칭호를 함부로 붙일 수 없고, 또 이전 조정의 병신년(1716, 숙종42) 처분은 기사년에 현인들을 죽인 일과 감히 비교해서는 안 된다고 통렬히 논하였다. 둘째형은 두려워하면서 말하기를,

"네가 옆에 있었다면 내 어찌 이런 상소를 올렸겠는가. 이제 후회한들 아무런 소용이 없구나."

하였다. 공은 형이 하는 일마다 면려하면서도 화락한 즐거움을 잃지 않는 것이 이와 같았다.

공의 숙부 경한공(景寒公) 휘 시징(始徵)은 우암 문하의 고제(高弟)였는데, 일찍이 화양동(華陽洞)에 있을 때 노선생의 〈풍설음(風雪吟)〉에 화운하였다. 선생이 출향된 이후로 공은 분한 마음을 견디지 못하여 그 시에 다시 화운하고 짤막한 서문을 지어 기록하였다.

나는 성품이 졸렬하여 남들과 교유하는 일이 적었는데 공은 이따금 나를 찾아왔다. 얘기를 나누다보면 번번이 훌쩍 시간이 많이 흘렀는데 그 말을 들으면 충정으로 인한 분개한 마음이 격렬했으니 지금 세상 사람들에게서는 쉽게 들을 수 없는 말이었다. 바른 도리로 가르친 것이 위태로운 화가 닥쳤을 때에 더욱 드러남이 마땅하다.

공의 부인 공인(恭人) 경주 이씨(慶州李氏)는 통덕랑 인식(寅烒)의 따님이고, 조부는 이조 판서 경휘(慶徽)이며 외조부는 좌의정 문충공(文忠公) 민정중(閔鼎重)이다. 공에게 시집와서는 시부모를 효성으로 봉양하고 시누이와는 화목하게 지냈으며 종들을 엄하게 부리면서도 은혜로운 마음이 있었다. 공의 집안이 매우 가난하여 공인이 몸소 살림을 경영하여 남편이 가난함을 알지 못하게 하니 친척들이 그 덕에 감복하였다. 공보다 14년 일찍 신묘년(1711, 숙종37)에 세상을 떠나니 향년 43세였다. 처음에는 금천(金川)에 안장하였다가 공의 상례 때 대흥(大興)의 도곡(陶谷)에 안장하여 공인을 그곳으로 이장하였다. 5남을 두었으니 진위(鎭緯)가 장남으로 현감을 지냈고, 그 아래로 진강(鎭綱), 진경(鎭經), 진준(鎭純), 진서(鎭緒)가 있다. 사위는 봉사 정석태(鄭錫台), 사인 김첨(金燂)이다. 측실 소생은 진소(鎭紹)이다. 명(銘)은 다음과 같다.

언의가 정직하여	言議正直
빈천해도 그 뜻을 조금도 꺾을 수 없었네	不以貧賤而少挫其志
공가 같은 이	若公者
군자의 부류라 할 만하구나	其可謂君子類耶

첨정 오공 묘갈[46]

僉正吳公墓碣

지위는 낮으면서 성품이 강직하여 세상과 어울리지 못하고 벼슬살이에 구차하게 연연하는 뜻이 절대로 없는 자는 바로 오윤주(吳胤周) 윤지(胤之) 공이다. 공은 해주(海州) 사람이니, 지중추부사 숙헌공(肅憲公) 휘 빈(翻)의 손자요 현감 휘 두성(斗宬)의 아들이다. 현감은 양곡(陽谷) 충정공(忠貞公 오두인(吳斗寅))의 집안 친척이고, 외조부는 도정 함평(咸平) 이초로(李楚老)이다.

공은 태어나면서부터 영특하여 문예가 일찍 이루어져 과장(科場)에 나갈 때마다 동류들을 압도하였다. 갑오년(1714, 숙종40) 감시(監試)에 응시하려고 했는데 과거를 보는 날 큰 비가 내리자 공이 말하길,

"병이 생길 것을 분명히 알면서도 무릅쓰고 갈 수 있겠는가."

하였다. 6촌형인 해창공(海昌公 오태주(吳泰周))이 감탄하며 말하길,

"윤지는 노유(老儒)에다 시에도 능한데도 과거응시에 연연해 하지 않으니 그 지조를 높일 만하구나."

하였다. 공은 단지 생원시에 응시하고 마침내 회시에 합격하였다.

병신년(1716) 장릉 참봉(莊陵參奉)에 제수되었고 차례로 전설사 별첨으로 승진하였으며 의금부 도사로 옮겼다가 의영고 주부에 오르고 또 전생서로 옮겼다. 외직으로 나가 석성 현감(石城縣監)이 되었다가 얼마 지나지 않아 관찰사와 친척이라는 혐의로 체직되었다.

46 첨정 오공 묘갈 : 저자가 오윤주(吳胤周, 1670～1743)를 위해 쓴 묘갈문이다.

신축년(1721, 경종1), 지금 성상께서 새로 세제(世弟)에 책봉되셨는데, 흉악한 무리와 역적 환관이 결탁하여 세제를 위협하니, 공은 근심과 분함을 이기지 못하여 이지규(李志逵)등 산관(散官)들과 함께 상소를 올려 철저히 조사하기를 힘써 청했지만 받아들여지지 않았다.

을사환국 때 맨 먼저 봉화 현감(奉化縣監)에 제수되었다. 봉화현 근처에 태백산(太白山)이 있기 때문에 고을을 다스리는 자가 널감을 벌목하는 경우가 많아 백성에게 해를 끼쳤는데, 공은 자신부터 금령을 어기지 않고 남에게도 매우 엄격히 금하게 하였다. 송사를 판결하면서 상관의 뜻을 따르지 않았다가 미움을 사서 파직되어 돌아갔다.

무신년(1728, 영조4), 익위사 위솔을 거쳐 영동 현감(永同縣監)에 제수되었다. 군정을 다스리는 데 마음을 두어 병장기가 일신되었기에 어사가 포상을 아뢰어 말을 하사받았다. 영남의 유생 정구(鄭構)는 공의 먼 친척이었는데, 그가 어떤 일로 관찰사 조현명(趙顯命)에게 죄를 지어 추포될 지경이었다. 정구는 궁지에 몰려 공에게 의탁하려고 하였는데, 영남 감영의 사람이 노상에서 정탐하다가 그를 잡아 꽁꽁 묶었다. 공은 가마를 타고 나가 고을 사람에게 그를 풀어주라고 꾸짖고 그를 데려갔다. 조현명은 매우 성이 나서 잘못을 나무라기를 그치지 않으니, 공은 회첩(回牒)하면서 말하기를,

> "그 사람은 과연 우리 관아에 있습니다. 이미 큰 죄도 아닐 뿐더러 다른 도에 해당하니, 관찰사의 위엄을 두려워해서 친척의 손으로 친척을 잡아서 송치하는 일을 인정상 차마 할 수 있겠습니까."

하고, 그날로 관직을 그만두고 돌아갔다. 조현명이 결국 장계를 보내어 공의 죄를 청했는데, 공은 심문을 받고 곧 풀려났다.

계축년(1733), 빙고 별제에 보임되고 공조 좌랑으로 옮겼다가 종친

부 전부로 옮겼다. 외직으로 나가 마전 군수(麻田郡守)를 지내고 얼마 지나지 않아 또 관찰사를 거슬러 벼슬을 버리고 돌아갔다. 다시 익위사 위솔이 되었다가 상의원 별제로 승진하였으며 사옹원 첨정에 올랐다. 계해년(1743) 8월 20일에 세상을 떠나니 공이 태어난 경술년(1670, 현종11)으로부터 74년이 지난 때였다. 그해 10월에 양성(陽城) 강기리(康基里) 선영에 안장하였다.

공은 두 번 장가들었으니 안동 김씨(安東金氏)는 감사 세익(世翊)의 따님이고, 연안 김씨(延安金氏)는 성명(聖鳴)의 따님이다. 통제사 이의풍(李義豐), 좌랑 송재항(宋載恒), 사인 이일증(李日曾)에게 시집간 딸들은 전배(前配)의 소생이다. 아들 유(㭐)와 김흔(金炘), 이화섭(李華燮)의 아내가 된 딸들은 계배(繼配)의 소생이다.

공은 집안에서의 행실이 독실하여 부모님을 섬김에 낯빛을 온화하게 하고 뜻에 순종하였으며 사랑과 공경이 모두 지극하였다. 선조를 받드는 일에는 더욱 정성을 다하였으니 전염병이 극성일 때도 한 번도 제사를 폐하지 않았으며, 종갓집이 꽤 멀리 있었지만 추위와 더위를 아랑곳하지 않고 반드시 가서 제사를 도왔다. 묘소와 묘비에 대한 일도 모두 정비하였다. 일찍이 조부를 위해 시호를 청하려고 장차 전답을 팔아 자금을 마련하려고 했지만 성사되지 못하자 죽을 때까지 항상 잊지 못하였다.

평소 충담함을 스스로 견지하여 좌중에는 잡스런 빈객이 없었으며, 벗과의 교제에서는 신의를 중시하여 모두 환심을 얻었다. 논의가 엄정하여 화복(禍福)이 갈리는 상황에서도 흔들리지 않았으며, 벼슬에 나아가고 물러나는 것을 편안히 여겨 헌신짝 벗듯 관직을 버렸다. 집안이 평소 가난하여 때때로 굶주림과 추위를 면하지 못하는 경우도 있었지

만 태연하게 지냈다. 공은 자주 나를 찾아왔는데 조용히 말하기를,

"나는 참으로 공을 깊이 사모하니, 내가 죽거든 공이 나를 위해 명(銘)을 지어주십시오."

하였는데, 지금 과연 유(檠)가 와서 내게 청하니 감히 병을 핑계로 사양할 수 없다. 명은 다음과 같다.

즐겁고 편안한 가운데 준열한 기운 있으니	樂易中有峻厲之氣
이 사람은 지조가 확고한 자로구나	斯其爲守之確者歟
내가 그 아름다운 덕을 모아서	我最其美
묘비에 나열하노라	列于陰墟

좌랑 송공 묘갈[47]

佐郞宋公墓碣

내가 일찍이 사서를 햇빛에 말리기 위해 태백산(太白山)에 갈 적에 송사익(宋思翊) 운거(雲擧) 공이 그때 승정원 주서를 임시로 맡아 서문을 지어 전송하였는데, 그 문장이 크고 넓어서 흡족하였다. 그 후에 또 성 동쪽으로 공을 찾아가니 방 안에는 서적만 단출하였다. 함께 고금의 일을 한껏 논하다가 하루를 다보내고 돌아왔다. 공은 평소 성품이 개결하여 남의 집에 출입하는 일이 적었고 오직 간간이 나와 종유하였으니 서로 인정함이 깊고 독실하였다. 공이 세상을 떠난 지 9년이 되었을 때 그의 형 사헌부 장령 사윤(思胤)이 내게 말하기를,

"공만큼 내 아우를 잘 아는 사람이 없으니, 그대의 한 마디 말을 얻어 아우의 무덤을 빛내었으면 합니다."

하였다. 나는 의리상 감히 사양할 수 없었다.

행장을 살펴보니, 진천 송씨(鎭川宋氏)는 성씨의 발원이 매우 먼데, 신라 때 아찬을 지낸 순공(舜恭)과 고려(高麗) 때 평장을 지낸 인(仁)이 족보에 보인다. 본조에 들어와서는 이조 참판 우(愚)가 가장 현달하였고 그 후로 진사 옥(沃)이 처음으로 전주(全州)에 살게 되면서 자손들이 마침내 세거지로 삼았다. 대대로 문장을 가업으로 삼아 조부 휘 시우(時雨)와 부친 휘 화(華)는 모두 사마시에 합격하였다. 모친 의성 김씨(義城金氏)는 지서(地西)의 따님이고 외조부는 지평 김정일(金鼎

47 좌랑 송공 묘갈 : 저자가 송사익(宋思翊, 1672~1709)을 위해 쓴 묘갈문이다.

一)이다.

공은 총명함이 남달라 말을 하자마자 글자를 이해하여 간간이 남을 놀래는 말을 하였으며, 구애됨이 없이 호방하여 진사공이 엄히 가르쳤다. 10세 때 경사(經史)에 통달하였고 장성해서는 제자백가를 섭렵하였는데 난해한 서적에 특장이 있었고 또 병법 읽기를 좋아하였다. 서울에서 유학할 적에 재능과 명성이 자자하여 귀족의 자제가 공과 교제하기를 청하였는데 그때마다 공은 달가워하지 않았다. 기묘년(1699, 숙종25) 생원·진사시에 합격하여 생원 가운데 2등을 차지했으며, 그해 겨울 형 장령공이 또 과거에 급제하였는데, 당시 부모님이 모두 살아계셔서 남들이 영화롭게 여겼다. 임오년(1702) 정시(庭試)에서 5등을 차지하여 성균관에 분관되었고 학유와 학정을 거쳐 의정부 사록에 천거되어 제대로 자리에 올랐다. 얼마 지나지 않아 박사로 옮기고 전적에 올랐다가 예조 좌랑으로 옮겼다. 얼마 지나지 않아 모친상을 당하였다. 공은 이전의 상을 치르면서 지나친 슬픔으로 몸을 상하여 거의 죽을 지경이었는데, 이때에 더욱 공경스럽게 예를 다하느라 병이 다시 생겼다. 상복을 벗자마자 기축년(1709) 12월 12일 병상에서 세상을 떠났으니 향년 38세였다.

공이 한번은 〈몽유악루부(夢游岳樓賦)〉를 지었는데 사람들이 속세의 말이 아니라고 하였고, 병중에 또 "쥐새끼 하는 대로 내버려두네.〔鼠蟲任所使〕"라는 시구를 입으로 읊조렸으니 절필(絶筆)이 되었다. 절친한 벗에게 손수 편지를 보내 영결을 고하면서, 차고 있던 장도(粧刀)를 풀어서 벗에게 보냈다. 다시 집안사람들에게 부탁하기를,

"내가 죽거든 몸을 씻어서 반드시 깨끗하게 하여라."

하였으니, 그 차분하고 침착함이 이와 같았다.

부인 남원 윤씨(南原尹氏)는 문효공(文孝公) 효손(孝孫)의 손녀이니 여사(女士)의 명성이 있었는데 공보다 3년 뒤에 세상을 떠났다. 아들이 없어 종형의 아들 덕준(德駿)을 후사로 삼았다.

공은 성품이 지극히 효성스러웠으니 병든 진사공을 모실 적에 곁에서 약물을 올려드리고 뜻에 맞도록 힘썼다. 진사공이 기뻐하며 말하기를, "소활한 너도 이렇게 할 수 있구나." 하였다. 모친을 모실 적에는 항상 어린아이처럼 놀면서 즐겁게 해드렸으며, 억지로 벼슬살이에 힘쓰면서도 차마 곁을 떠나지 못했는데 떠나게 되더라도 때를 넘기지 않고 돌아왔다. 또 형을 공경하여 매사에 반드시 형에게 여쭈며 말하기를, "한 집안에 두 어른이 있을 수 없습니다." 하였다.

형제 사이에 평소 화락하게 지내면서도 간곡하게 선(善)을 권하는 붕우 사이의 도가 있었다. 강개하고 준열하여 불선(不善)을 보면 몸이 더럽혀질듯 여겼고, 남들과 교제할 적에는 신의를 중시하였으며, 여러 사람과 있을 때 재담을 잘 하였지만 여색을 입에 담지 않았다. 일찍이 지금 세상에는 눈을 둘 곳이 없고 오직 서적이 즐길 만하다고 말하였다. 태사공(太史公 사마천(司馬遷))의 〈화식전(貨殖傳)〉을 각별히 애호하여 글을 쓸 때면 번번이 몇 번이고 암송하였다. 만년에는 잠자고 먹는 일을 잊을 정도로 주자(朱子)의 글을 좋아하였다. 의학, 복서, 풍수, 바둑, 장기, 활쏘기, 수학 등부터 자잘하고 천한 기예에 이르기까지 배우지 않고도 능하였지만 절대로 스스로 자부하는 법이 없었다.

공의 용모는 청한하고 수척하여 만나면 세상사를 초탈한 것처럼 보이지만 마음속은 고지식한 유자가 미칠 수 있는 바가 아니었다. 나는 공을 대충은 안다고 생각했는데도 오히려 공의 진면모를 다 알지 못했으니, 하물며 세상 사람 가운데 공을 모르는 자가 어떻겠는가. 그러나 공이 독실한 행실, 고결한 뜻, 넓은 학문을 지니고서도 벼슬길이 순탄하지 않고 수명 또한 길지 않았기에 세상에서 공을 위해 슬퍼하는 자들이 드물고 나만 홀로 깊이 슬퍼하니 공을 알지 못한다고는 할 수 없다. 그러하니 장령공이 응당 내 글을 비루하게 여기지 않을 것이다. 마침내 이와 같이 그 대략을 서술하고, 또 소싯적 종유하던 즐거움을 말하여 내 느낌을 부친다. 명(銘)은 다음과 같다.

옛날 인재의	在昔人材
창고는 호서 지방이었네	府庫維湖
근래엔 어찌 이리 쓸쓸한가	近何寥闊
하늘의 내려줌이 달라서가 아니라네	匪天降殊
어진 이를 세우되 부류를 따지지 않은	立賢無方
상나라가 아득하구나[48]	邈哉有商
재능이 많았어도	雖才之豐
지위에서 펼치지 못함이 마땅하구나	宜位不揚
재능은 타고 났지만 운명에 가로막혔으니	旣賦而閼
또 누구를 탓하리오	又將尤誰
공을 알고 싶은 자는	欲知公者
이 명을 살필지어다	徵此銘詩

48 어진……아득하구나 : 《맹자》 〈이루 하(離婁下)〉에 "탕왕(湯王)은 중도를 잡으시며, 어진 이를 세우되 일정한 방소가 없이 하셨다.〔湯, 執中, 立賢無方.〕"라고 한 데서 나온 말이다.

관찰사 김공 묘갈[49]

觀察使金公墓碣

관찰사 김공(金公)이 조정에서 논의를 펼쳤을 때는 경종의 대리청정 시절이었다. 군흉들이 기회를 엿보다 불쑥 진출을 도모하여 하늘을 뒤덮는 화가 조만간 닥칠 분위기라, 온 조정이 벌벌 떨며 모두 침묵하고 구차하게 살기를 도모하였다. 공은 홀로 정색하고 직언하였으니 홍만우(洪萬遇)에 대해 논한 것[50]은 싹이 트기 전에 막고 물이 스며들기 전에 막는 방도를 깊이 얻었다. 그 상소에 이르기를,

"저하(邸下)의 어질고 효성스러운 덕을 천하가 알고 있으니 누군들 저하를 위해 벼슬하기를 원하지 않겠습니까. 그러나 저 사특한 무리들이 사적으로 저하의 마음을 추측하여 도리에 어긋난 논의를 만들었으니, 저하를 사사롭게 사랑하는 듯하지만 필시 조정의 신하를 망측한 죄과로 몰아가고자 하는 것입니다. 아! 이 무리들이 어찌 진심으로 저하를 사랑하는 마음이 있어서이겠습니까. 기회를 엿보아 허점을 공격하여 암암리에 사사로운 욕심을 이루려는 것에 불과합니다."

49 관찰사 김공 묘갈 : 저자가 김려(金礪, 1675~1728)를 위해 쓴 묘갈문이다.

50 홍만우(洪萬遇)에……것 : 숙종 때 세자인 경종을 대리청정 시키는 문제로 정쟁이 일어났으나, 결국 노론의 뜻대로 대리청정이 결정되자 남인 홍만우가 세자의 보호를 주장하다가 엄한 꾸중을 들은 소론의 거두 윤지완(尹趾完)을 구원하고 세자의 대리청정을 주도한 좌의정 이이명(李頤命)을 비난하는 상소를 올렸다. 이에 김려(金礪)가 그를 삭출하기를 청하는 상소를 올렸다.

하였다.

기사년(1689, 숙종15) 동궁의 원자정호(元子定號) 사건[51] 이후로 반대편의 정태가 실로 이와 같았으나 한 사람도 공과 같이 밝게 분별하고 통렬하게 비난한 이가 없었으니 흉당이 공을 원수처럼 미워하였다. 계묘년(1723, 경종3)에 공이 영암(靈巖)으로 유배된 것은 이 일을 가지고 죄를 준 것이었다.

공의 휘는 여(礪)이고 자는 용여(用汝)이다. 남달리 총명하여 문장이 일찍 성취되었다. 을유년(1705, 숙종31) 사마시에 합격하여 희릉참봉(禧陵參奉)으로 벼슬을 시작하였다. 계사년(1713) 증광시에 급제하여 승문원에 분관되었다가 시강원 설서, 병조 좌랑과 정랑, 사헌부 지평, 사간원 정원을 지냈다. 누차 사서와 문학에 제수되었다가 필선에 올랐는데 항상 지제교를 겸하였다. 중간에 경기 도사(京畿都事)를 지냈다. 공이 대각에 들어갔을 때 임진년의 과옥(科獄)[52]이 아직 해결되지 않았다. 재상 중에 교묘하게 피한 자가 있어 사건을 조사하는 자가 탄핵하여 체직시켰는데, 조정에서는 이헌영(李獻英), 이헌장(李獻章)

51 기사년……사건 : 1689년(숙종15) 송시열(宋時烈)이 경종의 원자정호(元子定號)를 반대하여 숙종의 노여움을 사게 되자 남인이 이를 기회로 다시 정권을 잡아 송시열과 그를 지지하던 서인 일파를 모두 축출하였던, 이른바 기사환국을 가리킨다.

52 임진년의 과옥(科獄) : 1712년(숙종38) 2월 시행된 정시(庭試) 때 부정행위로 야기된 옥사를 말한다. 이때 시행된 정시는 왕비의 종기가 나은 것을 축하하기 위한 것으로서 양정호(梁廷虎) 등 19명을 뽑았다. 그런데 당시의 시관 이돈(李敦) 등이 오수원(吳遂元), 이헌영(李獻英)·이헌장(李獻章) 형제, 이빈흥(李賓興), 윤팽수(尹彭叟) 등 자기 친구의 아들과 가까운 친지에게 미리 시제(試題)를 가르쳐 주어 합격시켰다. 그리하여 당시의 시관인 김창집(金昌集), 이돈을 비롯하여 정몽선(鄭夢先), 김진규(金鎭圭) 등 수십 명의 연루자가 심문을 받게 되었다.

형제에게 복시(覆試)에 응시시키려 하였다. 이에 공이 말하기를

"이 두 사람은 미리 글을 지어 사정(私情)을 쓴 것은 의심할 바가 없으니 문자가 능하냐 아니냐는 논할 게 아닙니다. 응당 곧바로 급제자 명단에서 삭제해야 합니다."

하였다.

숙종께서 동궁의 대리청정 이후에 상소에 대한 비답을 내리면서 특별히 사문(斯文)의 일을 거론하며 교유하시기를,

"나의 뜻을 그대는 잘 따라서 혹여 흔들리지 말거라."

하였다.

헌납 곽만적(郭萬績)의 상소에서 "전하께서 수수(授受)하신 것은 요순(堯舜)의 정일집중(精一執中)[53]한 도가 아닙니다."라고 하였는데, 공이 그의 말을 통렬하게 비난하며 말하기를,

"이것은 올바르지도 사특하지도 않고 옳지도 그르지도 않는 사이를 중(中)의 도리로 삼고자 하는 것이니, 심술(心術)이 무너진 점을 많이 볼 수 있습니다."

하였다.

홍만우가 수암(遂菴) 권공(權公 권상하)이 대리청정과 고묘(告廟)의 일에 대해서 의견을 아뢰지 않은 것을 가지고 산인(山人)으로서 저궁(儲宮)을 보호하는 도리가 이와 같아서는 안 될듯하다고 비난하였다.[54]

53 정일집중(精一執中) : 채침(蔡沈)의 〈서경집전서(書經集傳序)〉에 "정일집중은 요 · 순 · 우가 서로 전수한 심법이다.〔精一執中, 堯舜禹相授之心法也.〕"라고 하였는데, '정일집중'은 곧 《서경》 〈대우모(大禹謨)〉에 "인심은 위태롭고 도심은 은미하니, 정하게 하고 한결같이 하여야 진실로 그 중도를 잡을 것이다.〔人心惟危, 道心惟微, 惟精惟一, 允執厥中.〕"라고 한 데서 나온 말이다.

이에 공이 그 현인을 비방한 죄를 다스리기를 청하여 홍만우는 마침내 유배되었다. 공은 올바르게 마음을 잡아 비록 익숙하게 알고 지내는 동료일지라도 관직에 있으면서 직분을 다하지 않거나 지론(持論)이 바르지 않는 자에 대해서는 번번이 탄핵하여 용서하질 않았으니 남들이 모두 두려워 감복하였다.

무술년(1718)에 서장관으로 연경(燕京)에 갈 적에 일행을 엄히 단속하여 감히 금령을 어기는 일이 없었다. 임인년(1722, 경종2)에 화가 일어나자 공은 벼슬을 그만두고 고향으로 돌아갔는데, 환첩(宦妾)[55]의 역변(逆變)이 일어났다는 소식을 듣고 곧장 도성에 들어가 동지로서 파직되어 산관(散官)이 된 여러 사람들과 함께 상소를 올려, 안팎에서 흉당이 조응한 자취가 거의 다 탄로났으니 반드시 엄히 조사해야 한다고 극언하고, 이어서 동궁을 더욱 더 보호하기를 청했으나 받아들여지지 않았다.

이때 궁인(宮人) 석렬(石烈)과 필정(必貞)이 모두 자결하고 오직 환관 박상검(朴尙儉)만이 감옥에 갇혀있었다. 군흉 가운데 옥관(獄官)으로 있었던 자가 마지못해 명을 받들어 국문하였는데, 공이 문사랑(問事郞)에 차임되었다. 이미 박상검이 애초에 동궁을 모해(謀害)한 일을

54 홍만우가……비난하였다 : 1717년(숙종43) 12월 홍만우(洪萬遇)가 상소하여 권상하(權尙夏)가 세자의 대리 청정에 대하여 한마디 말도 없었고 또 태묘(太廟)에 고하는 데 대해 하문할 적에 헌의(獻議)하지도 않았다고 하면서 처신을 문제 삼았는데, 그의 말에 "대신으로서 나라를 위하는 충심과 산인(山人)으로서 저궁(儲宮)을 보호하는 도리에 있어 이렇게 해서는 안 될 것 같습니다." 하였다.

55 환첩(宦妾) : 1721년(경종1) 12월에 있었던 세제(世弟) 시해 모의 사건과 관련된 환관 박상검(朴尙儉)과 문유도(文有道), 나인 석렬(石烈)과 필정(必貞)을 가리킨다.

스스로 밝히다가 말끝에 청음정(淸陰亭) 한 구절이 있었는데 곧 다시 입을 다물었다. 여러 당상들은 잠자코 있으면서 자세히 캐물을 생각이 없었는데, 공은 직접 따져 묻기를,

"네놈이 이미 단서를 말해놓고 어찌 분명하게 말하지 않느냐."

하니, 박상검이 다음과 같이 말했다.

"세제(世弟)께서는 청음정 아래에서 여러 환관들에게 하교하기를 '이번 대처분은 너희들 중 간섭한 자가 있다고 들었으니 응당 각기 자수하라.'라고 하셨습니다. 우리들이 안색이 변했다고 해서 대조(大朝 경종)께 잡아들이기를 청하신 것뿐입니다."[56]

여러 당상들은 안색이 어두워지면서 모두 말하기를,

"이것은 문목(問目) 외의 말이니 기록할 필요는 없다."

하였다. 공은 곧장 기록하며 말하기를

"국청(鞫廳)의 법에 죄인의 일언반사(一言半辭)도 빠트려서는 안 됩니다."

하였다. 여러 당상들은 아무런 대답도 못한 채 곁눈질로 쳐다보았다. 공은 마침내 스스로 인혐하여 면직되었고 군흉들은 곧장 박상검을 주살하여 그의 입을 막았다.

56 세제(世弟)께서는……것뿐입니다 : 관련 내용은 《경종실록》 1년(1721) 12월 29일 기사에 보인다. 박상검(朴尙儉)은 국문을 받을 때 다음과 같이 말했다. "왕세제께서 청음정(淸陰亭)에 나아가 여러 내관을 불러서 사핵(査覈)하게 하자, 여러 내관이 말하기를, '이 같은 일은 신 등은 아는 바가 없습니다.' 하니, 왕세자께서 '문유도와 박상검은 범한 바가 있기 때문에 나를 보면 얼굴빛이 달라지니 이른바 속에 있는 것이 밖에 나타난다는 것이다. 내가 이 때문에 안다.'라 하시고, 인하여 두 환관의 죄목을 비망기에 써서 승전 내관(承傳內官)으로 하여금 계품(啓禀)하게 한 뒤 승정원에 전하게 하셨습니다."

성균관 사성에 제수되었으나 나아가지 않았다. 태학생 윤지술(尹志述)이 죽임을 당하자[57] 사기(士氣)가 꺾여 아무도 이에 대해 말하는 자가 없었다. 공의 아들 낙증(樂曾)이 의리를 앞장서 일으켜 그를 구원하고자 하면서 공에게 여쭈었더니, 공은 의연하게 말하기를,

"인륜에 관계된 일이니 어찌 그만둘 수 있겠느냐."

하였다. 상소가 올라가 허락을 받지는 못했으나 사론(士論)이 훌륭하게 여겼다.

공이 남쪽에 유배되었을 적에 지촌(芝村) 이희조(李喜朝) 공과 지평 어유룡(魚有龍) 또한 같은 고을에 유배되어 왕왕 서로 만났는데, 흉당들이 이 소식을 듣고 미워하여 다른 고을로 이배시키기를 아뢰었다. 공은 하동(河東)으로 이배되었는데 그곳은 풍토가 매우 좋지 않아 남들은 견디지 못하는 곳이었지만 공은 태연하게 지냈다.

지금 성상께서 즉위하시어 충주(忠州)로 양이(量移)되었다가 을사년(1725, 영조1) 봄에 비로소 유배에서 풀려나 돌아왔으며 곧 집의에 서용되었다. 여러 신하들과 함께 입대하여 화를 입은 여러 신하들의 원통한 실상을 빠짐없이 아뢰고 역당들을 토죄하기를 청하였는데 사기(辭氣)가 강개하였다. 성상이 돌아보며 이 대신이 누구냐고 물어보셨으니 마음에 들었기 때문이었다. 공이 다시 말하기를,

"아뢴 말이 쓰이지 않으면 단지 떠날 뿐입니다."

57 태학생……당하자 : 1720년(경종즉위년) 성균관 장의(掌議) 윤지술(尹志述)이 숙종의 지문(誌文)에서 1701년(숙종27) 있었던 희빈(禧嬪) 장씨(張氏)의 무고(巫蠱) 사건을 누락시킨 것을 논척하다가 원배(遠配)되었고, 이듬해 신축옥사 때 소론의 탄핵으로 처형되었다.

하니, 남들이 그의 강직함을 칭찬하였다.

의주 부윤(義州府尹)에 올랐으나 어버이가 늙었다는 이유를 들어 체직되었다. 다시 수원 부사(水原府使)에 발탁되었는데 그 정사는 폐단을 없애고 피폐한 백성을 소생시키는 것을 일삼았다. 충청도 관찰사(忠淸道觀察使)로 옮기게 되자 어버이가 늙었다는 이유를 들어 사직하였는데, 성상께서 사정(私情)을 억누르고 부임하라 명하시고 얼마 뒤에 목사를 겸임하는 법규를 회복시켜 편의대로 어버이를 모시고 부임하게 하셨다. 이에 공은 감격하여 즉시 부임하였다. 수행원을 간소하게 거느리고 순시하면서, 백성의 질고를 물었으며 밝고 상세하게 송사를 처리하였으며, 뇌물로 청탁하는 일이 행해지지 않았다. 얼마 되지 않아 대신(臺臣)이 공이 수원 부사 시절에 남솔(濫率)[58]하였다는 이유로 뒤늦게 논핵하여 파직을 청하였는데, 성상께서 처음에는 관과지인(觀過知仁)[59]으로 위로하고 달래주셨지만 곧 체직하기를 허락하셨다. 장례원 판결사, 예조 참의, 승정원 동부승지를 역임하였다.

이해 가을, 성상께서 갑자기 신임사화의 잔당들을 끌어와 등용하고[60] 붕당을 만들어 편을 두둔한다고 말씀하시며 특별히 두세 명의 신

58 남솔(濫率) : 수령이 가속을 제한 이상으로 데리고 가는 것을 가리킨다.

59 관과지인(觀過知仁) : 사람이라면 누구라도 과실을 저지르지만, 정리상 부득이하게 저지르는 경우도 있으므로 그 과실에 대해 일률적인 잣대를 들이댈 것이 아니라 그 이면의 사정을 들여다보아야 한다는 뜻이다. 《논어》 〈이인(里仁)〉에 "사람의 과실은 각기 그 유(類)대로 하는 것이니, 그 사람의 과실을 보면 인을 알 수 있다.〔人之過也, 各於其黨, 觀過斯知仁矣.〕"라고 한 데서 나온 말이다.

60 성상께서……등용하고 : 이른바 정미환국을 가리킨다. 영조는 을사년(1725, 영조 1)에 소론을 몰아내고 자신의 지지 세력인 노론을 정계로 불러들여 노론정권을 구성하

하를 파직시켰는데, 공이 거기에 포함되었기에 벼슬을 그만두고 수원 고향집으로 돌아왔다. 풍비(風痺)에 걸려 가마에 실린 채 성에 들어왔다가 무신년(1728) 3월 19일 세상을 떠나니 향년 54세였다. 부고가 전해지자 의례대로 조부(弔賻)가 내려졌고 5월 4일 용인(龍仁) 광교산(光敎山) 임좌(壬坐)의 언덕에 안장하였다.

경주 김씨(慶州金氏)는 신라의 대보(大輔) 알지(閼智)에서 나왔다. 좌찬성 균(稛)부터 처음으로 본조에 들어와 벼슬을 지냈고, 몇 대가 내려와 원립(元立)은 문과에 급제하고 직언으로 미움을 사서 관직은 종성 부사(鍾城府使)에 그쳤다. 부사의 손자 참판 휘 재현(載顯)은 청렴하고 근신함으로 이름이 났다. 공의 부친 휘 윤호(胤豪)는 현감을 지냈다. 모친 우봉 이씨(牛峰李氏)는 우리 종조부 도정 휘 핵(翮)의 따님으로 어질고 은혜로워 부녀자의 도가 있었다. 공의 아내 금성 임씨(錦城林氏)는 도사 세공(世恭)의 따님으로 3남을 두었는데, 장남 낙증(樂曾)은 문과에 급제하여 정언을 지냈으며 차남 낙조(樂祖)는 생원시에 합격하여 음보로 현감을 지냈으며 삼남 낙천(樂天)은 관례를 치르기 전에 요절하였다. 딸은 사인 유언급(兪彦伋)에게 시집갔다.

공은 용모가 준수하고 사기(辭氣)는 명쾌하였으며 겉으로는 거짓으로 꾸밈이 없었고 안으로는 모나지 않았다. 대부인을 섬길 적에는 순종하는 데 힘썼고 만년에도 지물(志物)의 봉양[61]을 극진히 하였다.

였으나, 노론 당로자들이 을사처분과 환국에 만족하지 않고 나아가 소론에 대한 보복까지 요구하여 정국이 다시 노·소론 사이의 당쟁으로 흘러가자, 정미년(1727, 영조3) 7월에 소론에 대한 보복을 고집하던 민진원과 정호(鄭澔) 등을 파면하고 이광좌(李光佐), 조태억(趙泰億) 등을 비롯한 소론을 다시 정권에 참여시켰다.

61 지물(志物)의 봉양 : 어버이의 뜻을 받들어 어버이를 즐겁게 하고, 의복이나 음식

집안이 대대로 청렴하였기에 항상 욕되게 할까 걱정하였으니, 고을의 수령이나 관찰사를 역임하면서도 선인의 허름한 집은 고치지 않고 오직 묘소에 대한 일에는 아름다움을 다하였다. 조정에서 벼슬살이할 때의 풍채는 볼 만하였으니, 일찍이 말하기를,

"아부하여 성상의 뜻에 따르는 것은 사대부가 매우 부끄러워하는 일이다."

하였다. 그러므로 관찰사로 있을 때 속현(屬縣)에서 보리이삭이 두 가닥으로 열린[62] 것을 상서롭다고 하면서 바쳤는데도 번번이 물리치고 아뢰지 않았다.

대간(臺諫)이 되었을 적에는 일마다 감히 진언하였는데, 언의가 바르고 준엄하여 머뭇거리는 모습이 전혀 없었다. 평소에는 두문불출하며 고요함을 지켜 남들과 몰려다니지 않았는데, 권세가에 빌붙어 아부하는 자를 보면 몸이 더럽혀질 듯이 여겼다. 이 때문에 강직함을 스스로 즐겨 세상과 부합하는 일이 적었다. 문사에도 뛰어났지만 끝내는 홍문관에는 선발되지 못했으니 공을 아는 자들은 모두 억울하다고 일컬었다. 또 공은 재능이 민첩하여 세상이 쓰일 만했으나 하늘이 또 수명을 늘여주지 않아 결국 재능을 펼치지 못하였으니 아, 안타깝도다.

등으로 어버이를 봉양하는 것을 가리킨다.

62 보리이삭이……열린 : 풍년이 들 상서로운 조짐으로 여겨졌으며 관리의 탁월한 치적을 상징하였다. 후한(後漢)의 장감(張堪)이 호노(狐奴)라는 곳에 8000여 경(頃)의 전지를 개간하고 백성들로 하여금 농사짓게 하자, 백성들이 이를 칭송하여 노래하기를, "뽕나무에 곁가지가 없고, 보리 이삭은 두 가닥이로다. 장군이 정사를 하시니, 즐거움을 다 말할 수 없네.〔桑無附枝, 麥穗兩歧. 張君爲政, 樂不可支.〕"라고 하였다. 《後漢書 卷31 張堪列傳》

공은 세상을 떠나고 대부인은 아직 살아계시니 더욱 슬퍼할 만하다. 나는 어려서부터 쭉 공과 종유하면서 분란한 노인[63]에 이르렀다. 지금 낙증(樂曾)이 묘문을 청하는 것에 대해 의리상 차마 사양할 수 없어 눈물을 훔치며 글을 짓는다. 명(銘)을 덧붙이니 다음과 같다.

강직한 자질과	剛果之質
민첩한 재능으로	敏達之才
끝까지 다 날지 못했으니	飛不盡翰
어찌 이리도 운명이 어그러졌나	胡命之乖
세상의 변천과 영욕에도	平陂榮辱
평소의 지조 변치 않았네	素操不回
온 세상이 주저하고 머뭇거리니	擧世媕婀
습속이 날로 무너지네	習俗日頹
공과 같은 언의를	如公言議
어디서 얻을 수 있으랴	何處得來
묘비에 시를 새겨	刻詩陰墟
내 슬픈 마음을 기록하노라	維以志哀

63 분란한 노인 : 원문의 '백분여(白紛如)'는 백발이 된 자신을 가리키는 겸사이다. 양웅(揚雄)의 《법언(法言)》에 "아이 때부터 학문을 익혔지만 늙어서도 분란하기만 하다.〔童而習之, 白紛如也.〕"라고 한 데서 나온 말이다.

집의 조공 묘갈[64]

執義趙公墓碣

아! 여기는 나의 벗 조사극(趙士克)의 묘이다. 사극은 나보다 나이가 한 살 적었는데, 숙종 28년 임오년(1702)에 대책문(對策文)으로 별시에 급제하였으니 이때 나이가 22세였다. 나 또한 이해 봄에 급제하여 사관이 되었다. 사극은 여러 번 승정원 주서를 대리한지라 이때 처음 서로 알게 되었다. 사극은 뜻이 고결하였으며 말은 어눌했으나 재능은 민첩하였다. 성품이 책을 좋아하였는데 특히 의리(義理)에 관한 문자를 애호하여 하루도 책을 놓은 적이 없었다. 나는 본래 우활하고 졸렬하여 세상과 잘 어울리지 못했으나 오직 사극과는 서로 친하였다.

사극은 처음 승문원에 분관되었다가 부정자를 거쳐 차례대로 박사에 오르고 봉상시 직장을 겸임하였다. 중간에 의정부 사록을 지내고 성균관 전적에 올랐다. 사헌부 감찰・지평・장령, 예조 좌랑, 병조 정랑, 사간원 정언・헌납, 시강원 사서・필선, 봉상시 정을 역임하고 지제교에 선발되었다. 외직으로는 전라 도사(全羅都事)와 만경 현령(萬頃縣令)을 지냈다.

경종 신축년(1721, 경종1), 집의로서 정사를 논하다가 마침내 큰 화를 당하였다. 경종께서 병환이 있는데 후사가 없자 여러 대신들이 자전께 여쭈어 금상을 세제(世弟)로 책봉하였는데, 공은 상소를 올려 저군(儲君)를 위한 면학(勉學)의 방도를 말하고, 이어 신료를 접견하

64 집의 조공 묘갈 : 저자가 조성복(趙聖復, 1681～1723)을 위해 쓴 묘갈문이다.

여 정무를 재결할 적마다 세제로 하여금 곁에서 모시고 참청(參聽)하게 하여 정무에 따라 가르치는 바탕으로 삼기를 청하였다. 상소가 들어간 지 4일 만에 비로소 비답이 내려왔는데 유념하겠다는 하교가 있었다.

그날 밤 하교에 "나의 병환이 심하여 정사가 대부분 지체되니 대소의 국사를 모두 세제로 하여금 처리하게 하라."라고 하였는데, 곧 여러 신하들의 쟁집(爭執)으로 인하여 마침내 도로 중지되었다. 이에 군흉들이 일제히 일어나 공을 비난하며 심지어는 "몰래 임금의 자리를 옮기려고 한다."라는 말까지 하였다. 동료 가운데 방편으로 화를 면하는 술수를 좋아하는 자가 또한 독사에게 손이 물리면 팔을 잘라내는[65] 계책을 내어서, 처음에는 파직을 청하다가 끝내는 절도(絶島)에 위리안치 시킬 것을 합사(合辭)하여 청하니, 공은 진도(珍島)에 유배되었다. 조정의 벗들 가운데 아무도 감히 위문하지 못했는데, 오직 우리 중부 귀락공(歸樂公 이만성(李晩成))만 가서 전별하였다.

얼마 되지 않아 성상께서 또 이전의 하교대로 거행하라 명하니, 사대신(四大臣)이 마침내 백관들을 이끌고 대궐 뜰에서 호소하였다. 며칠이 지나도 받아들여지지 않자 연명으로 차자를 올려 정유년의 고사[66]를

65 독사에게……잘라내는 : 육귀몽(陸龜蒙)의 〈이별(離別)〉에 "대장부가 눈물이 없는 것 아니지만, 이별할 때에는 흘리지 않는다오. 장검 짚고 술잔 대하니 나그네의 슬픈 얼굴 지음 부끄럽네. 독사가 한 번 손 물면 장사는 빨리 팔뚝 잘라내는 법이네. 생각이 공명에 있으니 이별을 어찌 한탄할까〔丈夫非無淚, 不灑離別間. 仗劍對樽酒, 恥爲游子顔. 蝮蛇一螫手, 壯士疾解腕. 所思在功名, 離別何足歎.〕"라고 한 데서 나온 말이다.

66 정유년의 고사 : 1717년(숙종43) 숙종이 당시 세자로 있던 경종에게 대리청정을

따르기를 청하고, 또 다시 여러 신들과 함께 입대하니 비로소 명이 거두어졌다. 12월에 군흉들이 뜻을 이루자 사대신이 연명으로 차자를 올린 일을 죄로 얽어 법률로 처벌하기를 청하면서 번번이 공이 이 일을 시작했다고 말하였고, 또 공이 사대신의 사주를 받았다고 하여 국문하기를 청하였다. 공은 마침내 흔들리지 않고 항변하자 성상이 도로 배소(配所)로 돌려보내라고 명하니 흉도들이 쟁론하였다.

임인년(1722, 경종2) 봄, 목호룡(睦虎龍)이 고변서(告變書)를 올려 동궁을 무함하고 핍박하였으며 이어 큰 옥사가 일어났다. 공은 다시 대계(臺啓)로 인해 국문에 나아갔는데, 최석항(崔錫恒)이 위관(委官)으로서 공을 나오게 하여 회유하기를,

"사주한 자를 이실직고했다면 어찌 이처럼 오랫동안 고초를 겪겠는가."

하니, 공이 성을 내며 꾸짖기를

"사군자(士君子)가 어찌 생사 때문에 지조를 바꾸어 없는 사실을 있다고 날조하겠는가. 또한 이미 내가 사대신의 사주를 받았다고 말하여 사대신을 사형에 처하도록 청해놓고서, 오히려 사주한 자를 물으니, 의심하는 자가 과연 누구인가?"

하였다. 이어 공초(供招)에서 말하기를

"가령 나의 말이 그때 실행되었다면 박상검(朴尙儉)의 변란과 목호

명하면서 마련한 절목을 이른다. 이때의 절목은 경종이 세제인 영조에게 모든 대소사를 대리청정하도록 명한 것에 비해 세자의 결정권을 다소 제한하였다. 노론 4대신은 차마 경종의 명을 그대로 따르지는 못하고 세제의 결정권이 다소 적었던 이때의 절목에 따라 거행할 것을 청한 것이다.

룡(睦虎龍)의 고변이 어떻게 일어날 수 있었겠는가. 지금에 와서 보면, 내가 청한 일이 바로 곡돌사신(曲突徙薪)의 계책[67]인데, 도리어 망측한 죄과에 빠트려 반드시 죽이고서 그만두려는 것은 또한 무슨 뜻인가."

하였다. 군흉들이 공초한 것이 심문한 내용이 아니라는 이유로 마침내 두 차례 엄히 형신(刑訊)하였다.

5월에 가뭄으로 인해 소결(疏決)하였다. 최석항(崔錫恒)이 줄곧 대간을 엄히 형신하는 것은 원래 아름다운 일이 아니고, 또 역적의 옥사와는 차이가 있다고 하면서 배소로 돌려보내기를 청하였다. 김일경(金一鏡)은 이전의 배소에 이미 다른 죄인이 있다는 이유로 정의(旌義)로 바꾸어 정배(定配)하였으니, 6월에 바다를 건너 배소에 도착하였다. 이때 김창집(金昌集)과 이이명(李頤命), 이건명(李健命) 세 대신이 이미 화를 당하였고 사류(士類)들이 거의 다 죽게 되었는데도 군흉들은 여전히 계책을 완수하지 못하여 다시 공의 상소가 직접 폐립(廢立)을 청한 것이라고 하면서 거듭 국문하기를 청하였다. 10월에 공은 다시 감옥에 나아가 형신을 받았는데, 시를 지어 스스로 맹세하였다. 그 시는 다음과 같다.

소루하고 어리석은 성품으로 사헌부 관원이 되어	性本疏愚忝憲官
험난한 길에서 제 몸 보존하기 어려운줄 몰랐네	危塗不解保身難
감옥에서 지금 형구를 차고 있으니	圜扉今日桁楊下
죽는 것이 편안히 눕는 것과 무엇이 다르냐	一死何殊衽席安

67 곡돌사신(曲突徙薪)의 계책 : 140쪽 주29 참조.

또 모부인의 기일에 시를 지었으니 다음과 같다.

지난해엔 강가에 있었고 지금은 감옥에 있으니　去歲江潭今犴狴
매번 제삿날이 되면 슬픔이 곱절이 되네　每逢饐日倍傷悲
형제들은 똑같이 우환을 겪고 있으니　弟兄但識同憂患
부인과 아이들이 어찌 제사를 잘 지내리오　婦孺那能薦醴粢
죄는 크고 명분은 어그러져 사는 게 부끄러우니　罪大名虧生亦恥
뼈가 상하고 힘줄이 끊어졌거늘 죽음이 어찌 이리도 더딘가
骨殘筋絶死何遲
구천으로 갈 날이 이제 멀지 않았으니　泉塗此去無多日
슬하에서 모실 날 얼마 남지 않았네　膝下承歡倘有期

사림(士林)이 전송하며 모두들 슬퍼하였다.

계묘년(1723, 경종3)에 이르러 이미 아홉 차례 형신을 받았기에 장독(杖毒)이 온몸에 퍼져 숨이 실낱처럼 이어졌지만 정신은 조금도 손상되지 않아 선조의 기일에는 반드시 소식(素食)하였다. 형신을 받게 되면 안색을 바꾸지 않고 말하기를,

"나를 죽일 수는 있으나, 내 말을 반드시 실천한 이후에야 국사가 안정될 것이다."

하였다. 흉당 가운데 문사랑(問事郞)이 된 자도 나와서 남에게 그가 장하다고 말하였다. 4월에 군흉들이 공이 끝내 굴복하지 않을 것을 알고는 사형에 처할 것을 직청하였다. 공은 이미 죽음을 각오했으나 온전한 몸으로 죽지 못한 것이 불효임을 생각하여 형님에게 고인의 자정(自靖 자살)하는 의리를 편지로 써서 물으니, 형님이 소태부(蕭太

傅)의 고사[68]로 답문하였다. 이어서 형님에게 유서를 남겼는데 집안일은 내버려두고 오직 정성스럽게 임금이 하사한 서적과 선현의 유묵에 대해서만 말하였다. 또 부인에게 보낸 편지에는,

"나는 지금 죽지만 정대(正大)한 죽음이니, 마음을 억눌러 지나치게 슬퍼하지 말고 아이들을 데리고 잘 살아가시게. 나는 죄를 짓고 죽었으니 제사에는 유밀과(油蜜菓)를 사용하지 마시게. 내가 살아있을 때처럼 부모님의 묘제를 빠짐없이 행하고 기제(忌祭)에는 제수를 도우시게. 창웅(昌雄)을 잘 가르치게나, 글을 배우지 않으면 무엇을 할 수 있겠는가."

하였다. 창웅은 아이의 이름이다.

27일에 국청(鞫廳)에서 공에게 결안(結案)에 서명하라고 재촉하자, 공은 말하기를,

"빨리 나를 죽여라. 나는 죽을 죄를 짓지 않았다."

하였다. 이날 밤 설사가 극심해져 마침내 옥중에서 세상을 떠났으니 향년 43세였다. 처음에는 성의 동문 밖에 거적으로 싸서 매장했다가 9월에 공주(公州)의 치소(治所) 북쪽 금란동(金蘭洞) 신좌(申坐)의 언덕에 반장(返葬)하였다.

공이 죽었을 때 옥리(獄吏)가 독약을 마셨다고 고하였는데, 사실은 독약이 들어가긴 했지만 마시지는 않았다. 대계(臺啓)가 계속해서 올

68 소태부(蕭太傅)의 고사 : 소태부는 한 원제(漢元帝)의 태자 시절 사부였던 소망지(蕭望之)를 가리킨다. 소망지는 선제(宣帝) 때 조정에 있다가 삼보(三輔)의 지방관으로 나갔으며, 뒤에 태자태부(太子太傅)로 유조(遺詔)를 받아 어린 임금 원제를 보필하다가 석현(石顯) 등의 모함을 받아 음독자살했다. 《漢書 卷78 蕭望之傳》

라와 공의 형님 진사공(進士公)도 감옥에 갇혔는데, 올린 공초에 이르기를,

"나의 아우가 아무런 죄도 없이 사형을 당하게 되었다. 나는 아우의 신체가 온전하지 못한 것을 차마 볼 수 없어서 그로 하여금 자결하게 하였다. 나도 죽기를 결심하였으니 아우와 함께 돌아가 지하에 계신 부모님을 뵙겠다."

하였다. 최석항이 용서할 만한 사정이 있고 죽일 만한 법이 없다고 하여 장형을 가해 강진(康津)에 유배시켰다. 갑진년(1724) 정월에 결국 법외로 '형이 동생을 죽였다'는 죄율을 만들어 배소에서 차율(次律)을 적용하였다.[69]

아, 사극이여! 입고 있는 옷마저 견디지 못할 것처럼 허약하였지만 그 마음은 철석(鐵石) 같았다. 고문을 받을 적에 남들은 모두 두려워하였지만 나만은 다른 사단이 생기지 않으리라 보장하였는데, 이제 과연 징험되었으니 어찌 참으로 열장부(烈丈夫)가 아니겠는가. 나라를 위하는 진심어린 정성은 아홉 번 죽더라도 후회가 없었다고 이를 만하다. 선조를 받들고 조상을 추모하는 정성은 위태롭고 곤란한 상황에서도

69 최석항이……적용하였다 : 《경종수정실록》 3년 12월 30일 기사에 관련 내용이 보인다. 조성집(趙聖集)이 자기의 아우를 독살하려 했으므로 대신(臺臣)이 잡아다가 핵실할 것을 청하였고, 형조에서 조사하여 사실을 밝혀 낸 다음 이어 대신과 의논하여 정률(定律)할 것을 청하였다. 좌의정 최석항(崔錫恒)이 《대명률》을 인용하여 응당 죽어야 할 죄에 해당되는 것이 없다고 말하니, 임금이 절도(絶島)에 정배(定配)하라고 명하였다. 대관(臺官)이 간쟁하니 임금이 처음에는 정형(正刑)에 처할 것을 허락했었으나, 최석항이 또 임금에게 아뢰니 도로 중지시켰다. 그러나 대관이 다시 극력 간쟁하니, 임금이 마침내 그대로 따랐다. 조성집이 바야흐로 배소(配所)에 있을 적에 도사(都事)를 보내어 교형(絞刑)에 처하였다.

게으르지 않았으니, 평상시 효자의 소략한 예절 따위는 말할 게 못된다.

사극은 이름이 성복(聖復)이고 호가 퇴수암(退修菴)이다. 풍양(豐壤) 조씨(趙氏)는 고려 시중 맹(孟)에서 나왔다. 국조(國朝)에 들어와서는 휘 세현(世賢)이 있었는데, 중종반정 때 관직에 제수되었으나 나아가지 않아 사대부가 그의 절의를 칭찬하였다. 증조 휘 박(璞)은 목사를 지내고 참판에 추증되었으며, 조부 휘 견소(見素)는 현령을 지냈으며, 부친 휘 시채(始采)는 선공감역을 지냈다. 모친 전주 최씨(全州崔氏)는 득일(得一)의 따님이다. 공의 부인 황주 변씨(黃州邊氏)는 호남의 명유(名儒) 망암(望庵) 이중(以中)의 손녀이고, 부친은 세구(世耉)이다. 1남 3녀를 두었는데, 창웅(昌雄)은 관례를 치를 때 이름을 정세(靖世)로 지었으니 공이 옥중에서 내린 명이었다. 세 딸은 송필용(宋必容), 정수(鄭鏽), 이광룡(李光龍)에게 시집갔다. 송필용에게 시집간 딸은 공이 화를 당한 이후로 물을 떠놓고 하늘에 기도하기를 3년 동안 한결같이 하였다.

진사공은 휘가 성집(聖集)이고 자가 사성(士成)이니 성품이 강직하고 기개와 절의를 좋아하였다. 공이 탐라(耽羅)로 귀양갈 적에 상처가 극심해지면 번번이 종기를 씻어주고 고름을 빨아주면서 잘 보살피며 길을 갔으니 보는 자들이 감탄하였다. 끝내는 기꺼이 함께 죽었으니, 그 탁월한 행실과 참혹한 화는 공과 함께 전해지기에 충분하다. 1남 관세(觀世)를 두었다.

공은 사대신 가운데 충문공(忠文公) 이이명(頤命)과 가장 친했기 때문에 군흉들은 공이 그의 사주를 받았을 것이라 생각하여 반드시 공의 자백을 얻어 위로 동궁에게까지 미쳐서 그들이 하고자 하는 바를 이루고야 말려고 하였다. 공의 죽음으로 그 화심(禍心)을 막지 않았다면 오늘날과 같은 나라를 기필할 수 없었을 것이니, 비록 사직을 보존한 공로라 말하더라도 괜찮을 것이다. 을사환국 때 관직을 회복시키는 명이 내려지고 후에 억울하게 죽은 여러 신하의 전례대로 사간원 대사간에 추증되었다.

아! 공의 상소를 가지고 반역이라 말하고 잡아다 국문하기를 청한 자들은 모두 우리 임금에게 무례한 무리이니 본디 이루 다 주살할 수는 없지만 그 죄는 묻지 않을 수 없다. 연명으로 차자를 올린 대신의 억울함이 풀린 이후에 공처럼 나라를 위해 목숨을 바친 자들에게 응당 특별히 포장하고 은혜를 내리는 은전이 있어야 하거늘 지금까지 듣지 못했으니, 이러한 의리가 끝내 펼칠 수 있는 날이 없겠는가. 정세(靖世)는 어려서부터 나에게 수학하였는데, 변숙인(邊淑人)을 통해 공의 평소 뜻을 알았다. 장성해서는 스스로 행장을 지어 내게 와 묘비문을 청하였다. 나는 차마 사양할 수 없어 명(銘)을 덧붙인다. 명은 다음과 같다.

이 넉 자 봉분이여	惟此四尺之封兮
바로 푸른 옥이 된[70] 나의 벗이 묻힌 곳이네	實吾友化碧之攸藏
열렬하게 충의에 분한 기운이여	烈烈忠憤之氣兮
빠른 번개 되고 무지개를 길게 뱉어내리라	安知不作雷迅而吐虹長

70 푸른 옥이 된 : 원문의 화벽(化碧)은 선혈이 푸른 옥으로 변했다는 말로, 충신지사(忠臣之士)를 칭송하는 뜻이다. 주(周)나라 장홍(萇弘)이 경왕(敬王)에게 충간(忠諫)을 하다가 왕이 들어주지 않자 자살하였는데, 그 피가 3년 만에 푸른 옥으로 변하여 오랫동안 없어지지 않았다고 한다. 《莊子 外物》

막내 외숙 민공 묘갈[71]

李舅正郎閔公墓碣

우리 막내 외숙 정랑 민공(閔公)은 어린 시절 지기(志氣)가 호탕하여 수레를 뒤엎는 말과 같았는데, 얼마쯤 지난 뒤 어진 부형의 가르침을 받고는 날마다 법도에 맞게 행동하며 직무를 수행할 때는 삼가고 조심하여 선대의 법도를 따르는 데 힘썼다. 비록 봉록을 위해 마지못해 벼슬했지만 남들은 원대하게 되리라 기대했는데, 세상의 화란을 만나 초야로 떠돌아다니며 울울하게 뜻을 펼치지 못하고 향년 43세로 세상을 떠나니 공론이 안타깝게 여겼다.

공의 휘는 진영(鎭永)이고 자는 사보(思甫)이니 여양부원군(驪陽府院君) 문정공(文貞公) 휘 유중(維重)의 막내아들이다. 문정공은 총 세 번 장가들어 세 명의 아들을 두었으니, 해풍부부인(海豐府夫人) 이씨(李氏)는 일찍 세상을 떠나 자식이 없었고, 행 좌참찬 충문공(忠文公) 휘 진후(鎭厚)와 좌의정 봉조하 문충공(文忠公) 휘 진원(鎭遠)은 은성부부인(恩城府夫人) 송씨(宋氏)의 소생이며, 공은 풍창부부인(豐昌府夫人) 조씨(趙氏)의 소생으로 성균관 생원 휘 귀중(貴中)이 공의 외조부이다.

공은 숙종 임술년(1682, 숙종8) 10월 26일에 태어나 겨우 6세의 나이에 문정공이 별세하고 이어서 기사환국을 만났다. 충문공이 객지생

71 막내……묘갈 : 저자가 둘째 외숙인 민진영(閔鎭永, 1682~1724)를 위해 쓴 묘갈문이다.

활하며 슬피 근심하는 와중에도 공을 좌우에서 인도하고 힘써 공부를 권장하였으며, 공은 충문공을 부친처럼 섬겨 아침과 저녁에는 반드시 문안을 여쭙고 잠자리를 살피는 예를 행하였다.

33세 때 처음으로 벼슬하여 돈녕부 참봉이 되었다가 봉사로 승진하였다. 정유년(1717, 숙종43) 장원서 직장으로 사마 생원시에 2등 제2명으로 합격하여 장악원 주부, 호조 좌랑을 역임하였다. 경자년(1720, 숙종46) 공조 정랑을 거쳐 외직으로 나가 김화 현감(金化縣監)이 되었는데 모친을 부임지에 모시고 가서 봉양하였다. 신축사화가 일어나 문충공이 맨 먼저 유배되자 공은 그날로 관직을 버리고 조카 익수(翼洙), 우수(遇洙)와 함께 여주(驪州) 문정공의 묘소 아래로 돌아갔다. 갑진년(1724, 영조즉위년) 4월 28일 뜻하지 않게 병에 걸려 세상을 떠났다. 이듬해 문충공이 유배지에서 정승에 제수되어 조정이 마침 맑아졌지만 공은 알지 못하였다.

공은 천성이 고매하고 재능 또한 민첩하여 독서는 많이 하지 않았지만 문장은 빨리 진보하였다. 일찍이 고금의 유명한 필적을 가져다 베낀 지 며칠 만에 그것들의 체재와 격조를 얻었고, 음양가의 여러 방술에 이르기까지 두루 통달하지 않음이 없었으며, 백공(百工)의 기예에 모두 재능이 있었지만 심심풀이로 삼았을 뿐이니 대의(大義)만 대략 알고 나면 끝까지 배우려고 하지 않았다. 남에게 취할 만한 하나의 선(善)이라도 있으면 곧 기쁜 마음으로 허여하여, 비록 곤궁한 사람이나 비천한 부류라도 교제하는 것을 부끄러워하지 않았다. 그러나 자신의 뜻과 맞지 않는 자가 있으면 곧 절교하여 예전에 좋아했던 사람이라고 해서 머뭇거리는 법이 없었다. 남의 근심과 불행을 불쌍히 여겨 도와주기를 미치지 못할 것처럼 하였으며, 심지어는 겨울에 입고 있던 옷을 벗어

부의(賻儀)하기도 하였다. 성품이 술을 좋아하여 술자리가 있을 때마다 실컷 마셨으나 관직을 맡고 있을 때는 술에 취해 일에 해를 끼친 적이 없었다.

법도를 지키는 데 엄격하여 비록 집안의 옛 아전일지라도 죄를 범하면 용서해주지 않았다. 사양하고 받는 데 신중히 하여 미미한 물건이라도 구차하게 취하지 않았다. 평소 가산은 돌보지 않았는데, 호조에 있을 때 별고(別庫)에서 사용하고 남은 쌀이 많게는 백여 곡에 이르렀으나 모두 가난한 친척과 벗에게 나누어주고 하나도 집에 들이지 않았다. 고을을 다스릴 적에는 공물(公物)을 함부로 쓰지 않았고 또 남는 봉록을 떼어내어 문무(文武)를 장려하는 비용으로 사용하였으니, 공이 직분을 다한 것이 이와 같았다.

공이 관례를 치르기 전에 종씨(從氏) 문효공(文孝公 민진장(閔鎭長))이 말하기를,

"우리 아우 철(鐵)을 평범한 아이로 보지 말게나. 훗날 우리들이 모두 죽고 난 뒤에는 세상 사람들이 장차 부형의 가업을 전적으로 그에게 맡기고, 국가도 필시 그를 신망하여 중요하게 여길 것이네."

하였다. 철(鐵)은 공의 어릴 적 자이다.

부형이 공을 성대하게 기대한 것이 이와 같았고, 공 또한 훌륭한 일을 할 듯이 자신하였지만 끝내 기대처럼 되지 못했으니, 시운(時運)에 밀려서 인력으로 어찌할 수 없었던 것이 아니겠는가. 공이 세상을 떠났을 때 조 부인(趙夫人)이 여전히 살아계셔서 남들이 모두 슬퍼하였다. 부인이 공에 대해 말할 때면 매번 눈물을 흘리며 말하기를,

"우리 아이가 나를 봉양할 적에는 내가 원하는 것을 얻지 못한 적이 없었다."

하였으니, 공의 정성스런 효성을 알 만한데, 끝까지 봉양할 수 없게 하였으니 이것은 무슨 하늘의 뜻인가. 공은 매부의 상례 때 여러 생질들이 어린지라 폭염과 장마를 무릅쓰고 직접 길지(吉地)를 고르며 끝까지 장례를 도왔으며, 또 생질들을 돌봐주어 질병이 있으면 성심으로 구원하기를 죽을 때까지 한결같이 하였으니 이 또한 효성에서 나온 것이다.

공의 초취(初娶) 한산 이씨(韓山李氏)는 군수 명승(明升)의 따님으로 아들 2명을 낳았으니 현감 낙수(樂洙)와 각수(覺洙)이다. 재취(再娶) 은진 송씨(恩津宋氏)는 통덕랑 상광(相光)의 따님으로 딸 셋을 낳았으니 사인 이덕상(李德祥), 김옥상(金玉相), 이극영(李克永)에게 시집갔다.

공은 처음에 문정공의 묘가 보이는 곳에 안장하였는데, 그 후에 용인현(龍仁縣) 동수원동(東壽院洞) 간좌(艮坐)의 언덕에 이장하였으니 바로 모친 조부인(趙夫人)의 묘 왼쪽 언덕이다. 이 숙인(李淑人)은 그곳에 합장하였는데 별도의 묘지가 있다.[72] 다음과 같이 명(銘)을 붙인다.

어진 부형이 있는 것을	有父兄賢
예로부터 한 가지 즐거움이라 일컬었네[73]	古稱一樂
어려서는 호탕하여	少若跅弛

72 별도의……있다 : 《도암집》 권45에 수록되어 있는 〈계구모 숙인 한산이씨 묘지(季舅母淑人韓山李氏墓誌)〉를 가리킨다.

73 어진……일컬었네 : 150쪽 주36 참조.

뜻이 원대하고 재능이 많았네	志大才博
힘써 법도에 나아가	勉就規矩
끝내 잔단 사람이 되지 않았네	終非齷齪
낭관에서 수령으로 나아가	郎官出宰
고을에 은혜를 베풀었네	百里惠澤
왕실의 인척이었지만	跡雖肺腑
마음은 신중하고 검약하였네	心則愼約
국가의 중책을	柱石王家
훗날 맡을 자였데	異日之責
큰 재앙이 세상에 넘쳐나	大禍溢世
시골집에 은거하였네	田廬屛迹
세월이 흐르고 흘러	歲月逾邁
평소 품었던 뜻 시들었네	素志濩落
왕왕 거문고를 연주하며	往往鼓琴
울적한 심사 달랠 뿐이었네	以遣悁寂
맑아진 시대 보지 못하고	不及淸時
아, 땅속에 묻혔구나	嗚呼窀穸
생질이 시를 지어	姊子作詩
비석에 밝게 드러내네	載昭穹石

현감 이공 묘갈[74]

縣監李公墓碣

지금 성상 8년 임자년(1732, 영조8) 4월 22일, 이현응(李顯應) 공이 병으로 남평현(南平縣) 관아에서 세상을 떠나니 향년 51세였다. 온 고을 사람들이 모두 달려와 슬피 울었고, 발인할 적에는 다투어 와서 전(奠)을 올리고 상여를 부둥켜안은 채 차마 놓아 보내질 못하니 상여가 거의 앞으로 나가지 못할 지경이었다. 곡하는 소리가 십 리까지 들려 길가는 사람들도 눈물을 흘렸다. 곧장 길가에 동비(銅碑)를 세우고 얼마 뒤에 사당을 세워 제사를 지내니, 수백 년 사이에 남평현 백성이 거사비(去思碑)를 세우고 제사를 지낸 것은 오직 송병익(宋炳翼)[75] 공과 공뿐이라고 하였다. 이는 공이 행한 정사가 성심으로 백성을 사랑했기 때문이었다.

당시 큰 흉년이 들어 백성들이 위급한 상황에 빠지니, 공은 노심초사 구제하기를 생각하여 밥상을 대해도 밥을 넘기지 못하고 잠자리에 누워도 벌떡 일어나는 일이 잦았다. 재물을 모아 진휼하는 일이 늘 조리가 있었으니, 겨울부터 이미 명령을 내려 흩어지려는 민심을 수습하였으며, 호적을 살피고 사실을 조사하여 요행을 끊는 데 힘써, 식구

74 현감 이공 묘갈 : 저자가 이현응(李顯應, 1682~1732)을 위해 쓴 묘갈문이다.

75 남평현……송병익(宋炳翼) : 송병익(宋炳翼)은 5년 동안 남평 현감으로 있으면서 학교를 세우고 인재를 양성하는 데 힘썼는데, 그가 죽은 뒤 남평현 백성이 사당을 지어 제사지냈다. 《陶菴集 권42 牧使宋公墓誌》

수를 따져 공평하게 양식을 배급하였다. 심지어는 죽을 쑤어서 먹이기까지 하니 주위 수백 리에 걸쳐 한 사람도 굶주려 죽은 이가 없었고 다른 지역의 백성 또한 이 고을에 와서 얻어먹는 경우가 많았다.

근세에 구휼을 잘했다고 칭송되는 사람들은 대체로 자비곡(自備穀)[76]을 보고하여 자신의 능력을 자랑하는 혐의도 꺼리지 않았지만 공은 부끄럽게 여겨 그렇게 하지 않았다. 환곡을 받아들일 때 공은 마치 한 집안의 부자지간처럼 곡식이 생기는 대로 납입하라고 타일렀는데, 백성이 모두 감동하여 곤장을 맞는 사람이 한 명도 없었지만 환곡을 지고 이고 오는 사람이 줄을 이어서 기한에 맞추어 납입하였다. 또 구획을 잘하여 대동법(大同法)을 실시한 이후로 민력(民力)을 번거롭게 하지 않았으니 실제적인 은택을 입은 것이 굶주린 백성만은 아니었다.

무릇 매우 어리석으면서도 신령한 자가 백성인데, 저들이 공이 살아 있을 때는 사랑하고 그리워하였으며, 공이 죽었을 때는 부모의 상을 당한 것처럼 서글프게 곡하였으니, 이것이 어찌 성색(聲色)과 호령(號令)으로 미칠 수 있는 것이겠는가. 이제 공이 세상을 떠난 지 십수 년이 넘었는데도 비를 부둥켜안고 눈물을 흘리는 자가 있으니, 지성(至誠)이 사람을 감동시킴이 이와 같다.

공의 자는 서경(瑞卿)이니 의정부 영의정 혜정공(惠定公) 휘 유(濡)의 아들이요 금산 군수(錦山郡守) 휘 중휘(重輝)의 손자요 사헌부 장령 휘 형(逈)의 증손이다. 세종대왕의 별자 광평대군(廣平大君) 여(璵)가

76 자비곡(自備穀) : 흉년에 대비하여 지방에서 자체적으로 마련한 곡식을 가리킨다. 흉년이 들면 이 수량을 중앙에 보고하여 진휼에 사용하였다.

공의 시조이다. 모친 함종 어씨(咸從魚氏)는 관찰사 진익(震翼)의 따님이다.

공은 숙종 임술년(1682, 숙종8)에 태어났다. 천성이 온후하고 순수했으며 어려서부터 이미 어른의 말을 공경하고 따랐다. 효성을 타고나서 부친이 병이 들었을 때는 병세를 살피기 위해 변을 맛보고 하늘에 빌었으며, 상을 당해서는 몹시 슬퍼하며 예를 다하였다. 형제간의 우애는 매우 독실하였다.

혜정공이 오랫동안 국정을 맡은 터라, 자제들이 남의 비방을 쉽게 받았는데, 공은 겸손하고 신중하게 처신하여 잘못을 저지른 적이 없었다. 의복은 검소하게 입어 전혀 귀족자제의 습기가 없었기에 평소 벗들 사이에서 존중을 받았고, 혜정공이 세상을 떠날 때까지 포의의 신분이었다.

혜정공을 경종의 묘정(廟庭)에 배향시키려고 할 때 상신이 아뢰어 그 아들에게 벼슬을 내릴 것을 청하였으므로, 공은 나이가 거의 50세가 되어서야 비로소 세자익위사 세마가 되었다. 정미년(1727, 영조3), 역당들이 다시 등용되자 공은 강개한 마음이 일어 그날로 벼슬을 버리고 전야에서 한가롭게 지냈다. 경술년(1730, 영조6), 의릉(懿陵)의 산릉 역사를 감독한 공로로 사옹원 주부에 조용되었고 또 사직하였다가 의금부 도사를 거쳐 외직으로 나가 남평 현감(南平縣監)이 되었으니 바로 신해년(1731, 영조7) 봄이었다. 공은 광수산(光秀山) 선영의 오향(午向) 언덕에 안장되었다.

공의 부인 풍산 홍씨(豐山洪氏)는 첨정으로 판서에 추증된 휘 중기(重箕)의 따님으로 아들과 딸 각각 3명을 두었다. 아들은 시중(時中), 명중(明中), 최중(最中)이고, 딸은 참판 신만(申晩), 사인 권학(權㶅),

박상로(朴相魯)에게 시집갔다. 상지(商芝)는 시중의 아들이고, 광소(光紹)와 광수(光綏)는 사위 신만의 아들이다. 나머지는 모두 어리다. 공이 한번은 말하기를,

"우리 집은 대대로 나라의 은혜를 받았으니 의리상 나라와 기쁨과 슬픔을 함께 해야 한다. 벼슬의 대소를 따지지 말고 정성을 다해 직분을 다하는 것만이 나라의 은혜에 보답하는 길이다."

하였으니, 이것이 곧 공의 평소 마음이었다.

그러므로 끝내 백성을 위하여 애쓰다가 병을 얻게 되어 평소의 지업(志業)을 지방관으로 조금 베푸는 데 그치고 말았으니, 얼마나 안타까운가. 혜정공은 40여 년 동안 조정에서 벼슬하면서 한결같이 우국봉공(憂國奉公)을 가슴에 새겼으니, 공과 같은 자는 부친의 뜻을 잘 계승했다고 할 만하다. 명(銘)은 다음과 같다.

낮은 관리가	一命之士
만물을 사랑하는 데 마음을 두면	存心愛物
사람을 구제한다[77] 하였네	於人有濟
내 이런 말을 들었는데	我聞其語
이제 그런 사람을 보았으니	今見其人
공은 실로 어질고 은혜롭구나	公實仁惠
그 정성스러운 어진 마음이	其仁肫肫
효심에 바탕을 두어	本之於孝
백성에게 미루어나갔네	推以及民

77 낮은 관리가……구제한다 : 458쪽 주42 참조.

나라 근심 나누어 지방관 되니 分憂在余
어찌 감히 힘쓰지 않으랴 曷敢不力
아침저녁으로 노력하였네 夙夜勞勤
백성에게 지극히 정성을 다하니 至誠於物
모두들 감동함이 未有不動
귀신처럼 빨랐네 捷應如神
죽어가던 백성이 편안해지고 溝壑衽席
신음하다가 노래 부르니 呻喟歌呼
이 누구의 은혜인가 是誰之賜
대강 공을 논한다면 槪而論之
정승의 훌륭한 아들이요 相國佳兒
성조의 순리였네 聖朝循吏
왜 하늘은 공을 빨리 데려가 胡天奪速
그 은택이 使其利澤
한 고을에 그치게 하였나 止於百里
옛날의 누구에게 견주랴 於古誰方
소신신과 두시는 惟召惟杜
백성이 부모라 일컬었네[78] 民曰父母
나는 이를 돌에 새겨 我銘玄石
그 아름다움을 드러내니 載歇厥美
참으로 불후하리라 亦足不朽

78 소신신과……일컬었네 : 440쪽 주27 참조.

좌랑 홍공 묘갈[79]

佐郎洪公墓碣

나는 홍 의령(洪宜寧 홍백순(洪百順)) 선생을 위한 묘비문을 쓰고서[80] 얼마 뒤에 박성원(朴聖源) 군이 지은 좌랑공의 행장을 읽어보니, 공이 바로 의령 선생의 현손이었다. 아! 의령 선생은 판결공(判決公 홍봉세(洪奉世))을 조부로 두었고 공 또한 의령 선생을 조부로 두었다. 후손이 선조를 잘 계승하는 경우는 고금에 드문 일인데, 홍씨 가문은 어찌 이리도 현인이 많은가.

공의 휘는 하서(河瑞)요 자는 연일(演一)이니 남양(南陽) 사람이다. 을유년(1705, 숙종31) 사마시에 합격하였고, 병오년(1726, 영조2) 문과에 급제하였다. 공은 본래 명경과(明經科)를 전공하였는데 획수(畫數)[81]가 부족한지라 제술과(製述科)로 합격하여 승문원에 분관되었다. 경술년(1730) 수석 박사로서 분관을 주관하였다. 이때 정시(庭試)의 신방(新榜)에 대해 국론이 시끌벅적했는데 고관(考官) 이덕수(李德壽)의 아들 이산배(李山培)에 대한 말이 특히 심했다. 이덕수의 지위가

79 좌랑 홍공 묘갈 : 저자가 홍하서(洪河瑞, 1683~1741)를 위해 쓴 묘갈문이다.

80 나는……쓰고서 : 본서 제31권에 수록된 〈현감 홍공 묘갈(縣監洪公墓碣)〉을 가리킨다. 홍백순(洪百順)은 인조반정 이후 포의의 신분에서 의령 현감(宜寧縣監)에 제수되었다.

81 획수(畫數) : 각종 시험에서 얻은 점수를 가리키기도 하고, 참여한 일수를 가리키기도 한다. 사학 유생 및 경향의 유생을 과시(科試)하여 얻은 성적, 각 아문의 취재 시험에서 얻은 성적 등에 두루 사용하는 용어이다.

높아서 사람들은 감히 따지지 못했는데, 공은 조금도 개의치 않고 힘써 막아내어 산배는 결국 교서관으로 돌아갔으니 사론(士論)이 통쾌하게 여겼다. 그 무리가 공을 논핵하여 심문하기를 청하니, 공은 진술서에 곧이곧대로 말하고 흔들리지 않아 결국 죄를 받아 삭직당하였다. 물러나 고향집에 은거하면서 종일 단정히 앉아 독서하기를 그치지 않았으며, 집이 매우 가난하여 거친 밥도 제대로 먹질 못하였지만 편안하게 생각하였다.

계축년(1733) 부친상을 당하여 정도에 몸을 상할 정도로 슬퍼하였다. 상복을 벗게 되었을 때 친지가 벼슬에 나아가라고 권하면 공은 대답하기를,

"부모를 저세상으로 떠나보낸 사람이 지금 관직을 얻은들 누구와 함께 그 영광을 누리겠습니까."

하였다. 문을 닫고 자숙하며 수년 동안 한 번도 도성을 출입하지 않았으니, 서재의 편액을 가은(稼隱)이라고 하였다.

정사년(1737) 여름에 고을 사람이 마침 당시의 정승집을 방문하였다. 당시의 정승이 6품에 오른 문관은 거의 다 부직(付職)되었다는 얘기를 하자, 그 사람이 말하기를

"저희 고을에 홍 아무개라는 자가 있는데, 6품에 오른 지 5, 6년이 지났는데도 단지 사과(司果)의 허함(虛銜)[82]만 있습니다."

하였다. 당시의 정승이 괴이하게 여겨 정리(政吏)를 불러다 물어보니, 정리가 대답하기를

"이 사람은 죽은 지 이미 오래입니다."

82 허함(虛銜) : 실제 직무가 없는 명칭만의 관직을 이른다.

하였다. 당시의 정승이 그가 죽지 않았다고 알려주어 공은 비로소 성균관 전적에 제수되었다.

공은 객지살이 수개월 만에 결국 풍비(風痺)에 걸려 관직을 그만두고 돌아왔다. 기미년(1739) 사헌부 감찰, 예조 좌랑에 제수되었으나 모두 나아가지 않았다. 경신년(1740) 현릉 영(顯陵令)에 제수되었다가 얼마 뒤에 병조로 옮겼는데 또 사직을 청하여 체직되었다. 신유년(1741) 8월 18일 세상을 떠나니 공이 태어난 계해년(1683, 숙종9)으로부터 59년이 되는 해였다.

공은 어려서 고성 군수(高城郡守)를 지낸 이식(李栻)에게 수학하였는데, 의리(義理)와 관련된 여러 서적을 공부한 이후에는 궁하게 지내며 송독하는 일 외에 어떤 일도 일삼지 않았다. 성명(性命)과 같은 심오한 이치에 대해서 마음으로 깨달아 묵묵히 아는 것이 많았는데, 일찍이 《심경》을 작은 책자에 정사(淨寫)하여 출입하면서 살펴보았다. 자신을 단속하고 마음을 세우는 요체와 집안에서 일을 처리하는 방도는 한결같이 예법을 따랐으니, 공을 아는 자는 공이 가학을 실추시키지 않았다고 하였다. 판결공 휘 봉세(奉世)는 정암(靜菴 조광조(趙光祖))의 뛰어난 제자로 선생이 기묘사화에 희생되었을 때 상사(喪事)를 주관하였으니, 홍씨의 가학이 실로 여기서부터 시작되었다.

나는 성품이 졸렬하여 남들과 잘 어울리지 못했는데, 공만은 기미(氣味)가 서로 가깝다고 여겨 나와 왕래하며 지냈다. 때론 종일토록 담론하기도 했는데 도량의 아정함과 언의의 엄정함이 실로 남들이 미치지 못하는 경지였다. 나는 간간이 남들에게 말하기를,

"홍 아무개는 그 사람됨이 옥과 같아 옥당에 있어야 마땅한 사람이네. 하물며 세덕(世德)이 저와 같은 경우에랴."

하였는데, 듣는 사람은 대부분 믿지 않았다.

용인(龍仁)에는 충렬서원(忠烈書院)과 심곡서원(深谷書院) 두 개의 서원이 있는데, 내가 외람되이 산장(山長)을 맡게 되었다. 하루는 웃으면서 공에게 말하기를,

"세상이 공을 알지 못하고 공 또한 세상에 아무런 뜻이 없으니, 나를 위해 강사(講事)를 맡아주지 않겠는가."

하였다. 공은 정암의 사당이 있는 심곡서원이 다른 서원과 다르다고 생각하여 한두 번 강회에 참석했으나 병으로 지속하지 못하였다. 공이 일찍이 성균관에 있을 때 마침 문묘종사에 대한 논의가 일어났다. 어떤 이가 박 현석(朴玄石 박세채)도 함께 종사해야 한다고 주장하였는데, 공은 불가하다는 주장을 견지하여 다만 두 분의 송 선생(宋先生)만 종사하기를 청하였다.

평소에는 시사에 대해서 일절 말하지 않았으나 때때로 근심하고 강개한 마음이 일어나 탄식을 금치 못하고 말하기를,

"내가 언관의 자리에 있다면 응당 유자를 높이고 도를 중히 여기는 뜻〔崇儒重道〕을 제일의 의리로 삼을 것이다."

하였으니, 언론의 대체가 이와 같았다.

공은 청렴함을 스스로 지켜 명분이 없는 음식이나 의롭지 못한 선물은 일절 취하는 법이 없었고, 득실과 영욕에 대해선 담박하여 마음에 두지 않았으니, 온 세상 사람들이 명리에 급급해하는 시대에 공이 곤궁하게 살았던 것은 본디 형세상 당연하다. 하늘 또한 공의 수명을 연장시켜 그로 하여금 구도(求道)의 뜻을 다 펼치지 못하게 하였다. 옛날의 이른바 세상 사람들과 합치되지 않으면 필시 하늘과는 합치된다는 것이 과연 어디에 있단 말인가.

공의 초취(初娶) 여산 송씨(礪山(宋氏)는 1녀를 두었는데 사인 안석집(安錫楫)에게 시집갔으며, 후취(後娶) 밀양 박씨(密陽朴氏)는 1남 천택(天澤)을 두었다. 공을 광주(廣州)의 율촌((栗村)에 안장하였다. 나는 지금 세상 사람들 가운데 조금이나마 공을 아는 자라고 생각하기에 한 마디 말을 하지 않을 수 없어 마침내 공을 위해 명(銘)을 짓는다. 명은 다음과 같다.

내 옥처럼 온윤한 저 사람을 생각하노니	我懷伊人兮溫如玉
늙도록 가은이 있는 고을에서 곤궁히 살았구나	白首窮餓兮稼隱之里
쑥대가 자라도록[83] 두문불출하니	掩席門兮蓬蒿
도성은 약수[84]만큼 아득하였네	朝市邈其弱水
공은 이미 이 세상에 뜻이 없었으니	公旣無意於斯世
남들이 이미 죽었다고 전하기도 하였네	人或相傳爲已死
저들은 밤낮으로 내달리며	彼奔騖於日夜
명리에 성명을 내버렸네	決性命於名利
그러나 사단은 민멸되지 않으니	然四端之未泯
공의 행실을 보면 부끄러워하지 않겠는가	視公行兮得無愧

83 쑥대가 자라도록 : 곤궁하게 사는 처지를 뜻한다. 후한(後漢)의 은자 장중울(張仲蔚)은 박학다식하고 시부(詩賦)에 능했는데, 어려서부터 같은 고을의 위경경(魏景卿)과 함께 몸을 숨기고 벼슬하지 않았으므로, 늘 궁핍하여 그가 사는 집에는 사람이 묻힐 정도로 쑥대가 우거졌다고 한다.

84 약수(弱水) : 아주 먼 거리를 뜻한다. 신선이 산다는 중국 서쪽의 전설적인 강으로, 중국의 장안에서 서남쪽으로 3만 리 또는 4만 리의 거리에 있다고 전해진다.

찰방 서공 묘갈[85]

察訪徐公墓碣

선비 가운데 낮은 관직에 있으면서 행실은 고상하고 세속과 뒤섞여 있으면서 뜻은 고결한 경우를 나는 찰방 서문영(徐文永) 공에게서 보았다. 공은 자가 영숙(永叔)이니 달성(達城) 사람이다. 서씨(徐氏)의 족보에는 신라의 아간대부 신일(神逸)과 고려의 군기 소윤 한(閈)이 있는데, 그 선조는 기자(箕子)로부터 나왔다고 한다. 국조(國朝)의 목사 미성(彌性)이 현감 거광(居廣)을 낳았으니 이 분이 사가(四佳 서거정(徐居正))의 형님이다. 3대가 내려와 휘 해(嶰)는 퇴도(退陶)의 문인이니 판중추부사 휘 성(渻)을 낳고, 이 분은 우의정 휘 경우(景雨)를 낳았다. 공의 부친 부사과 휘 유리(裕履)는 그 측실 소생이다. 외조부는 함릉부원군(咸陵府院君) 이해(李澥)이다.

공은 어려서부터 탁월하여 얽매이지 않았으며, 장성해서는 몸을 낮추고 행실을 닦았다. 벗을 데리고 보개산(寶蓋山)에 들어가 독서하였는데 일년이 지나서 돌아오니 문사가 크게 진보하였다. 일찍이 회덕(懷德)의 판교(板橋)에 있는 우암 선생(尤菴先生)에게 가서 《대학》을 배우고 돌아왔다.

기사년(1689, 숙종15), 곤성(坤聖 인현왕후(仁顯王后))이 사제(私第)로 물러나자 오 양곡(吳陽谷 오두인(吳斗寅))을 비롯한 여러 공들이 간언하다 죽임을 당하였고 임금의 위엄이 맹렬하게 떨쳤다. 공은 성규헌(成

85 찰방 서공 묘갈 : 저자가 서문영(徐文永, 1662~1739)을 위해 쓴 묘갈문이다.

揆憲)과 함께 상소를 올려 쟁론하였는데 금령으로 올리지 못하였으나, 사론(士論)이 훌륭하게 여겼다. 승문원 이문학관을 거쳐 의영고(義盈庫) 중부 주부, 귀후서 별제 등을 역임하였고 중간에 제술관을 지냈다. 외직으로는 평구(平丘)와 경양(景陽)의 찰방을 지냈다.

공이 비록 마지못해 가난 때문에 벼슬살이했지만 평소의 성품은 고요하여 두문불출하였다. 종족 가운데 현달한 이들이 많았지만 청탁하기를 좋아하지 않았고, 교유하는 자들은 모두 한 시대의 명사였고 백정(白丁)과 같은 잡류들은 절대 출입한 적이 없었다. 성품이 또 돈독하고 확실하여 시비와 선악의 구분에 있어선 단호하였다. 77세의 나이로 금강산(金剛山)을 유람하려고 하자 벗이 만류하니, 공이 말하기를

"내가 죽어서 돌아오지 못한들 무슨 해가 있겠는가."

하고, 두 아들을 데리고 갔다.

이듬해 기미년(1739, 영조15), 성상께서 동조(東朝 대비전)에 잔치를 올리고 기로연(耆老宴)의 물품과 비용을 하사하였는데 공 또한 포함되었다. 온갖 잔치 물품을 마련하여 족친들과 더불어 즐기고 시를 수창하며 감축하는 뜻을 부쳤다. 10월 21일 병환 없이 세상을 떠났고, 이듬해 정월 10일 영평(永平) 거사동(居士洞) 해좌(亥坐)의 언덕에 안장하였다.

공은 집안에서의 행실이 독실하여 어버이가 살아계실 적에는 오십의 나이에도 색동옷을 입었고, 어버이의 뜻을 미리 알아서 즐겁게 해 드렸다. 또 선조를 받드는 여러 일에는 곡진하게 정성을 바쳤으니, 크고 작은 제사에 병환이 있지 않으면 남에게 대신 시키지 않았으며 여든의 나이에도 한결같았다. 고아가 된 조카를 장가보내는 일을 자식보다 먼저 하였으며, 종인(宗人) 가운데 곤궁하여 떠돌아다니는 경우

가 있으면 전답을 나누어주어 생계를 꾸리게 하였다. 자제를 가르칠 적에는 공부 과정을 엄하게 세워 과거 공부 외에 마음을 쓸 곳이 있음을 알게 하였으며, 세상에서 경박하고 허황되며 구차하게 시류(時流)를 좇는 것을 깊이 경계하였다. 한가로이 지낼 적에는 국희(局戲)를 가까이 하지 않으며 "우리 아이들이 이 놀이를 알게 될까 걱정이다."라고 하였다. 만년에는 《심경》을 좋아하여 비록 공무에 바쁠 때라도 반드시 한두 장(章)을 읽고 말하기를 "일찍 이 맛을 알지 못한 것이 안타깝다."라고 하고 출입할 적에 반드시 휴대하였다. 한번은 풍랑을 만나 배가 거의 뒤집힐 지경인지라 배 안의 사람들은 모두 울부짖었는데, 공만은 옷깃을 여미고 단정하게 앉은 채로 끊임없이 시를 읊조렸으니, 여기서 공의 학문의 깊이를 징험할 수 있다.

관직에 있을 적에는 한결같이 근약(謹約)함으로 스스로를 단속하여 털끝만큼도 이치에 어긋난 일을 행하지 않았으며, 전관(傳館 역참)을 창건하여 아전과 백성을 보살폈다. 평구(平丘)에서의 치적이 으뜸이었는데 죄가 아닌데도 체직되자 우인(郵人)이 달려가 호소하여 잉임(仍任)하기를 청하였다. 그 후로 자리가 빌 때마다 공이 다시 부임하기를 청하였지만 그렇게 되지 않으니, 송덕비를 세워 사모하였다.

아! 정자(程子)가 말하기를 "말단 관리라도 만물을 사랑하는 데 마음을 쓴다면 사람들에게 반드시 이로움을 줄 것이다."[86]라고 하였으니, 공을 보면 더욱 믿을 수 있는데, 안타깝게도 그 재능을 세상에 크게 시험하지 못하였다. 공은 선유(先儒)를 존모하여 김신재(金愼齋 김집(金集))의 기일이 되면 제수를 마련하여 부조하였는데, 작은 역참에

86 말단……것이다 : 458쪽 주42 참조.

있으면서도 이처럼 했으니 훌륭하도다. 또 우옹(尤翁)에게 끝까지 수학하지 못한 점을 종신토록 한으로 여겼으니, 덕인을 좋아하는 마음은 더욱 더 귀하게 여길 만하다.

공은 총 세 번 장가들었으니, 안동 김씨(安東金氏)는 교리 수능(壽能)의 따님이고, 영산 신씨(靈山辛氏)는 군수 경원(景轅)의 따님이고, 전주 이씨(全州李氏)는 진사 동표(東標)의 따님이다. 2남1녀를 두었으니, 별제 종화(宗華), 종해(宗海)는 이씨 소생이고, 신덕혼(申德混)의 아내는 원배 소생이다. 손자 세 명은 명인(命寅), 명완(命完), 명복(命復)이다. 종해(宗海)는 나와 종유하였기에 찾아와서 명(銘)을 청하였다. 명은 다음과 같다.

팔십의 노인	八十之翁
비둘기가 새겨진 지팡이[87]로 풍악산을 올랐네	楓岳鳩杖
만나는 자 신선이라 의심하고	遇者疑仙
시속에선 망령되다고 하네	流俗謂妄
이 한 가지 일로	卽此一事
고상한 풍류를 알 수 있네	可見雅尙
맑게 빛나는 찬 얼음	炯然寒冰
마음과 용모가 이와 비슷하네	心貌相似
자신의 곧고 결백한 마음을 보존하며	保我貞白
저 저자거리에 숨어지냈네	隱彼城市

87 비둘기가 새겨진 지팡이 : 구장(鳩杖)은 손잡이 부분에 비둘기 모양을 새긴 지팡이를 말한다. 옛날에 나라에서 공로가 높은 늙은 신하에게 하사하던 물품이다.

독서의 즐거움을	讀書之樂
죽은 뒤에야 그만두었네	死而乃已
아, 이 세상에서	嗚呼斯世
어디서 공과 같은 이를 얻으리	何處得來
내 그 사람을 공경하여	我敬其人
명을 지어 슬픔을 담노라	作銘志哀

지은이 **이재(李縡)**

본관은 우봉(牛峰), 자는 희경(熙卿), 호는 도암(陶菴), 한천(寒泉)이다. 부친은 이만창(李晩昌), 모친은 민유중(閔維重)의 딸로 인현왕후(仁顯王后)의 동생이다. 1680년(숙종6) 9월 28일 한양 훈도방(薰陶坊) 주자동(鑄字洞) 외가에서 태어났다. 5세에 부친상을 당하여 중부(仲父) 이만성(李晩成)의 훈도를 받았다. 1702년(숙종28) 문과에 급제하여 예문관 검열, 이조 정랑, 함경북도 병마평사, 수원 부사, 대사성, 예조 참판을 역임하였다. 1722년(경종2) 중부가 신임옥사에 연루되어 옥사하자 인제(麟蹄)에 은거하였다. 영조 즉위 후 대제학, 이조 참판에 임명되었으나 모두 사직하고, 1728년(영조4) 모친상을 계기로 용인에 한천정사(寒泉精舍)를 짓고 강학에 몰두하였다. 이후 대사헌, 공조 판서, 좌참찬에 임명되었으나 모두 사직하였다. 1746년(영조22) 10월 28일 광주(廣州)에서 세상을 떠났다. 문집 《도암집(陶菴集)》과 함께 《사례편람(四禮便覽)》, 《서사윤송(書社輪誦)》, 《삼관기(三官記)》, 《주형(宙衡)》, 《검신록(檢身錄)》, 《사서강설(四書講說)》 등 많은 저술을 남겼다. 시호는 문정(文正)이다.

옮긴이

최예심(崔禮心)

1967년 충북 제천 출생. 민족문화추진회 국역연수원 연수부 및 상임연구부를 졸업하였다. 민족문화추진회를 거쳐 단국대학교 동양학연구원 선임연구원으로 재직 중이다. 《승정원일기》(공역), 《월정집》(공역), 《용주유고》(공역), 《어우집》(공역) 등을 번역하였다.

장유승(張裕昇)

1976년 서울 출생. 성균관대학교 한문학과를 졸업하고, 한국학중앙연구원 한국학대학원을 거쳐 서울대학교 국어국문학과에서 〈조선후기 서북지역 문인 연구〉로 박사학위를 받았다. 한국고전번역원 고전번역교육원 전문과정을 마치고 한국고전번역원 번역위원을 거쳐 현재 단국대학교 동양학연구원 책임연구원으로 재직 중이다. 《정조어찰첩》(공역), 《영조 승정원일기》(공역), 《동국세시기》, 《현고기》, 《한국산문선》(공역) 등을 번역하였다.

권진옥(權津鈺)

1979년 경북 영천 출생. 고려대학교 한문학과를 졸업하고, 동 대학교 국어국문학과에서 〈택당 이식의 변문·고문 연찬과 산문 창작의 실제〉로 석사학위를 받고 〈귤산 이유원의 학문 성향과 유서·필기 편찬에 관한 연구〉로 박사학위를 받았다. 고려대학교 민족문화연구원 연구원을 거쳐 현재 단국대학교 동양학연구원 선임연구원으로 재직 중이다. 《낙전당집》(공역), 《어우집》(공역), 《한비자집해》(공역), 《오천집》 등을 번역하였다.

이승용(李承容)

1981년 경북 의성 출생. 영남대학교 한문교육과를 졸업하고, 성균관대학교 한문학과에서 《조선후기 강화학파 한시연구》로 박사학위를 받았다. 한국고전번역원 고전번역교육원 연수과정과 전문과정을 마치고 단국대학교 동양학연구원 선임연구원으로 재직 중이다. 《완구유집》, 《정관정요》(공역), 《낙전당집》(공역), 《완역정본 택리지》(공역) 등을 번역하였다.

권역별거점연구소협동번역사업 연구진

연구책임자 김문식(단국대학교 사학과)
공동연구원 윤재환(단국대학교 국어국문학과)
김우정(단국대학교 한문교육과)
책임연구원 허호구(단국대학교 동양학연구원)
장유승(단국대학교 동양학연구원)
최예심(단국대학교 동양학연구원)
선임연구원 권진옥(단국대학교 동양학연구원)
이승용(단국대학교 동양학연구원)
연구보조원 신윤수(단국대학교 동양학연구원)

도암집 8

이재 지음 | 최예심 · 장유승 · 권진옥 · 이승용 옮김
2019년 12월 31일 초판 1쇄 발행
편집 · 발행 학자원
등록 2011.4.6 제2011-14호
주소 (05355) 서울시 강동구 천호대로 1121
전화 02-6403-1000 | 팩스 02-6338-1001 | 이메일 hakjaone@daum.net

값 30,000원
ISBN 979-11-6247-145-6 94810
979-11-6247-088-6 (세트)